教育部哲学社会科学系列发展报告
MOE Serial Reports on Developments in Humanities and Social Sciences

中国中小企业发展报告2016

China Small and Medium Enterprises Development Report 2016

主　编　林汉川　秦志辉　池仁勇
副主编　李安渝　李兴旺　黄鹏章

北京大学出版社
PEKING UNIVERSITY PRESS

图书在版编目(CIP)数据

中国中小企业发展报告.2016/林汉川,秦志辉,池仁勇主编.—北京:北京大学出版社,2016.10
（教育部哲学社会科学系列发展报告）
ISBN 978-7-301-27616-7

Ⅰ.①中… Ⅱ.①林… ②秦… ③池… Ⅲ.①中小企业—经济发展—研究报告—中国—2016 Ⅳ.①F279.243

中国版本图书馆CIP数据核字(2016)第236985号

书　　　名	中国中小企业发展报告2016 ZHONGGUO ZHONGXIAO QIYE FAZHAN BAOGAO 2016
著作责任者	林汉川　秦志辉　池仁勇　主编　　李安渝　李兴旺　黄鹏章　副主编
责任编辑	赵学秀
标准书号	ISBN 978-7-301-27616-7
出版发行	北京大学出版社
地　　　址	北京市海淀区成府路205号　100871
网　　　址	http://www.pup.cn
电子信箱	em@pup.cn　　QQ:552063295
新浪微博	@北京大学出版社　@北京大学出版社经管图书
电　　　话	邮购部 62752015　发行部 62750672　编辑部 62752926
印　刷　者	北京宏伟双华印刷有限公司
经　销　者	新华书店
	730毫米×980毫米　16开本　25.5印张　472千字 2016年10月第1版　2016年10月第1次印刷
定　　　价	68.00元

未经许可，不得以任何方式复制或抄袭本书之部分或全部内容。
版权所有，侵权必究
举报电话：010-62752024　电子信箱：fd@pup.pku.edu.cn
图书如有印装质量问题，请与出版部联系，电话：010-62756370

基 金 支 持

教育部哲学社会科学发展报告资助项目(编号:13JBG001)
浙江工业大学中国中小企业研究院资助项目
对外经济贸易大学中小企业研究中心资助项目
工信部中小企业发展促进中心资助项目
对外经济贸易大学北京企业国际化经营研究基地资助项目

顾问委员会

主　　任：李子彬　郑　昕　郭跃进
副主任：李鲁阳　王建翔　高鹰忠

编辑委员会

主　　编：林汉川　秦志辉　池仁勇
副 主 编：李安渝　李兴旺　黄鹏章
常 务 编 委（以姓氏笔画为序）：
　　　　　叶红雨　史世伟　冯德连　刘道学　杨　俊　肖　文
　　　　　邱　红　何　杰　张明龙　林仲豪　尚会永　赵　敏
　　　　　姜旭朝　陶秋燕　梅　强　揭筱纹
编辑部主任：尚会永　赵　敏　吕　臣　陈　廉
编 写 成 员（以姓氏笔画为序）：
　　　　　上官聪聪　王佳敏　王佳锐　王晓微　王黎莹　王　璐
　　　　　吕朝颖　朱峻萱　刘青平　刘淑春　刘道学　池仁勇
　　　　　汤临佳　孙世强　杨培植　李安渝　李俊英　肖　文
　　　　　何永琴　张宏海　张　昭　张　超　陈龙根　陈侃翔
　　　　　陈衍泰　陈　廉　林汉川　尚会永　赵　敏　段　姗
　　　　　洪积庆　黄鹏章　黄增瑞　揭筱纹　程宣梅　谢文武
　　　　　虞微佳　潘家栋

总　　序

哲学社会科学的发展水平,体现着一个国家和民族的思维能力、精神状态与文明素质,反映了一个国家的综合国力和国际竞争力。在社会发展历史进程中,哲学社会科学往往是社会变革、制度创新的理论先导,特别是在社会发展的关键时期,哲学社会科学的地位和作用就更加突出。在我国从大国走向强国的过程中,繁荣发展哲学社会科学,不仅关系到我国经济、政治、文化、社会建设以及生态文明建设的全面协调发展,而且关系到社会主义核心价值体系的构建,关系到全民族的思想道德素质和科学文化素质的提高,关系到国家文化软实力的增强。

党的十六大以来,党中央高度重视哲学社会科学,从中国特色社会主义发展全局的战略高度,把繁荣发展哲学社会科学作为重大而紧迫的任务进行谋划部署。2004年,中共中央下发《关于进一步繁荣发展哲学社会科学的意见》,明确了21世纪繁荣发展哲学社会科学的指导方针、总体目标和主要任务。党的十七大报告明确指出:"繁荣发展哲学社会科学,推进学科体系、学术观点、科研方法创新,鼓励哲学社会科学界为党和人民事业发挥思想库作用,推动我国哲学社会科学优秀成果和优秀人才走向世界。"2011年,党的十七届六中全会审议通过的《中共中央关于深化文化体制改革、推动社会主义文化大发展大繁荣若干重大问题的决定》,把繁荣发展哲学社会科学作为推动社会主义文化大发展大繁荣、建设社会主义文化强国的一项重要内容,深刻阐述了繁荣发展哲学社会科学一系列带有方向性、根本性、战略性的问题。这些重要思想和论断,集中体现了我们党对哲学社会科学工作的高度重视,为哲学社会科学繁荣发展指明了方向,提供了根本保证和强大动力。

为学习贯彻党的十七届六中全会精神,教育部于2011年11月17日在北京召开了全国高等学校哲学社会科学工作会议。中共中央办公厅、国务院办公厅转发《教育部关于深入推进高等学校哲学社会科学繁荣发展的意见》,明确提出到2020年基本建成高校哲学社会科学创新体系的奋斗目标。教育部、财政部联合印发了《高等学校哲学社会科学繁荣计划(2011—2020年)》,教育部下发了《关于进一步改进高等学校哲学社会科学研究评价的意见》《高等学校哲学社会科学"走出去"

计划》《高等学校人文社会科学重点研究基地建设计划》等系列文件,启动了新一轮"高校哲学社会科学繁荣计划"。未来十年,高校哲学社会科学将着力构建九大体系,即学科和教材体系、创新平台体系、科研项目体系、社会服务体系、条件支撑体系、人才队伍体系、现代科研管理体系和学风建设工作体系等,同时,大力实施高校哲学社会科学"走出去"计划,提升国际学术影响力和话语权。

当今世界正处在大发展大变革大调整时期,我国已进入全面建设小康社会的关键时期和深化改革开放、加快转变经济发展方式的攻坚时期。站在新的历史起点上,高校哲学社会科学面临难得的发展机遇和有利的发展条件。高等学校作为我国哲学社会科学事业的主力军,必须充分发挥人才密集、力量雄厚、学科齐全等优势,坚持马克思主义立场观点方法,以重大理论和实际问题为主攻方向,立足中国特色社会主义伟大实践进行新的理论创造,形成中国方案和中国建议,为国家发展提供战略性、前瞻性、全局性的政策咨询、理论依据和精神动力。

自2010年始,教育部启动哲学社会科学研究发展报告资助项目。发展报告项目以服务国家战略、满足社会需求为导向,以数据库建设为支撑,以推进协同创新为手段,通过组建跨学科研究团队,与各级政府部门、企事业单位、校内外科研机构等建立学术战略联盟,围绕改革开放和社会主义现代化建设的重点领域与重大问题开展长期跟踪研究,努力推出一批具有重要咨询作用的对策性、前瞻性研究成果。发展报告必须扎根社会实践、立足实际问题,对所研究对象的发展状况、发展趋势等进行持续研究,强化数据采集分析,重视定量研究,力求有总结、有分析、有预测。发展报告按照"统一标识、统一封面、统一版式、统一标准"纳入"教育部哲学社会科学发展报告文库"集中出版。计划经过五年左右,最终稳定支持百余种发展报告,有力支撑了"高校哲学社会科学社会服务体系"建设。

展望未来,夺取全面建设小康社会新胜利、谱写人民美好生活新篇章的宏伟目标和崇高使命,呼唤着每一位高校哲学社会科学工作者的热情和智慧。我们要不断增强使命感和责任感,立足新实践,适应新要求,以建设具有中国特色、中国风格、中国气派的哲学社会科学为根本任务,大力推进学科体系、学术观点、科研方法创新,加快建设高校哲学社会科学创新体系,更好地发挥哲学社会科学认识世界、传承文明、创新理论、咨政育人、服务社会的重要功能,为全面建设小康社会、推进社会主义现代化、实现中华民族伟大复兴做出新的更大的贡献。

教育部社会科学司

前　言

2015年,全国新登记市场主体1479.8万户,比上年增长14.5%;注册资本30.6万亿元,增长48.2%。截至2015年年底,全国实有各类市场主体7746.9万户,比上年增长11.8%,注册资本175.5万亿元,增长35.8%。2015年,全系统深入推进商事制度改革,完成了"三证合一、一照一码"改革攻坚,加快推进工商登记注册便利化和"先照后证"改革,大力支持小微企业繁荣发展,进一步改善了营商环境。截至2015年12月底,全国累计核发"三证合一、一照一码"新营业执照350.9万张,在社会上引起好的反响。据世界银行《2016年营商环境报告》显示,在189个经济体中,中国营商环境排名第84位,比上年第90位上升了6位,前年排名是96位。国务院组织的第三方评估以及社会媒体都给予了高度评价。

编写《中国中小企业发展报告2016》的目的,旨在加深对当年度我国中小企业的发展现状、变化趋势、政策取向的了解,并以当年度中国中小企业各种数据变化为基础,探讨当年度我国中小微企业发展的总体态势、政策取向、技术创新、融资模式、地区动态及服务体系等重点事件和热点问题,促进我国中小企业的持续、健康、快速发展。在我国,以中小企业发展为重点展开系统的分析与评价的年度发展研究报告,这在国内高校还是少有的。本报告正是为解决这些难题而设置的。

本报告由七篇共四十章内容组成。第一篇是2015年中国中小企业发展总体评述,包括2015年中小企业发展总体概况、2015年促进中小企业发展的政策与法规综述、中小企业在经济"新常态"中的发展战略研究报告、实现我国工业4.0的中小企业创新发展战略研究报告、中小企业治理机制发展研究报告、小微企业现状与发展对策研究;第二篇是2015年中国中小企业景气指数评价的调研报告,包括2015年中国工业中小企业景气指数测评、2015年中国上市中小企业景气指数测评、2015年中国中小企业比较景气指数测评、2015年中国中小企业综合景气指数测评、2015年中国主要城市中小企业景气指数测评的调研报告;第三篇是2015年中国中小企业创新问题研究报告,包括中小企业为大企业协作配套的机制体系研究报告、中小企业技术获取模式与趋势展望调研报告、国内外创业生态系统构建的经验研究报告、包容性创业视角下农业众筹的发展研究报告、内蒙古呼和浩

特地区生物制药行业中小企业创新能力调研报告;第四篇是 2015 年中国小微企业发展动态专题研究报告,包括 2015 年度小微企业舆情调研报告、2015 年小微企业信心调研报告、个人网商工商登记问题调研报告、促进小微企业发展的综合减税政策研究、内蒙古微型企业的发展状况及扶持政策调查研究、"双创"背景下的小微企业的服务与监管;第五篇是 2015 年中国中小企业互联网专题调研报告,包括沪深两市物联网企业科技资源投入效率研究报告、P2P 网贷行业发展现状及政策梳理研究报告、我国网络零售标准体系研究报告、基于网商公社的网商集约化模式研究报告、包容性创业与农村电子商务发展研究报告、第三方支付中的消费者第三方信息权研究报告;第六篇是 2015 年中国中小企业热点问题专题研究报告,包括内蒙古中小企业信息化水平调查研究报告、大数据背景下的公共服务优化研究报告、创建国际海岛旅游免税试验区的研究报告、国内特色小镇的调研报告、加快构筑"浙江智造生态系统"的研究报告;第七篇是 2015 年地区中小企业发展专题调研报告,包括浙江省中小微企业发展现状问题与对策研究、河北省中小企业发展的调研报告、河南省非公经济发展面临的挑战及对策研究、西部地区资源型中小企业发展现状及对策建议、浙江省发展知识产权密集型产业的研究报告、杭州中小企业环境信用评价的调研报告、深圳金融业集聚态势与发展点调研报告。此外,还有中国中小企业 2015 年大事记等内容。

　　本报告是教育部哲学社会科学发展报告资助项目、浙江工业大学中国中小企业研究院资助项目、对外经济贸易大学中小企业研究中心资助项目、工信部中小企业发展促进中心资助项目、对外经济贸易大学北京企业国际化经营研究基地资助项目的年度性研究成果。本年度研究报告由林汉川、秦志辉、池仁勇任主编,李安渝、李兴旺、黄鹏章任副主编,尚会永、赵敏、吕臣、陈廉任编辑部主任。他们负责全书的设计、组织与统撰工作。具体参加本报告撰写的成员(以章节为序):前言为林汉川,第 1、2 章为赵敏,第 3 章为陈廉、林汉川,第 4 章为尚会永,第 5 章为刘青平,第 6 章为张宏海,第 7、8、9、10 章为池仁勇、刘道学,第 11 章为刘道学、池仁勇,第 12 章为张超,第 13 章为汤临佳、段姗、上官聪聪,第 14 章为陈侃翔、程宣梅、刘淑春,第 15 章为程宣梅、陈侃翔、林汉川、刘淑春,第 16 章为李俊英,第 17、18 章为张昭,第 19 章为王晓微,第 20 章为陈廉、林汉川,第 21 章为王佳锐,第 22 章为张昭,第 23 章为张昭、朱峻萱、王晓微、李安渝,第 24 章为王晓微,第 25 章为王璐,第 26 章为杨培植,第 27 章为程宣梅、陈侃翔、林汉川,第 28 章为吕朝颖,第 29 章为何永琴,第 30 章为王晓微,第 31 章为林汉川、刘淑春、池仁勇、程宣梅,第 32 章为林汉川、刘淑春、池仁勇、程宣梅,第 33 章为陈侃翔、程宣梅、刘淑春、林汉川、池仁勇,第 34 章为刘道学、池仁勇,第 35 章为黄增瑞、黄鹏章,第 36 章为孙世强,第 37 章为揭筱纹,第 38 章为王黎萤、洪积庆、陈龙根、池仁勇、陈衍泰、王佳敏、虞微佳，第39章为肖文、谢文武、潘家栋，第40章为李安渝、朱峻萱，大事记为赵敏等同志。林汉川、池仁勇、赵敏、吕臣、陈廉等同志对全书初稿进行了组织编辑。

依据教育部社科司对高校编写哲学社会科学研究发展报告的新精神，在撰写《中国中小企业发展报告2015》《中国中小企业发展报告2014》《中国中小企业发展研究报告2013》《中国中小企业发展研究报告2012》《中国中小企业发展研究报告2011》等五部研究报告基础上，对外经济贸易大学中小企业研究中心、工信部中小企业发展促进中心、浙江工业大学中国中小企业研究院，联合中国社会科学院中小企业研究中心、四川大学、浙江大学、中南财经政法大学、暨南大学、武汉科技大学、安徽省社会科学院、河北大学、内蒙古财经大学、浙江大学宁波理工学院、安徽财经大学、西安邮电大学、温州大学、北京联合大学、河北省民营经济研究中心等高校中小企业研究的专家、学者以及北京市工商联课题组等相关组织，共同撰写完成了这部《中国中小企业发展报告2016》。可以说，本报告是全国许多高校中小企业组织的学者以及相关部门联合攻关的结晶。

本报告在研究和撰写过程中，一直得到教育部社科司、中国中小企业协会、工信部中小企业司、工信部中小企业发展促进中心、商务部中小企业办公室、浙江省中小企业局、北京市经济与信息化委员会中小企业处、湖北省工商行政管理局等有关部门与领导的指导与关怀，特别是中国中小企业协会李子彬会长、李鲁阳副秘书长、工信部中小企业司郑昕司长、王建翔副司长、湖北省政协郭跃进副主席、浙江省中小企业局高鹰忠局长等同志，他们不仅给本报告的许多关键问题给予了大力支持与帮助，还欣然同意担任本报告的顾问，使得本报告内容充实、数据准确、资料丰富，在此一并表示诚挚的感谢！

尽管参加撰写本报告的专家、学者以及实际部门的工作者都对自己撰写的内容进行了专门的调查研究，但由于面临许多新问题，加之时间紧，水平有限，因此，本报告中难免不妥之处，敬请各位读者批评指正。

编委会

2016年5月

目　录

第一篇　2015年中国中小企业发展总体评述

第一章　2015年中小企业发展概况 ……………………………………（3）
　　第一节　中小企业实有户数情况 ………………………………………（3）
　　第二节　新三板挂牌公司情况 …………………………………………（8）
　　第三节　中小企业指数变化情况 ………………………………………（13）

第二章　2015年促进中小企业发展的政策与法规综述 …………………（16）
　　第一节　国家部委中小企业扶持政策 …………………………………（16）
　　第二节　各地中小微企业扶持政策措施 ………………………………（24）
　　第三节　《关于促进互联网金融健康发展的指导意见》解读 …………（32）

第三章　中小企业在经济"新常态"中的发展战略研究报告 ……………（36）
　　第一节　我国中小企业进入经济"新常态"的时代背景 ………………（36）
　　第二节　进入经济"新常态"我国中小企业呼唤平常心态 ……………（40）
　　第三节　政府政策转型："预调微调"财政政策和"定向宽松"
　　　　　　货币政策 ………………………………………………………（43）
　　第四节　"三期叠加"下中小企业走转型升级、创新发展之路 ………（44）

第四章　实现我国工业4.0的中小企业创新发展战略研究报告 ………（47）
　　第一节　互联网、3D等数字技术重构生产体系 ………………………（47）
　　第二节　工业4.0对于中小企业发展所带来的机遇 …………………（49）
　　第三节　公共管理部门如何应对工业4.0所带来的挑战 ……………（50）

第五章　中小企业治理机制发展研究报告 …………………………………………(53)
  第一节　组织内外部治理模型：权威—网络—交换 ……………………………(54)
  第二节　权威：内部治理与外部治理 ……………………………………………(55)
  第三节　网络：内部治理与外部治理 ……………………………………………(60)
  第四节　交换：内部治理与外部治理 ……………………………………………(64)
  第五节　结论 ………………………………………………………………………(66)

第六章　小微企业现状与发展对策研究 ……………………………………………(69)
  第一节　小微企业的界定 …………………………………………………………(69)
  第二节　小微企业发展现状 ………………………………………………………(69)
  第三节　对策与建议 ………………………………………………………………(70)

第二篇　2015年中国中小企业景气指数评价的调研报告

第七章　2015年中国工业中小企业景气指数测评 …………………………………(77)
  第一节　评价指标的选取 …………………………………………………………(77)
  第二节　数据收集及预处理 ………………………………………………………(78)
  第三节　指标体系及权重的确定 …………………………………………………(79)
  第四节　2015年中国省际工业中小企业景气指数计算结果及排名 ……………(81)
  第五节　2015年七大地区工业中小企业景气指数计算结果及排名 ……………(84)

第八章　2015年中国上市中小企业景气指数测评 …………………………………(86)
  第一节　指标体系构建及评价方法 ………………………………………………(86)
  第二节　2015年中国省际上市中小企业景气指数排名分析 ……………………(87)
  第三节　2015年七大地区上市中小企业景气指数排名分析 ……………………(89)

第九章　2015年中国中小企业比较景气指数测评 …………………………………(91)
  第一节　2015年中国省际中小企业比较景气指数排名分析 ……………………(91)
  第二节　2015年中国七大地区中小企业比较景气指数排名分析 ………………(92)

第十章　2015年中国中小企业综合景气指数测评 …………………………………(94)
  第一节　计算与评价方法 …………………………………………………………(94)
  第二节　2015年中国省际中小企业综合景气指数排名分析 ……………………(94)
  第三节　2015年中国七大地区中小企业综合景气指数排名 ……………………(96)
  第四节　2015年中国中小企业景气指数测评综合性探讨 ………………………(97)

第十一章　2015年中国主要城市中小企业景气指数测评的调研报告 ……………(103)
  第一节　评价方法与指标体系 ……………………………………………………(103)

第二节　2015年中国主要城市中小企业景气指数测评结果 ………… (106)
　　第三节　主要城市景气指数综合性探讨 …………………………… (115)

第三篇　2015年中国中小企业创新问题研究报告

第十二章　中小企业为大企业协作配套的机制体系研究报告 ………… (119)
　　第一节　相关概念的界定 …………………………………………… (120)
　　第二节　协作配套机制体系的设计 ………………………………… (121)
　　第三节　协作配套机制体系的构建 ………………………………… (124)
　　第四节　结论 ………………………………………………………… (128)
第十三章　中小企业技术获取模式与趋势展望调研报告 ……………… (130)
　　第一节　技术获取模式理论分析框架的设计 ……………………… (130)
　　第二节　浙江省中小企业典型的技术获取模式 …………………… (132)
　　第三节　五种模式的对比及评价 …………………………………… (136)
　　第四节　技术获取模式的最新发展趋势 …………………………… (137)
第十四章　国内外创业生态系统构建的经验研究报告 ………………… (140)
　　第一节　国内外知名创业生态系统建设的经验 …………………… (140)
　　第二节　浙江省建立创业生态系统建设中存在的问题 …………… (142)
　　第三节　对策与建议 ………………………………………………… (144)
第十五章　包容性创业视角下农业众筹的发展研究报告 ……………… (147)
　　第一节　"包容性创业"及"农业众筹"的定义和内涵 ………… (147)
　　第二节　"包容性创业"视角下"农业众筹"的新鲜经验和重要作用 … (148)
　　第三节　包容性创业视角下众筹农业发展面临的主要挑战 ……… (149)
　　第四节　对策与建议 ………………………………………………… (150)
第十六章　内蒙古呼和浩特地区生物制药行业中小企业创新能力
　　　　　　调研报告 …………………………………………………… (152)
　　第一节　呼和浩特地区生物制药行业中小企业的发展概况 ……… (152)
　　第二节　呼和浩特地区生物制药行业中小企业创新能力方面存在
　　　　　　的问题 ……………………………………………………… (153)
　　第三节　对策与建议 ………………………………………………… (156)

第四篇　2015年中国小微企业发展动态专题研究报告

第十七章　2015年度小微企业舆情调研报告 …………………………………（163）
  第一节　2015年小微企业整体分析 ………………………………………（163）
  第二节　2015年小微企业舆情分析之一 …………………………………（163）
  第三节　2015年小微企业舆情分析之二 …………………………………（166）
  第四节　2015年小微企业舆情分析之三 …………………………………（170）

第十八章　2015年小微企业信心调研报告 ………………………………………（174）
  第一节　2015年小微企业整体发展概况 …………………………………（174）
  第二节　小微企业信心指数与问卷调查 …………………………………（175）
  第三节　小微企业分类信心指数 …………………………………………（176）
  第四节　小微企业信心指数与经济增长 …………………………………（177）

第十九章　个人网商工商登记问题调研报告 ……………………………………（179）
  第一节　个人网商工商登记的争议 ………………………………………（179）
  第二节　个人网商工商登记的必要性 ……………………………………（180）
  第三节　国内外个人网商工商登记实践 …………………………………（181）
  第四节　对策与建议 ………………………………………………………（183）

第二十章　促进小微企业发展的综合减税政策研究 ……………………………（185）
  第一节　税费负担已成为小微企业发展的核心挑战之一 ………………（185）
  第二节　现行小微企业税收优惠政策缺乏广度、力度、深度 …………（186）
  第三节　新一轮的减税让利政策应倾向小微企业 ………………………（188）
  第四节　倾向小微企业的减税让利政策是刺激经济发展的重要
      因素 …………………………………………………………………（190）
  第五节　综合减税是小微企业解困与发展的最佳政策选择 ……………（191）

第二十一章　内蒙古微型企业的发展状况及扶持政策调查研究 ………………（194）
  第一节　内蒙古地区微型企业的发展现状 ………………………………（194）
  第二节　内蒙古地区微型企业发展中的主要问题 ………………………（196）
  第三节　对策与建议 ………………………………………………………（204）

第二十二章　"双创"背景下的小微企业的服务与监管 ………………………（213）
  第一节　商事制度改革以来小微企业发展回顾 …………………………（213）
  第二节　小微企业的服务要注意的问题 …………………………………（214）
  第三节　创新小微企业监管模式 …………………………………………（215）

第五篇　2015年中国中小企业互联网专题调研报告

第二十三章　沪深两市物联网企业科技资源投入效率研究报告 …………… (219)
　　第一节　文献综述 ……………………………………………………… (219)
　　第二节　理论方法与数据 ……………………………………………… (220)
　　第三节　实证分析 ……………………………………………………… (223)
　　第四节　结论与建议 …………………………………………………… (226)

第二十四章　P2P网贷行业发展现状及政策梳理研究报告 ……………… (228)
　　第一节　P2P网贷行业整体发展情况 ………………………………… (228)
　　第二节　P2P网贷行业重点事件 ……………………………………… (229)
　　第三节　P2P网贷行业监管与自律进展 ……………………………… (232)

第二十五章　我国网络零售标准体系研究报告 …………………………… (236)
　　第一节　网络零售标准体系理论基础：网络信任理论 ……………… (236)
　　第二节　网络零售标准的现状分析 …………………………………… (242)
　　第三节　对策与建议 …………………………………………………… (244)

第二十六章　基于网商公社的网商集约化模式研究报告 ………………… (246)
　　第一节　网商公社的建设 ……………………………………………… (246)
　　第二节　网商公社的扶持政策 ………………………………………… (248)
　　第三节　网商公社的盈利模式及对策建议 …………………………… (249)

第二十七章　包容性创业与农村电子商务发展研究报告 ………………… (250)
　　第一节　农村电子商务发展的新鲜经验及促进包容性创业的机制 … (250)
　　第二节　基于农村电子商务的包容性创业存在的主要问题 ………… (252)
　　第三节　对策与建议 …………………………………………………… (253)

第二十八章　第三方支付中的消费者第三方信息权研究报告 …………… (255)
　　第一节　第三方支付机构侵害消费者个人信息权类型 ……………… (255)
　　第二节　第三方支付平台与消费者之间的关系 ……………………… (256)
　　第三节　美国和欧盟对第三方支付中消费者个人信息的保护模式 … (257)
　　第四节　对策与建议 …………………………………………………… (258)

第六篇　2015年中国中小企业热点问题专题研究报告

第二十九章　内蒙古中小企业信息化水平调查研究报告 ………………… (263)
　　第一节　内蒙古中小企业信息化水平现状调查及分析 ……………… (263)

第二节　中小企业信息化存在的主要问题及需求情况调查与分析 …(270)

第三节　对策与建议 …………………………………………(272)

第三十章　大数据背景下的公共服务优化研究报告 ………(275)

第一节　大数据政策支持大事记 ………………………………(275)

第二节　公共服务领域与大数据融合的现实挑战 ……………(276)

第三节　对策与建议 ……………………………………………(277)

第三十一章　创建国际海岛旅游免税试验区的研究报告 …(279)

第一节　创建国际海岛旅游免税试验区意义重大 ……………(279)

第二节　创建国际海岛旅游免税试验区的最佳选址 …………(280)

第三节　创建国际海岛旅游免税试验区的建议 ………………(282)

第三十二章　国内特色小镇的调研报告 …………………………(284)

第一节　云南、贵州、海南等省特色小镇开发思路与模式 …(284)

第二节　浙江省特色小镇建设存在的问题 ……………………(285)

第三节　对策与建议 ……………………………………………(286)

第三十三章　加快构筑"浙江智造生态系统"的研究报告 …(288)

第一节　智能制造产业生态系统：从三大核心产业锲入 ……(288)

第二节　智能制造动力系统：实施"四大协同计划" …………(288)

第三节　智能制造人才支持系统：实施智造人才储备工程 …(289)

第四节　智能制造保障系统：打造智能制造共性平台 ………(289)

第五节　智能制造辅助系统：建立网络安全机制和标准体系 …(290)

第七篇　2015 年地区中小企业发展专题调研报告

第三十四章　浙江省中小微企业发展现状问题与对策调研报告 …(293)

第一节　浙江省中小微企业发展现状 …………………………(293)

第二节　浙江省中小微企业存在的主要问题 …………………(296)

第三节　现阶段浙江中小微企业发展环境分析 ………………(299)

第四节　对策与建议 ……………………………………………(300)

第三十五章　河北省中小企业发展的调研报告 …………………(302)

第一节　河北省中小企业发展现状 ……………………………(302)

第二节　河北省中小企业面临的问题及原因 …………………(305)

第三节　对策与建议 ……………………………………………(309)

第三十六章　河南省非公经济发展面临的挑战及对策研究 ……………（317）
　　第一节　河南省非经济发展面临的挑战 ……………………………（317）
　　第二节　河南省非公经济发展面临的问题
　　　　　　——基于实证分析 …………………………………………（319）
　　第三节　对策与建议 …………………………………………………（327）
第三十七章　西部地区资源型中小企业发展现状及对策建议 …………（332）
　　第一节　西部资源型中小企业发展概况 ……………………………（332）
　　第二节　西部资源型中小企业发展中存在的主要问题 ……………（338）
　　第三节　对策与建议 …………………………………………………（343）
第三十八章　浙江省发展知识产权密集型产业的研究报告 ……………（345）
　　第一节　浙江省知识产权密集型产业的发展特点 …………………（345）
　　第二节　浙江省知识产权密集型产业发展存在的问题 ……………（346）
　　第三节　对策与建议 …………………………………………………（347）
第三十九章　杭州中小企业环境信用评价的调研报告 …………………（349）
　　第一节　杭州市中小企业环境行为信用现状 ………………………（349）
　　第二节　杭州市中小企业环境信用评价体系及实施流程 …………（354）
　　第三节　杭州市中小企业环境责任对策建议 ………………………（359）
第四十章　深圳金融业集聚态势与发展点调研报告 ……………………（363）
　　第一节　深圳金融业集聚态势 ………………………………………（363）
　　第二节　深圳金融产业集聚优势 ……………………………………（363）
　　第三节　深圳金融产业集聚发展点分析 ……………………………（365）
　　第四节　对策与建议 …………………………………………………（367）
2015 年中小企业大事记 ……………………………………………………（369）
参考文献 ……………………………………………………………………（381）

第一篇
2015年中国中小企业发展总体评述

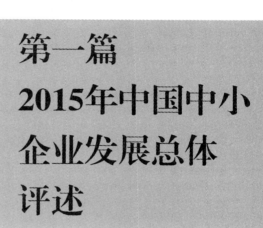

第一章　2015年中小企业发展概况

第一节　中小企业实有户数情况

一、实有企业总体概况

随着商事制度改革深入推进,全国市场主体继续保持快速发展的良好势头,市场准入环境持续改善,市场主体较快增长。国家工商总局数据显示,截至2015年年底,全国实有各类市场主体7 746.9万户,比2014年增长11.8%,注册资本(金)175.5万亿元,增长35.8%。2015年全国新登记企业443.9万户,比上年增长21.6%,注册资本(金)29万亿元,增长52.2%,两项数据均创历年新高。我国每千人拥有企业量达16户,较2014年年底的13.3户增长了20.1%(见图1-1)。

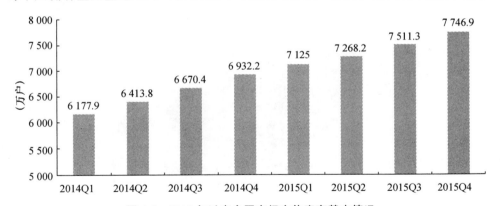

图1-1　2014年以来全国市场主体实有基本情况
资料来源:根据国家工商总局资料整理。

从市场主体类型看,2015年我国实有企业、私营企业、个体工商户、农民专业合作社均出现不同程度的量质齐增。私营企业和个体工商户是我国市场主体增长的主要推动力量,其中,私营企业2015年数量、注册资本额均大幅增长,商事制度改革成效显著。截至2015年5月底,全国企业1 959.4万户,注册资本(金)139.7万亿元,增长2.5%。内资企业1 912.6万户,增长1.7%,注册资本(金)124.8万亿元,增长2.7%,其中,私营企业1 684.5万户,增长1.9%,注册资本(金)71.8万亿元,增长3.5%;外商投资企业46.9万户,增长0.3%,注册资本

14.9万亿元,增长1.2%。个体工商户5 165.2万户,比上月底增长0.5%,资金数额3.3万亿元,增长1.6%。农民专业合作社139.3万户,比上月底增长1.5%,出资总额3万亿元,增长2.3%(见表1-1和图1-2)。

表1-1 全国各类市场主体实有户数及注册资本情况

	内资企业			外商投资企业	个体工商户	农民专业合作社
	私营企业	其他	总计			
企业数量(万户)	1 684.5	228.1	1 912.6	46.9	5 165.2	139.3
注册资本(万亿元)	71.8	53.0	124.8	14.9	3.3	3.0

资料来源:根据国家工商总局资料整理(数据截至2015年5月)。

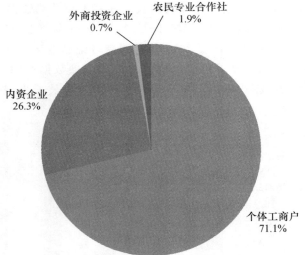

图1-2 全国各类市场主体实有户数结构图
资料来源:根据国家工商总局资料整理(数据截至2015年5月)。

全国各类市场主体中,个体工商户数量庞大,共计5 165.2万户,数量占比超过70%,但由于单个个体工商户资金量小,注册资本3.3万亿元,占注册资本总量仅为2.36%;内资企业1 912.6万户,数量占比为26.33%,而注册资本占比高达89.33%,实质上是全国各类市场主体的中坚力量,其中,私营企业是内资企业这个中坚力量的核心组成部分;外商投资企业和农民专业合作社户数比重较少,分别为0.65%和1.92%,而外商投资企业注册资本达14.9万亿元,占注册资本总额高达10.67%,外商投资企业虽数量不甚庞大,但单体注册资本高,规模大。

二、新注册登记市场主体

(一) 总体情况

国家工商总局数据显示,2015年全国新登记市场主体1 479.8万户,比2014年增长14.5%;注册资本(金)30.6万亿元,增长48.2%。2015年全国新登记企业数量和注册资本(金)总额均创历年新高,平均每天新登记企业1.2万户,我国每千人拥有企业量达16户,较2014年年底的13.3户增长了20.1%。市场竞争环境保持总体平稳,消费环境总体较好。

根据国家工商总局发布的《2015年度全国市场主体发展、市场竞争环境和市场消费环境有关情况》,2015年全国工商和市场监管系统完成了"三证合一、一照一码"改革攻坚,改善了营商环境。自10月1日"三证合一、一照一码"登记制度改革全面实施后,11月、12月全国新登记市场主体和企业数量均创新高,其中,新登记市场主体分别达156万户、155.7万户,新登记企业数量分别达46万户、51.2万户(见图1-3)。

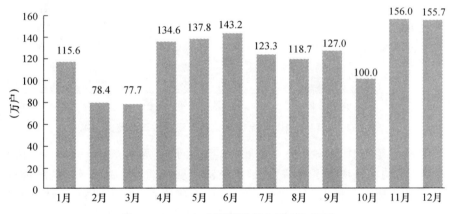

图1-3 2015年全国新登记市场主体数量
资料来源:根据国家工商总局资料整理。

在市场主体总量增加的同时,初创企业活跃度持续提高。2015年第四季度,全国新设小微企业周年开业率达70.1%,新设小微企业中已开展经营的有78.7%实现创收,所占比重比第二季度和第三季度分别高0.5%和4.1%。

市场主体自主创新活力持续增强,每万户市场主体商标拥有量达1 335件。随着企业数量快速增长,商标注册量也较快增长。2015年,商标注册申请量287.6万件,比上年增长25.8%。完成商标注册申请审查233.9万件。至2015年年底,累计商标注册申请量1 840.2万件,累计商标注册量1 225.4万件,商标有效注册量1 034.4万件,每万户市场主体商标拥有量达1 335件,比2014年的1 210件增长10.3%。2015年,国内商标注册申请量在第三产业增速较快,同比增长

54.3%,表明三次产业结构持续优化,产业结构进一步向服务型经济结构迈进。

（二）产业分布情况

《2015年度全国市场主体发展、市场竞争环境和市场消费环境有关情况》发布的数据显示,新注册市场主体的产业结构持续优化,第三产业快速发展。2015年,全国新登记企业中,第一产业为21.5万户,第二产业为64.7万户,第三产业为357.8万户。其中,第三产业比2014年增长24.5%,大大高于第二产业6.3%的增速。至2015年年底,第三产业实有企业1635.7万户,占企业总数的74.8%,所占比重比2014年提高了1.5个百分点(见图1-4)。

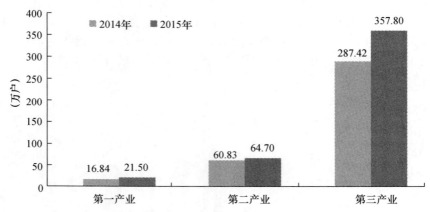

图1-4　2014—2015年全国企业新登记户数三次产业情况

信息技术等现代服务业快速发展。"互联网+"等新产业、新业态的快速发展,为经济结构调整注入了新活力,形成经济发展新动能。2015年,信息传输、软件和信息技术服务业新登记企业24万户,比上年增长63.9%,文化、体育和娱乐业10.4万户,增长58.5%,金融业7.3万户,增长60.7%,教育1.4万户,增长1倍,卫生和社会工作0.9万户,增长1倍。

（三）区域分布情况

《2015年度全国市场主体发展、市场竞争环境和市场消费环境有关情况》发布的数据显示,2015年全国新登记企业在东部、西部、中部、东北地区分别为256.5万户、87.9万户、77.9万户、21.6万户(见图1-5),比2014年增速依次为24.9%、21.1%、15.9%、8.3%,东部和西部地区新登记企业增长较快。

从增速看,新登记企业增长较快的地区也集中在东部和西部。全国有13个地区增速高于全国平均水平,其中东部6个,西部6个,中部1个。排名前五位的是西藏、云南、山东、江苏、宁夏,分别为65.9%、53.3%、48.1%、40.6%、38.6%。

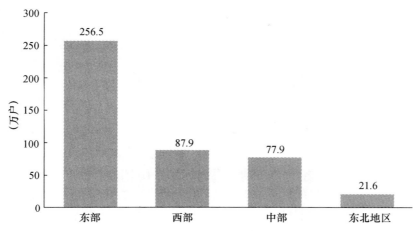

图 1-5 2015 年全国企业新登记户数区域分布情况

（四）经济结构情况

《2015 年度全国市场主体发展、市场竞争环境和市场消费环境有关情况》发布的数据显示，2015 年全国新登记非公经济市场主体 1 436.4 万户，比 2014 年增长 15.3%，占市场主体总数的 97.1%。其中，私营企业 421.2 万户，占非公经济市场主体总数的 29.3%；个体工商户 1 011 万户，占 70.4%，所占比重比 2014 年减少 1.6 个百分点；外商投资企业 4.2 万户，增长 10%，增速较 2014 年增加 4.3 个百分点（见图 1-6）。

三、从业人员和吸纳就业情况

个体私营经济从业人员稳步增长，是各类市场主体中吸纳就业的主力军。据国家工商总局"个体私营经济与就业关系研究"课题组对外发布的《中国个体私营经济与就业关系研究报告》显示，截至 2015 年年底，全国个体私营经济从业人员实有 2.8 亿人，比 2014 年年底增加 3 102.1 万人，增长 12.4%（见表 1-2）。

表 1-2 2014—2015 年全国个体私营经济从业人员基本情况

	2014 年	2015 年	增长率（%）
私营企业（亿人）	1.4	1.6	13.9
个体工商户（亿人）	1.1	1.2	10.4
总计	2.5	2.8	12.4

私营企业、个体工商户吸纳就业逐年提高的同时，产业分布情况也在发生变化。2014—2015 年，第三产业个体私营经济从业人员数量猛增，占比从 2014 年的 72.4% 增至 2015 年的 84.7%。2015 年，第三产业个体私营经济从业人员达 2 亿

人,比 2014 年年底增加 2 542.8 万人,占增加总量的 82%(见表 1-3)。

表 1-3　2014—2015 年个体私营经济从业人员分产业比重结构　　单位:%

	2014 年	2015 年
第一产业占比	3.4	5.3
第二产业占比	24.4	10.0
第三产业占比	72.4	84.7

第二节　新三板挂牌公司情况

新三板,全国中小企业股份转让系统,是主要针对中小微企业的全国性非上市股份有限公司股权交易平台。新三板数据能有效地反映我国中小微企业经营情况、资本运作情况、活跃程度等。

一、总体概况

《全国中小企业股份转让系统 2015 年统计年报》发布数据显示,截至 2015 年 12 月,新三板挂牌公司达 5 129 家,总股本达 2 959.5 亿股,总市值高达 24 584.4 亿元,市盈率为 47.2(见表 1-4)。

表 1-4　新三板挂牌公司规模月度统计

月份	挂牌公司家数	总股本（亿股）	流通股本（亿股）	总市值（亿元）	市盈率（倍）
2014.12	1 572	658.4	236.9	4 591.4	35.3
2015.01	1 864	765.8	269.1	5 591.6	36.6
2015.02	1 994	833.7	299.4	6 196.1	38.8
2015.03	2 150	919.2	329.2	9 622.0	56.6
2015.04	2 343	1 058.5	372.0	11 166.4	60.9
2015.05	2 487	1 155.7	409.1	12 500.9	52.3
2015.06	2 637	1 277.0	476.9	11 933.7	45.9
2015.07	3 052	1 540.3	572.9	13 191.7	42.1
2015.08	3 359	1 735.2	642.5	14 082.1	41.7
2015.09	3 585	1 893.7	702.1	15 110.2	42.5
2015.01	3 896	2 126.3	781.8	17 092.4	43.6
2015.11	4 385	2 463.1	889.0	20 807.5	48.0
2015.12	5 129	2 959.5	1 023.6	24 584.4	47.2

新三板市场从2013年的356家猛增到5 129家,反映出近三年来中小微企业资本市场的活跃程度。截至2015年年底,新三板发行次数达2 547次,融资金额达1 213.38亿元,成交金额达1 910.62亿元,成交数量达278.91亿股。从投资者账户来看,机构投资者达22 717户,个人投资者198 625户(见表1-5)。

表1-5 2013—2015年新三板市场统计情况

	2015年	2014年	2013年
挂牌规模			
挂牌公司家数	5 129	1 572	356
总股本(亿股)	2 959.51	658.35	97.17
总市值(亿元)	24 584.42	4 591.42	553.06
股票发行			
发行次数	2 547	329	60
发行股数(亿股)	229.9	26.52	2.92
融资金额(亿元)	1 213.38	132.09	10.02
股票转让			
成交金额(亿元)	1 910.62	130.36	8.14
成交数量(亿股)	278.91	22.82	2.02
换手率(%)	53.88	19.67	4.47
市盈率(倍)	47.23	35.27	21.44
投资者账户数量			
机构投资者(户)	22 717	4 695	1 088
个人投资者(户)	198 625	43 980	7 436

二、其他情况

(一)行业分布情况

《全国中小企业股份转让系统2015年统计年报》发布数据显示,制造业企业是新三板主体,截至2015年年末,制造业新三板企业为2 744家,占比53.5%;其次为信息传输、软件和信息技术服务业,上市企业为1 015家,占比19.79%;科学研究和技术服务业等其他行业上市企业总和为1 370家,占比26.70%(见表1-6)。

表 1-6　2014—2015 年新三板企业行业分布情况

行业分类	2015 年		2014 年	
	公司数（家）	占比（%）	公司数（家）	占比（%）
制造业	2 744	53.50	883	56.17
信息传输、软件和信息技术服务业	1 015	19.79	360	22.90
科学研究和技术服务业	219	4.27	55	3.50
租赁和商务服务业	210	4.09	30	1.91
批发和零售业	169	3.29	26	1.65
建筑业	157	3.06	57	3.63
农、林、牧、渔业	119	2.32	38	2.42
金融业	105	2.05	12	0.76
文化、体育和娱乐业	104	2.03	28	1.78
水利、环境和公共设施管理业	78	1.52	24	1.53
交通运输、仓储和邮政业	59	1.15	15	0.95
电力、热力、燃气及水生产和供应业	33	0.64	5	0.32
房地产业	26	0.51	0	0.00
采矿业	24	0.47	14	0.89
卫生和社会工作	24	0.47	11	0.70
教育	19	0.37	4	0.25
居民服务、修理和其他服务业	13	0.25	7	0.45
住宿和餐饮业	11	0.21	1	0.06
综合	0	0.00	2	0.13
合计	5 129	100.00	1572	100.00

（二）地域分布情况

《全国中小企业股份转让系统 2015 年统计年报》发布数据显示，截至 2015 年底，北京、广东、江苏新三板挂牌公司数量分别为 763、684 和 651 家，三地挂牌公司数量占比均超过 10%，占比总额达到 40.91%。其中，北京挂牌公司数量由 2014 年的 362 提高至 763，而占比则由 23.03% 降至 14.88%，与此同时，广东、江苏挂牌公司的占比在 2015 年则有大幅提高（见表 1-7）。

表 1-7 2014—2015 年新三板挂牌公司地域分布情况

省份	2015 年		2014 年	
	公司数（家）	占比（%）	公司数（家）	占比（%）
北京	763	14.88	362	23.03
广东	684	13.34	149	9.48
江苏	651	12.69	171	10.88
上海	440	8.58	166	10.56
浙江	410	7.99	69	4.39
山东	336	6.55	98	6.23
湖北	204	3.98	93	5.92
河南	195	3.80	55	3.50
安徽	162	3.16	45	2.86
福建	139	2.71	41	2.61
四川	137	2.67	31	1.97
辽宁	114	2.22	41	2.61
湖南	110	2.14	33	2.10
河北	98	1.91	23	1.46
天津	92	1.79	41	2.61
陕西	64	1.25	22	1.40
新疆	63	1.23	17	1.08
江西	62	1.21	13	0.83
重庆	59	1.15	22	1.40
云南	55	1.07	13	0.83
黑龙江	51	0.99	14	0.89
吉林	41	0.80	7	0.45
贵州	36	0.70	13	0.83
宁夏	36	0.70	14	0.89
山西	32	0.62	4	0.25
广西	31	0.60	5	0.32
内蒙古	26	0.51	3	0.19
甘肃	17	0.33	3	0.19
海南	16	0.31	3	0.19
青海	3	0.06	1	0.06
西藏	2	0.04	—	—
合计	5 129	100.00	1 572	100.00

(三) 股本分布情况

《全国中小企业股份转让系统 2015 年统计年报》发布数据显示,从挂牌公司股本分布情况来看,截至 2015 年年底,股本在 1 000 万—5 000 万股的挂牌公司数量最多,为 2 916 家,数量占比为 56.85%,其次为股本在 5 000 万—10 000 万股的挂牌公司。2015 年股本分布结构与 2014 年类似,而 2015 年 5 000 万—10 000 万股和 10 000 万股以上的区间占比均高于 2014 年,而 5 000 万股以下的三个区间占比均有所下降,说明 2015 年新三板挂牌门槛有所提升,新挂牌公司实力更为雄厚(见表 1-8)。

表 1-8 2014—2015 年新三板挂牌公司股本分布情况

股本(万股)	2015 年		2014 年	
	公司数(家)	占比(%)	公司数(家)	占比(%)
500 以下	25	0.49	1	0.06
500—1 000	447	8.72	214	13.61
1 000—5 000	2 916	56.85	944	60.05
5 000—10 000	1 209	23.57	324	20.61
10 000 以上(含 10 000)	532	10.37	89	5.66
合计	5 129	100.00	1 572	100.00

注:采用上组限不在内原则,如 500—1 000 不包含 1 000。

(四) 股东人数分布情况

《全国中小企业股份转让系统 2015 年统计年报》发布数据显示,截至 2015 年年底,股东人数在 10—50 人和 3—10 人的挂牌公司数量最多,分别为 2 056 家和 1 741 家,两区间合计占比 74.03%。相较 2014 年数据,2015 年 10 人以上四个区间的占比均有所上升,与股本情况相呼应,再次说明 2015 年新三板挂牌门槛有所提升(见表 1-9)。

表 1-9 2014—2015 年新三板挂牌公司股东人数分布情况

股东人数	2015 年		2014 年	
	挂牌公司数(家)	占比(%)	挂牌公司数(家)	占比(%)
2	397	7.74	146	9.29
3—10	1 741	33.94	669	42.56
10—50	2 056	40.09	596	37.91
50—100	453	8.83	98	6.23
100—200	275	5.36	51	3.24
200 以上	207	4.04	12	0.76
合计	5 129	100.00	1 572	100.00

注:采用上组限不在内原则,如 100—200 不包含 200。

第三节 中小企业指数变化情况

一、中小企业发展指数

2015年中小企业发展指数总体平稳,波动不大,运行区间为91—93(见图1-6)。

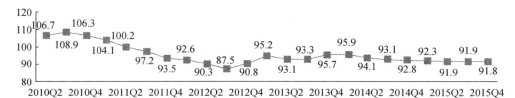

图1-6 2010—2015年中国中小企业发展指数运行图

(一)第一季度

第一季度中国中小企业发展指数(SMEDI)为92.3,比上年第四季度下降0.5点,延续下降趋势。分行业指数下降的面有所扩大,为2升6降,分项指数为5升3降。经济运行的下行压力有所加大,中小企业的困难更多一些。

在8个分行业指数中,2个分行业指数的升幅不大,6个分行业指数的降幅相比升幅较大,多数超过1.5点。本季度分行业的投资指数和效益指数普遍下降,有些降幅较大。分行业细项指数其他方面的升降变化因行业而异。

东、中、西部地区指数分别为92.4、91.2、95.9,东部地区连续4个季度下降,本季度下降0.8点;中部地区转升为降,降幅为1.7点;西部地区转降为升,升幅为2.5点。从工业指数来看,西部地区从上季度下降幅度最大改变为上升幅度最大,东部地区次之,中部地区转升为降。

经济运行面临的形势较为复杂较为严峻。中小企业的困难虽然更多一些,但从中小企业发展指数来看,指数的整体状况不会有大的变化,整体态势将延续。

(二)第二季度

第二季度中国中小企业发展指数(SMEDI)为91.9,比上季度下降0.4点,持续小幅下行。分行业指数为3升5降,分项指数为2升6降。

8个分行业中,工业和建筑业的综合状况相比差一些,企业市场、资金、投入、效益方面的状况更差一些。批发零售业次之。房地产业的景气度明显上升,扭转了上季度房地产业指数一度跌至景气临界值100以下的局面。企业的成本状况相对好一些,多数行业经营成本和商品购进价格下降,只有半数行业的人力成本上升,且多数上升幅度不大。但是,企业对于未来发展向好的信心显得不足,加大投入促进发展的积极性不高。

东、中、西部地区指数分别为 93.4、88.0、93.1,东部地区由降转升,升幅 1.0 点;中部地区继续下降,降幅为 3.2 点;西部地区由升转降,降幅为 2.8 点。从工业指数来看,中部地区下降幅度最大,西部地区次之,东部地区略升。

(三) 第三季度

第三季度中国中小企业发展指数(SMEDI)为 91.9,与上季度持平,自 2014 年第二季度以来首次没有下滑。当前经济运行总体处于合理区间,从中小企业发展指数看,分行业和分项指数均为 5 升 3 降。

8 个分行业的生产经营状况因行业不同而有较大差异。总体来看,企业的成本和资金状况相对好一些,成本和资金指数分别上升 2.8 和 2.5 点,在 8 个分项指数中升幅最大。资金指数的状况可能更多地反映了企业融资意愿弱化。突出的问题是,投入指数下降 2.3 点,降幅最大,反映了企业增加投入促进发展的积极性不高。效益指数下降 1.8 点,跌至 69.8 点,特别是工业、房地产业和社会服务业效益指数降幅很大,分别下降 3.1、3.0 和 3.1 点,企业效益进一步下滑。企业劳动力需求指数下降 1.1 点,供应指数上升 0.2 点,企业劳动力需求下降、供应上升比较明显。

东、中、西部地区指数分别为 93.4、94.7、87.8,东部地区继续上升,升幅为 0.1 点;中部地区转降为升,升幅为 6.7 点;西部地区继续下降,降幅为 5.3 点。从工业指数来看,中部地区上升 10.1 点,东部地区下降 0.6 点,西部地区下降 6.4 点。西部地区指数降幅很大,反映西部地区中小企业生产经营的总体状况明显不如东部地区和中部地区。

(四) 第四季度

第四季度中国中小企业发展指数(SMEDI)为 91.8,较上季度下降 0.1 点。当前经济运行与上季度相比,没有大的变化。从中小企业发展指数看,分行业指数 3 升 4 降 1 持平,分项指数 5 升 3 降,大多数分行业和分项指数的升降幅度都很小,呈现低位趋稳的状态,这成为本季度的突出特点。

8 个分行业指数中,大多数分行业指数的升降幅度都很小,呈现低位趋稳的状态,这成为本季度的突出特点。多数行业的成本状况相对好一些。可以看出,企业的资金状况相对差一些,流动资金指数下降 1.0 点,融资指数下降 0.3 点,一些企业的应收账款增加。企业的市场状况相对差一些,销量和销价下降,一些企业的库存增加。

东、中、西部地区指数分别为 93.3、89.9、88.5,东部地区和中部地区由升转降,降幅分别为 0.1 和 4.7 点;西部地区转降为升,升幅为 0.7 点。从工业指数来看,东部上升 1.3 点,中部地区下降 4.1 点,西部地区下降 6.8 点。

二、企业景气指数

《中国中小企业景气指数研究报告 2015》显示,2015 年,广东、江苏、浙江蝉联中国中小企业省际综合景气指数前三甲;华东、华南地区仍为中国中小企业发展最具活力的区域;苏州、杭州和广州 3 市排名全国主要 16 个城市的前三位。

2015 年全国综合景气平均指数为 87.65,达到近三年来的最高指数水准,全国中小企业景气状况探底回升。分析主要原因,一是中小板、创业板及新三板市值大涨,带来了企业家特别是创业者的信心提升;二是基于国家顶层设计的"大众创新、万众创业"、中小微企业减税等政策红利激发了创业创新高潮,带来了中小企业综合景气明显回升。

中小企业转型升级"爬坡过坎"效果逐渐显现。特别是机器人等新兴产业取得长足进展,绿色制造大大提升了中小企业技术创新的信心与投入。"互联网+"推动了中小企业智能制造,中小企业电子商务和中小企业物联网的发展正在打造中小企业新生态。同时,"一带一路"战略进一步拓展了中小企业国际成长空间,中小企业发展进入"新常态"。

第二章 2015年促进中小企业发展的政策与法规综述

2015年是全面深化改革的关键之年,是全面推进依法治国的开局之年,也是中小微企业发展的关键一年。近年来,国务院、工信部、科技部、商务部、国家发改委、财政部等多部门出台了一系列促进中小微企业发展的管理办法和实施意见等政策性文件,而与往年政策相比,2015年政策更侧重于推动中小微企业创新创业,并在财税、金融、商事制度、服务体系等方面提供政策扶持。2015年6月16日,国务院出台《关于大力推进大众创业万众创新若干政策措施的意见》,改革完善相关体制机制,构建普惠性政策扶持体系,为中小微企业创新创业提供了政策支持和战略保障。

2015年国家部委共出台37项重要政策扶持中小微企业发展,其中综合性政策3项,金融政策8项,财税政策12项,创新政策8项,创业就业政策2项及上市制度政策4项,扶持政策数量远超往年,充分地说明国家扶持中小微企业健康发展的决心之坚、行动力之强。

第一节 国家部委中小企业扶持政策

一、综合性政策

2015年是形势复杂的一年,国际经济增长低于预期,国内宏观经济下行压力加大,中小企业面临成本上升、需求下降,利润空间受到挤压等问题,亟须推动创新创业、转型升级,寻找新的经济增长点。对此,中央和各地方政府相继出台了一系列针对中小企业的综合性扶持政策。

2015年2月25日,国务院总理李克强主持召开国务院常务会议,确定进一步减税降费措施、支持小微企业发展和创业创新。会议确定,在前期国家已出台一系列优惠政策的基础上,继续加大对小微企业和创业创新的减税降费力度。随即,9月1日的国务院常务会议再次出台中小微企业扶持措施,决定设立总规模600亿元的国家中小企业发展基金,改革创新投融资机制,让积极财政政策更加精准发力,从而缓解中小企业"融资难、融资贵",激发中小企业"双创"活力。2015年政府工作报告中也提出,中小微企业大有可为,要扶上马、送一程,使"草根"创新蔚然成风,遍地开花。

2015年,中小微企业在服务领域和制造业领域均获得政策扶持。1月28日,国务院印发《关于加快发展服务贸易的若干意见》,要求支持有特色、善创新的中小企业发展,引导中小企业融入全球供应链,并推动小微企业融资担保体系建设,积极推进小微企业综合信息共享,该意见从服务贸易角度为中小微企业发展提供可靠路径。而对于制造业领域中小企业同样有针对性的政策扶持。5月8日,国务院发布《中国制造2025》进一步强调了完善中小微企业政策,要求促进大中小企业协调发展,从财税政策、金融支持、创业基地、科研设施、综合服务体系建设等方面入手,推动制造业中小微企业健康发展(见表2-1)。

表2-1　2015年国家部委颁布综合性政策

出台时间	政策措施	部门	文号
1月28日	关于加快发展服务贸易的若干意见	国务院	国发〔2015〕8号
2月25日	国务院常务会议	国务院	
3月25日	国务院关于落实《政府工作报告》重点工作部门分工的意见	国务院	国发〔2015〕14号
5月8日	《中国制造2025》	国务院	国发〔2015〕28号
9月1日	国务院常务会议	国务院	

资料来源:根据中国中小企业信息网资料整理。

二、金融政策

融资难、融资贵一直是制约中小微企业发展的瓶颈。在推动中小微企业金融改革,破冰小微企业融资困境方面,在《国务院办公厅关于金融支持小微企业发展的实施意见》的基础上,国务院、中国人民银行、中国银监会、商务部、中国保监会等在2015年出台多项金融扶持政策,为推动中小微企业发展打出政策组合拳。

在完善金融服务方面,商务部办公厅于1月7日发布《关于进一步引导和支持典当行做好中小微企业融资服务的通知》,引导典当行进一步发挥自身优势做好融资服务,拓宽中小微企业融资渠道。1月8日,中国保监会、工业和信息化部、商务部、中国人民银行、中国银监会等部门联合发布《关于大力发展信用保证保险服务和支持小微企业的指导意见》,以信用保证保险产品为载体,发挥信用保证保险的融资征信功能,缓解小微企业"融资难、融资贵"问题。3月3日,中国银监会出台《关于做好2015年小微企业金融服务工作的指导意见》,提出明确工作目标,努力实现"三个不低于",加大金融创新,提升服务能力等十项要求,进一步改进小微企业金融服务,积极推动大众创业、万众创新。

互联网金融近年来发展迅猛,成为缓解中小微企业融资问题的重要途径。为鼓励金融创新,促进互联网金融健康发展,明确监管责任,规范市场秩序,7月18日,中国人民银行、工信部、公安部、财政部、国家工商总局、法制办、中国银监会、中国证监会、中国保监会、国家互联网信息办公室等十部委联合发布《关于促进互联网金融健康发展的指导意见》,提出一系列鼓励创新、支持互联网金融稳步发展的政策措施,确立了互联网支付、网络借贷、股权众筹融资、互联网基金销售、互联网保险、互联网信托和互联网消费金融等互联网金融主要业态的监管职责分工,并明确各相关部门相关职责分工,切实推动互联网金融有序发展(见表2-2)。

表2-2　2015年国家部委颁布金融政策

出台时间	政策措施	部门	文号
1月7日	关于进一步引导和支持典当行做好中小微企业融资服务的通知	商务部办公厅	商办流通函〔2015〕6号
1月8日	关于大力发展信用保证保险服务和支持小微企业的指导意见	中国保监会、工信部、商务部、中国人民银行、中国银监会	保监发〔2015〕6号
3月3日	关于做好2015年小微企业金融服务工作的指导意见	中国银监会	银监发〔2015〕8号
3月10日	关于创新投资管理方式建立协同监管机制的若干意见	国务院办公厅	国办发〔2015〕12号
5月19日	关于在公共服务领域推广政府和社会资本合作模式的指导意见	国务院办公厅	国办发〔2015〕42号
6月22日	关于促进民营银行发展指导意见的通知	中国银监会	国办发〔2015〕49号
7月18日	关于促进互联网金融健康发展的指导意见	中国人民银行、工信部、公安部、财政部、国家工商总局、法制办、中国银监会、中国证监会、中国保监会、国家互联网信息办公室	银发〔2015〕221号
8月7日	关于促进融资担保行业加快发展的意见	国务院	国发〔2015〕43号

资料来源:根据中国中小企业信息网资料整理。

在推动推广政府和社会资本合作模式领域,为充分激发社会资本活力,培育经济增长新动力,国务院办公厅于5月19日颁布《关于在公共服务领域推广政府和社会资本合作模式的指导意见》,鼓励在公共服务采用政府和社会资本合作(Public-Private Partnership,PPP)模式,明确在公共服务领域推广PPP模式的工作要求,并加强对地方推广PPP模式的指导和监督,盘活社会资本,为中小微企业增添新的活力。

同时,2015年还相继出台《关于创新投资管理方式建立协同监管机制的若干意见》《关于促进民营银行发展指导意见的通知》《关于促进融资担保行业加快发展的意见》等金融政策,建立投资项目纵横联动协同监管机制,积极推动具备条件的民间资本依法发起设立中小型银行等金融机构,切实发挥融资担保对小微企业和"三农"发展以及创业就业的重要作用,把更多金融"活水"引向小微企业,全方位、多举措地打出金融扶持政策组合拳。

三、财税政策

财税政策能通过加强和改善财政宏观调控、实施税费减免和补贴政策、加大财政资金投入、加强服务和政策引导等措施,有效地减轻中小微企业负担,推动中小微企业良性发展。为落实国务院扶持小型微利企业发展的税收优惠政策,财政部、国家税务总局等部门相继出台多项财税政策,从所得税优惠、依法治税、发展专项资金等方面,全面切实推动中小微企业健康发展。

继2014年财政部、国家税务总局等出台多项关于所得税优惠政策、发展专项资金、新三板、政府和社会资本合作等财税扶持政策,2015年再度发力,出台共计12项扶持政策。其中,各项税收优惠政策10项,推进依法治税政策1项,发展专项资金管理1项。政策的出台,有效地减轻了中小微企业税收负担,依法治税为中小微企业的发展提供了规范的成长环境。

全面落实小微企业各项税收优惠政策,释放小微企业税收优惠政策红利方面,2015年出台多项保障措施。1月15日起,财政部、国家税务总局相继出台《关于金融企业涉农贷款和中小企业贷款损失准备金税前扣除有关问题的通知》《关于小型微利企业所得税优惠政策的通知》《关于继续执行小微企业增值税和营业税政策的通知》《关于进一步扩大小型微利企业所得税优惠政策范围的通知》等政策,进一步简化了小型微利企业享受所得税优惠政策备案手续,明确企业所得税优惠条件,自2015年1月1日至2017年12月31日,对年应纳税所得额低于20万元(含20万元)的小型微利企业,其所得减按50%计入应纳税所得额,按20%的税率缴纳企业所得税;自2015年10月1日起至2017年12月31日,对年应纳税所得额为20万—30万元(含30万元)的小型微利企业,其所得减按50%计入应纳税所得额,按20%的税率缴纳企业所得税,将中小微企业税收优惠政策进一步落实到位。与此同时,国家税务总局相继颁布《关于3项企业所得税事项取消审批后加强后续管理的公告》《关于进一步做好小微企业税收优惠政策贯彻落实工作的通知》《关于贯彻落实扩大小型微利企业减半征收企业所得税范围有关问题的公告》《关于发布〈税收减免管理办法〉的公告》《关于中小企业信用担保机构免征营业税审批事项取消后有关管理问题的公告》,进一步贯彻落实了中小微企业的相关优惠措施。其中,国家税务总局于6月8日颁布的《关于发布〈税收减免管理办法〉的公告》,进一步细化备案管理,简化办事程序,备案类减免税均采取一次性备案,减轻纳税人办税负担。同时,转变管理方式,加强事中事后监管,更加注重对减免税风险管理的动态监测和应对。

在规范中小微企业纳税环境方面,2月27日,国家税务总局出台《关于全面推进依法治税的指导意见》,明确税务系统全面推进依法治税的指导思想、总体要求、实施路径和重要任务,为在更高层次、更高水平上推进法治税务建设、实现税收治理体系和治理能力现代化指明了方向。该意见是税务系统全面推进依法治税的纲领性文件,重点提出了全国税务系统全面推进依法治税9项重要任务(见表2-3)。

表2-3 2015年国家部委颁布财税政策

出台时间	政策措施	部门	文号
1月15日	关于金融企业涉农贷款和中小企业贷款损失准备金税前扣除有关问题的通知	财政部、国家税务总局	财税〔2015〕3号
2月2日	关于3项企业所得税事项取消审批后加强后续管理的公告	国家税务总局	税总发〔2015〕6号
2月27日	关于全面推进依法治税的指导意见	国家税务总局	税总发〔2015〕32号
3月13日	关于小型微利企业所得税优惠政策的通知	财政部、国家税务总局	财税〔2015〕34号
3月13日	关于进一步做好小微企业税收优惠政策贯彻落实工作的通知	国家税务总局	税总发〔2015〕35号
3月18日	关于贯彻落实扩大小型微利企业减半征收企业所得税范围有关问题的公告	国家税务总局	税总发〔2015〕17号
6月8日	关于发布《税收减免管理办法》的公告	国家税务总局	税总发〔2015〕43号
7月17日	关于印发《中小企业发展专项资金管理暂行办法》的通知	财政部	财建〔2015〕458号
8月27日	关于继续执行小微企业增值税和营业税政策的通知	财政部、国家税务总局	财税〔2015〕96号
9月1日	关于降低住房转让手续费受理商标注册费等部分行政事业性收费标准的通知	国家发改委、财政部	发改价格〔2015〕2136号
9月2日	关于进一步扩大小型微利企业所得税优惠政策范围的通知	财政部、国家税务总局	财税〔2015〕99号
9月21日	关于中小企业信用担保机构免征营业税审批事项取消后有关管理问题的公告	国家税务总局	税总发〔2015〕69号

资料来源:根据中国中小企业信息网资料整理。

在发展专项资金方面,7月17日,财政部出台《关于印发〈中小企业发展专项资金管理暂行办法〉的通知》,就专项资金管理原则、支持范围等进行明确规定,有效地规范中小企业发展专项资金的管理和使用,提高资金使用效益。

四、创新创业政策

推进大众创业、万众创新,对于推动经济结构调整、打造中小微企业发展新引擎、增强中小微企业发展新动力具有重要意义。3月5日,李克强总理在2015年政府工作报告中指出,打造大众创业、万众创新和增加公共产品、公共服务成为推动中国经济发展调速不减势、量增质更优,实现中国经济提质增效升级"双引擎"。2015年,国务院、科技部、工信部等部委相继出台8项创新政策、2项创业就业政策,通过创新创业引导中小微企业实现新经济增长方式,培育新经济增长点。

创新政策方面,自1月6日《关于促进云计算创新发展培育信息产业新业态的意见》发布以来,国务院相继发布一揽子创新创业政策。3月2日,国务院发布《关于发展众创空间推进大众创新创业的指导意见》,加快发展众创空间等新型创业服务平台,营造良好的创新创业生态环境,为发展众创空间提出八项重点任务;5月4日,国务院办公厅发布《关于深化高等学校创新创业教育改革的实施意见》,从高等学校领域进一步推进大众创新、万众创业,推进高等教育综合改革,促进高校毕业生更高质量创业就业,为创新创业提供人才保障;6月11日,《关于大力推进大众创业万众创新若干政策措施的意见》正式出台,"一条主线""两个统筹""四个立足",按照"四个全面"战略布局,坚持改革推动,加快实施创新驱动发展战略,充分发挥市场在资源配置中的决定性作用和更好地发挥政府作用。该意见明确要求创新体制机制,实现创业便利化,优化财税政策,强化创业扶持,搞活金融市场,实现便捷融资,扩大创业投资,支持创业起步成长,发展创业服务,构建创业生态,建设创业创新平台,增强支撑作用,激发创造活力,发展创新型创业,拓展城乡创业渠道,实现创业带动就业,加强统筹协调,完善协同机制,全方位多层次的推进创新创业;8月14日,国务院办公厅发布《国务院办公厅关于同意建立推进大众创业万众创新部际联席会议制度的函》,建立并推进大众创业万众创新部际联席会议制度;9月18日,《关于推进线上线下互动加快商贸流通创新发展转型升级的意见》出台,明确3个方面、11项工作任务、7个方面政策措施,推进线上线下互动,加快商贸流通创新发展转型升级;9月23日,出台《关于加快构建大众创业万众创新支撑平台的指导意见》,加快构建大众创业、万众创新支撑平台,推进众创、众包、众扶、众筹四众持续健康发展。至此,国务院通过政策组合体系,多层次、全方位的推进大众创业、万众创新。

在国务院推出创新创业组合拳的同时,科技部于1月10日出台《关于进一步推动科技型中小企业创新发展的若干意见》,明确鼓励科技创业,支持技术创新,强化协同创新,推动集聚化发展,完善服务体系,拓宽融资渠道,优化政策环境,从而激发科技型中小企业技术创新活力,促进科技型中小企业健康发展(见表2-4)。

表 2-4 2015 年国家部委颁布创新政策

出台时间	政策措施	部门	文号
1月6日	关于促进云计算创新发展培育信息产业新业态的意见	国务院	国发〔2015〕5号
1月10日	关于进一步推动科技型中小企业创新发展的若干意见	科技部	国科发高〔2015〕3号
3月2日	关于发展众创空间推进大众创新创业的指导意见	国务院办公厅	国办发〔2015〕9号
5月4日	关于深化高等学校创新创业教育改革的实施意见	国务院办公厅	国办发〔2015〕36号
6月11日	关于大力推进大众创业万众创新若干政策措施的意见	国务院	国发〔2015〕32号
8月14日	国务院办公厅关于同意建立推进大众创业万众创新部际联席会议制度的函	国务院办公厅	国办函〔2015〕90号
9月18日	关于推进线上线下互动加快商贸流通创新发展转型升级的意见	国务院办公厅	国办发〔2015〕72号
9月23日	关于加快构建大众创业万众创新支撑平台的指导意见	国务院	国发〔2015〕53号

资料来源:根据中国中小企业信息网资料整理。

就业事关经济发展和民生改善大局。面对就业压力加大形势,必须着力培育大众创业、万众创新的新引擎,实施更加积极的就业政策,把创业和就业结合起来,以创业创新带动就业,催生经济社会发展新动力,为中小微企业创造和谐的发展环境。4月27日,国务院发布《关于进一步做好新形势下就业创业工作的意见》,要求深入实施就业优先战略,积极推进创业带动就业,统筹推进高校毕业生等重点群体就业并加强就业创业服务和职业培训,为中小微企业创业提供人才保障。与此同时,工业和信息化部出台《关于印发〈国家小型微型企业创业示范基地建设管理办法〉的通知》,就申报条件、申报程序、示范基地管理等方面做出明确规定,加快小企业创业基地建设步伐,优化小型微型企业创业创新环境(见表2-5)。

表 2-5 2015 年国家部委颁布创业就业政策

出台时间	政策措施	部门	文号
4月13日	关于印发《国家小型微型企业创业示范基地建设管理办法》的通知	工信部	工信部企业〔2015〕110号
4月27日	关于进一步做好新形势下就业创业工作的意见	国务院	国发〔2015〕23号

资料来源:根据中国中小企业信息网资料整理。

五、商事制度政策

商事制度改革有效激发了中小微企业创业热情和活力。6月23日,国务院办公厅出台《关于加快推进"三证合一"登记制度改革的意见》,部署加快推进此项改革,进一步便利企业注册,提出2015年年底前在全国全面推行"一照一码"登记模式,"三证合一"登记制度是对我国"三证分离"登记制度的重大突破与创新。10月1日起,"三证合一、一照一码"登记制度改革在全国范围内全面实施,以中小微企业为代表的新注册登记市场主体出现爆发性增长,改革成效明显,极大激活了中小微企业活力。10月13日,国务院颁布《关于"先照后证"改革后加强事中事后监管的意见》,深化商事制度改革,强化"先照后证"改革后的事中事后监管,严格行政审批事项管理,厘清市场监管职责,完善协同监管机制,构建社会共治格局,进一步规范中小微企业发展环境,为中小微企业健康发展再添一把力。

小微企业名录工作推进方面,为落实《国务院关于扶持小型微型企业健康发展的意见》第九项任务,6月30日,国家工商总局负责建设的全国小微企业名录系统正式开通,该系统包括扶持政策集中公示、申请扶持导航、企业享受扶持信息公示和小微企业库4个板块,已初步实现扶持政策集中公示的功能,涉及法律法规、国务院文件、部门文件、地方政策等4个部分,汇集了国家和各地政府部门扶持小微企业发展的要闻动态。8月3日,国家工商总局发布《关于抓紧建设小微企业名录的通知》,要求各地小微企业名录系统建设分步进行,实现本地政策集中公示功能,及时发布扶持小微企业发展的要闻、动态,参照总局建设的小微企业名录系统,为本地的系统设置多个入口。为推进小微企业名录工作的顺利开展,国家工商总局于10月20日出台《关于进一步做好小微企业名录建设有关工作的意见》。小微企业名录的建设工作,将有利于进一步规范小微企业管理,为小微企业提供更为到位的各项服务,推动小微企业健康发展(见表2-6)。

表2-6 2015年国家部委颁布商事制度政策

出台时间	政策措施	部门	文号
6月23日	关于加快推进"三证合一"登记制度改革的意见	国务院办公厅	国办发〔2015〕50号
8月3日	关于抓紧建设小微企业名录的通知	国家工商总局	工商个字〔2015〕118号
10月13日	关于"先照后证"改革后加强事中事后监管的意见	国务院	国发〔2015〕62号
10月20日	关于进一步做好小微企业名录建设有关工作的意见	国家工商总局	工商个字〔2015〕172号

资料来源:根据中国中小企业信息网资料整理。

第二节 各地中小微企业扶持政策措施

2015年国家部委针对中小微企业发展连出政策组合拳，多层次、全方位推动中小微企业健康发展。为贯彻中央精神，落实中央扶助中小微企业各项政策，各地纷纷落实扶持工作，在中小微企业综合扶持、减税降负、缓解融资问题、拓宽融资渠道、加大资金补贴支持力度、完善公共平台服务、推动创新创业等方面出台多项条例、意见、通知、管理办法等条文、规章制度，多举措、系统化推动中小微企业发展。2015年各地中小微企业扶持政策措施中，在财税和金融方面纷纷出重拳，进一步为中小企业减负，拓宽融资渠道，加大资金支持力度。在此基础上，各地政府还出台相关措施，从鼓励创业就业、完善服务平台等角度，全面推进中小微企业发展。

一、中小微企业扶持措施

在中小微企业综合扶持措施方面，安徽、福建、广东、海南、河北、河南、湖北、吉林、江西、内蒙古、青海、山东、山西、陕西、四川、新疆等地争相出台各项规章制度、政策措施，与国家部委各项扶持政策相呼应（见表2-7）。

表2-7 2015年各地法规扶持中小微企业政策汇总

地区	扶持举措
安徽	《关于扶持小型微型企业健康发展的实施意见》
福建	《关于进一步扶持小微企业加快发展七条措施的通知》
广东	《关于促进小微企业上规模的指导意见》
	《广东省支持小微企业稳定发展的若干政策措施》
海南	18条措施助小微企业发展
河北	《2015年扶助小微企业专项行动实施方案》
	《关于扶持小型微型企业健康发展的实施意见》
	《关于稳增长遏制工业经济下滑的若干措施》
河南	《关于扶持小微企业发展16条政策措施的意见》
湖北	《2015年扶助小微企业专项行动实施方案》
吉林	《关于支持小型微型企业健康发展的意见》
江西	启动扶助小微企业专项行动
内蒙古	《关于进一步扶持小型微型企业加快发展八条措施的通知》
青海	《关于支持小微企业创业创新发展的实施意见》
山东	《关于依法保障民营经济和中小微企业加快发展的意见》
山西	《关于落实支持小微企业发展政策的意见》

(续表)

地区	扶持举措
陕西	12项举措力促小微企业发展
四川	《2015年扶助小微企业专项行动工作方案》
新疆	开展扶助小微企业专项行动
	《关于报送支持中小微企业发展政策措施相关材料的通知》
云南	《关于促进民营经济发展若干政策措施的意见》
浙江	小微企业三年成长计划
重庆	五项措施扶持小微企业发展

资料来源：根据中国中小企业信息网资料整理。

1月1日，福建省发布《关于进一步扶持小微企业加快发展七条措施的通知》，明确要求月营业额不超3万元的小微企业免营业税，对小微企业提供无抵押无担保贷款，设立"小微企业发债增信资金池"，鼓励大学生到小微企业就业，并明确其他进一步扶持小微企业的措施，拉开2015年各地政策扶持中小微企业序幕。2月，广东省政府办公厅发布《关于促进小微企业上规模的指导意见》，以贯彻落实国务院关于扶持小微企业健康发展的工作部署，推动广东省小微企业加快转型升级为规模以上企业，提出九项相关扶持措施，在税收、财政、信贷、融资服务、电子商务等方面对小微企业予以扶持。8月，广东省又出台《广东省支持小微企业稳定发展的若干政策措施》，进一步激发大众创业、万众创新活力，促进广东省小型微型企业健康稳定发展。

此后，各地纷纷出台扶持措施。湖北省经信委发布《2015年扶助小微企业专项行动实施方案》，继续实施中小企业成长工程，力争全年新增1200家规模以上工业企业；四川省经信委正式印发《四川省2015年扶助小微企业专项行动工作方案》，选取科技型、成长型小微企业进行创业促进工程试点不少于200户，力争推动1000户小微企业成长升规；河北省政府出台《关于扶持小型微型企业健康发展的实施意见》，从财政、税收、创业、就业、融资、担保、金融等诸多方面制定具体措施，加大对小微企业的扶持力度；云南省出台《关于促进民营经济发展若干政策措施的意见》，提出加大金融支持、拓宽融资渠道、帮助促销降本、强化用地保障、优化财税政策、实行社保优惠等19条措施。新疆、内蒙古、河南、吉林、江西、山东、陕西等其他省、自治区、直辖市等均出台政策推动小微企业健康发展。

二、财税扶持措施

2015年各地扶持中小微企业各项举措中，财税政策扶持成为亮点。各地纷纷从减轻企业税负、专项资金补贴等方面，全面缓解中小微企业资金问题（见表2-8）。

表 2-8 2015 年各地扶持中小微企业财税政策

地区	扶持举措
安徽	取消或暂停征收 12 项中央设立的行政事业性收费 清理取消 7 项省级设立的行政事业性收费项目
福建	落实免征和取消有关行政事业性收费政策
广东	小微企业税收优惠政策座谈会
广西	《关于取消、停征和免征一批行政事业性收费的通知》 启动中小企业发展专项资金(含农产品加工企业扶持资金)项目申报工作 《关于印发 2015 年广西壮族自治区行政事业性收费项目目录的通知》
河北	《关于取消停征和免征部分行政事业性收费的通知》 《河北省小微企业降费工作方案》
黑龙江	落实小微企业优惠政策
江苏	《关于公布对小微企业减免部分政府性基金的通知》
江西	免征小微企业 42 项中央级行政事业性收费
辽宁	税收优惠政策"打包"出台 加快小型微利企业所得税汇算清缴退税工作进度
宁夏	免征小微企业五项政府性基金 建立中小企业互助基金 《关于财税支持小微企业做大做强的意见》
青海	投放首批中小企业发展基金
山东	《山东省政府采购合同融资管理暂行办法》
山西	《山西省免征小微企业行政事业性收费项目目录清单》 出台减轻企业负担促进工作稳定运行的 60 项措施
上海	《关于免征部分船舶行政事业性收费的通知》
四川	成立中小企业发展基金
天津	六大行业小微企业所得税再减免 取消或暂停征收 12 项中央级设立的行政事业性收费 企业若干固定资产加速折旧新政
新疆	《关于免征小微企业组织机构代码证书收费的通知》
重庆	后续扶持资金 1.8 亿元扶持小微企业 《重庆小微企业政府采购政策》

资料来源:根据中国中小企业信息网资料整理。

为推动中小微企业健康发展,安徽、福建、广东、广西、河北、黑龙江、江苏、江西、辽宁、宁夏、青海、山东、山西、上海、四川、天津、新疆、重庆等地纷纷出台财税优惠政策。

1月,天津市明确了企业若干固定资产加速折旧新政。其中,软件和信息技术服务等6大行业的小微企业,于2014年1月1日后新购进的研发和生产经营仪器设备,单位价值不超过100万元的,允许一次性计入当期成本,在计算应纳税所得额时扣除,仅此预计为天津市小微企业减税2 000余万元;安徽省取消或暂停征收12项中央设立的行政事业性收费,对符合条件的小微企业,免征5项政府性基金和42项行政事业性收费。同时,安徽省还清理取消了7项省级设立的行政事业性收费项目,进一步减轻企业和社会的负担,特别是减轻了小微企业负担;江苏省财政厅会同省国税、地税局联合印发通知,规定符合条件的小微企业,可以减免防洪保安资金、残疾人就业保障金等5项政府性基金。

此后,各地竞相出台财税扶持政策。2月,河北省国土资源厅发出《关于取消停征和免征部分行政事业性收费的通知》,河北省免征小微企业土地登记费,最多可为小微企业减轻负担4万元;山西省发布《山西省免征小微企业行政事业性收费项目目录清单》,从2015年1月1日起,免征小微企业来自国土资源、环保、食品药品监督等九大部门30余项行政事业收费;广西自治区财政厅5月下发《关于取消、停征和免征一批行政事业性收费的通知》,取消、停征和免征这批行政事业性收费后,每年减轻企业负担约5亿元人民币;黑龙江省国税局迅速落实总局小微企业优惠政策10项措施,出台30项具体措施,通过不断地创新抓好政策落实;辽宁省国税局发布加快小型微利企业所得税汇算清缴退税工作进度文件,全省各级国税机关全面开启绿色通道,采用审核前置、一窗通办、限时办结等措施,加快小型微利企业汇算退税办理进度。各项扶持措施的出台,有效地减轻了中小微企业的财税负担,有利于推动中小微企业健康前行。

三、金融扶持措施

融资问题成为中小微企业发展瓶颈,破解"融资难、融资贵"问题成为推动中小微企业发展的关键。2015年,各级政府为解决中小企业融资问题,纷纷从拓展融资渠道、完善信用担保体系等方面,全面缓解中小微企业融资问题(见表2-9)。

表2-9 2015年各地中小微企业融资扶持政策

地区	扶持举措
安徽	《安徽省政策性融资担保机构绩效考核评价暂行办法》
	《中国银监会安徽监管局关于抓好政策落实有效缓解企业融资难融资贵问题的通知》
北京	设小微企业担保代偿机制
福建	《福建省小微企业专利权质押贷款风险补偿资金管理办法(试行)》
广东	免除小微企业贷款承诺费等多项收费

(续表)

地区	扶持举措
贵州	《贵州省创新发展扶贫小额信贷实施意见》
海南	《海南省小微企业贷款风险保障资金管理暂行办法》
河南	《河南省小微企业信用担保代偿补偿资金管理办法(试行)》
黑龙江	"银税互动"
吉林	《关于金融支持民营经济和小微企业发展的实施意见》
江苏	小微企业税银互动服务平台
江西	《关于加快发展现代保险服务业的实施意见》
	《江西省中小微企业知识产权质押融资管理办法(暂行)》
	启动运行省科技型中小企业信贷风险补偿资金
内蒙古	《关于支持小额贷款公司持续健康发展加强金融服务的指导意见》
青海	"AB级企业纳税人及小微企业银税互动——税易贷业务"合作签约仪式
山东	《山东省小微企业知识产权质押融资项目管理办法》
	《山东省政府采购合同融资管理暂行办法》
天津	中小微企业风险补偿金贷款备案系统开通
重庆	小微企业融资担保有限公司成立

资料来源:根据中国中小企业信息网资料整理。

为破解中小微企业融资难题,安徽、北京、福建、河南、江苏、江西、山东等地纷纷出台相应扶持措施。1月,安徽首批"政银担"贷款项目在宿州成功落地,共计为18户企业发放贷款7000余万元。继"政银担"创新模式首笔贷款在宣城成功试水之后,又在宿州、淮北、亳州、阜阳、蚌埠5个地市全面开花;天津市中小微企业风险补偿金贷款备案系统开通运行,极大地调动了金融机构向中小微企业提供资金支持的积极性,也为开展贷款风险补偿工作打下了坚实的基础。5月,贵州省政府出台《贵州省创新发展扶贫小额信贷实施意见》,提出通过金融机构评级授信、保险机构给予保险、担保机构提供担保等方式分散风险,让扶贫部门建档立卡贫困户得到免抵押、免担保的信用贷款,帮助贫困户加快"换穷业"步伐。6月,安徽银监局出台《中国银监会安徽监管局关于抓好政策落实有效缓解企业融资难融资贵问题的通知》,指导辖内银行机构抓好政策落实,提升金融服务水平,有效地缓解企业融资难、融资贵问题;福建省财政厅和省知识产权局联合制定《福建省小微企业专利权质押贷款风险补偿资金管理办法(试行)》;江苏省国税局、江苏银行和深圳微众税银信息服务公司在南京联合发布"小微企业税银互动服务平台";江西省正式启动运行省科技型中小企业信贷风险补偿资金,以"点、面"结合的形式建立科贷补偿金资金池。11月,江西省印发《江西省中小微企业知识产权质押融资管理办法(暂行)》,正式启动中小微企业知识产权质押融资工作;黑龙江省国税局与建设银行黑龙江省分行签订"银税互动"战略合作框架协议,创新"大数据"和"互联网+"服务方式,为全省纳税信用良好的小微企业提供"税信贷"暨"税易贷"金融产品综合服务。由中央财政与北京市财政共同出资设立的5亿元小微企业担保代偿补偿机制,12月正式签约启动,主要通过设计政府性担保资金、再担保机构、担保机构与银行等"政、银、担"多方风险分担机制,共同支持小微企业和"三农"融资,从而促进实体经济发展。各地金融扶持措施的出台和落地,进一步理顺了中小微企业的融资环境,对于破解中小微企业融资难题意义重大。

四、创业就业政策

为改善中小微企业创业就业环境,优化中小微企业人才结构,甘肃、贵州、辽宁、山东、山西、新疆等地政府纷纷出台创业就业相关政策措施。2月,贵州省民间小微企业创业服务中心在贵阳建首个创业孵化基地,扶持创业对象包括应届大学生、下岗职工、退伍军人、返乡农民工、失业人员、多次创业失败者、还款困难户等,支持创业业主58名,解决了上百人的就业问题。

此后,各地创业就业政策纷纷出台。6月,辽宁省工商局发布《辽宁省工商局关于鼓励大众创业支持小微企业加快发展的若干意见》,要求"年内实现'一照一码',将办理营业执照、组织机构代码、税务登记的时间,由现在的8天压缩到5天以内",简化创业流程,激发中小微企业创业热情;8月,江苏省人社厅出台《关于支持农村电子商务创业就业工作的意见》,为创办农村电商企业给出一系列优惠政策,对农村劳动者、返乡农民工、在校大学生和毕业5年内的高校毕业生、退役军人等人员创办农村电子商务企业的,按规定享受创业担保贷款和贴息政策;9月,山东省政府出台《关于进一步做好新形势下就业创业工作的意见》,从实施就业优先战略、积极推进大众创业、促进高校毕业生等重点群体就业、加强职业技能培训和创新公共就业创业服务等五个方面,提出了22条政策措施,实现了农民专业合作社、家庭农场以及社会化服务组织等可与小微企业同等享受就业创业扶持政策等16项突破;甘肃省12月出台《甘肃省大力推进大众创业万众创新实施方案》,明确各部门年度政府采购项目预算总额中面向中小企业采购不低于采购总额的30%,其中预留给小微企业的比例不低于60%。此外,甘肃省将鼓励有条件的地方政府设立创业基金,扶持创业创新发展,支持符合条件的企业通过众创、众包等方式开展相关科研活动,鼓励各级财政对符合一定条件众创空间等孵化机构的办公用房、用水、用能、网络等软硬件设施给予适当补贴(见表2-10)。

表 2-10　2015 年各地创业就业政策

地区	扶持举措
甘肃	《甘肃省大力推进大众创业万众创新实施方案》
贵州	建首个创业孵化基地
辽宁	《关于鼓励大众创业支持小微企业加快发展的若干意见》
山东	《关于进一步做好新形势下就业创业工作的意见》
山西	《关于支持农村电子商务创业就业工作的意见》
新疆	积极发展中小微企业促进就业

资料来源：根据中国中小企业信息网资料整理。

五、服务体系政策

2015 年，各级政府还通过建立服务平台、实施各项示范工程、成立服务机构联合会等措施进行中小微企业服务体系建设。7 月，江苏省中小企业信息化服务券试点工作正式启动；黑龙江省中小企业公共服务平台新版发布暨省中小企业服务协会第一届会员代表大会在哈尔滨召开，新版小企业公共服务平台上线，将面向企业提供全方位、深层次的一条龙服务。9 月 11 日，四川省工商局宣布建设小微企业名录，并正式建立由省工商局牵头的扶持小微企业发展信息互联互通联席会议工作机制。河北省工信厅出台《中小企业公共技术服务平台管理办法》，经过评定的服务平台将优先推荐申报国家、省相关专项资金扶持项目，优先推荐金融、担保机构为其提供融资服务，并鼓励各地采取政府购买服务、无偿资助、业务奖励等形式，发挥服务平台作用，扩大公共服务的覆盖面和受益面；辽宁省正式开通小微企业名录系统，小型微型企业加入该名录可以便捷地申请可享受的相关优惠政策；福建省中小商贸流通企业公共服务微信平台正式建设启动。各地服务体系扶持措施，为培育中小微企业产业集群，加强中小微企业公共技术服务平台建设，形成市场化、专业化、集成化、网络化的中小企业公共技术服务提供了支撑体系，有效地推动中小微企业健康发展（见表 2-11）。

表 2-11　2015 年各地服务体系扶持举措

地区	扶持举措
黑龙江	中小企业公共服务平台新版上线
江苏	中小企业信息化服务券试点启动
福建	中小商贸流通企业服务月暨诚信兴商宣传月活动
	中小商贸流通企业公共服务微信平台
甘肃	推动小微企业入驻西北中小企业云平台
河北	《中小企业公共技术服务平台管理办法》

(续表)

地区	扶持举措
辽宁	开通小微企业名录系统
内蒙古	中小企业公共服务平台网络
青海	小微企业名录系统
四川	建设小微企业名录
	扶持小微企业发展信息互联互通联席会议工作机制

资料来源：根据中国中小企业信息网资料整理。

六、其他扶持政策措施

在扶持中小微企业措施上，除财税、金融、创业就业、服务体系等方面，贵州、海南、河北、河南、山西、上海、西藏、云南、重庆等地也在其他方面推出扶持政策，全方面推进中小微企业发展。

在发展文化产业方面，云南省文产办下发《关于促进小微文化企业发展的实施意见》，扶持云南省小微文化企业的发展；贵州省文化厅也发布《关于大力发展文化及相关产业微型企业的通知》，加大对文化及相关产业微型企业的扶持力度，明确重点扶持的除娱乐业外的文化及相关产业微型企业具体行业。

在风险管理方面，河北省商务厅、中国出口信用保险公司河北分公司联合印发《关于做好2015年度小微外贸企业风险保障政策推广工作的通知》，帮助小微外贸企业利用出口信用保险的保险及融资功能，实现企业风险防控和融资便利，为出口企业提供风险保障，帮助企业获得保单融资，助力企业拓展国际市场。同时，为提升河北省工业企业品牌价值和整体形象，提升企业自主创新能力和产品附加值，河北省工信厅还组织开展2015年度河北省中小企业名牌产品评选活动，加强中小微企业自主品牌建设。

在中小微企业培训领域，上海市2015年向小微企业提供12期免费培训，来自70家中小微电商销售企业的120余名企业管理者参加了首期培训，培训由资深企业管理专家系统介绍了ISO 9001国际标准转版的有关内容，并结合实际案例指导电商企业如何应对标准转版，帮助企业及时了解质量管理体系的理念变化，做好标准转版的各项准备工作。

在规范中小微企业法制环境领域，西藏自治区人民检察院结合实际制定出台《全区检察机关反贪部门查办中小企业发展专项资金领域职务犯罪专项工作方案》，严肃查办七类中小企业发展专项资金领域职务犯罪案件，为依法严厉打击中小企业发展专项资金领域职务犯罪，避免国有资产流失，有效发挥发展专项资金在减少中小企业负担、促进中小企业良性循环和健康发展中的积极作用。

在提升民营企业待遇方面，山西省出台《关于推进民营企业办理完善土地使用和房屋产权登记手续的通知》，民营企业在土地利用和供应方面获得与国有企业同等待遇，政府将主动帮助民营企业解决用地中存在的困难和问题（见表2-12）。

表 2-12　2015 年各地服其他扶持措施

地区	扶持举措
贵州	《关于大力发展文化及相关产业微型企业的通知》
海南	《关于小微型企业免征残疾人就业保障金的通知》 出台"民资入宽"企业申请许可标准
河北	《关于做好2015年度小微外贸企业风险保障政策推广工作的通知》 中小企业名牌产品评选活动
河南	小型微型企业发展考核评价办法
山西	《关于推进民营企业办理完善土地使用和房屋产权登记手续的通知》
上海	中小微企业管理体系知识与实务系列培训
西藏	《全区检察机关反贪部门查办中小企业发展专项资金领域职务犯罪专项工作方案》
云南	关于促进小微文化企业发展的实施意见

资料来源：根据中国中小企业信息网资料整理。

第三节　《关于促进互联网金融健康发展的指导意见》解读

互联网金融近几年蓬勃发展，为鼓励金融创新，拓宽中小微企业解决融资问题途径，经党中央、国务院同意，中国人民银行、工信部、公安部、财政部、国家工商总局、国务院法制办、中国银行业监督管理委员会、中国证监会、中国保监会、国家互联网信息办公室于 7 月 18 日联合印发《关于促进互联网金融健康发展的指导意见》（以下简称《指导意见》）。为更好地理解《指导意见》相关内容，现就各方政策解读做进一步梳理。

一、出台背景及意义

互联网金融是传统金融机构与互联网企业利用互联网技术和信息通信技术实现资金融通、支付、投资和信息中介服务的新型金融业务模式。互联网金融的发展对促进金融包容具有重要意义，为大众创业、万众创新打开了大门，在满足小微企业、中低收入阶层投融资需求，提升金融服务质量和效率、引导民间金融走向规范化，以及扩大金融业对内对外开放等方面可以发挥独特功能和作用。

近年来，互联网技术、信息通信技术不断取得突破，推动互联网与金融快速融合，促进了金融创新，提高了金融资源配置效率，但也存在一些问题和风险隐患。

党中央、国务院对互联网金融行业的健康发展非常重视，对出台支持发展、完善监管的政策措施提出了明确要求。要鼓励互联网金融的创新和发展、营造良好的政策环境、规范从业机构的经营活动、维护市场秩序，就应拿出必要的政策措施，回应社会和业界关切，深入研究在新的市场环境和消费需求条件下，如何将发展普惠金融、鼓励金融创新与完善金融监管协同推进，引导、促进互联网金融这一新兴业态健康发展。为此，中国人民银行根据党中央、国务院部署，按照"鼓励创新、防范风险、趋利避害、健康发展"的总体要求，会同有关部门制定了《指导意见》。

二、政策措施

一是积极鼓励互联网金融平台、产品和服务创新，激发市场活力。支持有条件的金融机构建设创新型互联网平台开展网络银行、网络证券、网络保险、网络基金销售和网络消费金融等业务；支持互联网企业依法合规设立互联网支付机构、网络借贷平台、股权众筹融资平台、网络金融产品销售平台；鼓励电子商务企业在符合金融法律法规规定的条件下自建和完善线上金融服务体系，有效拓展电商供应链业务；鼓励从业机构积极开展产品、服务、技术和管理创新，提升从业机构核心竞争力。

二是鼓励从业机构相互合作，实现优势互补。支持金融机构、小微金融服务机构与互联网企业开展业务合作，创新商业模式，建立良好的互联网金融生态环境和产业链。

三是拓宽从业机构融资渠道，改善融资环境。支持社会资本发起设立互联网金融产业投资基金；鼓励符合条件的优质从业机构在主板、创业板等境内资本市场上市融资；鼓励银行业金融机构按照支持小微企业发展的各项金融政策，对处于初创期的从业机构予以支持。

四是相关政府部门要坚持简政放权，提供优质服务，营造有利于互联网金融发展的良好制度环境。鼓励省级人民政府加大对互联网金融的政策支持。

五是落实和完善有关财税政策。对于业务规模较小、处于初创期的从业机构，符合我国现行对中小企业特别是小微企业税收政策条件的，可按规定享受税收优惠政策；结合金融业营业税改征增值税改革，统筹完善互联网金融税收政策；落实从业机构新技术、新产品研发费用税前加计扣除政策。

六是推动信用基础设施建设，培育互联网金融配套服务体系。鼓励从业机构依法建立信用信息共享平台；鼓励符合条件的从业机构依法申请征信业务许可，促进市场化征信服务，增强信息透明度；鼓励会计、审计、法律、咨询等中介机构为互联网企业提供相关专业服务。

三、政策重点

（一）总体要求、原则、总体目标

《指导意见》按照"鼓励创新、防范风险、趋利避害、健康发展"的总体要求，提出一系列鼓励创新、支持互联网金融稳步发展的政策措施，积极鼓励互联网金融平台、产品和服务创新，鼓励从业机构相互合作，拓宽从业机构融资渠道，坚持简政放权和落实、完善财税政策，推动信用基础设施建设和配套服务体系建设。

《指导意见》按照"依法监管、适度监管、分类监管、协同监管、创新监管"的原则，确立互联网支付、网络借贷、股权众筹融资、互联网基金销售、互联网保险、互联网信托和互联网消费金融等互联网金融主要业态的监管职责分工，落实监管责任，明确业务边界。

《指导意见》坚持以市场为导向发展互联网金融，遵循服务好实体经济、服从宏观调控和维护金融稳定的总体目标，切实保障消费者合法权益，维护公平竞争的市场秩序，在互联网行业管理、客户资金第三方存管制度、信息披露、风险提示和合格投资者制度、消费者权益保护、网络与信息安全、反洗钱和防范金融犯罪、加强互联网金融行业自律以及监管协调与数据统计监测等方面提出了具体要求。

（二）规范互联网金融市场秩序

一是加强互联网行业管理。任何组织和个人开设网站从事互联网金融业务的，除应按规定履行相关金融监管程序外，还应依法向电信主管部门履行网站备案手续，否则不得开展互联网金融业务。

二是建立客户资金第三方存管制度。除另有规定外，要求从业机构应当选择符合条件的银行业金融机构作为资金存管机构，对客户资金进行管理和监督。

三是健全信息披露、风险提示和合格投资者制度。从业机构应当对客户进行充分的信息披露，及时向投资者公布其经营活动和财务状况的相关信息，进行充分的风险提示。

四是强化消费者权益保护，在消费者教育、合同条款、纠纷解决机制等方面做出了规定。

五是加强网络与信息安全，要求从业机构切实提升技术安全水平，妥善保管客户资料和交易信息。相关部门将制定技术安全标准并加强监管。

六是要求从业机构采取有效措施履行反洗钱义务，并协助公安和司法机关防范和打击互联网金融犯罪。金融机构在和互联网企业开展合作、代理时，不得因合作、代理关系而降低反洗钱和金融犯罪执行标准。

七是加强互联网金融行业自律。中国人民银行会同有关部门组建中国互联网金融协会，充分发挥行业自律机制在规范从业机构市场行为和保护行业合法权益等方面的积极作用。协会要制定经营管理规则和行业标准，推动从业机构之间的业务交流和信息共享,明确自律惩戒机制,树立诚信规范、服务实体经济发展的正面形象。

八是规定了监管协调与数据统计监测的内容。各监管部门要相互协作、形成合力,充分发挥金融监管协调部际联席会议的作用,密切关注互联网金融业务发展及相关风险,建立和完善互联网金融数据统计监测体系。

(三)政策分工

中国人民银行将与各有关部门一道,加强组织领导和分工协作,抓紧制定配套监管规则,确保各项政策措施落实到位;组建中国互联网金融协会,强化行业自律管理;密切关注互联网金融业务发展及相关风险,对监管政策进行跟踪评估,不断总结监管经验,适时提出调整建议。

(根据中国人民银行等相关解读内容整理)

第三章 中小企业在经济"新常态"中的发展战略研究报告

第一节 我国中小企业进入经济"新常态"的时代背景

"新常态"无疑是2014年最热的词汇之一。"新常态"实际上是美国次贷危机引发的世界金融危机之后,2009年由美国太平洋投资管理公司(PIMCO)提出来的。美国"新常态"是指后危机治理和调整。美国后危机时代重要的主题就是要通过大量资产的收购、大量货币的发行来使经济回到相对稳定的复苏状态。而对"新常态"话题的关注应该是源于2010年以来,我国经济增长率较之前的高速增长持续放缓。直至2014年,习近平总书记在多个场合公开提及并阐述"新常态",国内政界民间才对中国经济未来发展趋势有了基本的判断。

在经济"新常态"下,影响中国经济发展的下行压力以及企业面临的困难依然不小,主要表现为产能过剩、需求不足、成本上升和中小企业融资环境偏紧(中国企业家调查系统,2014)。中国经济面临"新常态",迫切需要加快技术创新步伐,中小企业是创新的关键,协同创新网络可以改变中小企业创新滞后的局面(赵艳华,2015)。我国中小企业应以集群式转型升级来积极应对经济新形势,利用网络环境,将虚拟产业集群从地理邻近向组织邻近、关系邻近扩展,促进技术创新和产业变革。而B2B的模式创新则成为构建虚拟产业集群平台的有效方式(孙亮、张琰,2014)。财税政策调控可通过"加法供血"与"减法降负"相结合的体系构建,将着力点置于促进创新创业与中小企业发展之上(袁红英、张念明,2016)。因此,税收优惠政策有利于促进中小企业加大研发力度,推动技术创新,增加就业人数,促进特殊群体的就业,并在一定程度上缓解中小企业的融资压力(姜丽丽,2016)。

政界学界普遍认为,"新常态"是一种趋势性、不可逆的发展态势,意味着我国经济已进入一个与以往高速增长期不同的、相对稳定的阶段。与之相对的,所谓的经济"旧常态"通常是指我国传统经济增长模式。这种传统经济增长模式突出特点是高的增长速度,高的增长速度背后是由高投资和高出口支撑,这"两个高"又会引发出高投入、高能耗、高污染等问题。这构建了过去我国经济增长奇迹的

"六高"特点。

如图3-1所示,进入21世纪以来,我国经济增长率一路攀升,直到2007年达到高峰,14.2%。从国民经济核算(支出法)等式来看,国内生产总值(GDP)＝消费支出＋固定资本形成＋净出口,可见,消费、投资、出口从需求方面共同拉动国民经济发展,这被形象地比喻为"三驾马车"。在统计年鉴中,"三驾马车"所对应的项目分别是最终消费支出、资本形成总额、货物和服务净出口。考量三大需求对经济影响力大小,通常有贡献率和拉动百分两个指标。因为两个指标的变动方向是一致的,为了简化,本节只选取了三大需求对经济的贡献率作为考察指标。

图3-1　1978—2013年GDP增长率

资料来源:国家统计局,《2014年中国统计年鉴》。

纵观1978—2013年的历史数据(见图3-2),我们可以看到消费、投资和出口三大需求呈现如下特征:一是从数量来看,三大需求中消费和投资对GDP增长的贡献率和拉动作用明显大于净出口;二是从稳定性来看,消费对GDP增长的贡献率和拉动相对比较平稳,而净出口波动相对比较大(如20世纪80年代中期、20世纪90年代初期、2008—2009年净出口的贡献率出现了大起大落的情况);三是从变化趋势看,投资贡献率曲线和净出口贡献率曲线几乎是对称的,即投资对经济的贡献率与净出口对经济贡献率呈反方向变动。

支撑我国经济高速增长的基础是哪驾或哪几驾"马车"呢？

如图3-2所示,我国消费对经济增长贡献率在20世纪80年代中期曾达到80%以上,之后一路下滑,特别是进入21世纪以来,消费贡献率持续走低,维持在40%左右,直到2011年才突破50%。

1978年以来,投资对经济增长的贡献率一直保持在较高的水平上。1978—2013年,有两个历史时点投资贡献率曾高达80%,相应的,净出口贡献率跌落至－40%,甚至是－60%。一次发生在20世纪80年代中期,一次发生在2008年国际经济危机前后。当外需受到严重冲击时,政府通过积极的财政政策和宽松的货

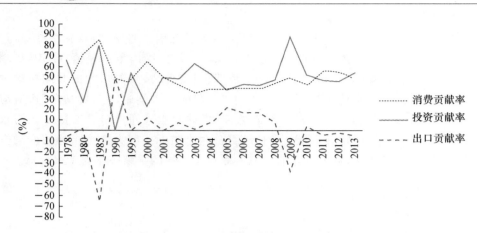

图 3-2 "三驾马车"对经济增长贡献率

资料来源：国家统计局，《2014 年中国统计年鉴》。

币政策刺激投资，从而稳定经济增长。投资与经济增长之间短期内存在着正向联系的特征，即高投资促进高增长，这是著名的凯恩斯"投资乘数理论"所揭示的，也为这些年来我国惊人增长所印证。2008 年年底，为了应对国际经济危机，我国实行积极的财政政策和宽松的货币政策，中央政府启动了 4 万亿的直接投资方案，短期内对抑制经济下滑，带动总需求促进经济增长发挥了重要作用。

图 3-2 显示，中国净出口对经济的贡献率具有非常明显的波动性，容易受到国际经济环境的影响。从 20 世纪 90 年代至 2008 年，我国持续实现了进出口贸易的顺差，外需对中国经济的拉动作用较大，尤其是 2001 年中国加入世贸组织以后，出口需求对经济贡献率逐年攀升，达到 20％左右的水平。但是受到 2008 年国际经济危机影响，中国出口量急剧下降，因此，2009 年出口对贡献率降到本世纪最低水平，直到 2013 年，其数值一直徘徊在零点以下。

从历史数据看，投资对经济增长贡献一直较为显著，20 世纪 90 年代以前，我国投资和消费拉动经济增长的"两驾马车"。之后，特别是进入 21 世纪以来，国内消费贡献率持续低迷，借我国加入世界贸易组织之东风，出口这驾"马车"开始发力，逐渐替代国内消费成为我国经济增长的动力。因此，21 世纪以来，是投资和出口这两驾"马车"拉动我国经济高速增长，这是我国传统经济增长的"旧常态"，即高投资和高出口成就我国经济高增长。

但由高投资和高出口支撑的经济增产生了一系列问题，比如高投入、高耗能、高污染、低效益等问题，经济增长越来越受到资源、生态环境的制约。因为我国经济快速增长的背后是落后的生产方式，这种严重缺乏科技创新支撑的落后生产方式使我国付出了巨大的资源、生态代价，致使我国许多工业区出现生态经济结构的失衡,生态环境遭受严重的破坏,局部区域先后沦为生态灾难区,甚至出现了严重的生态危机。日前报道的湖南株洲青霞社区桎木组"新型寡妇村"就是最好的例证。日益恶化的生态环境不仅会使我国失去区域可持续发展的现实基础,也对全国的生态安全构成严重的威胁。如今我国早已成为世界第二大原油进口国,能源、资源瓶颈制约已日益突出,未来资源能源价格的变动将成为我国经济波动的重要因素。

因此,我国经济"旧常态"的"六高"模式难以为继,传统经济增长模式不可持续。因为支撑经济高速增长的基础发生了变化。

其一,高出口基础。自2008年美国次贷危机后,我国对外出口逐步受到全球经济动荡的约束。如图3-2所示,出口对经济增长贡献率从2007年急剧下滑,直至2009年跌至谷底,超过-30%,之后,逐步回升,但一直处于负数。可见,自2008年金融危机后,在国际经济艰难复苏之际,我国净出口对经济拉动力难以提振。

其二,高投资基础。我国高投资得益于低的人力成本和高储蓄,但支撑我国高投资的人口和高储蓄率在发生一些中长期的变化。如图3-3所示,我国适龄劳动人口增长速度从2011开始回落,与此同时,老龄人口增速在上扬,人口红利发生变化,这种改革红利在逐渐耗减。

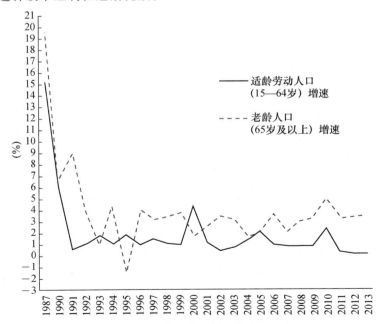

图3-3　适龄劳动人口与老龄人口增速

资料来源:国家统计局,《2014年中国统计年鉴》。

高投资的背后需要高储蓄的支撑。但我国不再是一个储蓄率持续上扬的国家,如图3-4所示,从2008年开始,我国城乡居民人民币储蓄存款增速逐渐下滑。这说明支撑投资的储蓄优势不复存在。

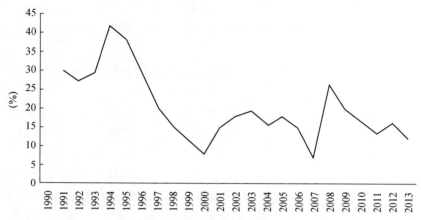

图3-4 城乡居民人民币储蓄存款增速

资料来源:国家统计局,各年《中国统计年鉴》。

第二节 进入经济"新常态"我国中小企业呼唤平常心态

2015年1月20日,时任国家统计局局长马建堂发布数据,2014年中国国内生产总值(GDP)为636 463亿元,按可比价格计算,比上年增长7.4%。这一数字创24年来新低。应该怎样用一个积极的心态去看待这个数字?这是否意味着我国经济衰退,并预示经济增长速度下滑是不可避免的?马建堂称,这个数字符合"新常态"下经济发展规律,不要太纠结GDP速度。习近平总书记强调,"我们要增强信心,适应新常态,保持战略上的平常心态"。如何保持对"新常态"的平常心态?对于中低速的经济增长率,我们必须结合几个经济事实来分析。

第一,GDP增速持续回落,没有出现明显的通缩。如图3-5、图3-6所示,我国居民消费价格水平从2013年11月以来,CPI、PPI同比、环比变化情况都出现下降趋势,特别PPI一直是负增长。观察近一年的CPI、PPI变化,我们发现我国经济面临着通货紧缩的风险。通缩压力既有内忧亦有外患,所谓"内忧"是指内需不足,"外患"是以原油为代表的大宗商品价格大幅下跌。从CPI来看,同比、环比数据反映通胀风险很低,说明我国的物价水平保持相对稳定。这表明我国国内总供给和总需求没有发生剧烈的、根本性变化。PPI跌幅扩大,显示工业生产领域的通缩仍在加剧,这仍受到产能过剩、需求低迷的影响。从价格涨幅来看,我国并没有出现恶性通货紧缩,而是处于相对通货紧缩和需求不足型通货紧缩状态。

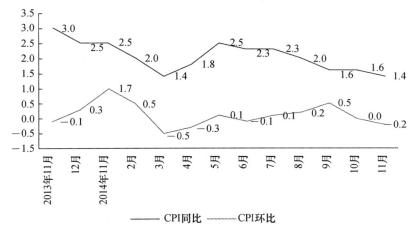

图 3-5　全国居民消费价格涨跌幅

资料来源:国家统计局网站。

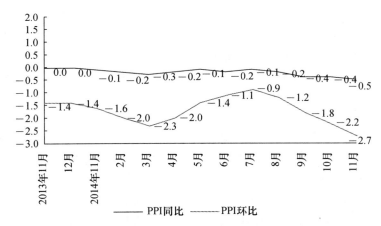

图 3-6　工业生产者出厂价格涨跌幅

资料来源:国家统计局网站。

第二,GDP 增速持续回落,没有出现大面积失业问题。如图 3-7 所示,21 世纪以来,我国城镇就业人口持续增长,每年的新增就业人口都超过 1 000 万人。我国经济增速下降,但劳动就业量反而提高。

其一,我国经济总量增加拉动就业的增长。著名的奥肯定律从经济学角度揭示了经济增长和就业之间的相互关系。所谓的奥肯定律是指失业率额外上升 1 个百分点,GDP 将会额外下降 2 个百分点。根据奥肯定律推断,在经济迅速增长

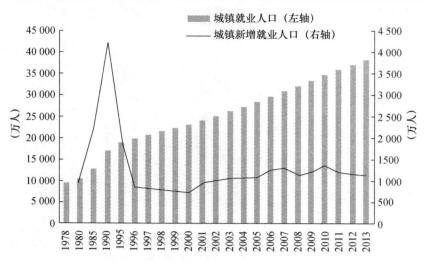

图 3-7　城镇就业人口和城镇新增就业人口

资料来源：国家统计局，《2014 年中国统计年鉴》。

的条件下，往往伴随着高就业率，而如果社会目前存在较高的失业率，那么这种高增长带来的必然是不断放大的就业需求，从而拉动就业率的上升。因此，可以断定经济增长与就业一般有着正相关的关系。虽然我国经济增长速度有所回落，但仍处在中高速的水平上，对应的 GDP 增量在增加。我国经济总量已居全球第二，GDP 增长 1 个百分点，带来的实际增量要高于之前 10 年的平均水平，因此 GDP 的增加量对就业产生积极影响。

其二，我国产业结构提升推动就业的增长。中国 1% 的 GDP 增速带来的就业量发生变化，核心原因就是中国的产业结构发生了一个很大的变化。2013 年，第三产业增加值占比（46.1%）首次超过第二产业（43.9%）。根据经验数据，同样一个单位的 GDP，第三产业产生的就业岗位比制造业、房地产业这样的第一产业创造的就业岗位要多 30%。2012 年我国第三产业增长速度（8.1%）首次超过了第二产业增长速度（7.9%）。经济理论和经济实践证明，就对就业的拉动力而言，第三产业增长对就业的拉动力最大，第二产业次之，第一产业最低。这意味着，在第三产业占比不断扩大的背景下，相同的 GDP 增速可以容纳更多的就业人群。因此，随着我国第三产业比重的上升、增长速度的加快，就业人数会不断增加。李伟等（2014）研究表明，在三大产业的就业中，第一产业就业将逐渐减少，2020 年前后将减少到 2 亿人左右，占中国就业总人数（7.7 亿人左右）的 25% 左右；第二产业的就业仍然将保持增长，但每年的增长量是递减的，2020 年前后在占比达到 33% 即三分之一左右时，将不再增长，以后还有可能出现递减；而第三产业则会保持稳定的增长,2020年将达到40%以上。

第三,经济增速微降符合区间调控目标。2014年6月19日,国务院总理李克强在访问希腊会见记者时强调,只要有利于支撑比较充分的就业,无论经济增长率是比7.5%高一点还是低一点,"都是可以的"。在李克强看来,就业的优先级比GDP的轻微下降更高。就业是我国最大的民生。要稳定城镇年增1300万个就业岗位左右的就业水平,按照测算,GDP应当保持7.5%左右增速。2013年李克强总理在中国工会第十六次全国代表大会经济公开课上讲到,我国GDP增速只需要在7.1%,就可以保证我国的新增就业1000万个岗位。因此,在保证充分就业的前提下,2014年GDP增速7.4%的水平符合我国政府对经济区间调控的总体目标。而且,随着我国经济总量继续增长,服务业所占比重越来越大,逐渐地6.5%或6.7%就可以创造1000万个或1300万个的就业岗位。

第三节 政府政策转型:"预调微调"财政政策和"定向宽松"货币政策

过去十年,我国政府对经济调控呈现"西医式"特征,这种疗法如同一生病就要吃止痛药、打抗生素,对疼痛的容忍度低。一方面,西医对症下药、药劲猛,在治理经济危机时见效速度快;另一方面,这种"头痛医头,脚痛医脚"的疗法治标不治本,长期使用必然会产生副作用,甚至造成严重的后遗症。"西医式"宏观调控手段导致了我国以往"大投资、宽货币",总量宽松、粗放刺激的政府政策特点。我国这种大规模刺激政策虽然保住了经济经济增速,但却导致如今严重的产能过剩和债务风险。

未来十年,我国必定要变革"西医式"的政策刺激,转而采用较为温和的"中医式"经济微调政策,重点放在促改革和调结构,消化前期政策,发掘经济长期增长潜力上。即使面对当前经济下滑的压力,政府也绝不会轻易启动大规模救市的模式来抬高经济增速,而是如习近平总书记所说:"保持战略上的平常心态","保持政策定力",坚持"不重启大规模刺激",而是把工作的重点转向"坚定不移推进经济结构调整,推进经济转型升级,宁可主动将增长速度降下来一些,也要从根本上解决经济长远发展问题"。

财政政策方面,我国要从积极的财政政策转变为"预调微调"的财政政策。第一,对中西部铁路、棚户区改造、城市管网、环保和改善民生等重点项目要加大财政支持力度。在财政收入放缓的情况下,积极引入社会资本参与公共建设和服务。第二,积极盘活财政存量,国有资本应首先从一些与国有资本职能不符的领域中尽快退出,将有限的资金投到重点项目中去,同时财政资金和社会资本的投资重点从经济建设向服务民生转变。第三,积极鼓励企业投资,要优先将企业先进的生产设备和治理污染设备纳入到加速折旧、投资的抵免适用范围,改革增值税征管办法,允许小规模纳税人购进设备抵扣增值税,进一步降低成套设备、关键零部件、原材料产品的进口关税。第四,通过简政放权,减少和规范涉企收费、减轻企业负担,提高经济运行效率。一是重新设计审批流程、改进审批方法,从服务企业的角度出发设计审批流程,实行一站式服务,涉及多个政府部门审批的应由政府各部门之间进行协调;二是要加强基层的项目审批专业能力建设;三是做好规划与项目审批的衔接,避免重复审批和变相审批,提高政府工作效率。

货币政策方面,"新常态"就是要从宽松货币到稳健货币,实现货币总量稳定、结构优化的目标。所谓稳健,即"保持政策的连续性、稳定性,既不放松也不收紧银根"。预计中央银行不会再次推行大面积的货币宽松政策,因为"过度使用货币信贷扩张则必然导致杠杆率大幅上升等长期后遗症"。在稳定货币总量的同时,央行通过定向宽松,鼓励和引导金融机构更多地将信贷资源配置到"三农"、小微企业、现代服务业相关等重点领域和薄弱环节。这既有助于调整产业结构的领域获得资金扶持,又能避免资金总量宽松带来的后遗症。而区别于"量化宽松"的"质化宽松"正是在此基础上提出的。近日,央行决定自2015年2月5日起下调金融机构人民币存款准备金率0.5个百分点。同时,为进一步增强金融机构支持结构调整的能力,加大对小微企业、"三农"以及重大水利工程建设的支持力度,对小微企业贷款占比达到定向降准标准的城市商业银行、非县域农村商业银行额外降低人民币存款准备金率0.5个百分点,对中国农业发展银行额外降低人民币存款准备金率4个百分点。这是我国实施"定向宽松"货币政策的实证之一。

第四节 "三期叠加"下中小企业走转型升级、创新发展之路

目前,我国正处"三期叠加"的关键转型阶段,各种问题和矛盾也是交织在一起。"三期叠加",最早源于新华社一篇《站在复兴大业更高起点——十八大以来习近平同志关于经济工作的重要论述》的文章,这篇文章中提及以习近平总书记的党中央对经济形势做出了经济增长速度换档期、结构调整阵痛期、前期刺激政策消化期"三期叠加"的重要判断。"三期叠加"意味着中小企业发展空间收窄,某些传统行业面临着利润下降、超额利润难以持续。中小企业顺利渡过"三期叠加"的困难期,离不开政府的政策鼓励,银行的信贷支持,更需要中小企业善于抓住机会,勇于创新。

第一,要帮助中小企业解决融资成本过高的问题。目前,中小企业融资困难,

融资成本侵蚀着中小企业的平均利润,其中重要的原因在于金融机构筹资成本不合理、商业银行考核评价指标体系不完善、贷款审批和发放效率低下等。一方面,政府要保持货币信贷总量合理适度增长,优化基础货币的投向,切实落实"定向降准"措施,发挥好结构引导作用;另一方面,要抑制金融机构筹资成本不合理上升、缩短中小企业融资链条、优化商业银行内部考核机制。同时,加快发展中小金融机构、大力发展直接融资,积极发挥保险、担保的作用。金融部门和金融机构要采取综合措施,着力缓解中小企业融资成本高问题,促进金融与实体经济良性互动。

第二,尽快出台适合"新常态"的财税政策。高税收已经成为中小企业的沉重负担,使得作为转型升级主体的中小企业失去了转型、创新的动力。如果不改变这种现状,中小企业难以顺利渡过"新常态"的困难期。首先,加大对中小企业研发的支持力度和中小企业技术研发费用抵扣力度,建立研发基金、研发准备金制度,为中小企业初期的研发提供资金支持,保障中小企业技术研发的持续性。其次,加大税收减免力度,对用自己研发的技术生产产品的中小企业,给予中小企业所得税优惠,如降低中小企业所得税税率、允许投入的成本加计扣除和缓缴税款等。最后,完善政府的采购制度。通过直接采购本国中小企业的技术创新产品,助力实现中小企业技术产业化生产的完成。同时通过政府推广,促进创新产品的市场消化,加快中小企业技术创新转换的速度。

第三,银行应当松绑贷款担保条件,释放中小企业积极性。2013年6月,我国银行业经历了罕见的流动性危机导致银行对于中小企业贷款担保条件的设置越来越严苛,不仅要求中小企业间互保,有些地方甚至新增了"夫妻双方或重要股东签字"的贷款条款,把中小企业的有限责任扩大为无限责任,极大地影响了中小企业家的积极性,束缚了中小企业发展的积极性。因此,政府有责任加强企业与企业之间、企业与银行之间的信任关系。一方面,银行要严格按照《公司法》要求确定企业信贷担保范围,从严审信贷企业资信,密切关注中小企业的经营情况,以便及时防范信贷风险;另一方面,中小企业应当诚信经营,依法及时偿还贷款,提高资金使用效率,做到"好借好还,再借不难"。

第四,中小企业必须转型升级、创新发展顺应"新常态"。在今后一段时间里,我国"新常态"经济发展目标是稳增长、优结构、创新发展,实现经济长期可持续发展。中小企业必须顺应未来经济发展趋势,谋求自主转型,自我革新,积极做出战略性调整。中小企业战略发展方向的确定必须适应"新常态",发展目标应以高质高效为目标,发展动力应优先考虑管理创新、技术创新,赢得战略上的先机。

在产业抉择方面,初创中小企业或产业转型中小企业应当首选服务业或健康产业。我国产业结构调整方向是大力提高第三产业的比重。2013年10月国务院办公厅发布的《国务院关于促进健康服务业发展的若干意见》中已经明确提出,到

2020年,健康服务业总规模将达到8万亿元以上,成为推动经济社会持续发展的重要力量。可见,第三产业,特别是服务业和健康产业未来发展有较大空间,中小企业大有作为。

在中小企业经营方面,中小企业应根据整体竞争市场格局和市场配置资源的情况,灵活调整中小企业生产经营活动。新常态下,一方面,市场在资源配置上起决定性作用,使得市场弹性增大,中小企业经营风险加大;另一方面,市场需求逐渐以个性化、多样化消费为主流,中小企业必须密切关注、积极迎合消费者的个性需求,才能有更好的发展。

在发展动力方面,中小企业要谋求运营创新、管理创新和技术创新。首先,新常态下市场经济活力逐渐释放,引发价格变动的因素不断增多,中小企业在经营活动中,应完善价格分析和预警机制,提高对价格波动的分析决策能力,科学预见并指导生产经营活动,避免价格不合理波动给中小企业带来的外在损失。其次,在管理手段上,中小企业要塑造与新常态中小企业战略发展目标相适应的统一高效的决策机制,提高管理决策效率,并构建灵活的考核机制,充分调动和保护中小企业员工的积极性。最后,"新常态"下,中小企业迎来自主创新的"春天"。目前,信息技术、智能化技术及新材料领域的蓬勃发展,为中小企业技术革新创造了良好的条件。中小企业应积极投身于新技术研发,激励中小企业内自主创新行为和科技人员的创新激情。同时,通过发展智能化信息、生产工艺流程自动化控制技术等新技术,提升产品技术含量。有了技术创新能力,就能够响应市场需求,甚至创造市场需求,中小企业可持续发展才有安身立命之本。

第四章 实现我国工业4.0的中小企业创新发展战略研究报告

肇始于2008年的经济危机加剧了世界各主要国家对于未来制造业制高点的争夺,美国通过一些列政策推动国内制造业的再工业化,德国于2013年出台了"德国制造业4.0发展规划",而中国于2015年推出了被视为中国版的工业4.0的《中国制造2025》发展规划。从各国对工业4.0的认识来看,工业4.0主要是指将现代通信技术和智能机器、存储系统、生产设施相结合,实现制造业的智能化、数字化、个性化的生产。工业4.0在融合更多的要素资源实现网络化和智能化生产的同时,也将促进全球制造业的产业链和价值链的再平衡,从而激发世界各国政府的重视。

第一节 互联网、3D等数字技术重构生产体系

著名经济史学家阿尔弗雷德·钱德勒认为美国信息技术的发展推动了美国的制造业革命,信息技术的发展也推动了企业管理结构的变化。而从当前来看,网络等信息技术所引发的生产体系的变化更为深刻和持久,也必将引发整个社会生产体系的重构。

一、产业之间的界限越来越模糊

一般来讲,政府机构和一些大型的企业集团出于管理的需要,往往按照一定的标准进行产业划分。最为常见的就是按照产品的形态和在历史上出现的顺序依次划分为农业、工业、服务业三个大类,然后再进行子类目录的划分。但是,近十几年来,由于新的数字技术发展深刻改变了商业运行的逻辑,新的商业模式和新的业态不断涌现,产业链不断重新聚合,价值增殖的环节悄然发生改变。"技术进步导致了行业间的边界模糊",原有的各个产业的分工结构和链接关系发生了深刻的变化。一些产品的形态和价值增殖环节按照现有标准已很难归类,基于经济发展、产业调控、税收的目标,按照产品形态所进行的划分方法已很难满足管理的需要。以3D打印为例,3D打印机可以打印不同种类的产品,如食品、塑料及金属制品甚至一些活体器官等,这些产品往往分属于三个不同的产业;而打印方案

的设计、打印设备的归属以及打印机器的操作可能会来自不同地区的组织或个人。

二、核心企业和边缘企业之间的转换更加频繁

从当前生产的社会结构和经济结构来看,一部分企业处于支配地位和价值链上游,他们能够对价值链中的其他企业具有较大的影响力,能够在价值分配中处于主导地位和支配地位。对于被动接受价值链核心企业的指令和价格进行生产的企业则是尽力往价值链的上游攀登。可以说,现有的制造业体系的主流还是一种等级制的架构,各个企业并不是按照价值创造分割利润。但是,随着工业4.0的推进,企业之间由于人员优势、技术优势、地理位置所造成的产业链中的位势差异的等级制生产体系将最终让位于网络化和生态化的生产体系,网络体系中企业之间链接的范围和内容都有了极大的扩展,即使是一个中小企业也具备和多个顶级的跨国公司形成业务机会的可能,从而在为不同价值理念和发展方向的跨国公司业务合作中提升自身的能力,并逐渐树立在某些单一产品上的竞争优势,甚至能够逐渐实现和产业链顶端企业的同步研发、同步生产。等级制的生产结构转化为网络化、生态化的生产结构,任何企业都变成网络化生产体系的一个节点,在某个时点看,只存在着核心企业和边缘企业,而由于资源流动的速度和范围的变化,核心企业和边缘企业之间的转换更加频繁,由于企业发展对网络的依赖,企业扶助网络体系中的利益相关者将逐渐成为新的发展趋势。

三、消费者自主生产将成为一种时尚

早期的工业化所对应的是大规模、批量化生产,通过减少产品的品种和提升单一产品的生产数量来提高生产效率、降低成本,以生产"T型车"为代表的福特制是这一理念的集大成者,采用福特制的企业所获得的效率优势又能够给企业员工带来较高的收入从而形成良性循环。但是,随着生产能力增强,企业具备了响应顾客个性化需求的能力,不少企业具备了实行多批次、小批量的生产模式。目前,随着工业4.0的发展,借助于先进的信息系统和新的商业模式,生产者能够更加清晰地了解消费者的需求并加以满足。工业4.0的"智能工厂使个体顾客的需求得到满足,这意味着即使是生产一次性的产品也能获利"。而且,借助于发达的信息系统,消费者有可能参与到生产的具体过程中来。可以预见,消费者可以通过信息终端将个性化的设计传送到远方的机器,使机器能够按照消费者的需求进行生产。比如,3D打印技术的成熟,消费者已经能够将个人的设计通过3D打印机器加以实现。这一趋势及其商业模式必将使消费者更多地参与到生产过程中来。正如德国工业4.0战略计划实施建议中所提到的:"借助于先进激光烧结技术,用户可以将他们的设计通过互联网传送到终端设备上制造出来,这将产生全新的商业模式和服务模式。"

第二节 工业4.0对于中小企业发展所带来的机遇

根据《德国工业4.0战略计划实施建议》,工业4.0"意味着有史以来第一次,有可能将资源、信息、物品和人进行互联",并通过横向集成和纵向集成将更多的中小企业的产品和服务纳入一个整体。由于企业之间的分工深化并凝聚成一个智能化的生产网络,小型的生产组织将具有更广阔的发展前景,其在生态体系的作用将更加凸显。

一、中小企业生存领域不断拓宽

从目前中小企业的发展趋势看,中小企业的总体数量不断增多,随着工业4.0的推进,中小企业数量增加的逻辑更有可能得以增强。一是社会对知识及服务类产品需求增多,不少此类产品的生产的最优规模更适合中小企业生产。以汽车产业为例,一辆汽车所需要集中的软硬件的总体数量呈现不断上升的趋势,特别是在汽车电子方面更是集中了较多的中小企业的产品。二是社会分工的深度增加,围绕产业链分工更加细化,原先单一企业所做的产品将由多个企业来完成,这将为更多的中小企业提供市场机会。三是技术和生产能力的横向转移不断加快,新的产品不断跨越国界刺激了当地中小企业模仿、利用,也会促进大量中小企业的生成。再以汽车产业为例,汽车产业逐渐由西方发达国家转移到发展中国家,中国自2009年起就成为世界上汽车产销量最大的国家,而汽车产业更是成为中国第二大的支柱产业,其中诞生了数十万个汽车零部件企业。可以说,在未来工业4.0庞大的生产体系中,借助于工业4.0所形成的新的商业模式,"中小企业能够应用那些在当今的许可和商业模式下无力负担的服务与软件系统",中小企业有了更强和更广泛的适应性。

二、中小企业成长、分化的速度加快

一般而言,无论是汽车、轮船等大件商品还是小到其中一个零部件,从企业数量上看,市场竞争的结果大体上是要经历一个数量持续增加而在到达顶点以后再不断减少的过程,最终形成一个倒U形的轨迹,这是资本集中的一般趋势。比如,经过上百年不断经济危机的洗礼和一轮轮的并购,目前美国较大的整车企业仅剩福特、通用及克莱斯勒三家,而德国的较大整车企业也仅剩大众、奔驰、宝马数家,这些都可以看作资本集中的范例。在工业4.0的生产体系中,因为生产的高度自动化,在质量、价格等权利和义务确定以后,不同企业的产品不再是经过复杂的交易和物流系统层层转移到下一个企业的下一道工序,而是相关联的企业在信息、生产和物流系统的高度对接。那些能够更好、更快地嵌入到自动化生产网络的企业能够聚集社会资本,不断相互反馈、自我增强;相反,不能够通过网络有效聚集

社会资源的企业将得不到资源的补充而加速消亡。可以说,工业4.0强调的重心不再是单个企业的规模,而是强调个人、企业与整个社会网络之间链接的广度和深度。中小企业将在社会生产网络中快速分化,或因社会资本的集聚而迅速膨胀或因社会资本的加速抽离而消亡。

三、中小企业在社会发展中的作用更加凸显

从我国及大多数发达国家的实践来看,中小企业在社会发展中的地位和作用不断凸显,中小企业所汇聚的创新力量推动了社会的新陈代谢;中小企业成为吸纳各类劳动力的蓄水池,有力地维护了社会的稳定;中小企业以聚沙成塔的方式在纳税方面的贡献越来越大;中小企业能够承接大企业外包的业务,帮助大企业降低成本等。可以说,中小企业比较活跃的国家和地区经济发展的弹性、活力要远高于大企业主导的地区。随着工业4.0的推进,社会化大生产有更强的能力容纳中小企业的生产,已有的价值链条和业务单元不断地延展、分割,中小企业不再是被装在袋子里相互无关的"马铃薯",而是变成整个自动化、智能化生产体系有机的组成部分,衡量某个中小企业的价值不再仅依据单个企业的规模,而是强调企业所处的网络的价值及企业在网络中的作用。可以预见的是,中小企业更能满足劳动者追求自主劳动和个性解放的终极追求,并在不断满足这种追求中实现生产能力的飞跃。工业4.0也正是在实现人的自主劳动和社会化大生产相结合的探索,随着工业4.0蓝图的逐步实现,中小企业的社会作用将更加凸显。

第三节　公共管理部门如何应对工业4.0所带来的挑战

工业4.0的深入发展不仅表现为生产力方面的变化,而且会带来生产的组织形式和社会管理方式的重要变化,客观上要求政府在提供公共服务的质量和效率方面要能够和工业4.0的发展节奏相协调。

一、大力弘扬体制内企业家精神,提高公共服务的质量和效率

从目前主流的管理体制和结构来看,大多数组织机构都建立了严密的等级制的管理体系。从企业的实践来看,这是一种建立于大批量、流水线制造体系上的管理体系,等级制管理存在着传导流程节点多、时间耗费长的特点,但是这种管理体系具有超强的稳定性和自我修复能力,是应对信息量较小、对时间不敏感的生产体系的管理方法。可以说,对于所有采用等级制管理体系的机构来说,其特点具有一般性。目前,由于生产能力的飞跃,个性化需求增加,即使是一个中小企业,也要能够满足客户的多批次、小批量的生产需求。而随着工业4.0生产体系的逐步确立和完善,消费者零星的个性化需求将得到更大的满足,甚至使消费者深度参与到生产体系中来。因此,随着工业4.0的推广和实践,需要有一些重要

的法律和制度保证企业和企业之间无缝化的生产链接、企业与其他机构和个人的权利和义务关系顺畅履行,这就需要政府公共部门能够提供更加高质量的公共服务。可以说,政府公共服务的质量和效率关系到企业的直接成本和隐形成本,也直接关系到中国工业4.0建设的速度。因此,"大众创业、万众创新"的内涵不仅适应于企业,而且也应该包括各级公共管理部门,要求各级管理部门充分发扬企业家精神:一方面尽快清除和当前生产和生活不相容的管理制度;二是使用新技术、新方法提高服务的效率,降低公共服务的成本。

二、大力发展生产服务业,推动我国中小企业走出去

由于信息技术和物流技术的进步,企业所获得的资本、技术、市场、劳动力等各种要素的国际化程度越来越高,企业的生态体系和价值链更加虚拟化、国际化,主动在国际市场上整合所需要的资源融入国际生产体系不仅仅是大企业的需要,而且也成为中小企业的客观诉求,但是满足这种诉求需要大力发展生产服务业,帮助中小企业熟悉国际市场规则和资源分布,能够以较小的代价达到这些目标。美国等发达国家的服务业较为发达并不是制造业衰落的真正原因,当然美国推进制造业的回归也并非以削弱服务业的发展为代价,制造业和服务业是一种相互支撑的关系,发展中二者会出现一定的不平衡。当前,生产服务业的滞后已经是中国企业国际化的重要障碍。大力发展生产服务业,需要做好政府在公共管理方面的权力和生产服务业企业发展的市场权利方面的平衡和协调,既需要防止出现政府的公共管理的权力不当干涉生产服务业企业的市场权利,比如各种应放而未放的监管、审批,各种对于市场正常经营活动的不当干涉等;也要防止生产服务业企业滥用市场影响力而影响到国家的利益和其他企业正当发展的权利。

三、大力降低中小企业的生存成本,增加企业的创新资源

本轮危机中一些特大型的钢铁、煤炭企业及银行机构先后陷入困境的实践证明:垄断不是竞争力,垄断企业是以削弱了其所处的价值链和微观生态体系的活力为代价换取短期的发展,其最终结果却是阻碍了自身的长远发展。具有一定垄断性的特大型企业要为社会及其他企业提供有竞争力的产品,其也只有在关联企业的健康成长中才能实现自身的长远发展。比如汽车产业中大部分整车企业都在主动帮助零部件供应商提高质量、降低成本,丰田公司甚至主动帮助上游的核心零部件企业获得约8%的利润水平以保证相关各方能够实现同步研发、同步生产、同步销售。从目前来看,中小企业存在着融资难、用地贵、人工贵、税收负担重等诸多困难,这些成本的根源则在于货币超发和土地财政等税收制度设计,以及一些特大型企业转嫁给中小企业的成本。从发展趋势来看,大量的中小企业点点滴滴的创新不断产生代表未来趋势的大企业,同时大企业又是汇聚中小企业创新技术和产品并对接市场的主要窗口;中小企业是大企业的重要支撑,而大企业又

是引导和规范中小企业创新和发展的主要社会力量。因此,践行工业 4.0 理念就需要政府和大企业关注生产网络体系的健康,降低中小企业的生存成本、增加利润空间,甚至能够通过资本市场发挥利润的倍乘效应聚集创新资源。

总之,工业 4.0 是制造业发展的一个重要方向,它能够通过网络形成社会生产体系的互联、互通和智能化生产,能够加速将劳动者从繁重的体力劳动中解放出来,从而赋予其更多的时间探索新的领域。从我国来看,尽管我国的工业化水平和西方发达国家相比仍有一些差距,但是日渐深入、全球互联的生产体系和数字技术的发展为我国企业提供了快速学习和改善的机会,我国企业既能够通过融入全球产业链学习西方的管理、工艺方面的经验,又能够通过互联网方便地获得最前沿的资讯和信息,我国制造业企业和发达国家同类企业的差距必将逐步缩小。此外,我国改革开放 30 年来所积累的雄厚的社会资本、完善的产业体系、在互联网应用方面的优势都是中国制造崛起和领航的有利条件。可以说,工业 4.0 或许是一场新的工业革命,是中国制造实现"弯道超车"的重要机遇。

第五章　中小企业治理机制发展研究报告

　　治理机制是企业从个人化向组织化迈进的关键要素,也是实现企业从"人治"向"法治"过渡的载体。改革开放至今,中小企业蓬勃发展。回望创业之初,为保证生存,中国中小企业不得不依赖于家族力量、亲缘力量和地缘力量,这使得中小企业在成长的过程中有其规范合理的一面。当这种蓬勃发展的速度达到一个阶段时,已具规模的企业的组织结构、文化内核、体制制度已然和目前的发展状态不相匹配,曾经的内部资源半径不足,不可避免地会制约企业进一步发展。尤其是一些中小企业初期存在着只重视技术和市场,忽略管理和人才的状况,待发展到一定规模后,体制的滞后、人才的匮乏、管理的混乱使得企业难以长久健康运转。可见,治理机制的完善是企业长效机制得以实现的基础。

　　在中国情境的市场境下,"儒表法里"(外在表现为儒家的家文化,内部强调法家集权的实质)(秦晖,2003)的特征造就了个人权威的影响力,在企业组织中,体现为在法规法则下不可忽视的企业主集权和个人魅力。中小企业中,"人治"现象普遍存在,而当创业者或企业主退居幕后时,权威的效用难以挽救企业管理上的缺失,企业难以自动运转,需要有制度上的维持和保障。中小企业的治理机制越来越被企业主所重视,也越来越需要发挥作用,使得企业能够在"法治"的权威下,有序运转、基业长青。

　　本次报告将针对目前中小企业的治理机制作出客观的数据分析,探寻中小企业治理机制上依旧存在的问题和已经取得的进步(数据来自2014年第十一次中国私营企业抽样调查)。限于篇幅,本章主要选取房地产业、制造业和农业三个既被社会广泛关注又各具发展特点的行业为例进行对比分析。制造业是我国重要的支柱产业,尤其是国家提出"中国制造2025"的战略布局,制造业在国民经济的重要性可见一斑;房地产业作为后起之秀,虽起步较晚,但近十年发展非常迅速,加之其关联度高、带动性强,在促进产业结构调整和国民经济的发展中起着重要作用;农业是我国经济的基础,农业企业同时还是农村工业化的重要组织形态。

第一节　组织内外部治理模型：权威—网络—交换

目前对于中小企业的治理结构和治理机制的研究中，有关家族治理的探讨占相对主导的地位，但是，这种对于中小企业发展中的治理问题的整体判断是不全面的，在国家倡导增加就业、支持发展非公经济的过程中转换而成或以风险投资等形式生成的中小企业，往往不具备明显的家族特征。应当基于对于中小企业的发展群类和层次的认识来展开治理关键问题的研究（李维安，2008）。

另外，参照公司治理评级系统指标①，公司治理可以分为内部治理（公司层面）和外部治理（社会层面）。内部治理包括董事会的运作（企业主的领导风格与领导力）、股东的权利（企业内部股东的构成、组织架构、企业与社会的衔接关系）、社会意识、透明度（用工的透明度、财务的透明度）、其他利益相关者（生产让渡价值过程中的交换）。外部治理包括政治基础、法律基础（政策权威、法规权威）、监管基础、信息基础（政企关系、业际关系、公共关系）、市场基础、文化基础（价值的实现、人才的运用）（高明华，2009）。这些分类与本次报告的权威—网络—交换的维度不谋而合（见图5-1）。

- **内部治理（公司层面）**
  （权威）董事会的运作（企业主的领导风格与领导力）
  （网络）股东的权利（企业内部股东的构成、组织架构、企业与社会的衔接关系）社会意识
  （交换）透明度（用工的透明度、财务的透明度）其他利益相关者（生产让渡价值过程中的交换）
- **外部治理（社会层面）**
  （权威）政治基础、法律基础（政策权威、法规权威）
  （网络）监管基础、信息基础（政企关系、行业关系、公共关系）
  （交换）市场基础、文化基础（价值的实现、人才的运用）
  （参照公司治理评级系统指标）

图5-1　组织内外部治理模型

把每个中小企业作为一个组织来看，中小企业发展所遇到更深层次的治理结构和治理机制问题，通常是组织内部治理和外部治理综合作用的结果。在对中小企业一般发展状态描述和实例调研的基础上，本报告将围绕不同群类的中小企业在**权威**（企业所有权和控制权）、**网络**（企业的组织内关系和组织外关系）、**交换**（企业人才结构和劳资关系）三个维度，分析中小企业的内部、外部治理状况，探讨中

---

① 高明华.公司治理学[M].中国经济出版社，2009

小企业治理障碍，进而提出有效的政策建议。

第二节 权威：内部治理与外部治理

一、企业内部权威治理

内部治理作为企业治理的核心，其重要性毋庸置疑。中小企业内部权威的明显特征，就是企业主的核心地位。与大型企业不同，企业主个人资本在很大程度上决定着中小企业的资本总量，企业主除了具有一定量的物质资本外，还拥有人力资本和社会资本，企业主的成长可视为人力资本、物质资本、社会资本三维机制的一个动态过程。

（一）企业主的人力资本

继古典经济学家发现了土地、劳动和物质资本是促进经济增长的三个要素后，舒尔茨、贝克尔等新古典经济学家引入了"人力资本"概念。在现代经济学看来，所谓人力资本是指劳动者藉以获得劳动报酬的个人独特素质和专业技能，或蕴含于人自身的各种生产知识与技能的存量总和。企业主的人力资本由先天因素和后天成长共同决定，教育和培训提高了企业主的素质。在相对市场化的环境中，受教育水平较高的中小企业主，拥有较高的文化资本，将比其他人更好地把握市场机会，更有效地收集和利用信息。

从企业主的年龄、教育情况分析领导权威积淀。年龄和教育属于人口统计学的指标，但它们都具有很强的社会意义。"几乎在每种经济中都可以发现收入和以年龄为代理变量的职业经历之间存在的牢固关系……"（赵人伟，1994）年龄是一定社会资源积累和生活经历或职业经历的反映，特别是在社会转型时期，年龄折射着体制的影响。调查显示，三大行业的中小企业主年龄差异不大，集中分布在40—50岁及50—60岁年龄段，平均年龄为47—48岁，说明中小企业主仍然需要一定的积累和经历。由于企业主的年龄相差不大，基本可以排除其所处年代的教育差异。比较企业主的受教育情况（见表5-1）可得，房地产行业企业主教育程度整体较高，研究生比例高达21.3%，大学和研究生学历总和达到近一半（49.1%）的比例；而农业企业主的教育程度整体偏低，小学及以下学历占1.2%，集中分布在大专（34%）及高中、中专（26.7%）；制造企业主则居于两者之间，以大专学历为中心，大致呈正态分布。

表 5-1 企业主学历分布情况　　　　　　　　　　　　　　　　　　　　　　　　单位：%

行业	小学及以下	初中	高中/中专	大专	大学	研究生	合计
房地产业	0.0	3.8	14.3	32.8	27.8	21.3	100.0
制造业	0.9	6.5	25.4	32.3	25.1	9.8	100.0
农业	1.2	8.0	26.7	34.0	20.6	9.5	100.0
总体	0.9	6.5	24.2	32.7	26.4	9.2	100.0

从企业决策、管理人选分析企业的集权程度。从调研数据来看（见表 5-2 和表 5-3），无论是重大决策还是日常管理，主要出资人都扮演着重要的决策中心角色。整体上接近一半的企业出资人掌握着企业的重大决策权，而一半以上的企业主负责日常管理工作。

表 5-2 企业重大决策由谁定夺

	房地产企业		制造企业		农业企业		总体	
	频率	有效百分比（%）	频率	有效百分比（%）	频率	有效百分比（%）	频率	有效百分比（%）
主要出资人	149	31.2	969	43.3	272	46.4	2 851	47.7
股东会	125	26.2	529	23.7	147	25.1	1 419	23.8
董事会	151	31.7	483	21.6	122	20.8	1 094	18.3
高层管理会议	52	10.9	244	10.9	44	7.5	574	9.6
职业经理人	0	0.0	9	0.4	1	0.2	33	0.6
合计	477	100.0	2 234	100.0	586	100.0	5 971	100.0

表 5-3 企业日常管理由谁负责

	房地产企业		制造企业		农业企业		总体	
	频率	有效百分比（%）	频率	有效百分比（%）	频率	有效百分比（%）	频率	有效百分比（%）
主要出资人	206	42.5	1 245	56.1	321	55.0	3 510	59.1
职业经理人	131	27.0	489	22.0	141	24.1	1 281	21.6
高层管理会议	142	29.3	473	21.3	119	20.4	1 108	18.7
其他	6	1.2	12	0.5	3	0.5	42	0.7
合计	485	100.0	2 219	100.0	584	100.0	5 941	100.0

企业重大决策的定夺人占比由高到低基本上依次为主要出资人、股东会、董事会、高层管理会议和职业经理人，只有房地产企业顺序稍有调整，其董事会的决策占比（31.7%）最高，其次为主要出资人（31.2%）。在企业日常管理方面，负责人占比由高到低基本上依次为主要出资人、职业经理人、高层管理者会议及其他；相比于其他行业，房地产企业的日常管理由主要出资人负责的比率较低，而由高层管理会议和职业经理人负责的比率较高。

这两项结果一方面反映了房地产企业规范程度较高,另一方面也反映了房地产企业的决策和管理对专业人士的要求更高,企业主借助董事会和职业经理人的专业技能和实践经验更有可能得到有效的决策和管理。

(二)企业主的物质资本

物质资本对企业发展的重要性不言而喻,其包括资金、土地等各种有形无形的生产资料。从企业主的注册资金来源、实收资本情况和权益占比三个方面的比较,可以分析出不同行业企业主物质资本的差异。

从注册资金来源分析物质资本原始积累。中小企业的注册资金大多数来自企业主的个体经营积累,另外银行贷款也占据了重要份额。从三个行业的比较来看(见表5-4),房地产企业个体经营积累(88.2%)高于其他行业,也高于总体,可以从侧面反映出房地产业的企业主个体积累财富的能力很强。从银行贷款的比例来看,房地产企业(30.6%)最高,其次是制造企业(29.5%),农业企业(28.7%)最低,而农业企业和制造企业的民间贷款比例稍高。这与企业的可抵押资产有关,房地产企业的可抵押物质资本明显要高,制造业的厂房和设备也可以作为抵押品,而农业企业的农产品却难以作为抵押品,银行贷款能力也相应较弱。

表5-4 企业注册资金来源

	房地产企业		制造企业		农业企业		总体	
	频率	个案百分比(%)	频率	个案百分比(%)	频率	个案百分比(%)	频率	个案百分比(%)
个体经营积累	432	88.2	1 868	83.6	511	86.3	5 036	83.3
继承遗产	11	2.2	75	3.4	7	1.2	176	2.9
亲友馈赠	26	5.3	182	8.1	33	5.6	507	8.4
银行贷款	150	30.6	660	29.5	170	28.7	1 603	26.5
民间贷款	62	12.7	350	15.7	104	17.6	858	14.2
国有、集体企业改制资产	32	6.5	176	7.9	38	6.4	369	6.1
其他	10	2.0	75	3.4	25	4.2	224	3.7
合计	723	147.6	3 386	151.5	888	150.0	8 773	145.1

从企业主和家人的权益占比分析企业的社会化程度。目前我国的中小企业主要以家族企业为主,所以企业主和家人在企业的资本总额中占比依然很高,以农业企业尤为突出。

从表5-5可看到,农业企业的企业主和家人占资本总额的比例,无论开办企业时(81.2%),还是2013年年底(78.7%),均值都高于其他行业以及总体;且2013年年底相比于创业时,企业主与家人的资本总额占比减幅最小。房地产企业开办企业时的企业主和家人占资本总额比例均值(77%)为四者中最低,到2013年年底时仍为最低(74.1%)。制造企业在2013年年底企业主和家人的所有者权益占比均值减幅(4.3%)最大。

表5-5　企业主及其家人的资本总额占比　　　　　　　　　　　　　　　　单位:%

	房地产企业		制造企业		农业企业		总体	
	均值	中值	均值	中值	均值	中值	均值	中值
开办企业时企业主和家人占资本总额的比例	77.0	100.0	79.9	100.0	81.2	100.0	79.9	100.0
2013年年底企业主和家人的所有者权益占比	74.1	90.0	75.6	95.0	78.7	100.0	77.0	100.0
百分比减幅	2.9	10.0	4.3	5.0	2.5	0.0	2.9	0.0

可见房地产企业的社会化程度高于其他行业,而农业企业的社会化程度显著较弱,制造企业在发展过程中社会化程度有一定提高。

（三）企业主的社会资本

社会资本的概念最早由法国学者布尔迪厄(Bourdieu P.)提出,他认为社会资本是指实际的或潜在的资源集合体,那些资源同对某种持久性网络的占有密不可分,这一网络是大家共同熟悉且得到公认的,且是一种体制化的关系网络。社会资本作为一种资源要素,权威关系、信任关系、规范信息网络、多功能组织、有意创建的组织等都是它的特定形式。

从企业主的政府、社会组织任职情况分析企业社会关系。企业主担任人大代表、政协委员或在社会组织任职,有利于其提高自身地位和企业的知名度,建立必要的组织社会关系,在资金、项目、信息等方面得到支持。同时,一些有影响力的中小企业主在担任各级人大、政协代表或社会组织任职,能够及时地将党和政府的政策、声音下达到企业以及将企业发展中遇到的问题和需要的资源上传到党和政府。

调查显示(见表5-6),三个行业中,房地产业的企业主在政府或相关政治组织任职的比率最高,农业次之,最后是制造业,但三个行业的企业主任职百分比基本都高于总体。

不难看出,这与行业的资源配置方式有很大关系,农业企业和房地产企业的资源配置主要依赖于政府,同时农业企业对提高农民收入、增加农民就业,房地产企业对解决住房问题又有着重要的作用;而制造业的资源配置主要由市场决定。因此制造企业主参与政府、组织任职的比例不及其他二者高。

表 5-6　企业主在政府组织任职的情况

	基层组织或政府部门		人大代表		政协委员	
	人数	百分比(%)	人数	百分比(%)	人数	百分比(%)
房地产业	39	8.6	145	29.3	183	37.0
制造业	94	4.5	421	18.6	557	24.5
农业	31	5.8	124	20.8	199	33.4
总体	263	4.8	855	13.9	1 425	23.2

从企业主的公益活动参与情况分析企业社会公众形象。 从企业主参加公益活动的情况来看(见表 5-7),资助金额由高到低依次为房地产业、农业、制造业。从 2013 年企业主参加慈善活动的比例较 2012 年的增幅来看,农业(78%)与房地产业(47%)领先于制造业。

表 5-7　企业主为扶贫、救灾、环保、慈善等公益事业捐助资金数额　　　单位:万元

	房地产企业		制造企业		农业企业		总体	
	均值	中值	均值	中值	均值	中值	均值	中值
2012 年	62.78	10.00	23.44	2.00	47.52	2.00	20.08	1.00
2013 年	92.37	10.00	29.31	2.00	84.79	2.40	26.33	1.00
增幅	47%	0%	25%	0%	78%	20%	31%	0%

房地产企业和农业企业与民生息息相关,且房地产业广受关注,企业主通过参加公益活动对企业的公众形象有极大的影响,更有利于树立权威;农业企业多为当地政府所支持,因而农业企业参与政府主办的公益活动也较多。而制造业由于主要依靠市场配置资源,对公益活动的参与不及农业企业和房地产企业积极。此外,企业主对公益活动的积极程度还与其在政府或基层组织任职的情况及人大代表或政协委员等政治身份有关,因其身份会影响自身的社会责任感。

二、企业外部权威治理

中小企业的外部权威治理离不开法律与政策的引导和调试。外部权威体现在中小企业运营环境的治理上。

从税费政策分析政府的行业引导机制。 首先表现在不同行业的税费政策有一定的差异。调查显示(见表 5-8),房地产企业缴纳的税费额(3 290.74 万元)最高,且税费在销售额中所占的比例(12.52%)最大;农业企业缴纳的税费额最低(800.17 万元),且税费在销售额中的占比仅为 6.31%。

表 5-8　企业的税费缴纳情况

	房地产企业		制造企业		农业企业		总体	
	均值	中值	均值	中值	均值	中值	均值	中值
纳税(万元)	3 290.74	435.10	1 428.11	150.00	800.17	56	1 360.61	58.71
规费(万元)	446.86	50.00	164.62	13.50	117.23	9.45	394.74	8.00
税费在销售额中的比例(%)	12.52	7.00	7.81	4.81	6.31	2.91	9.07	5.19

税费的缴纳一方面与企业的利润额有关,另一方面与政府政策有很大关系。房地产企业利润额较高同时税种也较多,因此无论税费额还是税费占比都较高;而农业的利润额相对较低,则税费额较低,且国家对农业的税费政策有很大的优惠,因而农业企业的税费占比也很低。

从劳动合同法分析法律的约束机制。中小企业劳资关系的一个直接反应便是劳动合同签订率。随着 2008 年新《劳动合同法》的颁布,中小企业的劳动合同签订率有了一定的改善。如表 5-9 所示,劳动合同签订率的均值整体上维持在 65%—80%,以制造企业(79.0%)为最高,房地产企业(70.1%)次之,农业企业(67.0%)最低,但三者均高于总体(65.7%)。

表 5-9　劳动合同签订率　　　　　　　　　　　　　　单位:%

	房地产企业		制造企业		农业企业		总体	
	均值	中值	均值	中值	均值	中值	均值	中值
劳动合同签订率	70.1	64.0	79.0	72.0	67.0	39.0	65.7	55.0

制造企业的劳动关系规范程度较高,主要是由于制造企业雇工人数较多,同时制造业更需要劳动合同作为劳动保障,所以企业在劳动关系方面的投入更大,相比之下农业企业在这方面的投入不高,劳动关系规范程度较低。

第三节　网络:内部治理与外部治理

一、企业内部网络治理

在差序格局中,社会关系以某个人为中心,从个体一层层推出去的,是私人联系的增加,社会范围是一根根私人联系所构成的网络(费孝通,1984)。同理,随着中小企业的不断发展壮大,这一网络将由以企业主为核心转变为以企业为核心,发挥企业中各部分的效用。

从注册类型分析企业发展的成熟度。企业的划分类型有多种,其中按照注册类型可分为个体公司、独资企业、合伙企业、私营有限责任公司和股份有限公司（见表5-10）。

表 5-10　企业注册类型比较

		个体公司	独资企业	合伙企业	私营有限责任公司	股份有限公司
房地产业	频率	18	31	20	377	44
	有效百分比（%）	3.7	6.3	4.1	76.9	9.0
制造业	频率	76	209	93	1637	231
	有效百分比（%）	3.4	9.3	4.1	72.9	10.3
农业	频率	33	71	30	400	54
	有效百分比（%）	5.6	12.1	5.1	68.0	9.2
总体	频率	378	649	336	4193	504
	有效百分比（%）	6.2	10.7	5.5	69.2	8.3

由表5-10可以看出，三个行业以及总体均以私营有限责任公司为主要注册类型，其中房地产企业的有限责任公司所占比例（76.9%）为最高；农业企业的独资企业类型占比（12.1%）相对于其他行业较高；制造企业的股份有限公司占比（10.3%）较其他行业更高。通过分析不难得出，房地产企业和制造企业发展得较为成熟，而农业企业发展得相对缓慢。

从新老三会建立情况分析企业内部治理结构。企业治理结构是企业内部网络的具体架构体现。如表5-11所示，中小企业内部组织机构已经逐步发育到较高的水平。从新三会的建立情况来看，房地产企业的股东会、董事会和监事会建立比率为三者最高。而老三会源于国有企业，在其他企业的组织建立相对较弱，总体上中共党组织、工会和职代会的比例还不高，但制造企业的工会建立比例（70.1%）比总体高出16.6%，党委会比例（53.2%）比总体高出12.6%，职代会比例（41.6%）比总体高出7.7%；其次是房地产企业；农业企业比例最低，但也略高于总体。

表 5-11　企业中新老三会的建立情况

		房地产企业		制造业企业		农业企业		总体	
		频率	有效百分比（%）	频率	有效百分比（%）	频率	有效百分比（%）	频率	有效百分比（%）
新三会	股东会	291	62.6	1177	56.6	307	58.8	3016	57.5
	董事会	357	76.8	1306	62.9	313	59.7	3009	57.3
	监事会	183	39.4	673	32.4	196	37.5	1548	29.5

（续表）

		房地产企业		制造业企业		农业企业		总体	
		频率	有效百分比（%）	频率	有效百分比（%）	频率	有效百分比（%）	频率	有效百分比（%）
老三会	中共党组织	236	50.9	1 102	53.2	226	43.3	2 129	40.6
	工会	295	63.6	1 454	70.1	304	58.3	2 861	54.5
	职工代表大会	177	38.2	862	41.6	207	39.7	1 779	33.9

房地产企业的新三会建立更完善，有利于规范企业相关主体的行为，保障各自的利益，也是市场选择的重要结果；老三会的建立情况从侧面反映了企业中的劳资关系状况，制造企业的老三会建立情况相对更完善，与制造业对员工的规范化和标准化要求高有一定的关系，老三会有利于企业与员工之间沟通桥梁的构建。农业企业无论在新三会还是老三会的建立上都相对较弱，主要因农产品受季节性的影响大，企业规范程度有限。

二、企业外部网络治理

一般而言，中小企业比较注重多方面的网络建立与维系，这是企业进行交换、获取信息的平台基础。由于外部网络的涉及面较广，这里只选取几个有代表性的方面进行对比分析。

从净利润用途分析企业对外部商业环境的治理。对比不同行业的企业净利润（见表5-12），可以看到房地产企业（2 447万元）最高，制造企业（1 375万元）次之，农业企业（1 251万元）最低。但在人均净利润方面，无论均值还是中值，制造企业均为最低，房地产企业依旧领先。

表5-12　2013年企业的净利润

	企业净利润（万元）			人均净利润（万元/人）		
	均值	中值	样本数	均值	中值	样本数
房地产业	2 447	295	424	8.6	1.8	415
制造业	1 375	126	2 102	4.0	1.2	2 081
农业	1 251	100	541	5.6	1.3	537

通过企业的净利润用途，可以初步分析企业外部的商业环境。从表5-13中可以看出三个行业的利润都主要用于出资人分红，其中制造企业用于出资人分红的比例（68.36%）最高，房地产企业（48.46%）占比最低。制造企业的利润在应付各种摊派和公关招待费用上所占的比例仍为最高，而房地产企业在这两者的费用上的占比仍为最低。

表 5-13　企业的净利润用途

	房地产企业		制造企业		农业企业	
	均值（万元）	占利润的百分比(%)	均值（万元）	占利润的百分比(%)	均值（万元）	占利润的百分比(%)
出资人分红	751.14	48.46	1 076.71	68.36	301.51	53.88
应付各种摊派	85.64	11.11	52.60	16.18	41.36	11.15
公关、招待费用	97.09	18.22	53.68	33.14	50.57	28.75

结合表 5-12 和表 5-13 可以看出,房地产企业净利润总额高,所以应付摊派和公关的费用虽高,但所占比例很小,还有大笔资金用于进行新的投资;而制造企业除了大部分用于分红之外,还要花费很高的比例用于应付各项事宜,余款额实际不多;农业企业则在各方面相对比较均衡,但公关招待费用也不低,占到企业净利润的近 30%。可见私营企业目前所处的商业环境仍然面临着很大的挑战。

从融资渠道分析企业与融资机构的关系治理。企业融资的渠道多种多样,总体而言(见表 5-14),中小企业选择融资渠道的优先顺序为股份制商业银行、小型金融机构、民间借贷和互联网金融借贷。

表 5-14　2013 年年底中小企业在银行中的贷款余额　　　单位:万元

	房地产企业		制造企业		农业企业		总体	
	均值	中值	均值	中值	均值	中值	均值	中值
股份制商业银行	7 771	270	6 877	200	3 128	40	3 599	0
小型金融机构	916	0	444	0	412	0	334	0
民间借贷	237	0	104	0	77	0	68	0
互联网金融借贷	0	0	6	0	3	0	4	0

在上述四个渠道中,贷款金额最高均为房地产企业,制造企业次之,农业企业贷款金额最低。这一方面与三个行业的贷款抵押品的优势程度有关,另一方面也因为房地产业为资金密集型行业,对资金的要求显著较高,而制造业属于高成本行业。

从"三角债"分析企业与外界的资金网络治理。从企业欠款情况来看(见表 5-15),三个行业中房地产企业的各项欠款数额均为最高;从欠款类别来看,三个行业皆为其他企业拖欠款额最高,拖欠其他企业款额次之,政府拖欠最低。但是总体情况为拖欠其他企业款额最高,其他企业拖欠数额最低,说明这三个行业中,其他企业与政府的欠款数额大于企业自身的欠款额。而各项中值皆为 0,表明欠款情况主要发生在少数企业当中。

表 5-15 2013年企业欠款情况   单位:万元

	房地产企业		制造企业		农业企业		总体	
	均值	中值	均值	中值	均值	中值	均值	中值
政府拖欠	387.9	0.0	53.0	0.0	110.3	0.0	166.4	0.0
其他企业拖欠	808.1	0.0	774.4	0.0	406.4	0.0	1 096.5	0.0
拖欠其他企业	600.1	0.0	417.6	0.0	275.1	0.0	1 424.1	0.0

第四节 交换:内部治理与外部治理

一、企业内部交换治理

交换机制的内部治理在企业中主要体现为人才结构的交换和劳资关系的治理。

从董事长人选分析企业人才结构的交换。董事会是现代企业制度发展到一定阶段的产物。在被调查的已建立董事会的企业中,董事长绝大多数是由出资人本人或其家族成员担任,由外聘人才或其他人担任的比例很低(见表5-16),尽管可能外聘人才更具备担任公司董事长的相应条件,但出资人往往不舍得将自己的企业"拱手"让人。上述特点在农业企业中表现得最为明显,房地产企业的出资人占比(89.3%)相对其他行业而言稍低,但是主要转移到了出资人的家族成员(8.4%),由外聘人才及其他人员担任的也只占2.4%,可见出资人将企业交给外聘人员"打理"的情况很少。

表 5-16 董事长人选

	房地产企业		制造企业		农业企业		总体	
	频率	有效百分比(%)	频率	有效百分比(%)	频率	有效百分比(%)	频率	有效百分比(%)
主要出资人	382	89.3	1 592	90.7	414	93.2	4 030	90.3
主要出资人的家族成员	36	8.4	132	7.5	23	5.2	326	7.3
外聘人才	5	1.2	23	1.3	1	0.2	69	1.5
其他	5	1.2	8	0.5	6	1.4	38	0.9
合计	428	100.0	1 755	100.0	444	100.0	4 463	100.0

从用工数和工资数分析企业劳资关系概况。调查数据显示(见表5-17),从中值来看制造业和房地产企业的年均用工人数(125人)较农业企业(82人)多,且三者均多余总体(60人);年平均工资上,房地产企业(29 412元)高于制造企业

(28 936元),农业最低(22 222元)且低于总体(26 495元)。三个行业企业的雇工人数均多于总体,对于解决社会就业问题均有重要的贡献,且房地产企业的待遇也较高,相比之下农业企业的雇工人数较少,待遇相对较低。

表 5-17 年均用工人数与工资情况

	房地产企业		制造企业		农业企业		总体	
	均值	中值	均值	中值	均值	中值	均值	中值
年均用工人数(人)	637	125	357	125	342	82	273	60
年平均工资(元/年)	34 024	29 412	31 139	28 936	25 008	22 222	29 841	26 495

从员工的工资福利情况分析企业劳资关系管理投入情况。员工的工资福利情况主要通过员工的工资奖金、员工分红、培训、社会保障等四个方面的调查数据来分析(见表 5-18)。

表 5-18 企业员工工资福利情况　　　　　　　　　　单位:万元

	房地产企业		制造企业		农业企业		总体	
	均值	中值	均值	中值	均值	中值	均值	中值
工资、奖金总额	1 924.8	375.0	1 105.2	350.0	658.0	177.0	798.5	156.0
员工分红	73.3	0.0	71.6	0.0	56.0	0.0	37.7	0.0
企业全年培训费用	45.4	10.0	30.1	5.0	20.4	4.0	19.4	2.0
社会保险费用总额	161.5	30.0	237.4	30.0	65.8	10.0	1 270.2	12.0

房地产企业、制造企业和农业企业在员工工作福利分配方面,均表现为员工工资、奖金最高,而分红、培训、社保等很少,这也表现出当前中小企业在与员工关系交换中,更多地表现为工资、奖金,员工从企业中得到的激励(分红、培训)较少。分析认为,中小企业有必要在员工激励中做出适当调整。

二、企业外部交换治理

中小企业外部交换主要体现为人才的引进和资源的配置上,中小企业作为一个主体在不断的市场化过程中,开拓了眼界也开放了胸怀。

中小企业之所以要进行人才引进,有着以下几方面的考虑:首先是内部交换人员的管理职业化程度不高,由于内部人员部分并未通过正式的聘用程序,而是通过企业主的任命就职,专业性较强的岗位与自身能力不相匹配的风险会逐渐明显,这是内部资源半径跟不上企业发展需要的一个体现。其次,"近亲繁殖"与人才选拔制度的封闭性,由于大部分的职员都来自内部交换,思维方式和文化观念趋同,虽然容易保持执行上的一致,却难以给企业带来灵活的动力。再次,固定的人事模式和缺乏竞争的经营环境,容易滋生集权情节和职业倦怠,也不利于企业文化的充实发展。对外交换同样还是向外扩展网络渠道的方法,通过人才的引进,将部分资源纳入企业的网络中来,灵通的信息是应对市场的法宝。

中小企业为了更有效地吸引人才,往往需要具备对方所需的交换内容,如果说亲缘关系是内部交换考虑的重要因素,那么诚信则是外部交换的必要基础。从合同的签订、劳资双方的协商、商务洽谈的原则关于商品市场的循环,都需要通过诚信来将一次性的交换关系固化为长期的合作关系。

不可否认,企业的外部交换有着一定的风险。调查数据方面,具体体现在企业主对聘用职业经理人的态度上,一方面将其纳入重要的计划,另一方面又不打算在近期实行。因为在经理人市场的发育状况欠佳,经理人的约束机制缺失的背景下,贸然引进并盲目相信,有可能导致内部人控制的发生,职业经理人将企业所有者架空,或者企业主与经理人关系欠协调,难以磨合,反倒影响发展。为了规避这一点,需要事前在约束机制上及所有权的划分界定上有更加缜密的部署,让外部交换真正服务于企业的成长。

第五节 结 论

通过以上对企业主、企业内部治理和外部环境的比较,本章对房地产业、制造业和农业三个行业的中小企业之间的情况进行了较为具体的描述和对比分析,并总结了以下共性及特点。同时,本章提出的基于权威—网络—交换的内外部组织治理模型为中小企业的治理奠定了理论基础,尤其为认识中小企业成长提供了理论视角。

一、行业发展的比较结果

一方面,作为中小企业,三个行业不可避免地存在一些共性:首先,表现在中小企业的发展都与企业主掌握的人力、物质和社会资本有着必然的联系;其次,三个行业的企业内组织发展正在向成熟和规范迈进,但社会化程度仍然较低,企业的社会保障的层次和水平不高;此外,外部的政策环境对企业的影响较大。另一方面,每个行业确实有其各自的特点,其差异主要表现在企业的资金状况、管理规范程度以及政策环境等方面。

中小农业企业虽然起步早,进入门槛相对较低,但规模普遍偏小,雇工人数较少,管理的规范化程度较低。在资金方面,由于农产品的不可抵押性,银行贷款能力受限,融资能力不强,使得其发展所需资金很大程度上依赖企业主的原始积累。在外部环境方面,农业企业受政府支持较多,税费享有很大的优惠,并且企业主在基层政府和组织中任职的比例较高,公益与慈善活动参与度高。

中小制造企业属于典型的劳动密集型产业,雇工人数多且企业与工人的联系紧密,企业在劳动关系管理方面投入高,特别是社会保障投入显著高地于其他行业。在组织管理方面,企业的"老三会"建立最为完善,也促进了企业在劳动关系管理方面的进一步提高。在外部环境方面,由于制造企业的资源配置主要依靠市场,在商言商的特点使其对政府的依赖程度较低,企业和企业主参与的政治组织任职和公益活动不及其他两个行业多;另外,制造企业的商业环境不容乐观,净利润除了大部分用于分红之外,很高的比例用于应付各项摊派和公关费用,实际用于促进企业发展的资金并不多。

房地产作为资本密集、人才密集和信息密集的行业,虽然起步晚,但管理的现代化和规范化程度高。在资金方面,由于房地产可作为抵押品,企业的融资能力很强,投资方向也偏爱其他实体经济领域及收购、兼并其他企业。在内部管理方面,房地产企业的新三会建立比例最高,行业特性对企业管理的高要求促进了其规范化发展。在外部环境方面,企业与政府的联系十分密切,因而企业主的政府、组织的任职情况及参与公益慈善活动比例最高;同时房地产企业受政策影响波动较大,且税费的种类和金额也较高。

二、框架模型的理论贡献

根据中国历史的文化背景、目前现有的公司治理模式以及 OECD 的《公司治理准则》[①]等,有关公司治理的理论都可以归结于权威—网络—交换的框架中。治理机制是为了在企业内部达到一种权利的平衡。而这种平衡需要借由权威—网络—交换的相互作用得以实现。

权威,行权而生威。企业主在行使权利的时候,一方面要保证自身权利的实现,也就是决策能够被贯彻执行;另一方面,要考虑到利益相关者的权利均衡,这是决策被积极响应的基础。只有这样,权利才有了威力。网络是权威不断演化的背景,也是权威能够触及并影响的范围。对中小经济而体言,内部网络是泛家族体系的构建与维系,外部网络是各层次人才引进带来的革新和活力。总之,网络的大小决定了权利平衡所需砝码的重量。交换是平衡利益相关者利益的关键步骤。有了权威的行权考虑,有了网络的平台支撑,交换成为一种必然。使双方在

---

① 经济合作与发展组织(OECD)于 1999 年发布《公司治理准则》,并于 2002 年对准则进行了重新审核和修订。准则重点关注所有权和控制权分离引起的治理问题,同时充分考虑员工、债权人等利益相关者对公司治理的影响,在通用性原则基础上,对已有模式作了描述。

利益结合点上寻求合作,各取所需,达到共同发展。

权威、交换、网络三个维度是相互作用的,如图5-2所示。在中国情境下,网络的根本是差序格局,以权威的所有者为核心向外扩展,在中小企业发展初期是企业主为核心,随着企业规模和需求的多元扩大,转变为企业组织为网络核心。权威可以吸引并构建初始的小网络,又随着进一步发展,在大网络的基础上不断开拓权威的影响力。而交换本身是完成网络与权威之间相互促进的中介要素,企业通过交换,在诚信的基础上开拓了网络也奠定了权威。客观来讲,交换一定程度上也会冲淡固有权威的效力,例如职业经理人或新鲜观念会对固有的管理方式和企业文化带来冲击。所以需要企业主不断地巩固长效权威而不是阻止有利于企业发展的交换。交换的基础是诚信,需要建立规则意识,规范劳资合同,最终使得双方从短期交换走向长期合作。权威的建立确有必要,在理解人治与集权的原因基础上合理调整和规范中小企业的内部治理机制。所有权和控制权的统一是有企业主经营考虑的,它可以有效地降低企业主的委托代理成本,加强企业凝聚力,使得企业的稳定程度高、企业决策迅速。

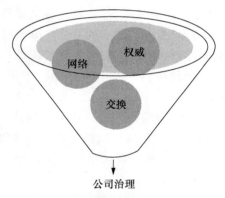

图5-2　公司治理三维度

中小企业要唱好一台戏,离不开以上这三个要素的制度支撑。本章提出的基于权威—网络—交换的组织内外部治理机制理论模型在中小企业治理研究上取得了进展,并且为认识中小企业的成长提供了新的理论视角。

第六章　小微企业现状与发展对策研究

第一节　小微企业的界定

小微企业是小型企业、微型企业、家庭作坊式企业、个体工商户的统称。国外没有单独的小微企业理论,对小微企业理论的研究基本上是建立在对中小企业研究的理论之上的。欧盟最早在1996年提出中小企业应由中型、小型以及微型三类构成,并将雇员少于250人的企业归为中小企业,至于小微企业,尽管各国都按企业规模方式划分,但划分标准不同。如美国小微企业雇员在19人以下;欧盟小微企业雇员却是9人以下;日本小微企业制造业雇员是20人以下,商业是5人以下;以色列小型企业雇员却是50人以下;我国规定工业小微企业从业人员不超过100人、年度应纳税所得额不超过30万元、资产总额不超过3000万元等指标标准进行划分。其他小微企业,年度应纳税所得额不超过30万元,从业人数不超过80人,资产总额不超过1000万元。

第二节　小微企业发展现状

国家实体经济的强大,要有较为发达的大中型企业,也要有相对自由且充分发展的小微企业。小微企业作为国民经济发展的生力军,在经济发展、繁荣市场、扩大就业、促进创新与满足国民消费需求等方面发挥着极其重要的作用。2015年10月14日工商总局公布的数据显示,2015年第三季度我国平均每天新登记企业1.16万户,前9个月,全国小微企业达305.18万户,占新登记企业总数的96.62%。全国每千人拥有小微企业数量15.2户,同比增长19.4%。2015年CHFS(中国家庭金融调查与研究中心)数据表明,我国小微企业GDP贡献度高达30%,不仅繁荣了我国市场经济,丰富了国民消费需求,而且还提供了2.37亿个就业岗位。小微企业还是我国企业家创业成长的主要平台,也是我国科技创新的重要力量。西南财经大学中国家庭金融调查与研究中心2016年2月25日公布的《小微企业税收政策研究报告》显示,其调查的40000个家庭样本中,有7096个家庭拥有小微企业,也即有16.5%的中国家庭拥有自己的工商业(含个体经营)。然而,西南财大的《小微企业税收政策研究报告》却指出:一些小微企业的纳税负担超过上市公司。而且小微企业规模小、经营分散,在融资、用工、创新等方面常常陷于困境,容易受到经济波动的冲击,创立和经营并不容易。当前我国小微企业经营压力大、融资困难和成本高等问题很突出,要进一步发展小微企业,必须加大政策扶持力度、加强税收优惠和信用体系建设。

第三节 对策与建议

一、通过制定法律和政策 扶持小微企业发展

在国际经济疲软和国内经济增速放缓的复杂环境下,小微企业则是创新型经济发展的中坚力量。小微企业要长远的发展,需要通过自身的转型升级发展,还需要国家制定了有利于小微企业发展的财政、税收以及金融财经的法律和政策。美国、日本、英国、德国、法国等西方发达国家制定了支持小微企业发展的财政政策、税收政策以及金融政策。[①] 20 世纪 80 年代,美国政府相继制定了《中小企业经济政策法》、《中小企业出口扩张法》、《中小企业技术创新促进法》、《中小企业振兴法》等。20 世纪 90 年代,美国政府又制定了《加强小企业研究和发展法案》、《小企业公平竞争管理法》等 6 项法律法规,以保障中小企业有参与公平竞争的机会。[②] 美国的小企业政策是以提高小企业竞争力为目的的社会性政策,该政策促进了美国的自由竞争。而日本的小企业政策作为全国产业政策的一部分,其主要目标是提高小企业的生产效率。[③] 为了扼制经济增长趋势的势头和刺激经济的发展,英国早在 1997 年 3 月 9 日就公布的下一年度的新预算中,除废除了预交公司所得税这一做法外,还削减了中小企业 10%的税额。[④]

中小企业是社会经济发展中一支非常重要的经济力量,小微企业是减少贫困、扩大就业、保证社会和谐的主要载体。世界各国都非常重视中小企业的发展,上面列举了美、日、英三国政府在发展小微企业方面采取的引导和扶植政策。我国小微企业在促进经济增长、增加创业与就业、促进科技创新、激发民间活力和社会和谐稳定等方面发挥着不可替代的作用。因此,2012 年 2 月 1 日的国务院还召开常务会议,专门研究部署进一步支持小型和微型企业健康发展。明确指出,在《中华人民共和国中小企业促进法》和《国务院关于进一步促进中小企业发展的若

[①] 任建华,吴碧琼. 国外小微企业政策支持的做法和启示[J]. 企业导报. 2015(21)

[②] 丁宇. 论中小企业发展的政策选择——以美、日、德为例兼论我国的中小企业政策[J]. 武汉科技大学学报(社会科学版). 2004(04)

[③] 张雪冰,谢瑀. 美国、日本的小企业政策及其对中国的启示[J]. 管理科学文摘. 2003(01)

[④] 周清明,刘娜. 英国小企业及其政府的小企业政策[J]. 经营与管理. 1999(08)

干意见》的基础上，通过各项财税和金融政策支持小微企业发展，中央财政拨款安排 150 亿元设立中小企业发展基金支持初创小型企业。2012 年 4 月 19 日，《国务院关于进一步支持小型微型企业健康发展的意见》专门针对当前小型微型企业经营压力大、成本上升、融资困和税费偏重等问题出台了全面支持小微企业健康发展。从加大财税持、缓解融资困难、支持开拓市场、推动创新发展、促进小微企业集聚发展等方面提出了 29 条政策扶持措施。2014 年 9 月 17 日召开的国务院常务会议，进一步部署扶持小微企业发展，推动大众创业、万众创新的政策。

二、加强财政扶植和税收优惠，促进小微企业发展

大力发展小微企业，是调整经济结构、转变发展方式、实现科学发展、构建和谐社会的重要举措，各国政府在发展小微企业方面都采取了财政扶持和税收优惠政策。美国财政政策，一是政府制定财经政策中的专项资金直接资助一些专项的补贴和科技计划；二是一些小微企业的风险投资能够得到正确的引导，为了国家金融市场得到更好的发展和完善，通过财政支持的方式来实现政府性的贷款、信用担保和创业板市场；三是税收优惠政策中的税收减免、加速折旧政策等，让更多的小微企业和小微企业切实享受到优惠；四是政府利用采购的方式来扶持本土的小微企业的发展。[①] 为了增强中小企业的资金积累能力，美国政府降低了中小企业长期资本收益的税率，从 1970 年的 49% 降到了 1981 年的 20%。日本政府通过减免税赋、给予财政补助金等方式支持中小企业的发展。[②] 英国除了采取财政扶持处于创业时期的小企业外，还采取减低法人税的政策，法人税的最底限额，从 4 万英磅提高到 5 万英磅，将一般税率的适用最低限度额从 5 万英磅提高到 8.5 万英磅减轻资本所得税。企业退出生产和经营活动时免税限额由原来的 2 万英磅提高到 5 万英磅。[③] 1998 年，德国政府重新出台了中小企业减税计划，1998—2005 年减少中小企业税收 300 亿马克。小微企业是各国企业群体的重要组成部分，美、日、英、德等国的财政支持政策极大地减轻了中小企业资本积累的压力。

我国自 2011 年 10 月 12 日国务院推出支持小微企业发展的 9 条财税、金融政策"大礼包"之后，后续政策细则陆续落地。在财政扶持方面，国家发改委和财政部根据有关法律法规设立国家中小企业发展基金。中小企业基金的资金来源包括中央财政预算安排、基金收益、捐赠等。中央财政安排资金 150 亿元，分 5 年到位，2012 年安排 30 亿元。中小企业基金主要用于引导地方、创业投资机构及其他社会资金支持处于初创期的小型微型企业等。国家鼓励社会向基金捐赠资金，对

---

① 任建华，吴碧琼. 国外小微企业政策支持的做法和启示[J]. 企业导报. 2015(21)
② 丁宇. 论中小企业发展的政策选择——以美、日、德为例兼论我国的中小企业政策[J]. 武汉科技大学学报(社会科学版). 2004(04)
③ 周清明，刘娜. 英国小企业及其政府的小企业政策[J]. 经营与管理. 1999(08)

向基金捐赠资金的企事业单位、社会团体和个人等,企业在年度利润总额12%以内的部分,个人在申报个人所得税应纳税所得额30%以内的部分,准予在计算缴纳所得税税前扣除。在税收优惠方面,2014年4月9日经国务院批准,财政部和国家税务总局印发了《关于小型微利企业所得税优惠政策有关问题的通知》,进一步扩展小型微利企业所得税优惠政策实施范围。2015年2月25日国务院常务会议将小微企业所得税减半征税范围由10万元调整为20万元后,8月19日,国务院第102次常务会议决定,自2015年10月1日起,将减半征税范围扩大到年应纳税所得额30万元(含)以下的小微企业。9月2日,财政部和税务总局发布通知,明确了小型微利企业减半征税范围扩大到30万元后具体税收政策规定。

三、加强信用体系建设,引导小微企业诚信发展

小微企业是国民经济和社会发展的重要基础,是创业富民的重要渠道,在扩大就业、增加收入、改善民生、促进稳定、国家税收、市场经济等方面具有举足轻重的作用。但规模庞大的小微企业在诚信经营上有待加强,小微企业作为市场经济的主体,也在追求利益最大化。近年来,我国小微企业得到发展的同时,商务诚信缺失现象也日益凸显,商务诚信危机在社会渐呈蔓延趋势。由于我国小微企业诚信意识单薄,商业信用缺失,假冒伪劣产品屡禁不止,小微企业诚信危机已经影响到小微企业的健康发展,所以要大力加强小微企业信用建设,提升小微企业诚信水平,构建小微企业商务信用体系。为贯彻落实《国务院关于扶持小型微型企业健康发展的意见》,工商总局会同有关部门依托企业信用信息公示系统建立的小微企业名录,2015年6月30日部分功能已正式上线运行。充分借助了企业信用信息公示系统权威的企业基础信息源和巨大访问量优势,把小微企业名录建成一个集中宣传、公示扶持政策及其实施信息的窗口和平台,为广大小微企业提供了解、申请、查询相关政策措施的一个便捷通道。这对促进我国经济可持续发展、规范市场经济秩序,以及保障人民群众切身利益,创造经济平稳、健康发展的良好环境有着重大的战略意义。

小微企业诚信问题以及信用体系不健全等因素也制约了金融机构为其提供融资支持,小微企业的履约能力和诚信度是银行决定是否为其提供融资支持的核心因素。由于小微企业财务透明度不高、缺乏有效抵押质押物的特征,如何多渠道为小微企业增信,成为破解小微企业融资难的关键所在。[①] 2012年年初国务院出台了《关于进一步支持小型微型企业健康发展的意见》,要加大支持力度,支持小微企业健康发展。但是,诸多政策的出台并不能根本解决小微企业发展所面临的融资难问题,要彻底解决小微企业融资难,就必须加强信用体系建设。通过第

---

① 庞东梅.破解融资难重在为小微企业增信[N].金融时报.2013-08-14(005)

三方提供信息和增信服务,从而形成"小微企业—信息和增信服务机构—商业银行"利益共享、风险共担的新机制,是破解小微企业融资难的关键举措之一。①2011年商务部制定了"十二五"期间加强信用体系规划,确定了推动信用立法,推动行业治理,努力营造诚信经商的良好氛围。2014年6月27日,国务院印发《社会信用体系建设规划纲要(2014—2020年)》,部署加快建设社会信用体系、构筑诚实守信的经济社会环境。这是我国首部国家级社会信用体系建设转型规划。2014年8月1日,中央文明委下发《关于推进诚信建设制度化的意见》。指出推进诚信建设制度化的目标任务和实现路径,以制度的力量培育诚信自觉。2014年9月12日,商务部印发了《关于加快推进商务诚信建设工作的实施意见》,部署加快建设商务信用体系、构筑诚实守信的营商环境。建立和完善有效的信用体系有助于解决小微企业融资难问题,一方面,要发挥政府指导和推动作用,健全中小企业信用保证法律制度支持体系,完善担保、信用保险与损失补偿金补助制度,以及建立较为合理的政府与商业银行责任共有、风险共担的担保机制。② 另一方面,征信机构也即信用报告及信用评级的生产单位,必须保证其第三方无利益相关的立场,否则容易产生寻租行为,导致其评级结果的低效。因此,政府作为公共服务机构,其义务是将散落在各政府部门的信用信息收集起来,并保证其权威性与准确性,而征信机构则可以作为第三方机构通过有偿或合作的方式从政府手中获得这部分公共信用信息资源,并为社会提供其征信评级服务。在当前我国征信机构弱小且信用信息资源分散、收集成本较高的背景下,以上做法可以迅速有效地培养我国本土的征信机构,以建立与完善征信体系。

  总之,小微企业要获得健康和可持续发展不仅需要建立一个包括政府政策支持与扶持,需要法制保障、社会化支持与服务以及小微金融支持与服务综合的外部支持与服务体系。更需要建立小微企业信用体系,这有助于解决小微企业融资难问题,有利于提高市场透明度,还可以降低交易成本和交易风险,让小微企业经营者能将主要精力放在核心产品开发上,优化小微企业生存环境。

---

① 强化小微企业信用建设[N]. 农村金融时报. 2013-07-29 (001)
② 姜欣欣. 借鉴海外经验完善小微企业增信服务[N]. 金融时报. 2013-09-16 (009)

第二篇
2015年中国中小企业景气指数评价的调研报告

第七章 2015年中国工业中小企业景气指数测评

工业中小企业景气指数计算以中国31个省级行政区统计年鉴数据为基础，在对中国各省、直辖市、自治区中小企业发展情况进行定量描述的基础上，计算各省、直辖市和自治区的合成指数。

第一节 评价指标的选取

工业中小企业景气指数的计算基于中小企业统计整理汇总数据。本报告根据经济的重要性和统计的可行性选取了以下指标(见表7-1)。

表7-1 工业中小企业景气指标选取

指标类型	指标项目
反映工业中小企业内部资源的指标	总资产
	流动资产
	固定资产
反映工业中小企业股东状况的指标	所有者权益
	国家资本
反映工业中小企业财务状况的指标	税金
	负债
	利息支出
反映工业中小企业经营状况的指标	主营业务收入
	利润
反映工业中小企业经营规模的指标	总资产
	企业数量
	从业人员数

1. 反映工业中小企业自身内部资源的指标

具体包括三项指标：(1)总资产，反映企业综合实力；(2)流动资产，体现企业短期变现能力，确保企业资金链；(3)固定资产，反映企业设备投资及其他固定资产的投资状况。

2. 反映工业中小企业股东状况的指标

具体包括两项指标：(1) 所有者权益，反映资产扣除负债后由所有者应享的剩余利益，即股东所拥有或可控制的具有未来经济利益资源的净额；(2) 国家资本，反映了工业中小企业得到国家投资的政府部门或机构以国有资产投入的资本，体现了国家对中小企业的扶持力。

3. 反映工业中小企业财务状况的指标

具体包括三项指标：(1) 税金，包括主营业务税金及附加和应交增值税，主要体现企业支付的生产成本，影响企业收入和利润；(2) 负债，影响企业的资金结构，反映企业运行的风险或发展的条件和机遇；(3) 利息支出，作为财务费用的主要组成部分，反映企业负债成本。

4. 反映工业中小企业经营状况的指标

具体包括两项指标：(1) 主营业务收入，企业经常性的、主要业务所产生的基本收入，直接反映一个企业生产经营状况；(2) 利润，直接反映企业生产能力的发挥和市场实现情况，也显示了企业下期生产能力和投资能力。

5. 反映工业中小企业经营规模的指标

具体包括三项指标：(1) 总产值，体现企业创造的社会财富，直接反映区域中小企业的发展程度；(2) 企业数量，直接反映了中小企业在一个区域的聚集程度；(3) 从业人员数，反映企业吸纳社会劳动力的贡献率和企业繁荣程度。

第二节 数据收集及预处理

工业中小企业景气指数计算数据来自国家及各地的统计年鉴及工业经济统计年鉴。最新年鉴为2014年版，实际统计时间跨度为2007—2013年，在指标信息齐全和不含异常数据的基本原则下采集数据。课题组先收集了中国内地31个省、直辖市和自治区的工业中小企业数据，然后按七大行政区域，即东北、华北、华东、华中、华南、西南和西北地区分别进行了汇总整理(见表7-2)。

由于基于统计年鉴所获得的数据较为庞大，有些省份和年份的数据存在缺失值。另外，不同指标的数据在数量级上的级差较大，为了保证后续数据分析和数据挖掘的顺利进行，对收集到的年度数据分别进行了预处理，包括无量纲化、消除季节性因素以及剔除非常规数据等。一方面，尽量保证数据的完整性，避免缺失年份或省份的数据的存在；另一方面，考虑到中国各地区经济发展差异性较大，在数据处理过程中，本报告还关注到了数据样本中孤立数据与极端数值的影响。

表 7-2 工业中小企业景气数据样本的地区分布

地区	省、直辖市、自治区名称	省份数量
东北	黑龙江、吉林、辽宁	3
华北	北京、天津、河北、山西、内蒙古	5
华东	山东、江苏、安徽、浙江、江西、福建、上海	7
华中	河南、湖北、湖南	3
华南	广东、海南、广西	3
西南	四川、云南、贵州、重庆、西藏	5
西北	陕西、甘肃、青海、宁夏、新疆	5
全国		31

第三节　指标体系及权重的确定

为了确定指标体系，首先对指标进行分类。在计算工业中小企业景气指数时主要采用时差相关系数法，首先确定一个能敏感地反映工业中小企业经济活动的重要指标作为基准指标。最能反映工业中小企业的经济状况的指标确定为工业增加值增长率。同时采用工业中小企业的总产值作为基准指标，并考察了全国工业中小企业总产值与GDP、第二产业产值和工业总产值之间的相关性，具体实证结果如表 7-3 所示。

表 7-3 工业中小企业景气指数基准指标

相关性	GDP	第二产业总产值	工业总产值
工业中小企业总产值	0.998**	0.998**	0.997**

注：相关分析时间为 2001—2013 年；** 表示在 0.01 水平（双侧）上显著。
资料来源：根据《中国统计年鉴》和《中国工业经济统计年鉴》各年度数据整理计算。

实证结果表明，工业中小企业总产值基本和整个经济循环波动保持一致，这种相关性很好地反映了工业中小企业的发展状况。因此，综合考虑到重要性、适时性和与景气波动的对应性，这里选取工业中小企业总产值作为基准指标。

根据时差相关系数分析法计算出了各指标与总产值的时差相关系数和先行、滞后、一致期的期数指标，结果如表 7-4 所示。

表 7-4　工业中小企业景气指标类型时差分析结果

指标	企业单位数	资产合计	流动资产	固定资产合计
期数	0	0	Lead4	Lag3
相关系数	0.987	0.996	0.992	0.999
指标	负债合计	所有者权益	国家资本	主营业务收入
期数	Lag4	Lag4	Lead4	0
相关系数	0.995	0.995	0.920	0.999
指标	税金	利息支出	利润总额	全部从业人员年
期数	0	0	0	Lag4
相关系数	0.997	0.991	0.997	0.963

注：表中期数栏中 Lag 表示滞后指标，Lead 表示先行指标，0 表示一致指标。

另外，课题组还使用 K-L 信息量法、文献综述法、马场法、聚类分析法、定性分析法等，并咨询了专家意见，综合考察了各类先行、一致和滞后指标的选取方法，确定了中国工业中小企业的先行、一致和滞后指标，并根据主成分分析法求出先行指标组、一致指标组和滞后指标组小类指标的权重；然后利用全国规模以上工业中小企业数据，具体计算出了各分类项目评价指标的权重；最后为了改善迄今基于单一的一致指标计算工业企业景气指数的计算方法，采用专家咨询法首次确定了先行指标组、一致指标组和滞后指标组大类指标的权重，结果如表 7-5 所示。

表 7-5　工业中小企业景气评价指标的权重

指标类别	指标项目名称	小类指标权重	大类指标权重
先行指标组	流动资产合计	0.339	0.30
	国家资本	0.322	
	利息支出	0.339	
一致指标组	工业总产值	0.167	0.50
	企业单位数	0.166	
	资产总计	0.167	
	主营业务收入	0.167	
	利润总额	0.166	
	税金总额	0.167	
滞后指标组	固定资产合计	0.250	0.20
	负债合计	0.250	
	所有者权益合计	0.250	
	全部从业人员平均人数	0.250	
合计			1.00

第四节 2015年中国省际工业中小企业景气指数计算结果及排名

为了使各省、直辖市和自治区的工业中小企业景气指数波动控制在0—200的取值范围之间,2015年工业中小企业景气指数计算以2006年的全国平均值作为基年数据。由于实际统计的2006—2013年期间没有明显多个经济周期循环,因而本研究报告在运用合成指数算法进行计算时省略了趋势调整。经过计算,分别获得了中国省际与地区工业中小企业先行、一致与滞后合成指数,并按三组大类指标的权重(见表7-6),最终合成计算省际和地区工业中小企业综合景气指数。

表7-6 2015年中国省际工业中小企业景气指数

省份	先行指数	一致指数	滞后指数	工业企业景气指数(ISMECI)	排名
江苏	153.83	157.86	165.58	158.19	1
广东	150.96	148.63	176.64	154.93	2
浙江	130.22	137.82	140.64	136.11	3
山东	115.99	115.67	125.18	117.67	4
河南	76.52	65.03	77.35	70.94	5
辽宁	74.83	48.83	62.25	59.32	6
河北	62.39	50.70	59.49	55.96	7
湖北	52.32	47.43	51.45	49.70	8
福建	51.27	46.89	54.27	49.68	9
上海	47.48	49.86	52.38	49.65	10
四川	49.29	36.66	46.25	42.37	11
安徽	44.96	38.67	45.28	41.88	12
湖南	43.45	35.63	43.04	39.46	13
天津	24.05	25.88	27.68	25.69	14
江西	27.55	21.12	26.15	24.05	15
广西	31.59	17.92	23.75	23.19	16
山西	27.79	17.12	27.17	22.33	17
北京	24.26	20.45	21.54	21.81	18
陕西	28.01	16.16	23.39	21.16	19
吉林	23.32	17.39	22.84	20.26	20
重庆	21.51	15.96	20.22	18.48	21
云南	26.41	13.37	19.34	18.48	22

（续表）

省份	先行指数	一致指数	滞后指数	工业企业景气指数（ISMECI）	排名
黑龙江	18.80	14.76	19.73	16.97	23
内蒙古	22.36	12.83	17.38	16.60	24
贵州	17.17	11.12	14.39	13.59	25
新疆	19.04	8.72	13.05	12.68	26
甘肃	14.06	10.27	13.37	12.03	27
宁夏	5.44	3.06	4.66	4.09	28
海南	5.74	2.58	3.62	3.74	29
青海	2.77	1.77	2.84	2.29	30
西藏	2.15	0.90	1.24	1.34	31

由于各省工业中小企业景气指数受各省企业数量影响较大，因此本报告在计算景气指数的过程中考虑到企业数量因素，通过无量纲化处理等进行了修正调整。具体步骤和方法是，首先采用 Min-max 标准化将企业数量进行无量纲化处理，其次是根据专家咨询法获得修正调整前的景气指数和企业数量的权重，并与其相对应的权重相乘，最后将获得的乘数相加，最终得到各省工业中小企业景气指数值。

为了获得 2015 年工业中小企业景气指数，本研究报告基于历年数据运用最小二乘法对 2014 年省际工业中小企业景气指数进行预测，并以 2014 年度的预测值作为 2015 年度工业中小企业景气指数评价数据。表 7-6 及图 7-1 显示了 2015 年中国省际工业中小企业景气指数评价结果及排名状况。2015 年中国省际工业中小企业景气指数具有以下特点。

（1）反映 2015 年区域中小企业发展的最新现状，江苏省的工业中小企业景气指数首超广东，排名全国第一，广东和浙江分列第二和第三。

（2）2015 年工业中小企业景气指数的地区分布梯次感明显。2015 年的指数分布可划分四个梯队：前三位和第四位山东构成第一梯队，平均指数在 100 以上；河南、辽宁、河北、湖北、福建、上海、四川、安徽 8 省份的指数为 40—100，构成第二梯队；湖南、天津、江西、广西、北京等 8 省份的指数为 20—40，为第三梯队；吉林、重庆等其余 12 省份为第四梯队，指数都低于 20。与上年相比，第一、二梯队的指数有明显提升（曲线总体上移），第三、四梯队的指数多数有所下滑（见图 7-1）。

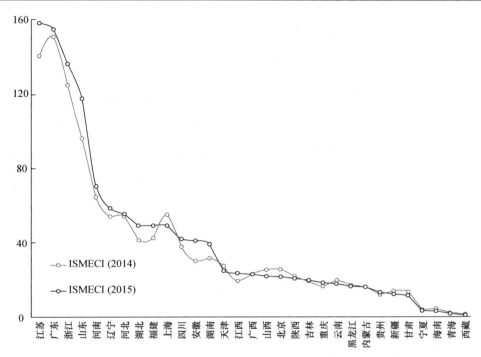

图 7-1　2015 年中国省际工业中小企业景气指数

(3) 2015年全国工业中小企业平均指数为42.08,较2013年微增了2.74,有企稳回升趋势,表明全国工业中小企业总体上生产经营基本面良好。但平均指数水准偏低,高于全国平均指数的省份为第一、二梯队的11省份,第三、四梯队基本在平均指数以下,反映了全国工业中小企业的景气现状并不容乐观。

(4) 2015年四大直辖市的工业中小企业景气指数排名与2014年有一定变化,上海工业中小企业景气指数值最高(49.65),但较上年有所下滑;重庆最低(18.48),但同比排名有明显提升。五个自治区中,2015年广西的工业中小企业景气排名上升一位稳居第三梯队,其他自治区工业中小企业景气排名总体靠后,西藏的同指数值继续全国垫底。

(5) 从2015年省际排名来看,江西省工业中小企业景气指数排名同比上升五位,提升明显;上海、北京、云南排名有较大下滑,其他各省排名变化基本不大。总体看来,2015年中国省际工业中小企业景气指数差异仍然很大,最高的广东(158.19)与最低的西藏(1.34)相差达118倍,较2014年省际的差距(97倍)有所拉大。这也是造成后述综合景气指数差异的要因之一。

第五节 2015年七大地区工业中小企业景气指数计算结果及排名

根据表7-6，按中国七大地理分布地区划分进行数据整理，得到2015年中国七大地区工业中小企业景气指数评价结果及排名状况（见表7-7、图7-2）。

表7-7 2015年中国七大地区工业中小企业景气指数

地区	先行指数	一致指数	滞后指数	工业企业景气指数（ISMECI）	排名	与2014年排名比较
华东	119.80	119.32	125.14	120.63	1	—
华南	58.80	56.08	70.75	59.83	2	—
华中	48.76	39.39	48.61	44.05	3	↑
华北	30.07	24.47	28.40	26.94	4	↓
东北	33.60	20.94	28.90	26.33	5	—
西南	26.59	17.83	22.76	21.44	6	—
西北	10.72	4.77	8.30	7.26	7	—

注：与2014年排名比较栏，"—"表示持平，"↑"、"↓"的数字分别表示与2014年相比升降的位数。

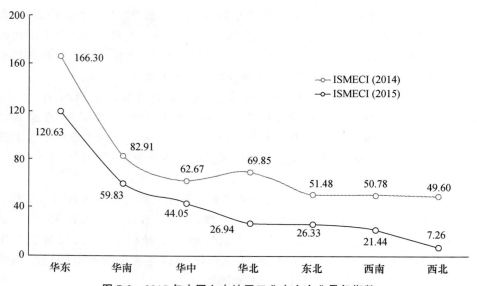

图7-2 2015年中国七大地区工业中小企业景气指数

从 2015 年七大地区的工业中小企业景气指数测评结果来看,华东地区一枝独秀,其他地区的指数值参差不齐,而且总体偏低。华东、华南与西南、西北地区的差距有加大趋势,反映了地区间工业中小企业发展很不平衡的现状。此外,与 2014 年相比,七大地区工业中小企业的景气曲线总体向左下方位移(见图 7-2),表明受宏观经济下行影响,2015 年中国大部分地区工业中小企业总体仍处于不景气区间低位运行。从地区平均的角度来看,目前中国大部分地区的实体经济普遍面临转型升级和创新发展的现实难题。

第八章 2015年中国上市中小企业景气指数测评

第一节 指标体系构建及评价方法

在上市中小企业景气指数测评方面,本年度报告在原中小板及创业板企业样本的基础上,首次加入了新三板上市企业的样本数据。评价指标和评价方法沿用2014年度报告的指标体系及方法步骤,即数据的预处理采用扩散指数(DI)的编制方法,最后权重法合成计算分类综合指数。

扩散指数又叫扩张率,是所研究的经济指标系列中某一时期扩张经济指标数的加权百分比,其表达式为:

$$DI_t = \sum_{i=1}^{N} I_i = \sum W_i (X_i(t) \geqslant X_i(t-j)) \times 100\%$$

其中,DI_t 为 t 时刻的扩散指数;$X_i(t)$ 为第 i 个变量指数在 t 时刻的波动测定值;W_i 为第 i 个变量指标分配的权数;N 为变量指标总数;I 为示性函数;j 为两比较指标值的时间差。若权数相等,公式可简化为:

$$DI_t = \frac{t \text{时刻扩散指标数}}{\text{采用指标总数}} \times 100\% \quad (t=1,2,3,\cdots,n)$$

扩散指数是相对较为简单的景气评价指数,具体按以下三个步骤进行推导计算:

第一步,确定两个比较指标值的时间差 j,本报告中确定 $j=1$,将各变量在 t 时刻和 $t-1$ 时刻的波动测定值进行比较,若 t 时刻的波动测定值大,则是扩张期,$t=1$;若 $t-1$ 时刻的波动测定值大,则 $t=0$;若两者基本处于相等水平,则 $t=0.5$。

第二步,将这些指标值升降状态所得的数值相加,即得到扩张指数指标,即在某一阶段的扩张变量个数,并以扩张指数除以全部指标数,乘以100%,即得到扩散指数。

第三步,绘制扩散指数变化图,即将各阶段的景气指数运用图表来表达。

由于部分创业板、中小板及新三板上市企业财务数据存在缺失,同时,为了使抽样企业样本更具科学性和代表性,2015年度研究报告基于深交所500指数收集了381家中小板企业、123家创业板企业的数据,又基于全国中小企业股份转让系统(NEEQ)收集了115家新三板上市企业的数据,共收集619家上市中小企业的有效样本。

与计算工业中小企业景气指数一样,由于上市中小企业景气指数受企业数量影响也较大,因此,本研究报告计算上市中小企业景气指数时也将企业数量调整考虑在内。首先采用Min-max标准化将企业数量进行无量纲化处理,其次将合成的景气指数和企业数量与其相对应的权重相乘,最后将获得的乘数相加作为反映上市中小企业景气指数的值。

第二节 2015年中国省际上市中小企业景气指数排名分析

本报告首次加入新三板企业数据计算上市中小企业景气指数,测评结果显示,加入新三板企业后上市中小企业景气指数的曲线总体向右上方位移(见图8-1)。具体趋势特征如下:

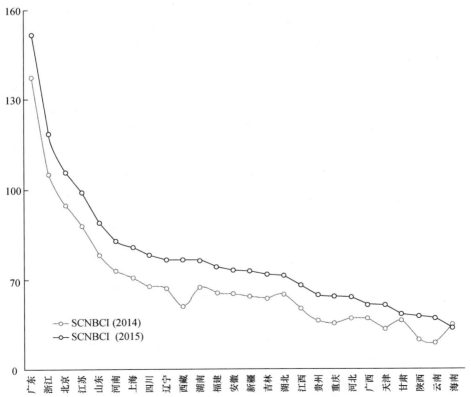

图8-1 2015年中国省际上市中小企业景气指数

第一,上市中小企业景气指数与各地区中小板、创业板及新三板上市企业的数量相关性较大。广东(504家,截至2015年6月末,下同)、浙江(280家)、北京(524家)、江苏(382家)、山东(221家)、上海(255家)等省份的上市企业数量多,显示出这些地区发展潜力大、市场前景看好的成长型中小企业强大的内在活力。内蒙古、黑龙江、青海和宁夏四个省份的中小板、创业板及新三板上市企业数量因在5家以下本报告并未进行相关评价。

第二,2015年全国上市中小企业平均指数为76.45,比2014年提升了8.58。高于全国平均指数的省份为广东、浙江、北京、江苏、山东、河南、上海、四川、湖南等10省份,其他大部分省份在平均指数以下。

第三,上市中小企业景气分布有明显的层次感。其中,广东、浙江、北京、江苏处于第一层次,平均指数为118.99,整体排名没有变化,但广东异军突起甩开第二名指数32.99;山东、河南、上海、四川、辽宁、湖南、福建、安徽、新疆、吉林、湖北为第二层次,平均指数近80,其中排名变化不大,湖北、湖南下降,吉林、辽宁、新疆上升;第三层次包括江西、西藏、贵州、重庆、河北、广西、天津,平均指数为64.47,其中重庆较上年上升3位,贵州、天津上升2位,湖北、河北和广西的排名下降了2位;第四层次包括甘肃、陕西、云南、海南、山西,平均指数为55.81,其中海南下降3位,甘肃下降2位。

第四,四大直辖市中,北京的上市中小企业景气指数值最高(106.25),最低的是天津(58.35)。五个自治区中,上市中小企业景气指数最高的是新疆(72.65),其次是西藏(66.80),从中国省级行政区域的整体排名来看,五个自治区的上市中小企业景气排名都较为靠后(见表8-1)。

表8-1 2015年中国省际上市中小企业景气指数

省份	先行指数	一致指数	滞后指数	上市企业景气指数(SCNBCI)	排名
广东	145.00	130.64	134.35	151.78	1
浙江	114.03	102.67	104.27	118.78	2
北京	102.96	90.43	95.84	106.25	3
江苏	95.29	85.08	89.24	99.16	4
山东	82.07	78.81	81.08	89.33	5
河南	90.69	65.45	73.02	82.90	6
上海	74.50	71.44	73.89	80.99	7
四川	77.26	65.84	71.71	78.28	8
辽宁	77.15	65.28	66.56	76.77	9
湖南	80.70	61.94	68.74	76.58	10

（续表）

省份	先行指数	一致指数	滞后指数	上市企业景气指数（SCNBCI）	排名
福建	73.49	63.31	66.61	74.44	11
安徽	71.11	62.83	65.81	73.18	12
新疆	74.85	59.88	65.19	72.65	13
吉林	71.13	58.41	69.87	71.62	14
湖北	75.91	60.70	55.81	71.35	15
江西	74.56	52.50	63.73	68.06	16
西藏	69.96	54.25	60.65	66.80	17
贵州	58.95	56.32	63.52	64.89	18
重庆	70.91	55.93	43.77	64.26	19
河北	60.25	58.37	53.54	64.24	20
广西	64.63	50.69	54.49	61.61	21
天津	55.51	52.15	63.78	61.44	22
甘肃	60.28	51.15	45.43	58.35	23
陕西	39.77	57.00	59.43	57.87	24
云南	53.99	47.75	56.99	56.91	25
海南	45.81	59.99	25.57	53.97	26
山西	69.70	44.40	19.77	51.95	27

注：黑龙江、内蒙古、宁夏、青海因数据缺失本年度未进行评价排名。

第三节　2015年七大地区上市中小企业景气指数排名分析

由表8-2计算得到了2015年中国七大地区中小板、创业板及新三板上市中小企业景气指数。

表8-2　2015年中国七大地区上市中小企业景气指数排名

地区	先行指数	一致指数	滞后指数	上市企业景气指数（SCNBCI）	排名
华东	140.02	129.73	133.39	133.55	1
华南	92.30	87.43	79.22	87.25	2
华北	80.38	68.09	69.27	72.01	3
华中	82.14	61.83	65.41	68.64	4
西南	72.09	61.41	66.06	65.54	5
东北	72.59	52.17	61.94	60.25	6
西北	55.05	46.76	52.82	50.46	7

2015年中国七大地区上市中小企业景气指数具有以下特点：

第一，东西部地区差异明显，最高的华东地区(133.55)与最低的西北地区(50.46)相差大于2倍。华东、华南地区因中小板、创业板及新三板上市企业数量和发展质量较高，而在同类企业的区域景气指数排名中明显处于优势地位。东部省份中，广东省上市中小企业景气指数最高(151.78)，中部省份中最高的是河南省(82.90)，而西部省份中指数最高的是四川省(78.28)。但总体上来看，中部与西部地区上市中小企业景气指数之间差异不是很大，中部各省、直辖市及自治区上市中小企业景气指数值比西部各省、直辖市和自治区上市中小企业景气指数高出不多。

第二，华北、华中、西南、东北和西北5个地区依次递减，且这些地区之间的上市中小企业景气指数值的递减幅度差异不大。

总体来看，2015年中国七大地区上市中小企业景气指数差异较大。各地区上市中小企业发展仍不平衡，以华东、华南地区为中心，中小板、创业板及新三板上市企业的区域集聚现象非常明显(见图8-2)。

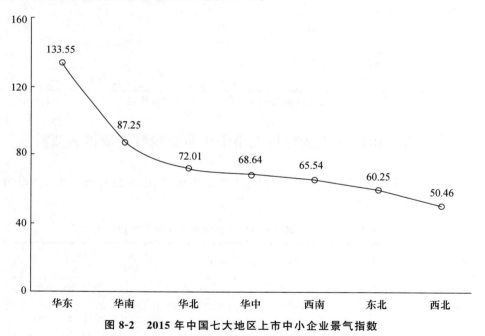

图8-2　2015年中国七大地区上市中小企业景气指数

第九章 2015年中国中小企业比较景气指数测评

第一节 2015年中国省际中小企业比较景气指数排名分析

中小企业比较景气指数反映中小企业家对当前微观经营状况判断结果和预期宏观经济环境的信心等进行量化加工整理得到的景气指数,是对基于统计年鉴的工业中小企业景气指数和基于上市公司数据的上市中小企业景气指数的补充。

为了获得2015年中小企业比较景气指数,本课题组根据大数据资料获得了31省份的中小企业发展指数,并面向中小企业家、创业者及研究专家等实施了景气监测专题调研问卷,然后合成计算得到2015年中小企业比较景气指数(见表9-1和图9-1)。

表9-1 2015年中国省际中小企业比较景气指数

省份	比较景气指数(CCI)	排名	与2014年排名比较	省份	比较景气指数(CCI)	排名	与2014年排名比较
浙江	120.66	1	↑26	海南	76.69	17	↓13
广东	118.96	2	↑26	河北	75.40	18	↓12
江苏	118.52	3	↑7	贵州	73.39	19	↓7
上海	117.06	4	↑10	陕西	71.75	20	↓19
福建	101.86	5	↑3	云南	70.33	21	↓14
北京	101.48	6	↑10	辽宁	68.50	22	↓7
山东	99.07	7	↑4	山西	66.48	23	↑1
天津	98.06	8	↑14	新疆	65.25	24	↑7
重庆	93.43	9	↑16	吉林	64.02	25	↓23
四川	92.91	10	↑9	甘肃	63.75	26	↓3
湖南	85.59	11	↓8	内蒙古	62.48	27	↓10
湖北	85.53	12	↑6	宁夏	59.75	28	↑1
安徽	85.11	13	↓4	青海	58.75	29	↑1
广西	79.07	14	↓1	黑龙江	58.02	30	↓25
河南	77.29	15	↑11	西藏	54.39	31	↓10
江西	77.07	16	↑4				

注:排名比较一栏"—"表示与2014年排名持平,"↑"、"↓"分别表示与2014年排名相比升降的位数。

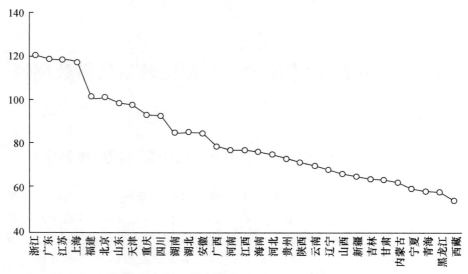

图 9-1　2015 年中国省际中小企业比较景气指数

中国 2015 年省际中小企业比较景气指数测评结果显示,2015 年中小企业家信心与企业景气度较 2014 年有较大提升,但区域间也存在差异。浙江、广东、天津、北京、重庆、河南的中小企业比较景气指数排名有大幅上升;江苏、上海、福建、北京、山东、四川、湖北等省份的指数排名都有小幅上升;湖南、安徽、广西、海南、甘肃、内蒙古、黑龙江等 13 个省份的指数排名有不同程度下降,其中东北三省黑吉辽、海南、河北下降幅度较大。

同时,研究表明,中国中小企业景气受企业家信心影响较大。2015 年,上市中小企业市值大涨,浙江、广东、江苏、上海、福建等上市企业集中的东南沿海省份的企业家信心有较大提升,总体景气状况有较大改善,从而使 2015 年中小企业比较景气指数的波动回归到接近常态的合理区间。

第二节　2015 年中国七大地区中小企业比较景气指数排名分析

2015 年中国七大地区中小企业比较景气指数具有以下特点:

第一,2015 年东北地区的中小企业比较景气指数大幅下滑。从上年的全国首位跌落至末位垫底,与排名第一的华东地区的指数相差 39.24(见表 9-2)。

第二,中小企业比较景气指数地区排名差别较大。主要是因为不同地区基础设施、环境条件以及中小企业公共服务水平相差较大,导致了各地区企业家对本

表 9-2 2015 年中国七大地区中小企业比较景气指数排名

地区	比较景气指数(CCI)	排名	与 2014 年排名比较
华东	102.76	1	↑1
华南	91.57	2	↑1
华中	82.80	3	↑1
华北	80.78	4	↑2
西南	76.89	5	↓1
西北	63.85	6	↑1
东北	63.52	7	↓6

注：排名比较一栏"—"表示与 2014 年排名持平，"↑"、"↓"分别表示与 2014 年排名相比升降的位数。

地区发展预期和判断的不同。

第三，2015 年华东、华南、华北等地区的企业家信心有较大提升。浙江、广东、江苏、上海、福建、北京等上市中小企业集中的地区，受上市公司市值上涨的影响，总体景气状况有较大改善。

第十章 2015年中国中小企业综合景气指数测评

第一节 计算与评价方法

鉴于数据扩充和方法完善，2015年度报告在评价2007—2009年中小企业的景气指数时，采用工业中小企业景气指数作为中小企业景气指数，在此基础上，2010年以后加入了中小板及创业板企业景气指数和中小企业比较景气指数，2015年中小企业景气指数基于工业中小企业、中小板、创业板及新三板上市中小企业和比较景气指数三部分指数，根据专家咨询法确定权重，最终按合成指数的计算方法进行综合测评。

第二节 2015年中国省际中小企业综合景气指数排名分析

中小企业综合景气指数既能反映中小企业的繁荣程度，同时也是反映中小企业发展差异的重要指标之一。2015年中国中小企业综合景气指数的计算结果及景气排名如表10-1、图10-1所示。

研究分析表明，2015年中国省际中小企业综合景气指数具有以下特点：

(1) 2015年全国中小企业平均景气指数在经历了2014年探底后回升，从81.81上升到87.65，回升到2013年的水准。研究发现，中小板、创业板及新三板市值大涨带来了创业者、企业家信心的提升；中小微企业共享前所未有的政策红利，促使中小企业平均景气有了较大回升。

(2) 省际景气排名上下波动趋缓。与2014年相比，广东、江苏、浙江、山东、河南和上海前6位排名没有变化；重庆上升6位排名17位；江西上升3位排名16位，吉林、山西下降4位分别排名19、24位，其他省份在上下1、2位之间波动，没有大的起伏变化，表明中国中小企业生产经营基本面相对保持稳定。

表 10-1　2015 年中国省际中小企业综合景气指数排名

省份	综合景气指数（CCSMECI）	排名	与 2014 年排名比较	省份	综合景气指数（CCSMECI）	排名	与 2014 年排名比较
广东	146.79	1	—	重庆	47.20	17	↑6
江苏	132.55	2	—	广西	45.89	18	↓1
浙江	127.82	3	—	吉林	44.42	19	↓4
山东	105.45	4	—	陕西	42.29	20	↓2
河南	75.80	5	—	新疆	41.19	21	↑1
上海	72.54	6	—	贵州	40.94	22	↑1
福建	67.54	7	↑2	云南	40.38	23	↓2
辽宁	66.39	8	↓1	山西	40.05	24	↓4
湖北	63.36	9	↑1	甘肃	36.27	25	—
四川	63.25	10	↑2	海南	33.40	26	—
北京	63.08	11	—	西藏	31.59	27	—
河北	62.33	12	↓3	内蒙古	20.48	28	↑1
安徽	59.92	13	↑1	黑龙江	19.77	29	↓1
湖南	59.82	14	↓1	宁夏	13.68	30	—
天津	50.89	15	↑1	青海	12.58	31	—
江西	47.86	16	↑3				

注：排名比较一栏"—"表示与 2014 年排名持平，"↑"、"↓"分别表示与 2014 年排名相比升降的位数。

（3）景气指数的地区分布由沿海发达地区向内陆欠发达地区分层递减。第一层次为排名全国前四位的广东、江苏、浙江和山东四省，平均指数为 128.15；第二层次为河南、上海、福建、辽宁、湖北、四川、北京和河北 8 省份，平均指数为 66.79；第三层次为安徽、湖南、天津、江西、重庆等 12 省份，平均指数为 46.74；第四层次为甘肃、海南、西藏等 7 省份，平均指数为 25。第一层次四省中小企业综合景气指数发展优势明显，综合指数都在 100 以上，其他省份都在 100 以下。东部省份中广东最高(146.79)，中部河南(75.80)和河北(63.36)较高，西部省份中综合指数最高的是四川(63.25)。最高的广东与最低的青海(12.58)相差 11.6 倍，可见省际综合指数区域差异较大。

（4）四大直辖市中，自贸区建设中的上海市的中小企业综合景气指数值最高(72.54)，重庆最低(47.20)，主要原因是其约六成中小微企业的流动资金趋紧。五个自治区之间景气指数差距不大，排名都较为靠后。其中广西相对较高(45.89)，宁夏较低(13.68)。

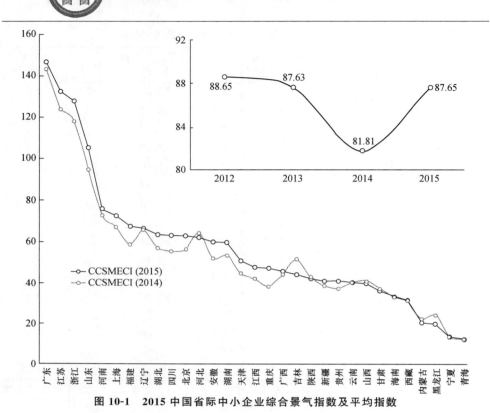

图 10-1 2015 中国省际中小企业综合景气指数及平均指数

第三节 2015 年中国七大地区中小企业综合景气指数排名

根据表 10-2 整理计算出 2015 年中国七大地区中小企业综合景气指数并进行了排名,如表 10-2、图 10-2 所示。

表 10-2 2015 年中国七大地区中小企业综合景气排名

地区	综合景气指数(CCSMECI)	排名	与 2014 年排名比较
华东	120.93	1	—
华南	74.40	2	—
华中	59.18	3	↑1
华北	51.23	4	↓1
西南	49.91	5	↑1
西北	31.54	6	—
东北	25.86	7	↓2

注:排名比较一栏"—"表示与 2014 年排名持平。

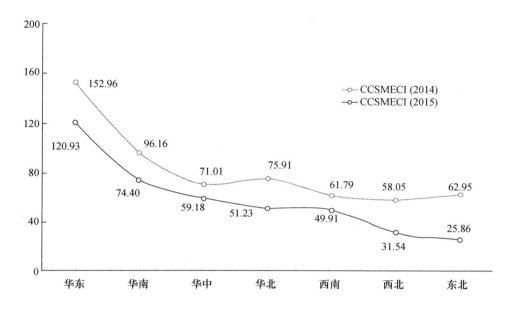

图 10-2　2015 年中国七大地区中小企业综合景气指数

测评结果显示,2015 年中国七大地区中小企业综合景气指数较 2014 年总体有所下滑。华东、华南、华中地区为中国中小企业发展最具活力的区域。华北、东北地区的中小企业综合景气指数有明显下降。华东地区景气指数值最高(120.93),高出东北地区(25.86)四倍以上,东西部差距有拉大趋势。此外,只有华东地区超过全国平均指数,多数地区在平均值以下,表明中国七大地区之间中小企业发展仍很不平衡。

第四节　2015 年中国中小企业景气指数测评综合性探讨

研究结果显示,2015 年中国中小企业景气指数测评过程中,加入新三板企业数据、问卷调查数据及相关大数据合成计算综合景气指数的修正作用明显。综合分析 2015 年中国中小企业景气指数的变动趋势,获得五大研究发现。同时也揭示出中国中小企业的景气现状存在五大突出问题。切实解决这些问题,成为当前促进中国中小企业稳健发展的关键。

一、五大研究发现

(一)中小企业景气状况探底回升

2015年全国综合景气平均指数为87.65,达到近三年来的最高指数水准(见图10-3)。研究发现,中小板、创业板及新三板上市企业市值大涨,带来了企业家特别是创业者的信心提升;基于国家顶层设计的"大众创新、万众创业"、中小微企业减税等政策红利激发了创业创新高潮,中小微企业共享前所未有的"组合拳"政策红利,带来了中小企业综合景气明显回升。

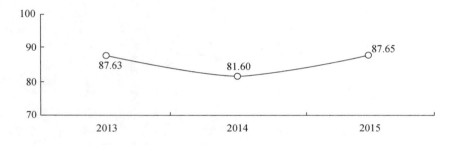

图10-3 中国中小企业综合景气指数平均波动趋势

近年来,三大资本市场的中小企业数量大幅度增长,中小板、创业板及新三板企业市值大幅增长,创业者信心倍增。2015年,中小板、创业板、新三板的企业数量同比分别增长7.9%、21.2%和226.3%(见表10-3)。

表10-3 2013—2015年资本市场中小企业数量 单位:家

资本市场类别	2013年	2014年	2015年
中小板	701	719	776
创业板	377	406	492
新三板	356	1 572	5 129
合计	1 631	2 697	6 397

资料来源:本课题组根据相关资料综合整理。

其中,以主板"孵化器"之称的新三板企业数量以近四倍的增速独占鳌头。据统计,2015年新三板挂牌主要集中在新兴行业,13个行业的挂牌数量超过100家,其中排名第一的软件和信息技术服务业,挂牌数量为773家,专用设备制造业与计算机、通信和其他电子设备制造业分别以430家、349家分列2、3位,显示出创新发展潜力大、市场前景看好的成长型中小企业强大的内在活力,中小企业上市公司的市值大幅增长,极大地增强了企业家特别是创业者的市场信心与投资意欲。

同时,中小微企业政策红利频发,创业创新激情高涨。近年来,国家对于中小企业的重视程度之高、扶持力度之大都可谓前所未有。主要体现在:(1)"两创"空前活跃。为推动"大众创业、万众创新",国家和地方都先后出台了一系列扶持中小企业创业的政策措施,从扶植创办小微企业,到打造"众创空间",为改善中小企业创业创新环境等方面提出了具体的落实措施。(2)自贸区建设如火如荼。上海、广州、天津、福建等自贸区相关建设计划相继获批,为更多中小企业参与自贸区的经营活动、扩大经营领域提供了十分便利的条件。(3)中小企业减税政策。降低小微企业的所得税税率,提高所得税和营业税的起征点,减免个人在新三板所获得的股息红利所得等,并针对科技企业孵化器制定营业税优惠政策等,进一步使中小微企业减压松绑,专注成长与发展。(4)政府公共采购政策向中小企业倾斜。对中小企业降低门槛,刺激了中小企业产品的市场需求。

(二) 中小微企业转型升级效果逐渐显现

近年来,新兴产业发展取得长足进展,绿色制造提升了中小企业技术创新的信心与投入,中小微企业转型升级"爬坡过坎"已经取得一定成效。2015年第一季度战略性新兴产业的27个重点行业累计实现营业收入39 643.7亿元,同比增长11.1%。面对劳动力成本攀升,全国各地机器换人成效显著。在装备制造业发达的辽宁沈阳,当地企业根据市场需求开发出可以扛起上百吨重物的移动机器人和自行端盘子上菜的服务机器人;广东省宣布投资9 430亿元在未来三年里推动机器换人;浙江省则宣布五年5 000亿元投入机器换人。

同时,绿色制造为中小企业技术创新提出了新的使命。2015年5月国务院印发的《中国制造2025》指出中国需加大先进节能环保技术、工艺和装备的研发力度,加快制造业绿色改造升级。浙江省积极实施绿色制造战略,用提质增效挖潜力,具体通过"五水共治"(治污水、防洪水、排涝水、保供水、抓节水)破解环境压力,通过搬迁、关停等整治手段向中小企业传达了转型升级的极大决心,助力中小微企业转型升级,从粗放发展转向集约发展。中小企业通过有效融合经济效益与社会责任提升可持续发展的经营信心,创业创新活力与日俱增。

(三) "互联网+"打造中小企业新生态

(1) "互联网+"推动互联网在现代制造业深化应用和融合发展。通过整合先进技术同传统产业的有机结合,积极引导和支持中小企业参与智能制造产业链,推动生产制造过程的智能化和网络化。

(2) 中小企业已成为电子商务主力军。占据全国企业九成以上的中小企业在电子商务中发挥着主力军的作用。电子商务抹平了传统商业的地域属性并且彻底颠覆了"产地—渠道—市场"的传统商品交换逻辑的商业模式,其去空间化、反聚集的特点为其所拥有的自然资源寻找到新出路。无论是一路引领电子商务的浙江、广东、江苏等沿海大省,还是电子商务异军突起的贵州等中西部省份,电子商务普遍为中小企业带来了业务模式的创新与经营绩效的提升。

(3) 物联网为中小企业产业能力提升提供了新思路。物联网具体表现为数据获取简单化、促进生产过程和管理的自动化,这可以弥补中小企业自身缺点。受限于资金和技术限制的中小企业,依托物联网发展提升自身的管理水平和技术层次,促进管理过程透明化,降低沟通交易成本。

(四)"一带一路"拓展了中小企业国际成长空间

以往中国中小企业出口主要是服装、玩具、五金工具等轻工产品,属于劳动密集型技术含量低的产品。中小企业加工贸易类占据很大的比重,而且受到自生资源、技术、管理等方面的限制对外投资数额也比较有限。基于国家顶层设计提出的"一带一路"战略构想,是以促进沿线各国经济繁荣与区域经济合作为宗旨,同时也为再次激发中小企业的活力提供了契机。"一带一路"途经国家大部分都是发展中国家和低度发展国家,通过整合这些国家廉价劳动力和潜在消费市场,为进一步拉动出口市场提供了可能。中小企业通过同大企业合作的方式一起走出去,借助新型国际区域合作平台的建设,以资本输出带动产能输出的方式开辟新的市场,拓展了中小企业的国际成长空间。

(五)中小企业发展进入"新常态"

1. 劳动力成本上升成为新常态

2014年以来,在国际形势复杂多变、国内"三期叠加"的背景下,中国经济迎来"增速下台阶、质量上台阶"的新常态。其中,中小企业面临的最大挑战之一是常态化的劳动力成本上升。从国际比较数据来看,2000—2013年,中国员工的工资平均每年增长11.4%,已比墨西哥工人高出50.5%,比越南工人高出168%。企业利润正在被不断的压缩,以往价格优势所带来的产品竞争力也将不复存在。人口红利的减少和工人数量的短缺对于中小企业特别是劳动密集型产业影响巨大。依赖低廉劳动力优势的高速成长不可持续,劳动力成本上升成为新常态。

2. 内含式发展成为新常态

过去30年中国中小企业体现出来的外延式发展模式,体现为数量增长、规模扩大、空间拓展,主要是适应外部的需求表现出的外形扩张。现在无论是能源、环境,还是经济结构等都制约着过去粗放经营带来的高速成长,外延式发展已不可持续。不断优化产业分布结构、规模结构、组织结构、产品结构成为中小企业内含式发展的新常态。

3. 创新驱动发展成为新常态

随着中国经济发展进入新常态,中小企业的发展环境发生了重大变化。只有主动创新,才能抓住国内市场需求个性化、多样化的机遇,应对国际市场竞争日趋激烈的挑战,消化要素成本特别是劳动力成本的上涨,满足绿色低碳循环发展的要求,抓住新技术革命的机遇实现产业转型升级。例如,体验式消费、环保产业以及移动互联网等领域是中小企业可以大有作为的领域。仅靠要素驱动难以实现中小企业的持续发展,技术创新、管理创新、商业模式创新成为中小企业发展的"新常态"。

二、中国中小企业景气现状存在五大问题

本报告通过深入研究表明,中国中小企业的景气现状存在以下五大突出问题。切实解决这些问题,成为当前促进中国中小企业稳健发展的关键。

1. 劳动成本上升,产品出口增长乏力

当前,中小企业中新生代的主力劳动力以80后、90后为主,对于工作环境、职业发展、薪酬待遇等的诉求更强,这从一个侧面拉高了劳动力成本。劳动力成本上升挤压了企业利润空间,加之近年来人民币升值压力加大,出口优势不断削弱,产品出口增长乏力。

2. 融资难问题仍旧存在,"双链"风险依然严峻

中国中小型金融机构发育不足,中小微企业占企业总数的99%以上,而中小微企业贷款却仅占贷款总额的8%左右。同时,涉企收费偏多偏高,违规收费屡禁不止,中小企业负担依然较重。此外,近年来互联互保引发的资金链断裂、企业破产风潮也有回潮趋势。资金链、担保链的"双链"风险依然存在。

3. 区域发展不平衡现象普遍存在

研究结果显示,东部沿海地区中小企业发展活跃,中西部地区发展相对滞后。指数排名第一位的广东与排名最低的青海相比差距高达11倍以上,表明中国中小企业发展区域不平衡的现象仍然存在。此外,只有第一梯队的广东、江苏、浙江和山东四省高于全国平均指数,多数省份在平均值以下,表明中国中小企业发展景气总体还不容乐观。

4. 中小企业缺乏高端人才阻碍技术创新能力的提升

小企业参与智能制造产业链与"一带一路"的国际化经营等都需要大量高素质的人才,而缺乏对口的专门技术人才已成为发展瓶颈之一。现阶段中国尚缺乏针对中小企业需求的人才培养机制,大多数中小企业也缺乏留住人才的能力,这都阻碍了企业技术创新能力的内部传承与总体提升。

5. 阻碍中小企业创新的体制机制因素依然存在

中小企业在市场资源分配与市场准入方面,仍受到大企业的排挤。不少地方政府还存在 GDP 至上主义倾向,过分专注于大项目大企业,而忽视了中小企业的权益。中小企业无法进入垄断性行业,发展空间被挤压。"大众创新、万众创业"的活力有待进一步释放。

第十一章 2015年中国主要城市中小企业景气指数测评的调研报告

编制中国主要城市中小企业景气指数是区域中小企业景气指数研究的重要课题。该研究对于分析把握中国主要城市中小企业发展的现状，探索中国区域中小企业发展的新规律和新课题，都具有重要意义。

第一节 评价方法与指标体系

一、评价对象与评价方法

评价中国主要城市的中小企业景气的思路和方法与研究省际中小企业综合景气基本相同，即根据主要城市工业中小企业景气指数、上市中小企业景气指数和比较景气指数三个分类指数进行加权来计算分析。

关于工业中小企业景气指数，主要采用合成景气指数进行计算，评价对象是主要城市规模以上（主营业务收入达到2000万元及以上）的工业中小企业。由于考察期间中国经济周期性并不是很明显，所以在运用合成指数计算时忽略了经济周期对工业中小企业景气指数的影响，着重对一致指数进行计算与分析，以此来表示主要城市工业中小企业景气指数。

关于上市中小企业景气指数，则采用主成分分析法、扩散指数法和合成指数法的方法，其评价对象为截至2014年12月30日在深交所上市的中小板和创业板企业，以及在全国中小企业股份转让系统（NEEQ）挂牌交易的新三板企业。

关于比较景气指数，基于非官方和研究机构的中小微企业景气监测调查数据，本年度报告选取百度中小企业景气指数和中国中小企业研究院的景气调查问卷数据两项指标，据此计算出了主要城市中小企业比较景气指数。

二、样本的选取与指标体系

（一）样本选取

本章首先选取了中国四大直辖市以外的省会城市，如杭州、福州、成都等。其次，参考中小企业具体分布情况，本章针对部分省份选取了中小企业数量多的主要工业城市，如江苏选取苏州代替省会城市南京，山东选取青岛代替省会城市济南,辽宁选取大连代替沈阳。由此最终确定了苏州、杭州、合肥、福州、青岛、郑州、武汉、长沙、广州、成都、贵阳、西安、乌鲁木齐、石家庄、大连、昆明16个主要城市。鉴于直辖市为省级行政单位,在中小企业数量、规模及发展水平上与一般的省级市和地级市没有可比性,所以未纳入本章的计算排名。

工业中小企业景气指数和比较景气指数主要是基于城市统计年鉴数据,其中,由于统计年鉴中未报告郑州、贵阳、乌鲁木齐、石家庄和昆明的相关企业调查数据,因此,在计算中小企业综合景气指数时根据统计原则做了部分忽略处理。

对于上市中小企业景气指数,选取深交所上市的1 098家上市中小企业中注册地址位于上述16个城市的261家企业(已去除部分数据严重缺乏的企业);对于新列入的新三板景气指数,主要根据新三板成分指数及做市指数样本库,选取了79家注册地址位于上述16个城市的新三板企业。对三个板块的上市企业数据进行计算分析,最终系统总结了中国主要城市中小企业的最新发展现状。

(二)指标体系说明

1. 工业中小企业景气指数

主要城市工业中小企业景气指数的指标体系主要考虑一致指标的影响,即采用工业总产值、企业单位数、资产总计、主营业务收入、利润总额、税金总额来计算工业中小企业景气指数。而先行指标和滞后指标仅作为参考。

2. 上市中小企业景气指数指标

同样主要考虑一致指标的影响,选取总资产、主营业务收入、财务费用、利润总额、税金总额这五个指标作为计算依据。先行指标和滞后指标仅用作参考。

3. 比较景气指数指标

主要选取百度中小企业景气指数和中国中小企业研究院的景气调查问卷数据两项指标,反映企业家信心及企业所在城市的总体景气度。

三、分项指数与综合指数的计算

(一)计算方法

关于中国主要城市工业中小企业景气指数,由于报告采用合成指数法,最后需要进行基年调整,为了使各主要城市工业中小企业景气指数波动控制在0—200,本研究以2007年各城市的平均值作为基年数据。同时,由于本研究收集的数据是2005—2013年的年度数据,没有明显的多个经济周期循环,因此本报告在运用合成指数算法进行计算时省略了趋势调整的步骤。另外由于本报告关注的是中国转型期工业中小企业景气指数状况,经过计算,获得了16个主要城市的2006—2014年工业中小企业一致合成指数。最后,对2015年主要城市工业中小企业景气指数运用最小二乘法进行了预测,计算结果如表11-1所示。

关于上市中小企业景气指数的计算,首先,将企业数量进行无量纲化处理;其次,将合成的景气指数和企业数量与其相对应的权重相乘;最后,将获得的乘数相加作为反映上市中小企业景气指数的值。

中小企业比较景气指数反映中小企业家的信心及样本企业所在城市的总体景气度。基于专家咨询法得到百度中小企业景气指数和中国中小企业研究院的中小微企业景气调查问卷数据两个分项指标的权重,最后合成为比较景气指数。

关于中小企业综合景气指数的计算,本报告将工业中小企业景气指数、上市中小企业景气指数和中小企业比较景气指数进行综合,最后获得中小企业综合景气指数。由于工业中小企业景气指数时间跨度为2005—2013年,而上市中小企业景气指数和中小企业比较景气指数只有2010—2014年的数据,因此在计算中国主要城市中小企业景气指数时分为两个阶段进行。第一阶段为2006—2009年的中小企业景气指数,采用工业中小企业景气指数作为中小企业景气指数;第二阶段2010—2015年的中小企业景气指数则综合了工业中小企业景气指数、上市中小企业景气指数和中小企业比较景气指数等三个指数。

(二)计算过程

具体计算过程中,由于上述两阶段的计算均涉及两种以上景气指数的合成,本报告关于中小企业景气指数的具体算法分以下两步:

第一步,确定工业中小企业景气指数、上市中小企业景气指数以及中小企业比较景气指数在中国中小企业景气指数评价中的权重。首先,运用层次分析法,确定工业中小企业景气指数、上市中小企业景气指数和中小企业比较景气指数的权重;然后,在咨询了浙江工业大学中国中小企业研究院和国内相关专家及研究人员的意见后,结合本报告研究团队成员所获得的相关资料进行内部讨论,最终确定中国工业中小企业景气指数、上市中小企业景气指数和中小企业比较景气指数之间的权重分别为0.5:0.3:0.2。

第二步,计算不同阶段的中小企业景气指数。

根据以上计算方法及计算过程,2015年中国主要城市中小企业景气指数分项数据及综合数据如表11-1所示。

表11-1 2015年中国主要城市中小企业景气指数分项数据及综合数据

城市	工业中小企业景气指数	上市中小企业景气指数	中小企业比较景气指数	综合景气指数
苏州	151.14	126.39	118.52	137.19
杭州	128.49	124.96	120.66	125.87
广州	103.61	119.99	118.96	111.59
青岛	73.24	87.12	99.07	82.57

(续表)

城市	工业中小企业景气指数	上市中小企业景气指数	中小企业比较景气指数	综合景气指数
成都	39.63	100.50	92.91	68.55
福州	36.28	94.78	101.86	66.94
郑州	39.76	95.64	77.29	64.03
武汉	35.48	93.38	85.53	62.86
石家庄	39.40	90.91	75.40	62.05
大连	37.86	93.43	68.50	60.66
长沙	23.42	98.36	85.59	58.34
合肥	15.24	99.53	85.11	54.50
西安	14.59	94.22	71.75	49.91
昆明	17.19	88.62	70.33	49.25
贵阳	10.86	92.57	73.39	47.88
乌鲁木齐	6.94	95.27	65.25	45.10

第二节 2015年中国主要城市中小企业景气指数测评结果

以下通过2011—2015年的时序分析,来把握16个主要城市中小企业综合景气指数测评结果和发展趋势。结果显示,上市中小企业景气指数和比较景气指数的高低对于综合景气指数的影响较大。

一、苏州市

2015年,苏州市中小企业综合景气指数继续位居直辖市以外16个主要城市第1位。2011—2012年,苏州中小企业景气指数趋于稳势,2013—2014年小幅下降后回升,2015年稍有回落(见图11-1)。苏州市政府在大力开展工业产业转型升级管理的基础上,重点布局新兴产业领域,为此提供一系列扶持政策,如优惠减免中小企业税费,加大财政资金扶持及鼓励高校毕业生在中小企业就业等,支持中小企业发展。苏州市上市中小企业数量相对较多,特别是新三板企业活跃,拉动上市中小企业景气指数的上升。但受宏观经济下行的影响,2015年苏州市中小企业综合景气指数较上年略有下降。作为江苏省的主要工业城市,苏州中小企业综合景气指数的变化趋势与江苏省基本趋同。

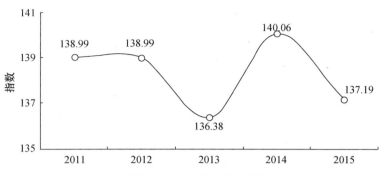

图 11-1 苏州市中小企业综合景气指数变化趋势

二、杭州市

2015年,杭州市中小企业综合景气指数排名维持在全国16个主要城市第2位的位置。2011—2012年,杭州中小企业综合景气指数逐年平稳增长,2013年有所下滑;2014年,杭州中小企业综合景气指数略微回升,2015年继续保持稳升态势(见图11-2)。为了破解中小企业融资难题,从2013年开始,杭州市经信委设立了总规模为2.5亿元的杭州市中小企业转贷引导基金,该基金由杭州市经信委与市财政局共同管理,融合了政府应急转贷基金与民间资本转贷基金的优势,将政府引导推动与市场机制相结合,促使民间金融阳光化,取得了良好效果。2015年,杭州市在为小微企业提供金融服务的基础上,通过建设"梦想小镇"等,大力开展小微企业创业创新基地城市示范工作,使中小微企业保持了良好发展态势。

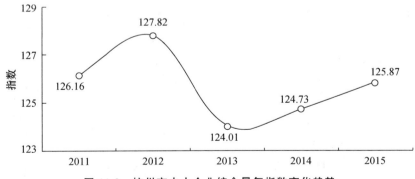

图 11-2 杭州市中小企业综合景气指数变化趋势

三、广州市

2015年,广州市中小企业综合景气指数排名居全国16个主要城市第3位。总体来看,2011—2012年广州中小企业综合景气指数呈增长趋势,2013—2014年小幅下滑后趋于稳势,2015年增幅明显,中小企业景气指数创近5年新高(见图

11-3)。2015年,广州市中小企业服务中心积极帮助中小微企业转型升级,并贯彻落实中小企业惠企政策,使其中小企业保持健康发展态势。从变化趋势来看,省会城市广州的中小企业综合景气指数的变化与广东省仍存在较大差异,主要原因在于广东省中小企业多集中于深圳、东莞、中山等地,这些地市中小企业经营状况对广东省中小企业综合景气指数造成了较大影响。

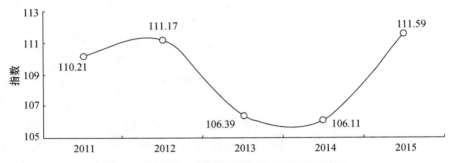

图 11-3　广州市中小企业综合景气指数变化趋势

四、青岛市

2015年,青岛市中小企业综合景气指数与上年相同,排名全国16个主要城市中第4位。2011—2014年青岛的中小企业综合景气指数比较平稳,2015年同比有小幅下降(见图11-4)。2015年,青岛市出台了一系列鼓励高新技术产业发展及促进工业转型升级的政策,致力于中小企业的稳健发展,使工业企业景气指数及上市中小企业景气指数较上年有所提高,但由于2015年反映企业家信心和总体景气度的比较景气指数有所下降,从而影响到当年的景气出现下滑。

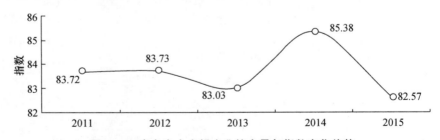

图 11-4　青岛市中小板企业综合景气指数变化趋势

五、成都市

2015年,成都市中小企业综合景气指数排名居全国16个主要城市第5位,排名与上年一致。如图11-5所示,2011—2012年,成都中小企业综合景气指数呈现增长态势,2013—2014年,小幅下降后显著回升;到2015年,指数又有较大减幅。为了切实改善中小企业的资金困难和总体发展环境,2015年成都市印发了《成都市中小企业发展专项资金管理办法》,该办法进一步规范了中小企业专项资金的使用和管理,提高资金使用效益,这对推进成都市中小微企业转型升级,加强中小企业服务体系建设,促进中小企业更好更快发展将发挥积极作用。

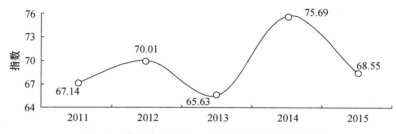

图11-5 成都市中小企业综合景气指数变化趋势

六、福州市

2015年,福州市中小企业综合景气指数排名居全国16个主要城市第6位,与上年持平。2011—2014年,福州中小企业综合景气指数一直保持稳定增长态势,2015年,受企业家信心指数等影响,综合景气指数出现小幅回落(见图11-6)。福州作为福建自贸区的重要基地,为中小企业的发展提供了良好平台。同时福州市国税部门拓展中小企业创新服务领域,与金融部门合作推出"税易贷",即对按时足额纳税、经营状况良好、纳税信用记录良好的小微企业,凭国税部门开具的纳税证明给予贷款。小微企业只要正常经营,按时足额纳税满两年且上一年度纳税总额(含国地税)不低于5万元,无不良纳税信用记录,就有条件从建行获得最高200万元的贷款,以此扶持小微企业发展。

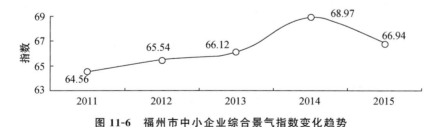

图11-6 福州市中小企业综合景气指数变化趋势

七、郑州市

2014年,郑州市中小企业综合景气指数处于全国16个主要城市第7位,较上年上升5位。图11-7显示,2011—2014年,郑州中小企业综合景气指数保持平稳增长;到2015年,其中小企业景气度大幅上升。从分类指数看,2015年郑州工业中小企业及上市中小企业景气指数较上年基本持平,但体现企业家信心与总体景气度的比较景气指数有显著提升。郑州市从2014年开始创新金融支持小微企业体制机制,设立小微贷款风险补偿、小微创业投资引导"两只基金",推广"银行＋共保体"融资新模式,实施新三板挂牌上市工程,加快发行小微企业增信集合债券等,形成了金融支持小微企业"1＋4"推进机制。经过一年多的探索实践,创新走出了一条具有郑州特色的"小微金融"新路子。

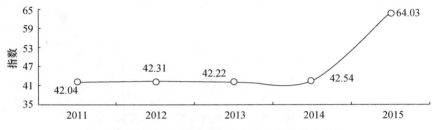

图 11-7　郑州市中小企业综合景气指数变化趋势

八、武汉市

2015 年,武汉市中小企业综合景气指数排列全国 16 个主要城市第 8 位,较上年下降 1 位。2011—2013 年,武汉中小企业综合景气指数呈现平稳态势;2014年,指数出现小幅下降,2015 年同比有所回升(见图 11-8)。武汉城市圈作为获批的全国首个科技金融改革创新试验区,目前设立了 14 家科技金融专营机构,创新了贷投联动等融资方式,形成了知识产权质押融资"武汉模式"。武汉市积极引导和支持科技型企业进入多层次资本市场,已有 30 多家科技型企业上市融资。东湖高新区成为全国创新投资最密集、科技专营机构最多、政府战略性新兴产业引导基金规模最大的资本特区。武汉民间金融街已聚集了十多个金融业态,是全国目前在建的民间金融街中规模最大、业态最全、创新最活跃的街区。这些都有利于进一步改善武汉市中小企业发展环境与综合景气度。

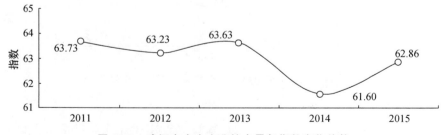

图 11-8　武汉市中小企业综合景气指数变化趋势

九、石家庄市

2014 年,石家庄市中小企业综合景气指数处于全国 16 个主要城市第 9 位,较上年上升 3 位。2011—2014 年,石家庄中小企业综合景气指数呈缓慢上升;2015

年出现显著上扬态势(见图11-9)。与2014年相比,2015年石家庄工业企业景气指数和上年基本持平,但受京津冀协同发展战略的积极影响,石家庄市的上市中小企业景气指数与比较景气指数上升较快,从而拉动当年的综合景气指数出现显著提升。但从变化趋势来看,作为河北省会城市,石家庄中小企业综合景气指数的变化与连续3年呈下滑态势的河北省的景气状况差异较大。

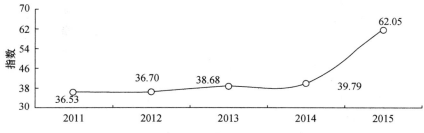

图11-9　石家庄市中小企业综合景气指数变化趋势

十、大连市

2015年,大连市中小企业综合景气指数排名全国16个主要城市第10位,较上年下降2位。如图11-10所示,近三年大连中小企业综合景气指数下滑趋势明显。2015年,随着"大众创业、万众创新"热潮在大连掀起,创业资金问题成为创业者的首要难题。为此,大连市启动了创业扶持基金贷款业务,实施了《大连市加强创业孵化平台建设进一步促进创业型人才在连创业办法》,通过市场机制建立创业扶持基金,搭建起政府、企业、银行三方合作的融资平台。创业扶持基金贷款具体由建设银行大连市分行按公共风险补偿资金总额放大10倍建立,公共风险补偿资金首期由市政府注入3 000万元,根据创业扶持基金业务发展需要适时调整额度。这些措施将进一步改善大连市中小企业的发展环境与景气度。

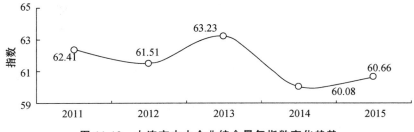

图11-10　大连市中小企业综合景气指数变化趋势

十一、长沙市

2015年,长沙市中小企业综合景气指数排名全国16个主要城市第11位,较上年下降了2位。如图11-11显示,2010—2014年,长沙中小企业综合景气指数保持稳定增长态势；2015年出现小幅回落。融资难仍是长沙中小企业发展的瓶颈。为此,长沙市国家税务局与建设银行湖南省分行共同建立了"税诚贷"银税服务平台。"税诚贷"以中小企业良好的纳税信用记录为基础,根据中小企业的年纳税额、信用等级等状况,以便捷的方式对A级和B级纳税信用单位或按时、足额缴纳税款且达到一定额度的中小企业,提供年均纳税金额3—7倍的授信额度,最高不超过200万元。此外,通过平台增信的客户最高可提供2 000万元的额度授信；采用专业担保公司或抵押方式担保的最高可提供3 000万元的额度授信。"税诚贷"能让企业使用纳税信用进行贷款,既在一定程度上解决了中小企业融资难题,也把企业的纳税信用评定结果进行了深度利用和开发,有利于改善中小企业发展环境。

图11-11　长沙市中小企业综合景气指数变化趋势

十二、合肥市

2015年,合肥市中小企业景气状况处于全国16个主要城市第12位,较2014年下降1位。从总体趋势看,近五年来合肥市中小企业景气指数呈现稳中有升态势(见图11-12)。近年来,合肥市针对困难企业实施"帮扶十条"、"中小企业转贷资金"和"大湖名城中小企业创新发展基金"等强力举措,推进"三位一体、共担风险"的新型政银担合作试点,有效促进了中小微企业健康发展。

图11-12　合肥市中小企业综合景气指数变化趋势

十三、西安市

2015年,西安市中小企业综合景气指数排名全国16个主要城市第13位,较

2014年下降3位。近三年西安市中小企业综合景气指数波动加大。2015年,西安上市中小企业景气指数较上年有所提升,但反映企业家信心及总体景气度的比较景气指数有较大下降,使得综合景气指数较上年明显回落(见图11-13)。

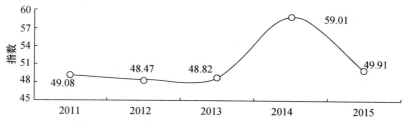

图11-13 西安市中小企业综合景气指数变化趋势

西安作为西北地区中小企业较为发达的城市,为了进一步改善中小企业发展环境,2015年西安出台了《关于推进大众创业万众创新的实施意见》,促使"草根创业"实现全方面、低成本和可持续发展。具体措施包括,企业闲置建筑改造为众创空间可获补助,大学生创业可享税费减免、创业补贴等多种优惠。旨在通过拓展发展空间、提升公共服务、激发人才活力等举措,释放创业创新主体活力。

十四、昆明市

2015年,昆明市中小企业综合景气指数排名全国16个主要城市第14位,与上年持平。2011—2014年,昆明中小企业综合景气指数值在25附近小幅波动,总体变化不大;2015年,昆明工业企业景气指数及上市企业景气指数均有所提升,拉动综合景气指数出现较大上扬(见图11-14)。近年来,昆明市积极推进"大众创业、万众创新",全市安排协调120个单位,对"两区两县"的38个乡(镇)实行包乡、包村对口帮扶,提供项目资金超过8亿元,提供有效就业岗位7.21万个。同时,设立电子商务发展专项资金,积极推进电子商务园区建设、发展跨境电子商务,中小企业发展环境不断改善。

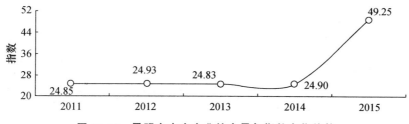

图11-14 昆明市中小企业综合景气指数变化趋势

十五、贵阳市

2015年,贵阳市中小企业综合景气指数排名全国16个主要城市第15位,与上年持平。2011—2014年,贵阳中小企业综合景气指数在22—23低位徘徊,2015年因上市中小企业景气指数及企业家信心指数有较大提升,从而拉动综合指数上扬(见图11-15)。近年来,贵阳市利用当地生态环境好、气候凉爽等优势,发展大数据产业,创建了国家级大数据产业发展集聚区,大力发展数据中心。贵阳大数据交易所作为全国第一个大数据交易所,可交易30种数据。贵阳大数据广场汇集了51支创客团队、360多家大数据及关联企业。2015年,贵阳市成功举办了国际大数据产业博览会暨全球大数据时代贵阳峰会,通过促进各方交流,深化合作,进一步推动大数据产业向前发展。

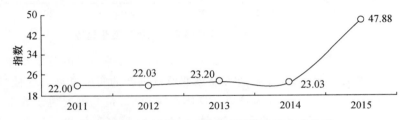

图11-15　贵阳市中小企业综合景气指数变化趋势

十六、乌鲁木齐市

2015年,乌鲁木齐市中小企业综合景气指数排名仍为全国16个主要城市最后一位。同前述两个城市类似,2011—2014年,乌鲁木齐市中小企业综合景气指数低位徘徊,2015年上市中小企业景气指数及企业家信心指数均有所上升,使其综合景气指数出现大幅提升(见图11-16)。近年来,乌鲁木齐市在经济开发区建立小企业聚集区中小企业公共服务平台,通过职业培训加强就业创业指导,并大力建设跨境电子商务发展平台,扶持边境贸易发展,中小企业发展环境得到不断改善。

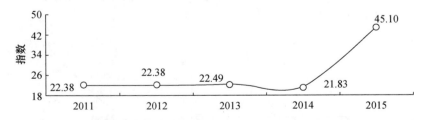

图11-16　乌鲁木齐市中小企业综合景气指数变化趋势

第三节　主要城市景气指数综合性探讨

运用前述研究计算方法,2015 年,中国除直辖市以外的 16 个主要城市中小企业综合景气指数的计算结果及排名状况如图 11-17 所示。

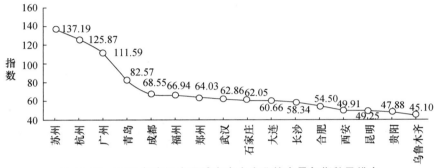

图 11-17　2015 年中国主要城市中小企业综合景气指数及排名

研究结果显示,2015 年,苏州、杭州和广州 3 市蝉联中国主要 16 城市中小企业综合景气指数前三甲。总体变动趋势有以下三个主要特点:

(1)主要城市之间中小企业综合景气指数差异很大,但差距有缩小趋势。最高的苏州与最低的乌鲁木齐相差约 3 倍,差距相比上年减幅约半。如图 11-17 所示,2015 年中国主要城市中小企业综合景气指数大体可划分为三个层次。第一层次包括苏州、杭州和广州,与上年一致,其平均指数为 124.88,较上年有所提高;第二层次为青岛、成都、福州、郑州、武汉、石家庄、大连、长沙、合肥,平均指数为 64.50,其中郑州及石家庄较上年所处层次提升一位;第三层次包括西安、昆明、贵阳和乌鲁木齐,平均指数为 48.04,其中西安所处层次呈现下降趋势;第三层次的平均指数较上年增幅较大。

(2)东部城市中小企业综合景气指数仍明显高出中部和西部城市。排名前 5 位的城市中,东部占据 4 个,前三名都位来自东部城市。而中部与西部城市中小企业综合景气指数近年来都有不同程度提升,中西部地区内部的差异不大。

(3)主要城市中小企业综合景气指数排名与前述省际中小企业综合景气指数的层次分布相对一致,但同年排名有错位之处。如第一层次都集中在华东、华南地区;与 2015 年省际排名比较,广东排名第一,但广州在城市排名中仍居苏州和杭州之后居于第三位;成都、石家庄和长沙等城市分别比四川、河北和湖南等 2015 年省际排名略显靠前;杭州、青岛与浙江及山东在各自的排名榜中位次相同,分别都为第二位、第四位。

第三篇 2015年中国中小企业创新问题研究报告

第十二章 中小企业为大企业协作配套的机制体系研究报告

十八大以来,新一届政府把工作的着力点放在稳增长、调结构、促改革上。而促进本地中小企业为大企业协作配套正是实现区域经济增长和经济结构调整的现实选择之一。目前国家、各省份都非常重视中小企业为大企业协作配套工作。2012年10月,李克强总理指出:"中国经济发展既需要'顶天立地'的具有支柱作用的大企业,也需要'铺天盖地'的富有增长活力的中小企业……促进大中小企业配套协作、相互支撑,增强整体竞争力和活力。"2013年前后,为了促进中小企业为大企业协作配套工作,山西、甘肃、辽宁等纷纷开展了全省范围内的调研工作。就陕西省而言,目前制约工业经济发展的重要瓶颈之一就是重点产业集群省内配套率低,产业集群化水平低。

在此背景下,陕西省工业和信息化厅、陕西省中小企业促进局也组织有关专家开展了陕西省中小企业为大企业协作配套的课题研究。课题组采用了问卷调查及实地访谈相结合的方法,历时1年多,面向陕西省10市21个重点产业集群,对21家龙头企业和31家中小企业进行调查。通过调查得知,陕西省中小企业为大企业协作配套工作目前已具备了一定的基础,省内配套率已达到一定水平,目前陕西省中小企业为大企业协作配套的整体省内配套率,从产业集群角度测算为31.44%(其中装备制造业产业集群的省内配套率为28.66%),从区域角度测算为33.22%,但是相对于东部发达地区还有相当的差距。省内配套率比较低的主要原因:(1)省内龙头企业数量偏少,辐射带动能力不强;(2)中小企业规模小,技术、管理水平低,配套能力弱;(3)配套对接渠道不畅,协作配套衔接不理想;(4)协作配套发展不均衡,政策激励力度不够;(5)资金、土地瓶颈制约突出,配套企业发展能力受限;(6)行政服务水平不高,协作配套环境仍需改善。为了解决这些问题,建立促进中小企业为大企业协作配套的长效机制,对协作配套机制体系的设计与构建就成为一个亟待解决的课题。基于此,本章在本次调查的基础上结合理论分析,设计了协作配套机制体系的"4-4-12"逻辑框架和运行方式,并依此对其进行全面构建。这对促进中小企业为大企业协作配套工作,推进区域经济增长和经济结构调整,实现"稳增长、调结构、促改革"具有重要的理论价值和实践意义。

第一节　相关概念的界定

一、协作配套的概念

所谓协作配套，是指在整个产业链中以一个主要生产环节为核心，其他生产环节跟进配合而形成的生产技术联系。中小企业为大企业协作配套，是指中小企业以市场配置资源为基础，在原材料供应、生产、销售、技术开发和技术改造等方面与大企业形成的专业化协作关系。中小企业为大企业协作配套是促进产业链对接、价值链增值，实现功能互补、和谐共赢的一种联动发展战略，是现代工业经济发展的重要形态、区域经济发展的强力"助推器"。

可从不同领域和视角理解协作配套的内涵。从劳动分工的角度，其可以理解为配套企业与被配套企业间的分工协作；从产业链的角度，其可以理解为产业链的连接、延伸和拓展；从产业集聚的角度，其可以理解为主动扩大产业集聚效应的途径；从外包活动的角度，其可以理解为配套企业承接核心企业外包业务，进行代工生产。综合以上四种角度，王欣（2009）将协作配套的内涵归纳如下：协作配套的实质是不同企业或不同组织机构之间的社会分工协作关系，这种社会分工以产业链的前后向关联作为企业之间内在的生产技术联系，即企业之间存在供给与需求、投入与产出的内在联系。协作配套以内在技术联系为基础，配套企业为核心企业提供生产所需的各种支撑和要素供给，能使中断的产业链得到连接，能使较短的产业链得到拓展和延伸。协作配套在表现形式上，体现为配套企业承接核心企业生产或服务性外包活动，进行代工生产。

通过中小企业为大企业协作配套，可以创造以下价值：中小企业可以承担大企业扩散的配套件生产任务，为自己赢得较大的市场发展空间，同时可以有效提高管理、技术、资金、人才等方面的水平；大企业可以精简组织结构、减少大企业价值链中无法实现价值增殖的环节，减少规模不经济现象，降低生产成本，聚焦核心战略，提升市场竞争力；在本区域可以形成独具优势和特色的产业链和产业集群，可以推动本区域经济快速发展、经济结构调整，对实现区域经济腾飞、大量增加就业和提高群众生活水平至关重要。

二、协作配套机制体系的概念

根据系统学观点，机制是保证系统运动有序的程序和力量的总和。对于一个有机体来讲，机制是指其构造、功能及其相互关系。理解机制这个概念，最主要的是要把握两点。一是系统各个部分的存在是机制存在的前提，因为系统有各个部分的存在，就有一个如何协调各个部分之间的关系问题；二是协调各个部分之间的关系一定是一种具体的运行方式。机制是以一定的运作方式把系统的各个部分联系起来,使它们协调运行而发挥作用的。

在任何一个系统中,为了保证其正常运行,都存在着多个机制,这些机制构成了机制体系。协作配套机制体系是维持协作配套体系正常运行所必需的机制的集合。协作配套体系如果配备完备良好的机制体系,就可以有效解决协作配套过程中的问题,提升协作配套效率和效益。

第二节 协作配套机制体系的设计

一、逻辑框架

目前国内对协作配套机制(体系)设计的研究成果非常少见,仅有一篇论文《装备制造业配套协作体系的运行机制研究》值得参考。其作者龚新(2009)认为,协作配套机制设计的科学性和有效性直接影响着协作配套体系的整体效果,进而决定了协作配套的运行效率。他进一步指出,协作配套体系机制框架应该包括决策机制、激励机制、创新机制和监督机制。笔者对其观点基本赞同,但由于以大规模的调查研究做基础,对协作配套机制体系逻辑框架的看法稍有不同。

笔者认为,协作配套机制体系逻辑框架的设计应立足于协作配套现状,着眼于解决实践中的主要问题,此后可以与时俱进,持续优化,不断完善。基于这个原则,本章在借鉴《商业模式体系重构》(原磊,2007)一文分析方法和研究成果的基础上,提出了协作配套机制体系的"4-4-12"逻辑框架。这个框架从"宏观层面—中观层面—微观层面"依次定义了协作配套机制体系中各机制的"角色定位—职责功能—组成因素",较为完整地体现了当前协作配套体系对新机制体系的要求。

"4-4-12"逻辑框架中:第一个"4"代表联系界面,包括基础支撑、根本要求、重要途径、关键动力;第二个"4"代表构成单元,包括要素及环境支持机制、能力提升机制、激励及考核机制、对接及合作机制;"12"代表组成因素,包括资金支持措施、土地支持措施、组织保障措施、环境保障措施、大企业辐射能力提升措施、中小企业配套能力提升措施、中介机构服务能力提升措施、激励措施、考核举措、信息对接措施、实体对接措施、实现合作措施(见图12-1)。

1. 联系界面层

联系界面说明了各构成单元(机制)之间的直接联系,从宏观层面上说明了各机制在整个机制体系中的角色定位。要素及环境支持机制为能力提升机制提供基础支撑,是促进中小企业为大企业协作配套的保障;能力提升机制是对接及合作机制的根本要求,是促进中小企业为大企业协作配套的中心;激励及考核机制是对接及合作机制的关键动力,是促进中小企业为大企业协作配套的重点;对接及合作机制是成功实现协作配套的重要途径,是促进中小企业为大企业协作配套

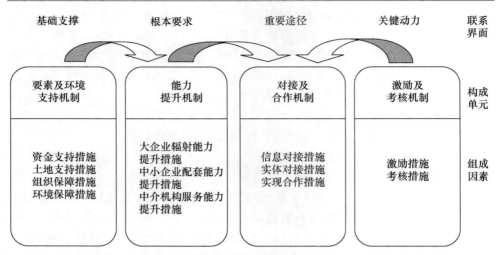

图 12-1 协作配套机制体系的逻辑框架

资料来源:作者根据资料整理设计。

的突破点。

由此可以得出构建协作配套机制体系的思路,即以要素及环境支持机制为保障,以能力提升机制为中心,以激励及考核机制为重点,以对接及合作机制为突破点,以提升协作配套效率和效益为目标。

2. 构成单元层

构成单元层从中观层面上说明了各机制的职责功能。要素及环境支持机制负责解决中小企业面临的最迫切的资金和土地瓶颈问题,以及提供一个较好的协作配套组织和环境保障;能力提升机制负责解决如何提升大企业辐射能力、中小企业的协作配套能力以及中介机构的服务支持能力的问题;激励及考核机制负责解决如何激励和考核协作配套行为的问题;对接及合作机制负责解决中小企业与大企业如何进行信息对接、实体对接和实现合作的问题。

3. 组成因素层

组成因素层从微观层面上说明了各机制的组成因素。每个组成因素负责解决协作配套中的某个具体问题。在构建协作配套机制体系时,如果对某个组成因素进行了明确的说明后,就成为引导和制约协中小企业与大企业生产经营决策并与地方政府、高校科研机构、金融机构、中介服务机构等主体相互作用的政策、制度或准则。

二、运行方式

协作配套机制体系的运行方式如图 12-2 所示。其中,外部大圆圈代表协作配套体系,其他小圆圈组代表协作配套体系的构成主体,虚线三十二角星表示各个协作配套机制，内部的虚椭圆是参与协作配套的中小企业和大企业，是协作配套体系的核心。

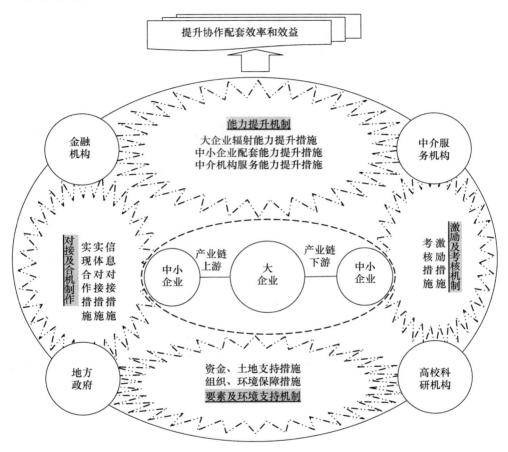

图 12-2　协作配套机制体系的运行方式
资料来源：作者根据资料整理设计。

正常情况下，处于协作配套体系核心地位的中小企业和大企业，应以自身资源和能力为基础，以协作配套机制体系（要素及环境支持机制、能力提升机制、对接及合作机制、激励及考核机制）为依托，大力开展协作配套，努力完成生产任务。地方政府、高校科研机构、金融机构、中介服务机构等主体应紧密围绕该核心，在协作配套机制体系的作用下进行互动，履行职责，解决问题，以提升协作配套效率和效益。

当内外部环境发生较大变化时，可通过对协作配套机制体系的某些机制措施进行调整，就可保证协作配套体系的正常运行。

第三节 协作配套机制体系的构建

一、能力提升机制的构建

1. 大企业辐射能力提升措施

发挥龙头企业的技术、人才和管理优势,增强辐射带动作用,按照"龙头企业带动、配套企业跟进、产业集群发展"的思路,促进中小企业为大企业协作配套,延伸产业集群产业链条。

建立健全大企业大集团培育服务协调机制,强化"直通车"服务,简化审批程序,推进战略资源向大企业大集团集中。

鼓励和支持有条件的省内龙头企业通过合并和股权、资产收购等多种形式积极在省内外、国内外实施重组整合,加强并购和投资合作,推进企业扩张。

瞄准世界500强、中国500强、民营500强和行业龙头等重点企业,加大招商力度,吸引落户陕西,带动一批协作配套企业来陕共同发展。

支持龙头企业集中优势资源,加强研发设计、标准制定、系统集成、总装测试、对外工程总承包及终身服务体系建设,将一般零部件制造、非核心业务扩散到中小配套企业,通过标准、技术、采购合同和参股等形式与中小企业形成大的配套产业战略联盟。

围绕装备制造业龙头企业长期依赖进口的大型关键部件,组织以企业为主体,国内相关高校、科研机构参加的科研联合攻关,开发具有自主知识产权的核心技术。条件成熟时,可通过股份公司的形式在省内组建新的关键部件生产配套协作企业。

2. 中小企业配套能力提升措施

制订实施"中小配套企业能力提升计划"。建立企业成长性评价指标体系,对5 000户中小企业进行成长性评价,筛选1 000户"成长型"中小配套企业重点支持,力争培育100户"小巨人"企业,努力把配套能力提升到新水平。此外,每年筛选130个中小企业重点配套项目,纳入全省重点支持中小企业技术改造、技术创新、节能减排等固定资产投资建设项目的盘子中,着力加以推进。

积极引导中小企业通过嫁接、兼并、合作等手段,扩大企业规模,延伸产业配套半径,增强配套实力。加快推进政产学研用合作,促进科研成果向中小配套企业转化。继续实施企业技术中心创新能力建设专项,鼓励中小配套企业加大技术创新投入,提升创新和配套能力,在给本省龙头企业提供配套产品的同时,力争为国内外相关企业提供协作配套服务。

鼓励中小企业围绕省重点产业集群,积极与龙头企业开展专业化协作配套,建立稳定的产、供、销和技术开发等协作配套关系。引导龙头企业帮扶协作配套企业,积极提供技术、人才、设备、资金、管理等支持。

做好中小企业资质管理的宣传和认定工作。鼓励配套企业申请行业相关认证,对通过认证的企业给予一定补助。加强对配套企业资质的监管考核,根据配套厂商的产品质量等进行级别分类,为大企业选择配套厂商提供依据。对承担军工配套生产、科研任务的中小企业建立清册,加大政策支持力度,保障军工协作配套顺利进行。

针对省重点产业集群产业链的空白和薄弱环节,组织引导龙头企业、产业园区积极开展定向招商,引进一批投资规模大、科技含量高、经济效益好、产业关联度大的协作配套企业及重大关键项目,努力把产业链做大做长。

3. 中介机构服务能力提升措施

加强中小企业公共服务平台建设,为企业配套提供服务支撑。公共服务平台包括中小企业服务中心和社会化服务机构,是协作配套服务的核心力量。借鉴江苏经验,制定中小企业服务平台星级认定办法,通过资格认定、业务委托、业绩奖励等方式,引导和带动专业服务机构加快发展。支持行业、商会、产业联盟等社会服务机构,面向省重点产业集群,建设一批中小配套企业急需的产品设计、研发、检验检测、技术推广、信息咨询、人才培训等公共服务平台。加强公共服务平台之间的联系与合作,建立全省上下贯通的服务网络,实现服务资源共享。

增强平台服务功能,为中小配套企业提供优质的专业服务。除信息服务外,还应增强服务平台面向重点产业集群配套企业的投融资服务、创业服务、人才与培训服务、技术创新和质量服务、管理咨询服务、市场开拓服务、法律服务功能。

加强内部管理,健全服务规范。设立监督电话和网络投诉通道,完善服务监督评价体系,不断改进和提高服务水平。鼓励服务中心创新特色服务,拓展服务领域,扩大服务规模,降低服务成本,实现可持续发展。

二、对接及合作机制的构建

1. 信息对接措施

促进协作配套信息对接交流。发挥政府主管部门的组织协调作用,通过编制省重点产业协作配套指导目录,发放项目册和印发文件,召开协作配套对接座谈会、重点产业集群配套对接会、龙头企业需求及中小企业供给信息发布会,组织交流互访、对接洽谈、竞标招标等活动,加强中小企业与大企业的联系协作和产品配套对接。

建设协作配套信息服务平台。组建省、市两级大中小企业协作配套信息网,利用该网站(平台)发布省重点产业协作配套指导目录和相关政策,及时有效地向中小企业和大企业传送协作配套信息,推进产业链上下游、企业间信息共享和产品有效对接,为企业协作配套的对接提供强有力的支持。

2. 实体对接措施

建设协作配套园区。通过核心专业园区整合相关协作配套资源、提升现有产业园区协作配套功能、围绕龙头企业建设一批协作配套园区。高标准建设一批标准化厂房,降低中小企业入园成本,吸引中小配套企业入园发展。

着力打造高标准的协作配套示范基地。协作配套重点项目布局优先向示范基地集中,以扩大示范基地的发展规模和影响力,促进协作配套水平登上新台阶。

3. 实现合作措施

在现有合作模式的基础上,大力创新合作模式。支持大企业引领众多中小企业联合组建跨区域的产业联盟,争取更多订单;引导龙头企业通过资本、技术参股等形式,与相关配套企业建立核心层紧密合作关系,参与中小企业管理;支持大企业向中小企业提供自己的销售渠道、销售网络;鼓励大企业与中小企业之间有偿共享技术、管理、物资、信息、资金和市场等资源,促进资源的有效配置。

三、激励及考核机制的构建

1. 激励措施

实施协作配套的"双向支持"政策。一是发挥省级专项资金的导向作用,重点支持与中小企业配套表现突出的大企业。对采购省内配套产品的龙头企业,按照实际采购额给予3‰的补贴或奖励,对省内配套率达到40%或省内配套率年增速达到10%以上的龙头企业,给予年度奖励。二是对与大企业协作配套中表现突出的中小企业给予一定的奖励。对中小配套企业在建、新建固定资产投资项目,技术改造项目的固定资产贷款和新增流动资金贷款给予贴息。支持中小配套企业加快技术进步和技术创新,对研发配套新产品、新技术、新工艺所发生费用超过上年发生额一定比例的企业,可按超过上年发生额部分的50%减免当年应纳所得税。对纳入环境保护、节能节水企业所得税优惠目录的协作配套项目,按规定给予企业所得税优惠。对认定为高新技术企业的中小配套企业,按减免15%税率征收企业所得税。对入驻协作配套园区企业的城镇土地使用税予以减免。

鼓励产品使用者积极选用本省工业产品。建立各市《工业地产品指导目录》,送省市政府采购中心。各级市政设施(工程)、重点项目、政府采购项目,在同等条件下优先采购本省产品的,酌情给予奖励。鼓励省内外各工程(项目)设计单位大力推介本省工业产品,设计项目中使用本省工业产品全年达2 000万元以上的,按项目单位实际采购金额的0.5%给予设计单位一次性奖励,奖励金额原则上不超过200万元。

鼓励龙头企业采取措施,吸引外省大的配套企业来本省发展。对招商引资工作中引进省外配套企业或大企业成绩突出的部门、市区,中介服务机构及自然人,招商平台机构、商协会、办事处,酌情给予奖励。

2. 考核措施

建议省产业集群领导小组建立完善协作配套绩效考核体系,制定协作配套绩效考核办法,加强对地市工作的考核。对促进中小企业为大企业协作配套工作成绩突出的先进地市进行奖励,将其作为全省促进中小企业为大企业协作配套工作的重点地市,给予重点支持和指导。省中小企业为大企业协作配套专项资金的配置以及重大项目的布局,向先进地市、重点产业集群的龙头企业及主要配套企业倾斜。同时,省国资委应大力加强对省内龙头企业采购本省配套产品的考核工作。

四、要素及环境支持机制的构建

1. 资金支持措施

一是加快中小配套企业融资渠道建设,扩大短期流动资金贷款权限,提高中小配套企业长期贷款和信用贷款规模。二是引导和鼓励商业银行支持中小配套企业发展,由地方政府牵头建立信息互通制度,定期召开银企对接会;支持商业银行创新金融产品,根据来自大企业的订单,对中小配套企业开展订单贷款业务;鼓励全国性国有和股份制商业银行、地方法人金融机构对符合国家产业政策、与大企业协作配套效益明显的中小企业给予信贷支持。三是提高信用担保机构对中小配套企业的融资担保能力,提高对中小配套企业的信用担保业务规模。四是支持中小配套企业和大企业开展互保联保进行融资,鼓励银行与企业服务机构、贷款担保机构合作,为中小配套企业建立融资担保平台。

2. 土地支持措施

一是扩大增量。积极向国家争取用地指标,每年新增的建设用地指标,优先用于协作配套园区建设。二是盘活存量。促进国有、集体土地资源的有效流转,充分利用农业、林业、商业、经贸、供销、粮食等系统的闲置土地和破产企业土地,解决协作配套项目征地难问题。三是节约土地。充分利用非耕地资源,拓展协作配套发展空间;鼓励企业"零增地"技改,鼓励企业利用老厂房翻建多层厂房,利用厂内空地建造三层以上厂房。四是强化管理。加强土地市场管理,增强政府调控能力,切实平抑地价,维护公平、公正的市场秩序。

3. 组织保障措施

建议省产业集群领导小组加强对协作配套工作的统筹规划、组织领导和政策协调。认真研究制定促进中小企业为大企业协作配套的发展规划和政策措施;建立大企业(包括民营大企业)代表参加的联席会议制度、专家咨询制度和信息发布制度;加强对中小企业为大企业协作配套的跟踪服务,及时协调解决协作配套中出现的突出问题;定期组织开展协作配套工作会议,通过工作简报、经验交流和专题培训等方式,总结、推广协作配套的成功经验,表彰奖励协作配套的优秀企业和先进个人;组织实施协作配套专项资金的评审发放;加强督查工作力度,推动相关政策落实到位,推动中小企业与大企业协调配套工作健康发展。

4. 环境保障措施

各地方政府要加强对协作配套工作及相关政策的宣传,引导中小企业主动当好配角,鼓励中小企业成为大企业的合作伙伴,建立紧密的专业分工和协作配套关系;鼓励大企业树立共生共存、互惠互利、产地优先的观念,积极主动与本地中小企业开展协作配套,有效拉动地方经济发展。

认真落实国家及省扶持中小企业发展的各项政策措施,在促进中小配套企业技术创新、缓解企业融资难、加快人才培养和引进等方面,进一步完善相关政策措施。继续清理涉及中小配套企业的各项收费,规范行政事业性收费和经营服务性收费行为。深化行政审批制度改革,进一步减少、合并行政审批事项,实现审批内容、标准和程序的公开化、规范化,切实减轻中小配套企业负担。

第四节 结 论

通过本章的研究,可以得出以下主要结论:

(1)协作配套机制体系是维持协作配套体系正常运行所必需的机制的集合。协作配套体系如果配备完备良好的机制体系,就可以有效地解决协作配套过程中的问题,提升协作配套效率和效益。

(2)"4-4-12"逻辑框架从"宏观层面—中观层面—微观层面"依次定义了协作配套机制体系中各机制的"角色定位—职责功能—组成因素",较为完整地体现了当前协作配套体系对新机制体系的要求。

(3)能够有效地促进中小企业为大企业协作配套的机制体系应至少包括4个机制12个具体措施。4个机制分别是要素及环境支持机制、能力提升机制、激励及考核机制、对接及合作机制。其中,要素及环境支持机制是基础支撑,能力提升机制是根本要求,激励及考核机制是关键动力,对接及合作机制是成功实现协作配套的重要途径。12个具体措施是资金支持措施、土地支持措施、组织保障措施、环境保障措施、大企业辐射能力提升措施、中小企业配套能力提升措施、中介机构服务能力提升措施、激励措施、考核措施信息、信息对接措施、实体对接措施、实现合作措施。

(4)构建协作配套机制体系的思路是,以要素及环境支持机制为保障,以能力提升机制为中心,以激励及考核机制为重点,以对接及合作机制为突破点,以提升协作配套效率和效益为目标。

需要说明的是，本章在设计并构建中小企业为大企业协作配套的机制体系时，着眼于解决调研时发现的主要问题，一些次要问题未作深入考虑。因此，设计并构建的配套机制体系还不是很完善，也有待于进一步的实践与检验。

第十三章 中小企业技术获取模式与趋势展望调研报告

随着经济的快速增长,技术创新已经成为推动企业快速发展和生存的关键因素之一。企业要想在竞争激烈的市场上占据有利的位置,就必须重视技术创新,制定并实施适当的技术创新战略。技术的来源问题一直是技术创新战略的一个重要组成部分,无论企业是通过直接购买或其他方式从外部获取所需技术,还是通过企业R&D投入等方式从内部获取技术,都必须找到适合企业自身发展情况的技术获取模式,这对企业的长期发展具有深刻影响。

现实表明,大多数中小企业由于技术研发能力薄弱,很难独立开展自主创新活动。它们对外部技术具有天然的依赖性,往往采用技术引入、消化及吸收的方式获取外部技术,提升自身技术能力,从而支撑企业的产品开发和经营活动。但是,由于外部资源稀缺、企业规模较小、技术积累薄弱等原因,大量中小企业在技术链条和产业价值链条上处于"低端徘徊"状态;而部分具备一定创新理念的中小企业又陷入到技术获取的路径依赖怪圈,在技术交易市场上难以获取所需技术,同时也很难成为技术联盟或政产学研合作中具竞争性谈判的一方。因此,理清中小企业技术获取的核心要件并对典型技术获取模式建立企业适用性分析框架,具备了理论和实践的双重意义。

第一节 技术获取模式理论分析框架的设计

一、技术战略

企业形成自身核心能力靠的是技术,技术战略作为企业战略的重要组成部分,是企业技术能力提升与技术资源获取的原动力。目前技术战略已经成为企业总体战略的核心,而技术同企业战略的高强度整合将会成为战略管理未来发展的新趋势。本章主要用技术属性和技术范围来表述企业在某一技术获取模式下采用的技术战略。

Teece认为技术属性包括路径依赖性、不确定性、累积性、不可逆性、相互关联性、隐性和不可分拨性。我国学者樊霞和赵丹萍结合Teece的研究,重点研究了技术复杂性、技术成熟度和技术隐性等技术属性对企业技术获取策略选择的影响。而本章主要采用先进性和成熟性这两个技术属性来刻画技术战略。值得注意的一点是,虽然现今出现了大量的先进技术和科研成果,但实际上有些都还在实验室阶段,尚不成熟。

另外,在制定技术战略时,技术范围的选择是企业面临的一个重要问题,它不仅影响企业技术竞争力而且影响企业整体的发展战略。技术范围是指企业的技术配置,通常情况下体现为两种策略即技术多元化和技术专业化。技术多元化是指企业所拥有的技术知识多样化的增长过程,或者说企业技术知识所涉及的技术领域范围的增多。而技术专业化是指企业所拥有的技术知识集中在某一个较为狭窄的领域。

二、技术操作

技术操作维度主要描述的是企业获取技术的方式。技术战略是企业获取技术资源的原动力。企业技术战略决定了其获取技术的方式,只有技术获取方式与企业技术战略相匹配,企业才得以提升自身的技术能力,有利于技术战略的进一步调整,并增强企业的市场竞争力。

从整体看,国内外学者都倾向于把技术获取分为外部获取和内部获取。外部获取的主要方式有技术购买、设备引进、技术并购、专利许可和雇用专家等;内部获取的主要方式有自主研发、合作研发、委托研发等。采用与企业自身情况最匹配的技术获取方式,对于企业的长远发展具有重要意义。

三、技术人员

技术人员维度主要描述了企业技术人员构成的来源和属性。技术人员是企业技术创新活动的主体,是推动技术创新和实现技术成果转化的重要力量,他们掌握着先进的技术知识,拥有智力资本,在研究新成果、开发新产品等方面作出了很大的贡献,是企业提升技术能力、获取市场竞争优势的关键人力资源。因此,为了更全面地研究企业的技术获取模式,本章主要从来源和属性两个方面对企业技术人员构成进行研究。

总的来说,在当今社会,企业的技术人员主要有聘请国内外专家、企业自身培养、海外留学归国、科研院所和引进五种来源。企业根据技术战略要求,通过结合自身的资源状况,选择一种或多种来源方式,从中获得技术人员,并最终组建自身的技术团队。

另外,技术团队中的人员属性结构也是由企业技术战略决定的。本章将技术人员属性分为R&D人员、技术开发人员和技术应用人员三种。R&D人员是那些进行基础研究和应用研究的技术人员。在基础研究和应用研究的基础上,技术开发人员要进行的是一个将新的科研成果应用于生产实践的开拓过程。而技术应用人员是那些把已有技术和理论应用于实际产品生产的技术人员。

四、技术获取模式的理论分析框架

结合以上理论分析,本章设计了中小企业技术获取模式的三维度分析分析框架,具体如图 13-1 所示。其中技术战略维度主要是针对获取技术的属性来划分,技术操作维度则区分内外部获取渠道来划分,技术人员维度是通过技术人员的来源和属性进行划分。

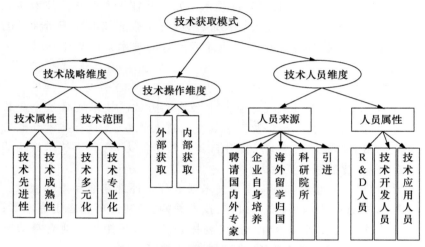

图 13-1 技术获取模式的理论分析框架

第二节 浙江省中小企业典型的技术获取模式

本节利用了浙江省中小企业景气监测平台连续 3 年(2011—2013 年)的填报数据,特别针对其中有关"中小企业技术开发情况""中小企业技术购买(交易)情况"以及"中小企业技术研发情况"的十余个题项进行了跟踪研究与分析,从平台统计的 1200 余家中小企业填报数据来看,浙江省中小企业在技术获取上呈现模式多样化的特点。据调研结果显示,在这些企业中,有返聘国企技术人员的,有借助猎头引入国内高端人才或引入海外高层次人才的,也有委托高校研发项目或与高校共建科研实体的。另外,还有些企业是海归创业、大学生创业而成,具有足够创新动力,为浙江技术创新、经济建设注入了强大的新鲜力量。

本节将这些技术获取特点进行梳理归类,总结出浙江省中小企业目前几种典型技术获取模式:技术返聘、技术猎头、高校产学研、海归创业和大学生创业等。

一、技术返聘模式

技术返聘是指已达到退休年龄的技术人员,从单位退休后,被原单位或其他单位再次返聘而继续工作的行为。在国企改制前,我国国企在技术人员、技术设备等技术资源方面具有强大的垄断性。因此,当时只有国企具备能力开展技术创新活动,从而导致大量的技术创新成果都聚集在国企中,归其所有。然而1978年国企改制后,随着改革深化、经济结构调整和技术进步,国企的技术人员出现了较大流动,主要有退休、转聘、跳槽、创业等流向,尤以退休为主。

近年来,浙江省退休返聘行为基本集中在那些技术与知识密集型单位,返聘对象以技术人员为主。而且,很多单位还亲自制定并推出了各种关于退休返聘的规定,但其面向对象一般只限于高级知识技术退休人才。在市场招聘中,尤其是中小企业,对聘任退休高端技术人才和工作经验丰富的专业技术人员表现出了高度的热情。

发展初期的正泰集团是技术返聘模式的典型案例。正泰集团的前身"乐清县求精开关厂"创建于1984年7月,发展至今,集团旗下已有8大专业公司、2000多家国内销售中心和特约经销处,并在国外拥有40多家销售机构。其现有产品覆盖了高低压电器、仪器仪表、输配电设备、汽车电器、建筑电器等产业。从正泰集团早期的年产值数据来看,正泰在1996年资产总值达到12亿元,超过中型工业企业资产总额4亿元的上限标准。因此1984—1996年期间的正泰集团可以被列入中小企业范畴进行研究。

在确定企业的产业结构及发展方向上,正泰认准了低压电器广阔的市场空间,同时也意识到正泰的产品在行业内尚属中低档,还未以高新技术、现代信息技术来形成核心竞争力。于是,正泰采取了技术先进成熟、专业化的技术战略。基于此技术战略,正泰采取技术外部获取方式,从上海雇用了国有企业的技术专家。通过雇用专家,一方面正泰获得了低压电器产品的生产技术,为企业的发展奠定了技术基础;另一方面,在技术专家们的指导下,正泰严把质量关,最终凭着过硬的产品质量赢得了"质量立市"的好名声。

另外,正泰在技术专家的指导带领下,还培养了一批自己的技术人才,显著地提高了自身技术水平,呈现快速发展的良好局面。1991年正泰建立中美合资温州正泰电器有限公司,借此机会从国外引进了一些先进的技术和设备,建造了现代化厂房和生产流水线,开发了一批具有90年代水平的低压电器产品,形成具有相当规模的中型企业。

二、技术猎头模式

技术猎头模式就是指专门以技术研发或者技术改造为目的的专门人员搜索方式。猎头公司一向被认为是获取高端人才的最重要手段,据国际高级人才顾问协会的相关统计,全球70%的高级人才的流动是由猎头公司协助完成的,90%以上的跨国公司都会利用猎头公司来获取高级人才。

高级人才的引入需要借助猎头的力量。就浙江省目前情况来看,国家人才优先发展战略布局的确定以及全省经济转型升级的战略部署,都促使浙江将引进高层次人才的工作提升到从未有过的战略高度。近几年,浙江省中小企业发展迅速,创新活动日益活跃,对高层次人才的需求量快速递增。相关资料表明,猎头公司往往更热衷于高薪岗位、高端人才的搜寻,而那些年薪低于10万美元的岗位对猎头的吸引则较低。

浙江省三花股份有限公司是技术猎头模式的典型案例。该公司创建于1994年9月,是一家生产经营家用和商用空调自动控制件为主的专业公司。公司制定了技术先进性、专业化的技术战略,重视高端技术人才在企业技术创新活动中的作用,借助集源猎头等知名猎头公司,对北欧、德国的机械同行业企业进行了同业挖人,近3年共引进海外高端技术人才30多名。在海外高端技术人才的指导带领下,公司近3年共组织各种技术培训30多期,共培养主管工程师30多名。这些引进的技术骨干以R&D人员和技术开发人员为主,目前已承担起对新产品的研究与开发等重要任务。

三、高校产学研模式

高校产学研合作是指企业和高等学校就企业、教学、科研三方以人才、技术、效益为结合点,本着互利互惠、共同发展的原则,遵循市场经济和科技发展规律,企业从高等学校不断地获得人才支持和技术支持,并逐渐形成互利互惠、共同发展的合作关系。现今高校产学研合作的形式是多种多样的,大致包括技术转让、合作开发和共建实体这三种。

近年来,浙江省在建设科技创新平台方面做了很多工作,尤其是在高校创建了创新中心和一批省级重点实验室。浙江省政府于2007年启动的重中之重学科建设和2011年启动的重中之重一级学科建设,对浙江省高校学科建设、科技创新平台以及基础条件设施的改善都起到了非常大的促进作用。例如,由浙江工业大学牵头,联合浙江大学、浙江省医学科学院等核心协同单位共同组建的"绿色制药协同创新中心"正式入选国家首批"2011计划",并且之后还分别列入2012年和2013年的省级"2011计划",极大地推动了浙江省制药行业的发展。

杭州中富彩新材料科技有限公司是高校产学研模式的典型案例。该公司成立于2007年3月,公司专注于环保和绿色新型高分子材料的技术研究、产品开发和销售。中富彩采取技术先进性和专业化的技术战略,高校产学研模式成为其主要的创新源泉。公司于2010年8月与浙江工业大学合作设立了"绿色高分子材料&助剂研究所"。作为企业高新技术研究开发中心,研究所承担技术研究、产品开发、客户服务等工作,全面提升企业管理水平和创新能力,推动高校科技成果转化和高新技术产业化。

四、海归创业模式

海归创业就是指海外留学归国的人员结合自己的优势在特定的领域进行创业的活动。改革开放以来,海外留学人员积极回国创业,极大地推动了我国互联网、IT、通信、传媒等诸多领域的发展,提升了我国的科技水平和经济实力,对增强我国国际竞争力有一定的促进作用。

浙江省海外高层次人才引进计划(浙江省"千人计划")主要是围绕全省经济社会发展需求,引入一批急需的学科带头人和科技创业领军人才。该计划截至2012年已经引进国家和省"千人计划"人才419名,其中有155名入选国家"千人计划",入选总数在全国排位第四。2012年的数据表明,419名英才共创办企业158家,这些企业3年净赚了160多亿元。另外,在引进人才的同时,浙江省也为海归们建立了大量的创业创新基地,例如2010年7月挂牌的海创园,海归创业模式已成为浙江省中小企业技术获取的典型模式之一。

贝达药业股份有限公司是海归创业模式的典型案例。该公司创建于2003年1月,是一家中美合资高新制药企业。公司专业致力于研发和生产拥有自主知识产权的恶性肿瘤、糖尿病领域国家一类新药。公司建立之初就采用技术先进性、多元化的技术战略。创始人丁列明在美国顺利完成学业后,带着研发技术成果回国创业,目前公司的技术研发团队已汇聚一支稳定的技术应用开发人员队伍,为公司提供了技术研发。

五、大学生创业模式

大学生创业是指大学生(包括在校大学生和大学毕业生群体)出于自身的创业理想,对创业的多种资源要素进行适当有效的配置,最终达到自己创业目的的一系列创业活动。相对国外来讲,我国大学生创业起步较晚,20世纪90年代以后才逐步开始,但经过短短几年却已经有了不错的发展。在2012年,浙江省大学生创业状况调查报告结果显示,26.67%的在校大学生已经开始从事包括校园代理、实体店经营和网店等各种形式在内的创业,超过90%的受访大学生有创业想法,这一数据远远高于2011年调查机构提供的70%多的数字。

浙江省对于大学生创业的优惠政策力度很强,包括减免行政事业性收费、大学生自主创业小额贷款、享受免费就业服务、创业保留学籍等措施。另外,2011年,杭州团市委牵头全面启动了"构建全国首个大学生创业企业发展指标体系"的研究工作,以进一步推动杭州市大学生创业服务工作的科学发展。浙江大学科技园充分利用自身优势,全力推进大学生创业就业,如开展大学生创业教育、创建大学生创业园以及搭建大学生创业交流服务平台等,近几年已取得一定成效。

杭州绿盛集团有限公司是大学生创业模式的典型案例。该公司组建于2004年,专业致力于牛肉干及其衍生产品的生产与销售。绿盛创始人林东1993年在浙江工业大学研究生毕业后,创办了杭州绿盛食品有限公司。公司建立之初就确立了采取技术先进成熟、专业化的技术战略。为实现"立足高新农产品研发,打造超百亿企业"的企业战略,绿盛不断从外部引进先进成熟的生产设备和技术,先进技术的引进促使集团稳健迅猛发展。绿盛充分利用了大学生创业所带来的技术资源优势与市场创新优势。一方面,绿盛通过学校人脉资源与德国等国外先进生产设备厂商取得联系,引进了世界顶尖技术设备。同时,充分开发创新市场竞争模式,其中最典型的是绿盛提出了R&V非竞争性战略联盟这一别树一帜的合作模式。

绿盛的创业成功还依赖于一支从高校大学生中闯出来的技术团队。绿盛主要通过校园招聘等方式引进企业急需的技术创业人才,主要以技术开发人员和技术应用人员为主。值得一提的是,2004年年末,绿盛决定开始进军国际市场,但那时欧洲市场对产品品质的标准和要求普遍很高,面对一系列的技术壁垒,绿盛技术研发团队依靠高校专家的协助,克服了许多技术难题,从而为产品生产提供了优良的品质保障,更为进军欧洲市场奠定了坚实的基础。

第三节　五种模式的对比及评价

上文针对每一种技术获取模式,都列举了相应典型的中小企业案例,在案例分析的基础上,本节结合其他资料以及浙江省中小企业总体的实践特征,得出了五种模式在技术战略、技术操作和技术人员这三个维度上的具体特征要素,详见表13-1。

表13-1　5种模式的特征要素比较

技术战略		技术返聘	技术猎头	高校产学研	海归创业	大学生创业
技术战略	技术属性	成熟性	先进性	先进性	先进性	先进成熟
	技术范围	专业化	专业化	专业化	多元化	专业化
技术操作	技术获取方式	外部获取:技术购买、设备引进、雇用专家	外部获取:技术并购;内部获取:自主研发、合作研发	内部获取:合作研发	外部获取:技术并购;内部获取:自主研发、合作研发、委托研发	外部获取:技术购买、设备引进、雇用专家;内部获取:合作研发
技术人员	人员来源	聘请国内外专家、企业自身培养、引进	企业自身培养、引进	科研院所、引进	海外留学归国、科研院所、引进	聘请国内外专家、引进
	人员属性	以技术开发人员和技术应用人员为主	以R&D人员和技术开发人员为主	以R&D人员和技术开发人员为主	以R&D人员和技术开发人员为主	以技术开发人员和技术应用人员为主

将这五种模式的特征要素进行互相对比,结合表 13-1 可知,各模式在某些方面具有共性特征,而在某些方面却具有各自的个性特征。下面将分别从三个维度出发来分析各模式的共性特征和个性特征。

1. 共性特征

(1) 技术战略维度。总体上看,技术猎头和高校产学研都采用技术先进性、专业化的技术战略。细看,在技术属性上,技术猎头、高校产学研及海归创业选择的都是先进性;而在技术范围上,技术返聘、技术猎头、高校产学研以及大学生创业选择的都是专业化。(2) 技术操作维度。技术猎头、海归创业及大学生创业都采取了内外部技术同时获取的方式。(3) 技术人员维度。在人员来源上,五种模式均采用了引进这一方式。在人员属性上,技术返聘和大学生创业下,都是以技术开发人员和技术应用人员为主;而在技术猎头、高校产学研及海归创业下,都以R&D人员和技术开发人员为主。

2. 个性特征

(1) 技术战略维度。在技术属性上,技术返聘选择的是成熟性,不同于其他模式下的技术先进性。在技术范围上,海归创业独特地选择了多元化,以推动多种先进技术同时发展。(2) 技术操作维度。技术返聘主要采取从外部获取技术的方式,而高校产学研则主要通过合作研发从内部获取技术。(3) 技术人员维度。各模式下的技术人员来源方式的组合各不相同。技术返聘主要是返聘国企退休的技术人员,技术猎头主要是借助猎头力量引入高端技术人才,高校产学研则是高等院校的科研人员流入企业。

第四节 技术获取模式的最新发展趋势

在这个知识信息变更迅速、科技革命发展迅猛的时代,技术创新已经成为中小企业稳定生存、快速发展的关键要素。21 世纪以来,浙江省中小企业越来越重视技术创新活动,同时其技术获取模式也在不断地变更与发展,除了五种典型模式外,近几年又兴起了一些最新的技术获取模式,如基于互联网技术的网上技术买卖模式、基于新三板的技术股份转让模式以及基于共性技术平台的互利共享模式等。

一、基于互联网技术的网上技术买卖模式

网上技术市场是一个运用现代互联网技术以及电子商务技术而建立的技术交易市场。网上技术买卖即指在网上技术市场中进行技术交易的行为。

为了提高浙江省中小企业的核心竞争力,浙江省于 2012 年在全国率先建立了网上技术市场,各高校和科研院所通过网上技术市场发布了大量的科研成果和

协同创新需求,而众多企业则在网上发布技术购买需求和难题攻关需求。目前这个市场已经发展成长三角地区甚至全国范围内影响力最大的技术供求双方对接、深化产学研用合作的科技服务平台。

据相关数据显示,浙江网上技术市场非常活跃,截至 2013 年 10 月,该市场已累计发布技术难题 6.5 万项,征集并发布科技成果 15.4 万项,成交并签约项目 2.7 万项,成交金额 250.4 亿元。另外,其注册企业数已接近 10 万家,高校和科研院所达 3 万余家,中介机构 1 万余家,而网站访问人数累计达 1 200 万余人。

二、基于新三板的技术股份转让模式

新三板是全国性的非上市股份有限公司股权交易平台,针对的对象主要是中小企业,为中小企业提供了挂牌、股权转让、融资等服务。新三板的推出提高了中小企业的融资能力,促进了中小企业的技术创新活动,推动了企业的转型升级。

自新三板扩容后,截至 2014 年 2 月底,浙江省已有 10 家中小企业在新三板挂牌。中小企业借助新三板这个股权交易平台,可以公开转让其股份,进行股权融资、债权融资及资产重组等一系列活动。

作为全国性的场外交易市场,新三板为中小企业提供了一条全新的直接融资渠道。为鼓励中小企业积极实现新三板挂牌,杭州市政府积极推出了一系列相关的补贴政策。有关资料表明,截至 2013 年年底杭州市仅滨江高新区就已经有 30 余家企业同券商签订了相关协议,决定努力挂牌新三板,而目前已有 6 家成功挂牌。

三、基于共性技术平台的互利共享模式

共性技术是指处于基础研究和试验发展阶段之间的一类技术产品,在许多领域内早已或将来可能被普遍使用,其科研成果可共享并对某个产业甚至多个产业及其企业造成重大影响。由于一些基础性共性技术研发费用高昂,中小企业无力承担,因此严重阻碍了其企业层面的技术创新活动。共性技术平台一般由政府等公共机构建设,具有基础性研究和公益性技术溢出的主要特征。以共性技术服务平台为载体,帮助中小企业提升技术创新能力,是很多发达国家的通行做法和成功经验。

为了促进中小企业的自主创新,浙江省在全国率先建立了共性技术服务平台。据有关统计,截至 2008 年年底全省各类平台已有 200 个。实践证明,共性技术服务平台不仅推动了技术成果的转化,还实现了技术信息的共享。随着近年来我省对中小企业公共服务平台构建的愈加重视,共享共性技术平台模式将会成为我省中小企业未来主要技术获取模式之一。

中小企业的技术源管理问题有别于大中型企业,单一地提倡内部自主创新不符合大多数中小企业的实际属性。以开放式创新的视角,充分调动企业网络资源,积极开拓企业外部适合的技术源,是中小企业创业、立业过程中所应该建立的重要技术战略思维。本章在浙江省大量实际跟踪数据的基础上,总结了一些面向中小企业可行的技术管理模式。这五种技术源获取模式具有一个共性特征,即最大限度调动企业外部的资源为中小企业所用,以引进"智力"作为引进技术的根本保证。当然,随着部分中小企业逐步做大做强,将面临以"核心技术"为特征的激烈竞争,这就要求中小企业能够适应变化并实现快速转型。本章最后也基于网络技术交易、股权市场交易以及第三方公益性技术机构等新兴的外部平台,为中小企业更好地管理企业技术获取和开发工作提供了一些有益的思路。

第十四章　国内外创业生态系统构建的经验研究报告

近年来,伴随着国际经济进入深度转型和调整期,中国宏观经济也在经历着深刻变革。在持续三十多年的快速增长之后,中国经济站在了"爬坡过坎"、转型升级的关键点,从要素驱动、投资驱动转向创新驱动。长期以来,创业一直被认为是驱动创新的重要动力。鼓励大众创业,实施创新驱动战略,是推动中国经济,同时也是推动浙江经济转型升级的动力源泉。浙江拥有创业创新的肥沃土壤。创业创新的过程不仅是创造财富的过程,也是推动浙江省经济、社会和文明前进的过程。2014年,浙江省138家企业进入"中国民营企业500强",入围企业数量已连续16年居全国首位。这是在全民创业创新的大潮推动下,使得浙江经济和社会发展始终走在前列。

进入信息经济时代,大数据、智能制造、移动互联和云计算技术的应用使产业经济形态和模式持续创新和变化。而成熟的创业生态系统,有助于创新资源的汇聚和重组、商业模式的创新、创业创新成本的显著下降、创业组织的健康成长以及各类创业创新成果的持续产出,对区域经济的可持续发展具有重要的支撑作用。构建成熟的创业生态系统,对浙江省抢占新一轮经济发展制高点,培育创新创业企业具有重要支撑。

本章基于此,深入调研北京中关村、上海张江、武汉东湖、深圳4家国家级自主创新示范区建设情况,并广泛研阅美国、加拿大、日本、欧洲和以色列等国创业生态系统建设经验。就浙江省政府如何构建和完善良好的创业生态系统,加速推动浙江省经济持续、向好、健康发展,提出了一些意见。

第一节　国内外知名创业生态系统建设的经验

一、创业创新要素集聚,形成系统化形态

纵观国内外知名的创业生态系统的构建,创业创新要素集聚效应显著。美国硅谷形成了由大学与科研机构、风险资本机构、综合服务机构、人才库、创业精神和创业板市场构成的创业创新生态系统;巴黎大区创新中心将区域内的大学、科

研中心、大型集团和中小型工业企业有机地整合在一起,形成有效互补的创新生态系统;北京中关村也形成了包括领军企业、高校和科研机构、人才、科技资本、创业服务体系、创业文化等六要素构成的创业生态系统。一个运行成熟的创业生态系统具有几个方面的特征:一是成熟的风险投资。美国硅谷集中了近1.5万个天使投资人。以色列特拉维夫集中了大量的风险投资,相当一部分属于"纯风险投资",其中39%属于种子阶段和早期阶段的资金注入。二是创业创新繁荣,创新驱动效应显著。上海张江实施"聚焦张江"战略,园区集聚了中芯国际、辉瑞等近2000家科技型企业,科技中介服务机构56家,复旦大学等多所知名院校和研究机构以及一批国家级、省市级的公共研发机构和评测平台。三是同类型或互补型产业的集聚。澳大利亚悉尼科技园、布里斯班科技园和墨尔本Latrob University R&D Park等,聚集了一大批以信息技术为代表的互补产业。

二、创新支持条件完备,形成立体化支撑

全方位、全过程、立体化的高质量配套支持体系,对于创业生态系统的高速运转是必要条件。一是激励创业创新的法律和政策环境完备。美国硅谷为创业创新构建了技术流动、技术许可、知识产权保护法、员工流动的劳动法、保护企业商业秘密等完善的法律保障环境;深圳市实施普惠式的小额担保贷款政策,并通过创业孵化园,提供创业社保补贴、场租补贴、税费补贴、首次创业补贴、带动就业奖励等一揽子资助政策。二是创业创新基础设施齐全。芬兰Jyvaskyla产业生态系统,边界与行政区边界一致,系统内的能源实现了以Rauhalhti电厂为源头的四层级式能源梯级利用系统;丹麦卡伦堡生态工业园Asns电厂和卡伦堡市政两个核心企业,为园区提供公共服务和能源供应。三是创业配套服务完善。创业孵化器、创业加速器等创业孵化设施众多。北京中关村拥有联想之星、创业邦、创业家、3W咖啡等众多创业孵化和服务机构,开展各类创业服务。加拿大达特默思市伯恩赛德工业园设置了工业效率中心,统一发布园区内物资流及企业信息,并为企业提供培训教育等综合性服务。

三、创业组织网络拓展,形成生态型组织

创业生态系统内部创业主体之间呈现出网络化、生态化的自组织特征。一是开放式的网络连接结构。基于大数据、云计算的创新型经济正在崛起,亚马逊的Amazon Web Service(AWS)云服务是云计算领域的领军型企业,同时也构建了一个独特的连接"线上"和"线下"的创业生态系统。其为创业企业提供虚拟机、计算、存储、网络、快速建立商业化应用、数据管理和拓展服务等。二是创业组织呈现产业链式连接。Facebook生态系统内的创业企业呈现出产业链式的疯狂成长。其衍生的创业公司包括社交游戏公司Zynga、广告公司Wildfire、求职服务的公司BranchOut以及商务网站Payvment,这些企业都迅速在其生态系统中呈产业链式

的扩张,相当一部分企业已经是准 IPO 级企业。三是创新要素自由流动。阿里巴巴目前是全球最大的在线电子商务企业。其通过电子商务生态系统,将金融资源、信息资源、实体制造业的商品资源、物流供应商和独立软件提供商服务资源有机融通在一个系统内。四是创新要素重组和价值创新。谷歌的创新是致力于打造一个创新的生态系统,包括谷歌、第三方创新者、广告商和用户,通过谷歌平台,共同开发出融合了谷歌功能元素的新型应有产品,并向用户测试和营销其产品。

四、创业创新氛围浓厚,形成持续型动力

一是青年创业人才集聚。硅谷、纽约、巴黎、新加坡四地的创业者平均年龄低于 35 岁,加拿大温哥华、圣地亚哥、巴西圣保罗、伦敦、以色列特拉维夫五地创业的平均年龄也仅为 36 岁。二是受到创新辐射效应影响显著。美国西雅图不仅拥有亚马逊、微软、Avalara、Zillow 等世界级企业巨头。同时,它毗邻硅谷,拥有地理位置优势,并在住房、教育、医疗、商业配套和娱乐等方面具有低生活成本的比较优势。日本筑波科技产业城,由筑波大学城为中心和外围六个技术园区组成。筑波大学城实施资源共享工程,设立科研机构的资讯交换中心,提供最新科研成果信息及知识产权交易等。三是形成了有型的创业创新文化。美国硅谷精神包含着广泛的包容性及其推崇创业、宽容失败、鼓励冒险的价值观,其核心是宽容失败。北京中关村经过二十多年的积淀和传承,形成了"勇于创新,不惧风险,志在领先"的创业文化。四是创业创新培训、教育体系完善。新加坡自 20 世纪 70 年代,其经济发展局(Economic Development Board,EDB)就实施了青年海外培训计划即"职业化"创业教育。新加坡国立大学建立了"国大开创网"和国大创业中心等一批科研机构,承担国家的重点研究项目,直接服务于生产。

第二节 浙江省建立创业生态系统建设中存在的问题

一、创业生态系统内部的组织非结构化和驱动力不足

一是浙江省创业生态系统内部已形成了基于地域空间的产业集聚区,但各产业集聚区呈现点式分布,布局分散。改革开放以来,浙江省 90% 以上的县(市区),利用其有限的资源,形成了"一村一品、一地一业"特点明显、模式各异的块状经济。但是,这些产业集聚区不同程度地呈现出散点式布局、工业园区单向度发展、产城融合度低、资源集约化效率低等特点。从系统的角度来看,各产业集聚区应聚合发展为功能综合集成的现代产业集群。二是产业集聚区转型升级的驱动力不足,创新驱动效应有待增强。浙江多数"块状经济"还是以普通机械加工、轻工纺织等劳动密集型产业为主,存在缺少核心技术支撑、产业层次较低、创新较弱、品牌不强的问题,处于全球价值链的低端环节。最新发布的《中国区域创新能力报告 2014》中,浙江省区域创新能力仅排名第五,企业创新能力、教育研发的投入对创新的支撑作用均有待提升。三是中小微企业资金不足,难以有效支撑高科技产业和战略型新型产业发展。浙江省民营经济活跃,但是和中小微企业相配套的金融服务没有跟上。中小微企业仍面临"融资难、融资贵"的发展困境。

二、创业生态系统的法制环境和制度支撑体系仍薄弱

一是扶持创新创业的法治环境和政策体系有待进一步完善。长期以来,浙江地方政府的"无为而治",有效释放了民间的创新创业激情。但是,在发展以互联网为核心的信息经济中,政府如何顺势而为,积极引导与支持?政府如何在市场机制有失灵的时候,制定好规则、实施有效监管,尽可能地引入法律的手段和经济的办法,推动浙江省抢占新一轮经济发展的制高点,是浙江地方政府应该重点研究的课题。同时,针对中小微企业创新能力不足的现状,浙江省政府如何根据经济环境和经济目标,制定鼓励小微企业创新创业和可持续发展的政策也亟待破题。二是创新成果转化机制薄弱,科技成果转化平台投入不足。从需求的角度看,由于技术成果转化投资成本高、周期长、风险大的特点,而浙江大部分民营企业受制于人才和资金的限制。一方面,企业的创新成果转化资金主要来自自筹及银行贷款;另一方面,企业缺乏专门的技术人才,因此,企业缺乏技术成果转化的内在动力。从供给的角度看,在知识产权缺乏保护的环境下,由于技术成果转化的激励机制不健全、缺乏成果转化的中介机构,科研成果转化效率不高。

三、创新要素与创新主体的网络化集聚程度亟待增强

一是信息技术的嵌入和跃迁是浙江省创业生态系统实现网络化集成过程中的难题。浙江省的信息技术产业仍存在"缺芯少魂"的产业软肋,缺少一批关键控制芯片设计和研发企业。此外,如何将物联网、云计算、大数据等新一代信息技术有效应用到智慧城市建设中,更好地促进城市经济的转型升级仍面临一定的挑战。二是互通互联的基础仍需不断增强。互通互联的基础是标准统一、平台统一和安全体系的统一。浙江省已经实现了包括通信、交通、仓储物流和金融等基础设施领域的互通互联,但仍没有建立起网络化、标准化、智能化的公共信息资源平台。三是大型企业和中小微企业合理分工、功能互补、协同发展、网络化集聚的创业生态格局仍在建构过程中。有研究表明处于创业生态系统价值网络中的中小微企业存活率更高。中小微企业在创业生态系统中的框架中,被结合进销售渠道、服务网络、全价值链,形成统分结合的利益共同体。浙江省创业生态系统对于中小微创业的集聚能力有待进一步增强。尤其是系统内部依托阿里巴巴等旗舰型的大型企业平台和综合服务平台,整合市场、管理、技术、人才和资金服务,集聚中小微创业企业的机制有待进一步完善。

四、促进系统可持续发展的孵化和保障机制有待完善

一是创新型的创业孵化机制初现端倪,尚不能满足实际需求。截至 2014 年,浙江省共有省级科技企业孵化器 76 家,国家级科技企业孵化器 44 家。其中,催生出一批如杭州市高科技企业孵化器、浙大科技园、杭州高新区(滨江)、杭州未来科技城(海创园)等特色鲜明的创新型孵化器。这些孵化器集聚了成功企业家、天使投资人、平台型企业等推动产业资源、创业资本、高端人才等创新要素,以投资为主导,专业化服务为特色。然而,仍有大部分创业孵化器在浙江省发展时间尚短,经验还不够丰富,缺乏与专业技术相配套的专业化技术服务能力、投融资服务能力和组织管理能力,无法实现为在孵企业提供孵化前、孵化中以及延伸跟踪的服务。二是创业孵化器全程服务和综合保障机制有待完善,吸引以创新创业人才为核心的优质资源。与广东、上海、江苏相比,浙江省吸引集聚创新创业人才的区位优势、经济优势、体制机制先发优势呈弱化趋势。同时,浙江省大院名校少、大企业少,部分中心城市生活成本高集聚创新创业人才的吸引力还不足。

第三节 对策与建议

在借鉴国内外经验的基础上,浙江省建设创业生态系统要因地制宜。我们认为可以从如下四个方面设计、构建、完善并持续化推动具有浙江省域特色的创业生态系统建设工程。

一、从系统的角度,构建并完善"区域核心链"式的创业生态系统

一是建立基于"大区域内协同"的创业生态系统。形成以"中心城市+周边县市区"为格局的大区域内协同的创业生态系统;以"专业镇区"为要素单元,在大区域内合理布局构建创业企业群落、科研院所、产业共性技术平台、人才、风险资本、创业服务机构等产业生态系统的要素模块。继续深化完善"杭州上城区基金小镇""西湖区云计算小镇""桐乡天使投资小镇""富阳硅谷""青山湖科技城"等以"专业镇区"为行政单位的创业生态系统要素模块的构建。二是加强系统内"创新核心"要素的构建。支持企业和高校、科研院所联合组建产业技术联盟,参与国家和浙江省重大科技项目。针对电子、医药、通用设备、专用设备、电气机械、汽车、金属制品等产业领域,搭建基础材料、关键设备、核心元器件及软件工具等公共技术和产业服务平台,增强创业生态系统的自主创新能力。三是完善以"科技加金融"为重点的全产业链式配套服务体系。在创业生态系统中引进科技金融机构和科技中介机构,重点是引进科技银行、知识产权中介机构、技术转移、天使投资人、风投公司、创投基金、信用中介机构、产权交易机构等。

二、从制度的角度，增强创业生态系统的自组织功能

一是建设"法制营商"环境，形成创业创新资源的集聚机制。构建省市区县，政策全方位、多角度、有效、协同的鼓励创新创业的政策支持体系。深化以"三张清单一张网"为抓手的网上政务改革，实施精兵简政。通过体制机制创新，健全法制建设，实施法制管理，建设"阳光、公平"的商业环境，促进创业创新要素加速向浙江集聚。二是深化"财税政策"改革，促进创新要素自由流动。设立"浙江省政府创业风险投资引导基金"，为风险投资等社会资本匹配杠杆资金。建立商业化模式运行，吸引更多社会资本参与风险投资。政府加强监管，明确"支持"和"导向"的职能，细化投资原则（投资对象、投资方式、基金运行规则），引导基金健康运行。三是加强"科技政策"创新，加速创新要素的价值再造与转化的机制。重点是知识产权的保护，科技成果转化的创新政策。改革高校和科研院所的科技成果处置权管理改革、收益分配方式改革、设立科技成果转化岗等方式，加快推进高校科技成果转化和科技协同创新；提高科技服务业整体服务效率。搭建企业和中介机构间信息资源共享平台，促进信息共享、规则相容、流程对接，提升创业生态系统的技术创新内生动力。

三、从网络的角度，促进创业创新要素集聚和自由流动

一是重点突破"六维度"的信息技术领域，促进创业创新要素的网络聚集和流动。重点加强"物联网、智慧城市、跨境电子商务、互联网金融、数字内容产业、云计算和大数据"等六个信息技术领域的研发投入与应用推广。改变创业创新企业的空间（实体）集聚模式为虚拟集聚，通过互联网（虚拟）集聚创业创新企业。二是依托"云平台"和"大数据"，建立"互通互联"开放式的创业生态系统。加强互联网络的基础应用设施的完善和升级，将互联网上的数据、信息、终端和人等创新要素有效连接起来，整合、汇聚、流通、衍生和创新信息资源。以阿里云等大数据平台为核心，建设"公共商业数据服务中心""工业经济信息网络平台"。三是构建和谐的"大平台＋中小微网商"网络生态系统，促进创新要素的流动与重组。着重建立中小微网商促进中心，为中小微网商提供融资、法律、技术服务和政务服务等综合性服务，推动互联网产品、互联网应用服务的方式的创新。

四、从文化的角度，"内孵"和"外引"持续推动创业生态系统的创新产出

一是加强引导，建立市场化的创业孵化机制。在产业集聚区建设特色创业孵化载体，鼓励平台型企业、创业投资机构、天使投资人、成功企业家等社会资本投资兴办创业孵化器。引导各类孵化机构建立市场化运行机制。完善创业项目孵化机制和优秀初创企业发掘培养机制，重点开展创业孵化、产业链孵化、早期投资、创业教育、创业社区、创业媒体等环节的创业服务业。二是优化城市综合创业

环境,降低创业成本。建设"创业社区",提高浙江省集聚创新人才的吸引力。提供大量高质量的公共服务,配套低成本的居住、教育、医疗、娱乐、交通、办公服务,低价甚至免费的互联网接口,实现低成本甚至零成本创业。吸引国内外优秀人才来浙江创业,特别是互联网创业。

第十五章　包容性创业视角下农业众筹的发展研究报告

最近,我们通过对众筹网等农业众筹发展模式的调查发现,农业众筹对于革新农业发展模式、带动农村包容性创业具有重要作用:一是农业众筹能有效改善传统农业发展模式中流通效率低下、流通成本高企的突出问题,突破包容性创业群体的创业经营难题;二是农业众筹能有效地建立农业消费者与生产者互动的平台,促进双方信息对称,解决了包容性创业群体的创业市场难题;三是农业众筹能有效整合各类资源,解决农业发展过程中的资金、技术等发展瓶颈,解决了包容性创业群体的创业资金难题。

第一节　"包容性创业"及"农业众筹"的定义和内涵

"包容性创业"(Inclusive Entrepreneurship)的概念是经济合作与发展组织(OECD)和欧盟委员会(EC)在2013年的《被遗忘的创业家:欧洲包容性创业政策》报告中提出的。包容性创业是指包括广大女性、青年大学生和乡镇青年人、老年人、少数民族和残疾人在内的社会特殊群体的创业。OECD(2013)报告分析了欧盟成员国的非主流人群的失业问题、创业情况及其政策,探讨推动这些特殊群体从事创业、带动就业和经济社会发展的政策。

"众筹"翻译自国外"crowd funding"的说法,即大众筹资或群众筹资,由发起人、跟投人、平台构成,具有低门槛、多样性、依靠大众力量、注重创意的特征。随着互联网金融的快速发展,众筹这一名词出现的频率越来越高。"农业众筹"则是指将"众筹"的新商业模式应用于农业领域。农业作为一个垂直细分领域,众筹平台一般会以两种形式参与其中,回报类的农产品众筹和投资类的农业股权众筹。

第二节 "包容性创业"视角下"农业众筹"的新鲜经验和重要作用

一、农业众筹以农业预售和个性化定制革新传统农业流通方式,突破包容性创业群体的创业经营难题

在传统农业和农产品流通模式下,农业产品主要是通过"经纪人—产地批发商—销地批发商—零售商"等环节进行销售,烦琐的环节使得农业产品的流通成本逐级增加。广大农村的社会弱势群体在创业过程中很难突破创业资金和流通的难题。

以众筹网为代表的农业众筹发展模式,通过农业预售和个性化定制,在很大程度上克服了传统农业流通环节烦琐、流通效率低、损耗严重的缺点,同时也建立起了农业生产消费双方互动的平台,促进了信息对称。一方面,众筹网等农业众筹利用团购和预购的形式,在农业产品生产之前提前锁定市场,这样的预售模式大大降低了库存风险和损耗,减少了农业流通领域中间环节,有效地降低了创业过程中的流通成本。另一方面,农业众筹采用互联网和社交网络革新原来的农业生产流程,在农业生产之前就通过众筹网与消费者进行双向互动,通过向消费者提供更多的内容和可选产品,为用户提供个性化的农业定制产品,有效地促进农业消费者与生产者双向互动,促进双方信息对称,革新传统农业流通方式。

二、农业众筹以众筹模式整合资源突破传统农业发展瓶颈,解决了包容性创业群体的创业资金难题

耕地的分散性使得我国农业生产的碎片化,小规模、分散种植成本我国农业生产领域的基本格局,碎片化的小农经济集中凸显了农业小生产与现代农业生态化、规模化、科技化、集约化发展的突出矛盾,传统农业生产格局难以突破农业升级发展要求中的资金、技术及市场等多方面的发展瓶颈。

众筹通过在互联网基因和商业模式中的优势,有效进行跨资源整合,社交性聚拢,全方位分享,突破传统农业发展资金、技术、市场等瓶颈,创新农业发展模式。一方面,众筹网通过综合性众筹平台众筹网直接服务中小农户,上年上线以来已陆续推出了农产品众筹项目22个。向网友募集项目资金,通过这种门槛低、规模小而灵活的特点,可以帮助让农业经营者迅速解决资金发展问题。而众筹发展后期随着受众面的拓宽将进一步发展产品,除了现在实物回报型众筹,还会引入股权众筹,把现在线下运营的股权投资基金搬到线上来,进一步增强农业生产融资功能。另一方面,众筹网通过与农业线下企业汇源集团、三康安食、沱沱工社的合作,为汇源集团等线下农业平台利用众筹网开展创意营销和融资服务。此外,大家种、尝鲜众筹也分别于 2015 年四五月份上线,进入国内农业垂直领域专业众筹。众筹网将推出开心农场、私家认养、拯救农耕文明、寻找跨界新农人、立体绿化等五大模式,参与农业育种、农产品流通、生态农场、农业机械、生物肥料,到农业科技、农业金融等各环节,通过农业众筹整合农业生产经营链所需资源,突破传统农业发展瓶颈,革新农业发展模式。

农业众筹的新发展模式,通过创新农村弱势群体创业过程中的融资方式,提高了农村包容性创业能力,保持农民收入持续较快增长的根本途径,是缩小城乡差距、实现城乡一体化的重要手段。

三、农业众筹以消费者对农业生产的深入参与回应消费者对现代农业的追求,解决了包容性创业群体的创业市场难题

传统的农业生产、流通产业链结构导致消费者与农户之间的互动缺乏,对于农业产品的生产、流通信息了解有限,只能被动地依赖农业产品经销商披露的信息,不能很好地满足消费者对于农业产品生产过程等多方面的信息需求。近年来随着国内自然环境的恶化,食品安全危机在各地频发,消费者对于安全、绿色、优质的农业产品的需求与农产品安全、品质问题之间的矛盾日益凸显。

与传统农业发展模式相比,农业众筹模式对于消费者来说,与农业生产者不再只是买和卖的关系,消费者会以农业生产合伙人的方式对农业生产经营进行深度参与,消费者可以直接监控把关农产品质量,更加有利于实现真正的绿色生态无公害,一旦出现质量问题,消费者都可追溯,参与感是消费者在农业众筹模式中的附加价值。这种模式强调双方的信任,以解决食品安全问题以及跟踪农业生产过程的难题,实现 F2F(Farm to Family)的新生活方式。吃到放心的瓜果蔬菜,这是农业众筹可以给消费者带来的福利。

农业众筹以市场化的方式引导和鼓励部分农村弱势群体拓展创业市场难题,通过互联网连接的大市场发展特色产业,形成繁荣的商品交易,促进资金、人才回流,农民收入不断提高,生活方式与城市居民相近,促使农民生活和生产状态显现城镇化特征,推进了农村就地城镇化建设。

第三节 包容性创业视角下众筹农业发展面临的主要挑战

一、农业众筹的风险控制的挑战

在农业众筹模式发展的同时,其背后的风险依然不可忽视。农业众筹能够有效地解决中小农户在资金方面的问题,可一旦资金使用的过程中出现了问题,来自投资者方面的矛盾同样突出。

众筹网目前通过项目源、风险保证金、对项目人的评估以及事后追溯制度风险控制四个方面加强对风险的控制。在项目筹集成功之后,会拿出募集资金的20%作为保证金,只先把80%的资金给项目发起人,等最后的成果出来、出资人拿到手之后,才把剩下的20%给项目方;如果项目没有按时完成,就把剩下的20%返还给出资人,同时平台尽力协调项目方尽量把成果或者之前的资金还给出资人,但平台不会担保兜底。同时由于众筹准入门槛低、渠道广泛等特点,我国众筹的风险也逐步显现,作为新生事物,目前国家对众筹的行业准入、监管制度尚不完善,农业众筹的制度风险同样存在。

二、农业众筹模式可持续发展的挑战

农业众筹发展模式目前已获得巨大的发展,但市场的认可度仍是发展过程中面临的巨大挑战,如何让消费者接受这种模式,尤其是未来更深度的参与,还需要观念的引导和市场的培育。与2015年上半年成交额在1 000亿元左右的兄弟行业网贷相比,众筹仅募资不到2亿元。而这也在大家种和尝鲜众筹的项目上线情况中得到体现。大家种上线的19个项目中,目前众筹结束的有10个。

而在整个众筹市场亟待培育的土壤上,农业的一些特性也决定了农业众筹更加任重而道远。相比工业产品,农业产品生产周期较长、不易保存而且承受更多自然灾害风险,对运输条件要求高、物流成本高企也是一个无法回避的问题。如何降低农业众筹的运营成本、实现农业众筹的可持续发展是当前面临的重要挑战。

农业众筹可持续发展的挑战还来自食品安全方面。由于农业生产周期长,平台对于每个项目整个生产过程进行监管,成本高,监管难度大。

第四节 对策与建议

一、整合多方资源,更大程度发挥农业众筹对农业现代化发展的推动作用

目前农业众筹在国内仍属起步阶段,未来真正发展到"供养农业"、F2F模式成熟以后,农业众筹对于农业现代化发展的推动作用会更加显著。目前受制于市场的认可度和运营成本高企的影响,农业众筹尚存在"中小高端、普及度低"的问题。而目前,以顺丰优选为代表的各派冷链物流体系已经开始布局,运输成本有很大下调的空间。农业众筹的发展需要整合多方资源,通过众筹专业市场培育、专业物流体系的深入发展、地方政府的适度介入,以充分调动农业企业、中小农户、投资消费者的积极性,加强对农业食品安全的标准制定和有效监管,促进整体运营成本的大幅度降低,因此更大程度地发挥农业众筹对农业现代化发展的推动作用。

二、加强制度监管和平台管理，促进农业众筹的健康发展

为应对农业众筹发展过程中存在的风险，农业众筹应当在行业准入、监管制度等方面加强管理，出台相应的监管政策和指导意见，提升农业众筹的风险防控能力。在农业众筹的平台管理方面，则应该加强平台建设，根据农业众筹的不同对象，细分农业线下企业和中小农户的不同特点进行风险定级，并对众筹项目的不同类型等细分市场，将创意涉及的产业链相关领域进行整合，有效调动资源，帮助项目发起人有效规避风险，顺利实现预期成果。

第十六章 内蒙古呼和浩特地区生物制药行业中小企业创新能力调研报告

第一节 呼和浩特地区生物制药行业中小企业的发展概况

通过发放问卷调查表,亲赴企业访谈,查阅相关资料等各种形式,了解呼和浩特地区生物制药行业中小企业的从业人员及企业家情况,产品与工艺创新情况,生物制药企业创新活动情况,创新绩效和知识产权保护情况。

一、从业人员及企业家情况

呼和浩特市生物制药企业开展创新活动较为活跃。53家企业中开展创新活动的有46家,占86.89%;有从业人员13 000多人,平均每个企业有246人;具有本科及以上学历的有2 500多人,占从业人员的19.59%。呼市生物制药企业家具有年轻化、学历高等特点。30—44岁的企业家占57.38%,45—59岁的企业家占37.70%;具有大学本科及以上学历的人员占75.41%,具有博士学历的占11.48%。

二、产品与工艺创新的情况

有超过50%的生物制药企业开展了产品与工艺创新活动。2009—2011年,有75%的企业向市场推出了新的或有重大改进的产品,有63%的企业采用了新的或有重大改进的生产工艺。

企业和企业集团是呼市生物制药企业创新活动的主要研发主体。在产品创新中,由本企业和本企业集团研发的占75%;在工艺创新中,由本企业和本企业集团研发的占84%。

各种模式的创新活动竞相开展。2009—2011年,从产品创新看,有原始创新、集成创新和消化吸收再创新的企业占全部生物制药企业比重分别为34.43%、29.51%和34.43%。从工艺创新看,有原始创新、集成创新和消化吸收再创新的企业占全部生物制药企业比重分别为27.87%、29.51%和26.23%。

三、生物制药企业创新活动情况

创新活动的形式。呼市生物制药企业的创新活动逐渐普及并多样化,呈现出积极活跃的发展势头。2009—2011年,呼市生物制药企业中内部研发的占85.25%,培训的占73.77%,市场推介的占65.57%,外部研发的占55.74%,获取机器设备和软件的占54.10%。

创新费用支出和来源构成情况。生物制药行业企业科技意识不断提高,科技经费投入不断增加。2006年呼市生物制药企业开展创新活动的费用总支出为1.80亿元,占产品销售收入的3.02%,比2005年增长25.67%;R&D经费内部支出1.08亿元,占销售收入的1.81%,占创新费用支出的60.07%;创新费用中企业资金占主要份额,有55.74%的企业,在其创新费用构成中,企业资金达70%以上。

四、生物制药企业创新的绩效和知识产权保护情况

呼市生物制药企业在广泛研发新产品的过程中,成果转化能力进一步提高。2006年,新产品销售收入为11.84亿元,占产品销售收入的19.83%,其中新产品出口1.244亿元,占10.51%。在新产品销售收入中,国际市场新产品销售收入1.242亿元,占10.50%,国内市场新产品销售收入7.88亿元,占66.60%,企业新产品销售收入2.71亿元,占22.90%。生物制药企业中,对主营产品拥有自主品牌的企业占90.16%。其中,申请专利、注册商标、版权登记、形成国家或行业技术标准以及对技术秘密进行内部保护的企业分别占62.30%、81.97%、22.95%、49.18%和75.41%,说明我市生物制药企业自主知识产权保护意识明显增强。

第二节 呼和浩特地区生物制药行业中小企业创新能力方面存在的问题

改革开放几十年来,尽管呼和浩特通过技术引进、技术改造、技术开发使中小企业的创新能力有了一定的提高,高新技术企业近几年来规模不断扩大,竞争力有所增加,但在新产品开发、企业经营管理、产品质量、营销战略等方面与发达地区相比还存在较大差距。就呼和浩特生物制药行业来说,中小企业在自身主体建设和外部宏观环境方面,都存在一定的问题。

一、产学研合作不足,技术力量分散、人才缺乏,制约了企业创新能力的提高

一是全市有30多个从事药品研发的机构,属不同的部门和企业,既有中科院系统、中国医科院系统所属,也有省属,甚至有市地属乃至地方企业所属,条块分割,科技资源难以优化配置,没有形成一个完整的新药研发体系;二是人才总量偏少,尤其是高层次的技术人才和管理人才匮乏,力量分散,整体实力不足;三是国有研发机构机制不灵,与市场脱节,科研机构新药创新成果数量少、转化率低,一些好的科研成果不能及时转化为产业优势和经济优势;四是科研与产业、企业结合不紧密,缺乏统一目标和规划,各自为政,难以形成强大合力。在53家生物制药企业中,与科研院所开展合作研究的仅有3家、占4.2%,与高等学校开展合作研究的仅有1家、占1.64%。

二、对外开放与合作不足,难以形成企业战略性技术同盟

内蒙古呼和浩特生物制药企业对外开放与合作不足,企业间难以形成战略性技术联盟,且与国外机构缺乏交流与合作,制约着企业创新能力的提升。53家生物制药企业中,企业间开展合作研究的仅有6家,占9.84%,没有一家企业与国外开展合作研究。

三、政策环境不完善,制约企业创新活动的开展

药品管理体系中对创新的保护不足,自主知识产权药由于研发投入、知识产权保护等成本较大,与仿制药同台竞争处于劣势。医疗体制改革的滞后、以药养医的机制等制约了生物制药的发展,尤其使得国产生物药品与国外生物药品在竞争环境上有失公平。此外,公共服务平台建设不够完善,创新机制和激励政策力度不强,影响生物制药企业创新活动的开展。在对全市53家生物制药企业调查中,认为优惠扶持政策对企业创新活动发挥了较大作用的企业仅为21家,占34.43%。

四、资金要素紧缺,技术创新实力投入不足

技术创新的成果产业化过程,必须经过研究开发、试制和生产销售三个阶段,是一项高投入、高风险的活动,企业良好的资金实力、筹资能力、资金运营状况能分散技术创新的风险,直接决定着技术创新的规模、强度,影响着创新决策优化和实现经济效益。日本学者经过研究指出,一个企业的R&D费用如果仅占企业销售收入的1%,那么这个企业注定要失败,如果占3%,则仅可以维持企业发展,如果占到5%,可以参与竞争,只有达到8%以上,才可能有竞争力。呼和浩特大多数中小企业R&D投入不足的最突出表现为R&D经费占销售额的比例低,由于规模小、实力较弱,难以在资本市场上获得技术创新各阶段需要的长期资金,只能以企业自我积累、社会集资和民间借贷维持,借入成本较高的短期资金,而不是资金市场或风险投资,资本来源有限,加大了技术开发的风险。有很多科技企业尽管有很好的高科技项目,但科研设备需要投入大量资金,要为科研高级人才支付高额的工资,由于缺乏资金,又无正常渠道贷款,无法进行进一步的研制和开发,使企业发展停止不前。欧美等国对科研开发经费投入都接近国内生产总值的3%,而当前我国这一比重不到1%,且大部分投入在国有高科技企业及各大科研院所,中小企业所获极少。在企业自身投入方面,国外企业能达到平均5%的水平,而国内企业这一费用占销售额却远远低于这个水平。资金短缺,技术创新投入不足,生产效率低下,使技术产业化存在滞后性,直接影响科技产业集中化和创

造附加值的能力。

五、融资渠道不畅，政府的扶持力度不够

企业较强的筹融资能力能为技术创新提供有力保障，但长期以来，由于社会对中小企业的歧视，科技型中小企业获得信贷资金的制约条件依然较紧，在资产质量、运作方式上受到限制较多，在融资、税费甚至分享电力资源等方面都与大企业处于不平等的地位，中小企业大多只能获得政府扶持资金的 11%，而大企业的研究开发费中有 26% 是由政府扶持的。企业技术创新活动所需的资金来源有政府拨款、信贷资金、风险投资、企业自筹资金、财政资金等，这些资金的获取渠道有政府财政、国内商业银行、风险基金管理部门、国内外风险投资机构和企业。由于高新技术企业的高风险、高回报，风险投资是高新技术企业最重要的资金来源，但是在我国风险投资还处于起步阶段，尚未建立高度发达、多元化、多体系的资本市场，又由于科技型中小企业成长时间较短，技术创新基础积累不够，资信差、抵押难，形成"有项目但进展缓慢"的局面，难以从政府部门获得研究开发经费，从国有商业银行等机构获得贷款，导致创新资金严重不足。

财税政策方面，中小企业不能享受财政补贴、贴息贷款等政策，在税收方面也不能给予一定的减免，乱摊派、乱收费、乱罚款、变相收费的现象在一些地方仍没有得到根本的治理，个别部门考虑自身利益较多，还存在"卡、拿、要"的行为，损害了企业的合法权益，严重影响了经济的发展。如某电力部门通过停电手段强收用电代理维修费，有的部门强行摊派征订报纸、杂志，某企业 2003 年仅被强行摊派所订的报刊杂志支出就达 5 000 多元，据内蒙古私营企业协会的调查结果显示：私营企业交纳的税费，少的十几种，多的三四十种，对企业的发展造成了不利影响。要保持经济的稳定增长，政府必须对中小企业给予适当的指导，对市场机制难以实现的目标进行一定的支持。

六、社会化服务体系建设滞后，中介服务不到位

中小企业由于规模小，技术上没有积累，产品开发上经验不足，在技术从实验开发走向产品市场的过程中，很多业务需要外包或由各种社会化服务机构协助完成，如技术、人才培训、信息交流、财务审计、法律咨询及市场营销策划等服务，良好的社会化服务体系能提供有利于中小企业发展的基础设施、融资条件、政策法律和市场需求等软硬环境。而从呼和浩特已开展的各项工作看，面向中小企业的中介组织不少，但行业协会、中介组织没有真正树立服务意识，许多职能部门和研究机构对中小企业地位、作用的认识仍停留在表层，存在"管理监督不到位，服务指导不足"的现象，相关的职能和机制没有转到行业自律和促进行业发展上来，无法为中小企业提供广泛的融资、技术开发与转让、市场、政策、管理等全方位服务，对中小企业发展过程中出现的新情况、新问题如决策咨询、创业辅导、产权交易、

投资融资等调查研究不足,职业经理人才市场的发育更是迟缓。呼和浩特市高新区虽然已拥有一批科技中介服务机构和一支相对稳定的科技中介队伍,但是也有一些方面不能满足日益增长的社会需求。一是社会兴办的科技中介服务机构规模较小,综合服务受到制约;二是社会资源投入科技中介服务机构的力量明显不足;三是科技中介服务还没有形成完整、统一、规范的管理体系,一些新兴或急需发展的中介机构数量较少,有规模、有权威的中介机构还不多,机构之间缺乏必要的沟通渠道和资源共享平台;四是投资环境局部发展不平衡,个别地方投资环境很差。

七、信息要素缺失,创新来源不足

创新是技术与市场紧密结合的创新性活动,及时有效地获取科技和市场信息,经营环境和政府的政策法规等外部信息及准备投入的各种资源情况、创新项目的进展等内部信息是中小企业获取竞争优势的关键。企业信息化的薄弱制约着经济效益的提高和参与国内外市场竞争的能力,呼和浩特信息化进程中存在的问题有:首先,企业对信息化投入资金的力度不够。目前呼和浩特经营情况比较好的科技型中小企业,信息化建设投入仅占销售收入的1%,其他企业还远低于这个水平,由于投入有限,企业在项目建设上难见成效。其次,企业可利用的社会信息资源有限。长期以来政府部门掌握着社会资源中80%有价值的信息以及相关信息库,目前保持动态更新且有效利用的信息库仅占10%,其他大部分信息资源都没有充分利用并适时更新,基本上是"死库"。几年来虽然各部门也建立了一些数据库,但由于缺乏权威机构进行管理、协调与监督,缺少统一的建设目标和发展规划,造成数据交叉采集、指标口径不一致等信息流通瓶颈问题。在信息渠道的选择和信息的获取方面,还没有建立起先进完善的沟通、反馈网络,获取信息的渠道单一,信息基础工作、系统建设滞后,电子商务的水平低,而且政府部门之间的信息交流渠道不通畅,共享能力不强,导致信息的使用效率不高,而且所提供的产品、技术、人才方面的信息数据缺乏完整性和准确性,加大了中小企业决策的风险,也影响了企业技术创新的积极性。

第三节 对策与建议

综上所述,立足于呼和浩特地区生物制药行业中小企业创新能力的影响因素,结合呼和浩特地区生物制药行业中小企业创新能力方面存在的一系列问题,提出以下对应的对策与建议。

一、培养和引进人才,调动企业科研人才创新的积极性

培养人才要坚持自主培养和对外引进相结合的办法,一方面要优化现有教育

资源,扩大高层次、复合型人才培养,通过生物制药企业孵化基地抚育和培养经营管理人才;另一方面要创造良好环境,通过各种优惠政策留住人才、吸引海外高端生物制药人才回创业。同时,研究单位与企业应尽快建立对员工的激励机制及良好的工作环境,激发科研人员及员工的创造精神,为制药领域生物技术的发展作出贡献。

二、扩大对外开放,缩小与世界先进国家的差距

一是加大对外合作与交流,支持与国内外企业联合研发现代中药、干细胞移植、转基因工程等先进生物技术,增强内蒙古呼和浩特生物制药企业自主创新能力;二是要继续扩大招商引资力度,吸引更多的项目落户,开发出一批具有自主知识产权和国际竞争力的生物技术药品,走出一条生物制药技术成果转化的成功之路;三是实施"国际化战略",融入全球市场,形成国际竞争优势。

三、完善政策服务环境,积极引导企业加大创新投入

一是要进一步完善和落实对生物技术制药企业的税收扶持政策,对企业的技术创新费用投入给予财政补助,通过财政投入引导企业加大创新活动的投入力度;二是完善政府性创业投资机构或引导基金的运作模式,推进生物医药投资主体多元化,进一步拓展创新投融资渠道;三是加强企业知识产权保护,药品定价要充分考虑研究开发费用成本,仿制药与自主知识产权药实行差别定价;四是以建设和完善研发公共服务平台为载体,通过政府引导和市场机制并举,提高企业专业技术服务、技术转移服务、成果转化服务的质量和效率。

四、加大研发资金的投入,建立公共研发机构

中小企业要提高对技术创新重要性的认识,牢固树立"创新就发展,守旧就落后"的创新意识和创业精神,大力开发技术含量高、附加值高、市场前景好的新产品。技术创新能力与研究开发能力紧密相关,没有研究开发,企业就谈不上进行技术创新。要鼓励、支持中小企业以多种渠道、形式筹集资金,如进行企业股份制改造或引进外资,有能力的科技型中小企业设立自己专门的技术开发中心,配备合适的 R&D 人员,投入足够资金进行研究开发,加强财物管理,提高资金的使用效率,及时跟踪企业外部技术变化,保证技术创新具有一定的前瞻性,使技术开发中心成为企业发展的技术支撑源,增强企业与外界进行技术交流与合作的能力。加大全市对经济发展有重大突破带动作用的产业核心技术和共性关键技术的研发力度,积极引导资源、资金向中小企业聚集,通过产业化促进产品结构调整、技术升级和企业综合竞争力的提高。

对于资金能力有限的中小企业,可以建立和鼓励发展一批为这些企业提供技术包括技术升级来源的公共研发机构,由政府扶持或资助建立公共研究院或者由相关企业合作建立行业技术研发联盟来解决,支持企业选择符合自身条件的技术

创新机制。

五、加快体制改革步伐，建立合作型创新机制

高效率的制度安排是企业成功经营的基础，制度创新对技术创新、市场机制与环境的营造起着决定性的作用，要增强呼和浩特生物制药行业中小企业的技术创新能力，必须根据本地区资源的特点和产业发展水平，建立完善有利于技术创新的管理体制、运行机制，倡导并推行适合企业自身条件的几种典型的技术创新模式，通过政策引导，形有竞争力的高新技术产业。技术开发类科研机构要在尽快完成企业化转制的基础上，不断调整内部组织机构、人员结构和专业结构，以深化产权制度改革为突破口，通过科学选择改制形式，严格产权界定和股权设置，推进产业结构的合理化和多元化，形成追求技术创新的风险约束机制，真正确立起企业作为技术投资、研究开发、利益分配的主体地位。科技型中小企业只有按市场机制配置资源，建立现代企业制度，实行劳动合同制和后勤保障社会化，在市场机制驱动下才能发展壮大。

六、发挥政府的主导协调作用，积极推进科技兴贸

创新的主体是企业，但由于企业在技术创新进程中存在诸多能力上的不足和条件限制，需要政府从整体规划、政策引导、组织保证、平台建设等诸多方面发挥引导和基础作用，为企业技术创新提供必要的"土壤、温度和水分"。由于技术创新活动的不确定性和风险性，特别是在研究开发阶段的无盈利性，争取外部环境的支持是成功的重要条件。良好的技术创新外部环境能有力地促进和推动中小企业的技术创新活动，政府的扶持政策及社会各方面的支持是完善外部环境的一个重要方面，立法部门应该制定有利于推动创新的法规，通过行政干预，扫除由于部门或地区垄断造成的障碍，完善外部市场体系、法律体系，创造有利于技术创新的宏观经济环境。

七、加强政府指导，抓好重点科技计划的实施

各级党委和政府必须重视中小企业的技术创新工作，把它作为增强企业经济实力、促进区域经济发展的突破口抓紧抓好。政府部门应尽快制定本地区依靠科技促进中小企业发展的办法和措施，营造良好的政策环境，充分发挥各类创业服务中心、生产力促进中心的作用，通过政策引导和成长辅导，促进中小企业集群化的发展。建议自治区政府及有关部门进一步加强对科技型中小企业的培育引导，建立中小企业发展专项基金，重点支持企业技术创新、服务体系的建设与科技型中小企业技术创新基金的配套，增加项目、资金的比重，培育一批具有带动作用的骨干企业。吸引更多的社会资源进入高新区进行优化配置，促进科技型中小企业的集聚，使高新区成为具有持续创新能力的、立足呼和浩特辐射全省，并在全国领先的技术创新基地。

八、健全法律体系,完善技术创新社会化服务体系

要保证企业技术创新活动的顺利进行和技术创新战略的有效实施,必须加大立法力度,用法律手段规范经济主体的行为,为中小企业的发展和技术创新活动创造良好的法治环境。应制定专门针对中小企业技术创新,促进科研成果和技术向中小企业转移的法律,如技术创新法,就中小企业技术创新的战略规划、经费投入、风险保障及政府的各种支持与服务等做出明确具体的规定,同时,尽快把一批科技政策通过立法程序上升为法律,如风险投资法、科技基金法,在公开、公平、公正的法律环境下,处理好企业、竞争者、潜在竞争者、供应商、用户的关系,促进产业技术升级。

九、健全技术创新信息网络,以信息化带动工业化

信息化是企业技术创新的资源保证,有效获取经济、技术、市场、人才等方面的信息,能使中小企业以更少的成本、更方便的途径来利用各种社会资源,既是正确决策的基本依据,也是内部组织协调的重要手段。面对日新月异的技术发展以及复杂多变的市场需求,中小企业必须利用有限的资源建立和维持自己特有的核心专长,通过建立"流动性"组织,加快信息在企业传递的速度和时效,以拥有快速、灵活的反应能力和决策能力。

第四篇
2015年中国小微企业发展动态专题研究报告

第十七章　2015年度小微企业舆情调研报告

第一节　2015年小微企业整体分析

2015年以来,小微企业的发展越来越受到各界的关注,从年初国务院常务会议首个议题破解"审批难"问题,到两会政府工作报告提到通过各项改革(事中事后监管改革、财税体制改革、金融体制改革)为小微企业创造良好环境,再到两会后李克强总理率14部委负责人赴工商总局调研并强调年内实现"三证合一"与"一证一号",再到今年以来国务院及各部委下发涉及支持小微企业发展的若干政策(国办发〔2015〕9号、财税〔2015〕34号、国发〔2015〕14号、国办发〔2015〕35号、国发〔2015〕32号、国办发〔2015〕50号、国发〔2015〕53号、国发〔2015〕55号、国发〔2015〕62号,等等),可以说以促进小微企业发展作为"稳增长、调结构、促改革、惠民生"的重要突破口之一已受到高度重视。

2015年以来,关于促进小微企业发展的政策措施开始落实和细化,从全年的情况来看,不论是媒体还是社会公众都对小微企业格外关注,除了小微企业本身之外,还有与之相关的"大众创业、万众创新"、商事制度改革等也得到了关注。

本章接下来的内容从媒体关注强度和搜索热度角度分析小微企业关键词"小微企业"、"大众创业、万众创新"、"商事制度改革"随时间变化的趋势及背后的原因。

第二节　2015年小微企业舆情分析之一

2015年,小微企业成为各地区政府和民间媒体竞相报道的热点之一,小微企业不时成为各大媒体的头条。图17-1反映了2015年各类媒体对关键词"小微企业"报道强度的变化趋势。

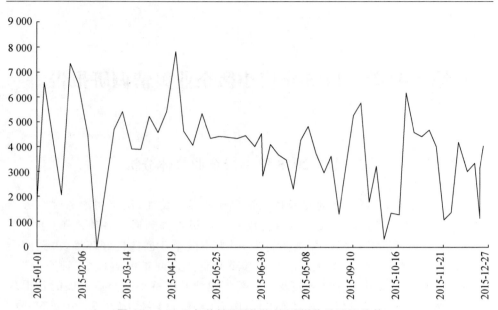

图 17-1　2015 年关键词"小微企业"媒体关注度趋势

资料来源：好搜网，对外经济贸易大学深圳研究院整理。

从图 17-1 可以看出，2015 年小微企业的媒体报道强度处于不断波动的状态，并且有几个明显的高峰。

2015 年 2 月上旬，李克强总理主持的国务院常务会议指出，建立部门和地方协同联动的投资项目审批监管制度，是推进简政放权、放管结合的重要举措，可以更好地服务和方便群众，对促进投资、带动创业就业具有重要意义。会议确定，运用互联网和大数据技术，加快建设投资项目在线审批监管平台，推进网上受理、办理、监管"一条龙"服务，做到全透明、可核查，让信息多跑路、群众少跑腿。这时出现了一个关于小微企业的媒体关注的高峰。例如，2 月 1 日网易新闻进行了题为"加大小微企业支持力度"的报道，访问了河南省政协委员对于政府工作报告的见解和他对政府支持小微企业的建议举措；2 月 3 日人民网进行了题为"与小微企业一同加速度"的报道，新闻以浙江泰隆商业银行为案例，讲述了商业银行为小微客户提供的个性化的优质服务产品和服务模式；2 月 12 日中国信息报进行了题为"把脉湖南小微企业发展"的报道，记者采访了长期研究小微企业发展、关注小微企业成长的专家学者和政府部门领导，为扶持小微企业指明方向。

2015 年 4 月中下旬伴随着国务院出台关于《进一步做好新形势下就业创业工作的意见》以及小微企业发展面临的一些问题的浮现，这一时期有一个关于小微企业的媒体关注高峰。例如，4 月 16 日《中国质量报》进行了题为"给小微企业一缕阳光"的报道,中国网、环球网等进行了转载;4月21日《金融时报》进行了题为"金融支持小微企业"的报道,和讯网进行了转载;4月28日《温州日报》进行了题为"小微企业'走出去',还要跨过几道坎?"的报道,等等。

2015年9月9—11日在大连召开的夏季达沃斯论坛,国家总理李克强在会上致辞,指出"我们持续推进简政放权、放管结合、优化服务等改革,减免小微企业税费,建立创投引导基金等,这一系列重大措施极大地调动了广大人民群众的创业、创新热情","今后我们将继续推进这方面的改革,使创业、创新过程更顺畅",再加上,2015年8月19日,国务院第102次常务会议决定,自2015年10月1日起,将减半征税范围扩大到年应纳税所得额30万元(含)以下的小微企业。9月2日,财政部和税务总局发布《关于进一步扩大小型微利企业所得税优惠政策范围的通知》,明确了小型微利企业减半征税范围扩大到30万元后具体税收政策规定。这时出现了一个关于小微企业的媒体关注高峰。例如,9月16日上海商报进行了题为"小微企业税收优惠政策关键靠落实"的报道;9月17日,中国经济网进行了题为"税收优惠政策助力宁波小微企业做大做强"的报道等。

2015年10月中下旬至11月上旬,出现了一个关于小微企业的媒体关注高峰。一个原因是10月26—29日召开的十八届五中全会,全会指出,要积极支持小微企业发展,进一步推动"大众创业、万众创新"。此外,十八届五中全会的召开,进一步释放了市场活力,激发了大众创业万众创新的热情,促进了小微企业的发展,各媒体也对此进行了多重报道,出现了下半年最高的一个媒体关注高峰。

在中国经济进入新常态之后,伴随着"稳增长、促改革、调结构、惠民生"的全面深化改革的不断推进,尤其是商事制度改革的不断推进,小微企业的生存发展环境也不断地得到改善。"小微企业"成为人们越来越关注的词汇之一,图17-2反映了"小微企业"这一关键词在2015年搜索强度的变化趋势。

从图17-2可以看出,自2015年年初以来,小微企业的搜索强度有不断增加的趋势。在2015年1月7日左右,其搜索强度达到一个阶段性高峰,这是因为李克强总理主持召开了以"规范行政审批激发市场活力"的国务院常务会议,确定了规范和改进行政审批的措施,以降低整体经济运行成本并释放市场主体内生活力。在这之后,群众对于小微企业的热情持续发酵,这是因为,国务院总理李克强1月14日主持召开国务院常务会议,决定设立国家新兴产业创业投资引导基金,助力创业创新和产业升级。不仅如此,1月28日的国务院常务会议中指出,支持"众创空间",为小微创新企业成长和个人创业提供低成本、便利化、全要素的开放式综合服务平台。随后,在2015年3月中旬,"小微企业"搜索强度又达到一个高峰,并且是半年来的最高峰,主要原因是在国务院办公厅发布了《关于发展众创空间推进大众创新创业的指导意见》,几乎同时,财政部发布了《关于小型微利企业所得

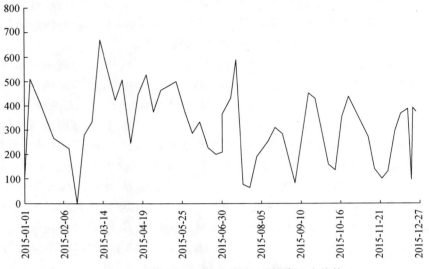

图 17-2　2015 年关键词"小微企业"搜索强度趋势

资料来源：好搜网，对外经济贸易大学深圳研究院整理。

税优惠政策的通知》。正是在两个国家部门的利好政策刺激下，公众对于小微企业的热情走高。此外，国务院办公厅调整了国务院促进中小企业发展工作领导小组组成人员，并且国务院发布《关于大力发展电子商务加快培育经济新动力的意见》，使得"小微企业"的搜索强度在 2015 年 4 月和 5 月又达到一个小高峰。

2015 年 9 月中下旬关键词"小微企业"的搜索强度达到了一个小高峰。原因是 9 月夏季达沃斯论坛的召开及 9 月 2 日财政部发布了《关于进一步扩大小型微利企业所得税优惠政策范围的通知》，9 月 29 日青海省财政厅、青海省经济和信息化委员会发布了《关于印发〈关于支持小微企业创业创新发展的实施意见〉的通知》，在这些中央及地方的利好环境和政策的刺激下，公众对于小微企业的热情进一步走高。此外，十八届五中全会的召开以及《国务院关于实行市场准入负面清单制度的意见》的发布，使得"小微企业"的搜索强度在 2015 年 10 月又达到一个小高峰。

第三节　2015 年小微企业舆情分析之二

国务院总理李克强在公开场合发出"大众创业、万众创新"的号召，最早是在 2014 年 9 月的夏季达沃斯论坛上。自此以后，媒体和大众纷纷开始对"大众创业、万众创新"进行了密切关注。图 17-3 描述了 2015 年"大众创业万众创新"的媒体关注度趋势。

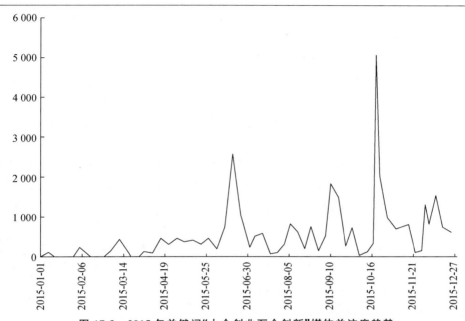

图 17-3　2015 年关键词"大众创业万众创新"媒体关注度趋势
资料来源：好搜网，对外经济贸易大学深圳研究院整理。

3月5日，李克强总理代表国务院在十二届全国人大三次会议上作《政府工作报告》（以下简称《报告》），《报告》中如此表述：推动大众创业、万众创新，"既可以扩大就业、增加居民收入，又有利于促进社会纵向流动和公平正义"。随着《报告》再次指出了"大众创业万众创新"的重要性，3月初至3月中旬，关键词"大众创业万众创新"的媒体关注度迎来了一个小高峰。例如，2015年3月6日，新华网进行了题为"注册制助力大众创业万众创新"的报道；2015年3月12日，央视网发表了题为"'大众创业、万众创新'如何创？"的报道，光明网、21CN财经等媒体进行了转载；2015年3月15日，中国网发表了"大众创业、万众创新，实际上是一个改革"的特约稿。

6月初开始至6月末，媒体对于"大众创业万众创新"的报道热情一直居高，尤其是6月中旬达到了媒体关注度的顶峰。这是因为2015年6月11日，国务院发布了《关于大力推进大众创业万众创新若干政策措施的意见》（以下简称《意见》）。《意见》中指出，推进大众创业、万众创新，是发展的动力之源，也是富民之道、公平之计、强国之策，对于推动经济结构调整、打造发展新引擎、增强发展新动力、走创新驱动发展道路具有重要意义，是稳增长、扩就业、激发亿万群众智慧和创造力、促进社会纵向流动、公平正义的重大举措。媒体对于国务院支持"大众创业万众创新"的措施，做出了积极回应。例如，2015年6月17日，央视国际进行了关于

"国务院要求大力推进大众创业万众创新工作"的视频报道,凤凰网转载了该视频;新浪新闻网、光明网、改革网等媒体纷纷转发了中央政府门户网站2015年6月17日题为"以改革为'大众创业万众创新'铺路"的文章,等等。

10月中下旬至11月初,媒体对于"大众创业万众创新"的报道热情达到了全年最高峰。原因是十八届五中全会的召开,十八届五中全会对"十三五"的谋划和部署,把创新发展摆在"五大发展理念"的首位,提出"要推进大众创业、万众创新,培育发展新动力"。例如,2015年11月13日,人民网进行了题为"关于大众创业万众创新的理论思考"的报道,人民网财经频道、中国社会科学网、环球网等对此进行了转载。在十八届五中全会的倡议下,各地方政府也对"大众创业万众创新"格外重视,中央及地方媒体也对各地的工作情况进行报道。例如,财政部网站于2015年10月31日进行了题为"南平积极支持大众创业万众创新""辽宁省举办'辽宁·沈阳大众创业万众创新活动周'""山西晋城财政优化政策支持大众创业万众创新""庐江县优化服务助力'大众创业万众创新'""杭州市局积极推进'大众创业、万众创新'工作"等的报道;浙江在线于2015年11月2日进行了题为"大众创业万众创新 浙江经济迸发新活力"的报道,等等。

在国务院和国家相关部门发布"大众创业万众创新"的指导意见后,也将群众对此的热情推向了高潮。2015年,关键词"大众创新万众创业"的搜索强度趋势如图17-4所示。

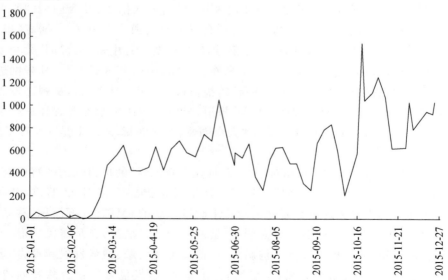

图17-4　2015年关键词"大众创业万众创新"搜索强度趋势

资料来源:好搜网,对外经济贸易大学深圳研究院整理。

从图 17-4 中看出,该关键词的搜索热度自 3 月初开始走强,究其原因是,2015年全国"两会"上,李克强总理指出,推动大众创业、万众创新。这既可以扩大就业、增加居民收入,又有利于促进社会纵向流动和公平正义。随后,3 月下半段,该关键词的搜索强度到达了第一个小高峰,原因在于,"两会"后社会各界对于"大众创业万众创新"的热议。例如,几位全国人大代表在接受媒体的采访时称,"大众创业万众创新"可以驱动全民创新发展,进而促进经济发展。部分企业家和创业者也认为,国家推动"大众创业万众创新"是为中小企业的发展提供了成长的沃土。之后,在六月中旬左右,"大众创业万众创新"的搜索强度达到了 2015 年上半年以来的最高值。这一方面是国务院发布的《关于大力推进大众创业万众创新若干政策措施的意见》的结果,另一方面,"大众创业万众创新"激荡了中国大地,如浙江省科技厅推广应用创新券,推动"大众创业万众创新";乌兰察布国税局倾力服务"大众创业万众创新";湖北省制定支持民族地区"大众创业万众创新"税收措施,等等。

2015 年 9 月 9 日在 2015 年夏季达沃斯论坛上,国务院总理李克强在会见参会的中外企业家代表时表示,经济增长的新动能,就是我们在致力推动的"大众创业万众创新";10 日在开幕式正式致辞中,李克强再次以参观大连创客空间见闻开题,称"正是大众的创业和创新精神,使我们增强了克服时艰的信心"。2015 年 9 月 16 日国务院常务会议部署建设"大众创业万众创新"支撑平台。认为要利用"互联网+",积极发展众创、众包、众扶、众筹等新模式,促进生产与需求对接、传统产业与新兴产业融合,有效汇聚资源推进分享经济成长,助推"中国制造 2025",形成创新驱动发展新格局。同时,国务院于 9 月 26 日发布了《"国务院关于加快"构建大众创业万众创新支撑平台的指导意见》。这些使得"大众创业万众创新"的搜索强度在 2015 年 9 月中下旬达到一个小高峰。

2015 年 10 月中下旬关键词"大众创业万众创新"的搜索强度达到了全年最高峰。原因是 10 月 26 日至 29 日召开的十八届五中全会,十八届五中全会首次提出了"五大发展理念",把创新发展摆在首位,把"大众创业万众创新"作为"积极作为新常态、培育发展新动力"的战略举措来部署,政策导向更加明确,在全国掀起了新一轮的创新创业热潮。同时,各地方政府各部门也积极响应国家号召,积极探索,互相学习借鉴,结合自身实际,围绕载体平台建设、人才支撑、政策保障等工作,开创了各地区"大众创业、万众创新"的新局面。这些进一步释放了市场活力,激发了群众的创业热情,也引起了群众对"双创"的关注,形成了全年搜索强度最高峰。

第四节 2015年小微企业舆情分析之三

"商事制度改革"也是小微企业发展的一个关键词。尽管商事制度改革涉及全部的市场主体,但小微企业作为数量最多的市场主体,也受到商事制度改革的深刻影响。

图17-5反映了2015年关键词"商事制度改革"媒体关注度随时间的变化趋势。

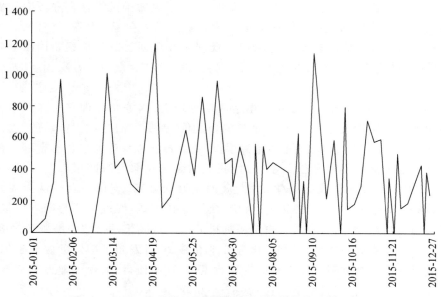

图17-5　2015年关键词"商事制度改革"媒体关注强度趋势
资料来源:好搜网,对外经济贸易大学深圳研究院整理。

从图17-5可以看出,关键词"商事制度改革"的媒体关注强度在2015年经历了多个高峰。

第一个高峰出现在2015年1月下旬。2015年1月28日国务院常务会议提出支持发展"众创空间",优化小微企业营商环境,之后《21世纪经济报道》进行了题为"国务院研究促进'众创空间'措施为创客搭建新平台"的报道,网易新闻、新浪新闻、和讯财经、全景财经等进行了转发。

第二个高峰出现在3月上旬和中旬,此时正值"两会"期间,商事制度改革作为全面深化改革的先手棋也备受关注。例如,3月11日《中国日报》进行了题为"工商总局局长解答商事制度改革:积极推进电商立法"的报道,3月11日每日经济新闻网进行了题为"商事制度改革一年,全国注册资本增九成"的报道(凤凰网进行了转载),3月14日中国经济网进行了题为"商事制度改革显成效,超八成小微企业一个月拿照"的报道(东方财富网、和讯网进行了转载),等等。

第三个高峰出现在2015年4月下旬,这个媒体关注高峰除了商事制度改革的一些措施逐步铺开之外,几个新设自贸区的管理办法也逐步出台,其中涉及的商事制度改革措施也备受关注。例如,国家工商总局4月17日和23日分别下发文件,贯彻商事制度改革的一些政策措施,并授权地方进行相关领域的试点改革,《中国工商报》、和讯网等进行了解读和转发。此外,2015年4月20日和21日,广东、天津、福建三个自由贸易试验区的管理办法相继出台,这些管理办法中均提到在自贸试验区内率先进行商事制度改革试点(三证合一、一证一号、信息公示等),例如2015年4月21日中国新闻网进行了题为"粤津闽三大自贸区挂牌在即,多项政策惠及民生"的报道(新华网、人民网、新浪网等进行了转发),4月22日人民网进行了题为"李克强鼓励福建自贸区:当好'一照一号'改革先行者"的报道(凤凰网、新浪网、搜狐网等进行了转发),等等。

在2015年5月下旬至6月下旬,关键词"商事制度改革"的媒体关注强度又连续出现了三个阶段性高峰,这主要与这段时期商事制度改革的举措逐步展开及相关媒体政策解读有很大关系。

2015年5月21日工商总局下发文件推进商事制度改革前置审批政策(同日中国政府网、新浪网等进行政策解读),5月25日中国经济网进行了题为"以工商登记为切入点,商事制度改革助推创业创新"的报道(人民论坛、央广网等进行了转发),6月2日新华网进行了题为"商事制度改革,宽进严管激发创业创新活力"的报道(人民网、凤凰网、网易新闻等进行了转发),国务院于6月23日印发《关于加快推进"三证合一"登记制度改革的意见》,中国政府网、新华网、人民网等进行了转发,搜狐财经、新浪网、和讯网等进行了相关政策的解读。

第四个高峰出现在9月中下旬,原因是全面推进"三证合一、一照一码"登记制度改革工作全国电视电话会议9月22日在京召开。中共中央政治局常委、国务院总理李克强作出重要批示。批示指出:加快推进"三证合一、一照一码"登记制度改革,是深化商事制度改革之举,是顺应群众干事创业期望之举,也是创新政府行政管理之举,利民利企利国,对于激发市场内在活力、增添经济发展新动力具有重要意义。希望各地区、各相关部门的同志们按照国务院决策部署,勇于担当作为,密切协同配合,确保这项改革在2015年年底前全面顺利实施、尽快取得实效,进一步为市场主体减负助力,进一步打造法治化便利化营商环境,进一步推动"大众创业、万众创新"在全社会蓬勃开展。这引起了中央及地方各媒体相当大的关注。例如,9月28日《甘肃日报》进行了题为"从数据增速看商事制度改革成效"的报道,中国政府网、网易新闻、光明网、中国科技网等媒体进行了转载;9月23日中国政府网进行了题为"'宽进严管':辽宁商事制度改革进入新阶段"的报道,随后江西省人民政府网、新浪新闻、网易财经、网易新闻、21CN、和讯网进行了转载。

在2015年10月中下旬至11月中旬,关键词"商事制度改革"的媒体关注强度又连续出现了两个阶段性高峰,这主要与这段时期十八届五中的召开及11月3日《国务院关于"先照后证"改革后加强事中事后监管的意见》的发布有很大关系。

图17-6反映了2015年关键词"商事制度改革"搜索强度随时间的变化趋势。

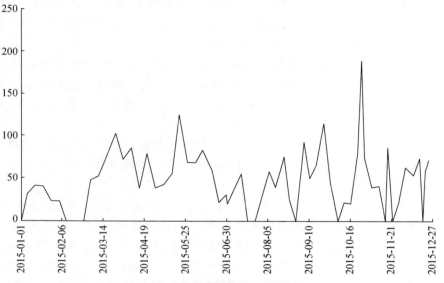

图17-6 2015年关键词"商事制度改革"搜索强度趋势
资料来源:好搜网,对外经济贸易大学深圳研究院整理。

从图17-6可以看出,与媒体关注度不同的是,关键词"商事制度改革"的搜索强度在2015年经历了五个高峰。

第一个高峰为2015年1月。这一时间段商事制度改革之所以引起广泛关注是因为,2015年1月7日国务院常务会议将"审批难"作为本年常务会议的首个议题,确定五项措施(一口受理、限时办理、规范办理、透明办理、网上办理)破解审批难问题,推进简政放权,激发市场活力;2015年1月14日和1月28日的两次国务院常务会议中提到出台多项举措(设立创业投资引导基金、支持发展"众创空间"等)以优化创业群体的营商环境。

第二个搜索高峰出现在2月下旬到4月下旬,这个搜索高峰的出现与两会前后高层领导关注商事制度改革有很大关系。2015年2月25日国务院常务会议提出减税费以优化小微企业营商环境,2015年"两会"期间,国务院总理李克强在《政府工作报告》中提到,2015年要继续推进简化行政审批、加强事中事后监管等工作。2015年3月20日,李克强总理率14部委负责人赴工商总局调研时也强调,在商事制度改革领域,年内要实现"三证合一、一证一号"等措施。2015年4月21日国务院常务会议再次指出,为促进大众创业万众创新,放宽新注册企业场所登记条件限制,推动"一址多照"、集群注册等改革,等等。

第三个搜索高峰出现在2015年5月中旬至6月中旬,这一时间段商事制度改革之所以引起广泛关注除了国务院会议中提到的商事制度改革的一些举措之外,与商事制度改革的主要实施部门工商总局的一些政策也有很大关系。例如,2015年6月4日的国务院常务会议决定实施法人和其他组织统一社会信用代码制度,在注册登记时一次性免费发放统一代码和登记证(照),即实行"一照一码"制度。此外,国家工商总局于5月21日和28日先后出台《工商总局关于严格落实先照后证改革严格执行工商登记前置审批事项的通知》和《工商总局关于调整有关审批事项的公告》,对商事制度改革的一些具体事项进行了落实。

第四个搜索高峰出现在2015年9月中下旬,这一时间段商事制度改革之所以引起广泛关注主要是因为,9月22日召开的全面推进"三证合一、一照一码"登记制度改革工作全国电视电话会议,中共中央政治局常委、国务院总理李克强作出重要批示。批示指出:加快推进"三证合一、一照一码"登记制度改革,深化商事制度改革,进一步打造法治化便利化营商环境,进一步推动"大众创业、万众创新"在全社会蓬勃开展。同时,各地区对此作出积极响应,采取各种措施保证商事制度改革的顺利进行。

第五个搜索高峰从2015年10月中下旬持续至11月上旬,达到了全年的搜索最高峰,这一时间段商事制度改革之所以引起广泛关注主要是因为10月26—29日召开的十八届五中全会和11月3日《国务院关于"先照后证"改革后加强事中事后监管的意见》的发布。十八届五中全会指出,要深入推进商事制度改革,使新增市场主体呈井喷式增长。要继续推进"放管服"改革,健全既能激发市场活力和社会创造力,又能保障公平竞争,也能提供优质公共服务的体制机制,《国务院关于"先照后证"改革后加强事中事后监管的意见》则全面提出了"先照后证"改革后加强事中事后监管的指导思想、基本原则和目标任务,构建了职责清晰、协同监管、社会共治的事中事后监管新模式,是新形势下商事制度改革的纲领性文件。

第十八章 2015年小微企业信心调研报告

2015年是"十二五"的收官之年,也是经济社会深度调整的一年。这一年来,商事制度改革不断深化,小微企业群体营商环境不断优化,小微企业数量激增。与此同时,我国经济开始出现明显的调速换挡,经济发展不断提质增效。涉及就业面最为广泛的小微企业群体在整个经济体系之中具有重要作用,可以说,小微企业群体的信心对于整个经济的发展影响较大。本章在简要分析2015年小微企业发展形势基础上,通过小微企业信心指数衡量小微企业群体的发展变化,并分析小微企业信心指数的变化与经济增长之间的关系。

第一节 2015年小微企业整体发展概况

2015年以来,商事制度改革不断推进,从中央到地方,不断有关于扶持小微企业的政策出台。以国务院出台的政策为例,一年以来,国务院先后出台《关于发展众创空间推进大众创新创业的指导意见》《关于进一步做好新形势下就业创业工作的意见》《关于大力推进大众创业万众创新若干政策措施的意见》《关于加快推进"三证合一"登记制度改革的意见》《于加快构建大众创业万众创新支撑平台的指导意见》《关于"先照后证"改革后加强事中事后监管的意见》等,均涉及小微企业的发展与扶持。此外,工商总局、财政部、工信部等部委也先后出台文件推进对商事制度改革各项政策落地实施,各地方政府关于小微企业的扶持政策更是不胜枚举。

小微企业群体在我国各类经济主体中所占比重非常大,具有重要地位。国家工商总局有关数据显示,截至9月底,全国实有各类市场主体7 511.3万户,比2014年年底增长8.4%。全国每千人拥有企业数量15.2户,同比增长19.4%。全国新登记私营企业数量、个体私营经济从业人员均稳步增长。全国新登记私营企业299.7万户,同比增长19.8%,占新登记市场主体总数的28.1%,所占比重较上年同期增长0.9%;注册资本(金)15.3万亿元,同比增长46.6%。全国市场主体发展报告显示,截至2015年第三季度末,我国平均每天新登记企业1.16万户,其中96.62%为小微企业。小微企业"铺天盖地"格局逐步显现。

与此同时,小微企业的发展也产生了显著的就业带动效应。商事制度改革激发了全民的创新创业活力,其中小微企业已成为逐鹿市场的一支主力军,并成为吸纳新增就业的主渠道。根据国家工商总局的数据显示,商事制度改革一年以来,新设企业带动增加1890.70万个就业岗位。在新登记的企业之中,从业人员在20人以下的企业数量占比达到88.26%,其中10人以下的企业占比高达69.64%,可见商事制度改革对从业人员较少、规模较小的小微企业有较大促进作用。

第二节 小微企业信心指数与问卷调查

小微企业信心指数是小微企业群体对其自身当前及未来面临的经济环境、经营管理、就业、融资等状况的主观综合评价。小微企业信心指数的构建原理及相关指标详见本课题组前期研究,该指数包含四个二级分类指数:小微企业创业环境信心指数、小微企业经营管理信心指数、小微企业就业信心指数和小微企业融资信心指数。小微企业信心指数由其二级分类指数按一定权重加权平均所得,各二级分类指数下的指标取值通过问卷调查获得。小微企业信心指数及其二级分类指数取值为0—200,其中100为临界值,高于100表示乐观,反之则反是。

为保证小微企业信心指数尽可能客观地反映小微企业群体的基本状况,问卷调查主要面向与小微企业直接相关的群体(小微企业的所有者、经营管理者、员工以及想尝试创业的人),并且每个季度的问卷尽可能地在该季度内均匀地进行。问卷通过由中国中小企业协会指导的网商虚拟产业园进行,通过8个(深圳、天津、成都、义乌、镇江、长春、重庆、哈尔滨)网商虚拟产业园向全国的小微企业群体发放。从问卷填写者的IP地址来看,每季度的问卷均能覆盖全国20个以上的省份,基本能涵盖小微企业群体比较集聚的地区。表18-1反映了2015年第一至四季度问卷调查的基本信息。

表18-1 2015年第一至四季度问卷调查的基本信息

基本信息	第一季度	第二季度	第三季度	第四季度
年龄	25岁及以下(33.61%),25—40岁(57.14%),40岁及以上(9.24%)	25岁及以下(32.39%),25—40岁(54.93%),40岁及以上(9.84%)	25岁及以下(30.52%),25—40岁(59.64%),40岁及以上(9.26)	25岁及以下(22.81%),25—40岁(66.31%),40岁及以上(10.88)

（续表）

基本信息	第一季度	第二季度	第三季度	第四季度
文化程度	高中及以下(10.5%)、高职、中专及大专(33.19%)、本科(38.66%)、硕士及以上(17.65%)	高中及以下(8.45%)、高职、中专及大专(40.85%)、本科(40.14%)、硕士及以上(10.56%)	高中及以下(9.58%)、高职、中专及大专(35.45%)、本科(41.65%)、硕士及以上(13.2%)	高中及以下(11.14%)、高职、中专及大专(41.38%)、本科(35.81%)、硕士及以上(11.67%)
所在企业规模（营业收入，人民币）	50万及以下(36.55%)、50万—500万(23.95%)、500万—2000万(13.45%)、2000万及以上(26.05%)	50万及以下(26.76%)、50万—500万(38.73%)、500万—2000万(21.83%)、2000万及以上(12.68%)	50万及以下(33.46%)、50万—500万(35.64%)、500万—2000万(16.83%)、2000万及以上(14.07%)	50万及以下(35.01%)、50万—500万(38.2%)、500万—2000万(12.47%)、2000万及以上(14.32%)
扮演角色	所有者(28.57%)、经营管理者(25.63%)、员工(35.67%)、想创业(10.13%)	所有者(24.65%)、经营管理者(26.76%)、员工(38.73%)、想创业(9.86%)	所有者(25.68%)、经营管理者(24.4%)、员工(41.78%)、想创业(8.14%)	所有者(26.79%)、经营管理者(18.83%)、员工(45.89%)、想创业(8.49%)

第三节 小微企业分类信心指数

根据问卷调查的结果，计算每个季度小微企业信心指数的二级分类指数。图18-1反映了2015年第一至四季度小微企业信心指数二级分类指数的变化趋势。

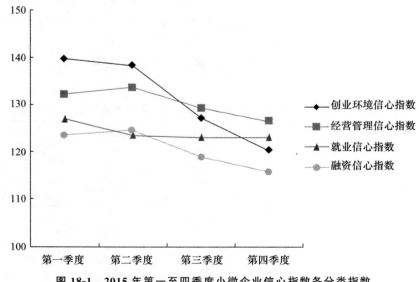

图18-1 2015年第一至四季度小微企业信心指数各分类指数

从图 18-1 可以看出,2015 年四个季度小微企业信心指数的二级分类指数均高于临界值 100,说明小微企业创业就业群体依然对当前(本季度)和未来(下季度)持乐观态度,这显然与当前小微企业不断优化的政策环境以及小微企业自身的发展不无关系。各个二级分类指数的取值在每个季度都有一定的差异,说明小微企业群体对于小微企业的创业环境、经营管理、就业和融资分别有着不同的评价。

此外,结合四个季度小微企业信心指数各项分类指数的变化趋势来看:前两个季度各项指数保持相对稳定,其中小微企业经营管理信心指数和融资信心指数还有所上升;第三季度开始,各项指数明显下降(虽然第四季度各项指数依然保持在临界值 100 以上),其中创业环境信心指数下降最快,而就业信心指数则相对稳定,下降缓慢。小微企业信心指数的各分类指数变化趋势背后的经济原因可能在于:第二季度后宏观经济环境下行压力加大,尤其是资本市场的剧烈波动可能对小微企业的创业环境、经营管理和融资带来了一定的不利影响。

这里面最值得一提的是小微企业就业信心指数,在四个季度中,小微企业就业信心指数虽然一开始取值相对较低,但其似乎没有与其他几个分类指数保持一致的变化趋势,下降趋势很缓慢。小微企业就业信心指数相对稳定的原因是多方面的,有制度层面的因素,例如我国的最低工资制度,以及劳动合同的相对稳定性等使得小微企业的就业也相对稳定;也有政策层面的,近一年多来的商事制度改革、"大众创业万众创新"等政策为小微企业提供了良好的营商环境,因而就业层面的政策效应还在。小微企业就业信心指数的相对稳定,也说明了一个问题,那就是虽然我国经济目前具有一定的下行压力,但在就业面,人们的预期依然相对稳定,这意味着经济的基本面还是好的。

第四节 小微企业信心指数与经济增长

在经济学中,宏观经济变量往往需要微观基础的支撑,因此微观层面的经济状况也会传递到宏观的经济表现上来。小微企业信心指数是在微观层面上的问卷调查数据的综合反映,与宏观经济状况有着密切的关系。图 18-2 反映了 2015 年第一至四季度小微企业综合信心指数与经济增长率的趋势图。

从图 18-2 中可以看出,2015 年第一至四季度的小微企业信心指数和经济增长效率的趋势基本一致,说明微观层面的问卷调查结果很好地印证了宏观经济的表现状况。此外,该图也说明,数量巨大的小微企业群体能否有良好的信心在很大程度上影响了整体经济的发展。

结合小微企业信心指数的分类指数来看,小微企业群体的信心至少从四个方

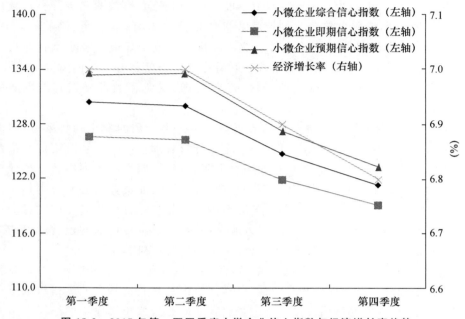

图 18-2 2015 年第一至四季度小微企业信心指数与经济增长率趋势

面对宏观经济状况产生影响：在创业环境方面，小微企业群体乐观的信心状况会通过企业的业绩对宏观经济基本面产生影响（在 2015 年第一至四季度，创业环境信心指数下降得最快）；在企业经营管理方面，小微企业群体的信心反映了小微企业群体真实的经营状况和管理状况，因而会对宏观经济产生影响；在就业方面，小微企业群体吸纳的就业人数最多，因而该群体的信心状况将对整个经济的就业产生重要影响，因而会影响宏观经济的发展（在 2015 年第一至四季度，就业信心指数下降的最慢）；在融资方面，小微企业群体的融资信心反映了该群体的融资能力和对企业未来发展的预期状况，因而也会对宏观经济产生影响。

第十九章　个人网商工商登记问题调研报告

随着电子商务的迅速发展,电子商务的一大分支网络交易也在迅速发展,据中国电子商务研究中心监测数据显示,2014年,中国电子商务市场交易规模达13.4万亿元,同比增长31.4%。其中,B2B电子商务市场交易额达10万亿元,同比增长21.9%。网络零售市场交易规模达2.82万亿元,同比增长49.7%。在我们的日常生活中,实体店的经营活动都需要进行工商登记,获得工商许可,这一制度很好地规范了实体店交易市场,于是,要想规范网络交易市场,完善网络经营主体工商登记制度显得尤为重要。

为规范网络商品交易及有关服务行为,保护消费者和经营者的合法权益,促进网络经济持续健康发展,国家工商行政管理总局于2014年1月26日出台了《网络交易管理办法》,总体而言,网络经营主体包括网络商品经营者和网络服务经营者两大类。

网络商品经营者是指通过网络销售商品的法人、其他经济组织或者自然人,它分为两种情况:一是网络商品经营者进入别人的网络交易平台开设网店,如网络上进入淘宝、易趣等的众多网店;二是自己独立申请域名开网站(店),与现实生活中的独立商店相似。

网络服务经营者是指通过网络提供有关经营性服务的法人、其他经济组织或者自然人,以及提供网络交易平台服务的网站经营者,它分为三种情况:一是网络服务提供商(ISP),二是经营性网站(ICP),三是停工网络交易平台服务的网站经营者。本章主要关注个人网商的工商登记问题。

第一节　个人网商工商登记的争议

对"个人网商"是否进行商事登记,学界尚无统一定论:支持的学者认为"个人网商"应当进行商事登记。其原因大致有:以网上店铺为典型的电子商务市场尚处于不规范的初期阶段,利用网上店铺避税、侵害消费者合法权益的行为并不鲜见。因而,有必要利用登记的手段消除上述弊端,强化对网上店铺的监督管理。反对的学者认为"个人网商"无须进行商事登记。个人网商的存在是以互联网为媒介,区别于现实中的商业店铺,不应当将商事登记作为经营者必须履行的义务。

再者,"个人网商"是在国家拓宽就业渠道,鼓励和支持创业就业的政策背景下不断发展的。对其进行商事登记及加强监管势必会造成准入门槛和"出局率"的提高,不利于繁荣电子商务的发展,与国家对创业就业的政策相违背。目前,商事登记在网络虚拟市场难以推进,其主要原因在于行政管理对象的不认可。

"网上店铺"的出现,尤其是"个人网商"的迅猛发展对于繁荣电子商务和解决就业问题起到不可或缺的作用,应当鼓励和支持"个人网商"的发展。但是"鼓励和支持"并不是对其放任不管,更不能成为其不进行商事登记,因而进行逃税漏税的借口或理由。相反对"个人网商"进行商事登记并进行适当监管,更有利于电子商务市场的繁荣和交易的安全与稳定。

第二节 个人网商工商登记的必要性

随着网络经营活动的快速发展,诈欺、侵权、消费者维权难等乱象严重,因此,对网络经营主体进行工商登记有其必要性:

一、确立其商事主体资格的需要

个人网商利用互联网或网络交易平台进行商事交易,以持续经营并盈利为目的,具备商事主体的条件,进行设立登记有利于其享有商事主体的权利和承担相应义务。作为权利主体,可以享有登记范围内的权利,可以享有名称权、经营权等。作为义务主体,可以更好地履行相应义务。

二、形成公平竞争的法律环境的需要

个人网商虽作为虚拟的商事主体,但是其背后有实际经营的主体,有实际的物质基础和条件。不进行设立登记,这些实际主体一旦在网络环境中实施违约、欺诈、不正当竞争、违法活动等行为,可能不承担相应的责任。这不利于实体店进行市场竞争,不能反映市场经济优胜劣汰的规律。

三、个人网商进行工商登记是保障网络交易安全的必然要求

交易安全一直是商事法律法规所要维护的重中之重。工商登记制度使交易双方主体登记在册,各项信息透明公开,各项交易活动皆处于法律的规制之下,能够保证最基本的交易安全性。对于个人网商来说,由于网络的虚拟性、灵活性,加之我国对个人网商的准入门槛较低,无论在现实中有无进行工商登记,都可以通过网络自主进行经营活动,这就导致了个人网商良莠不齐,甚至出现了专门从事网购诈骗活动的非法经营者。受欺诈的交易相对人也难以通过一个虚拟的交易账号认清实际交易者的身份,事发后难以找到真正的责任主体。通过工商登记,可以将虚拟的网络账号与其后真实的经营主体身份连接起来,从而最大限度地保障交易安全畅通。

第三节 国内外个人网商工商登记实践

一、国外实践

(一) 美国

在电子商务发展最早、最为成熟的美国,最具影响力的个人网商交易平台是易趣网(www.ebay.com)和亚马逊网(www.amazon.com)。美国作为联邦制国家,许多重要的司法、行政权力都掌握在各州手中,工商登记和营业税的征收也取决于各州的规定。目前,无论在理论还是实践中,美国都还没有对该问题形成全国性或主导性的意见,各州之间的规定不仅各不相同,而且也在频繁地不断变化中。

通常来讲,网店应该向所在地的政府主管部门进行工商登记,并获取营业执照(business license),其条件和方式与传统企业一样。然而在实践中,真正进行工商登记的网店并不多。网店店主较为普遍的看法是,除非网店已经能够获利,否则不愿意主动进行登记。

(二) 德国

作为欧洲网络交易市场最为发达的国家之一,德国在网店登记问题上,通过不断的立法和司法判决,形成了比较完备的规则。

德国将网络卖家明确分为两类:经营性卖家和私人卖家。只有经营性卖家的网上交易场所才被称为网店,那些偶然售卖二手物品的私人卖家(也就是 P2P 交易)不在网店的讨论范围内。此二者在登记时适用不同的规则。

凡是在德国境内售卖商品或服务,原则上都要进行营业登记。在德国,人人均享有经营自由,所以均有权进行工商登记。在某些领域,除了工商登记之外还需获得特别的经营许可。

1. 营业登记

网店有义务向主管部门进行营业登记,获得营业执照。具体来说,营业登记应当向经营所在地的工商管理部门申请,这些部门通常隶属于城市或区域的政府机构。申请营业执照、进行工商登记的时候,会检验申请人是否满足了营业的所有条件,采集申请人的数据,并把这些资料转送给相关的管理机构,如财政部门、商事机构、该州的统计部门、商事登记法院、职业联合会等。不论登记为哪种经营形式,都与财政部门紧密相关,在登记完成后也会被财政部门联系,包括小微企业在内所有经营形式都有义务向财政部门发送报告,并获得税号。登记需要经营者自己完成。对于一人公司来说,经营者就是公司的所有权人。对于合伙来说,是担任管理的合伙人。对于资本投资公司(如有限责任公司、股份公司)来说,是具有代表资格的经营领导人。

如果不对经营进行登记,根据《工商业管理条例》(Gewerbeordnung,简称 GewO)第 146 条第 2 款,将受到最高 1 000 欧元的罚款。

2. 商事登记

部分网店不仅要对营业进行登记,而且要进行商事登记。具有商事登记义务的,只有商业公司,以及根据品种和范围以商人的方式做出经营行为的主体(也就是德国法上具有特定意义的"商人")。

是否属于相应的经营范围,有不同的标准,比如说目标营业额、现有资本或从业人员的数量。

商事登记可在主管的初级法院的登记法庭完成。

如果没有商事登记的义务(即所谓的小企业),可以自由选择是否进行登记。按照德国民法和商法上的规定,商人行为要适用区别于一般民事行为特定的权利和义务。

(三)韩国

韩国的互联网普及率高达 92.4%,是亚洲互联网普及率最高的国家。在网络领域的管理也较为成熟。

为了维护网络的健康和安全,保护公民的隐私权、名誉权和经济权益,韩国政府从 2002 年起推动实施网络实名制、成立电子商务监督机构等方式打造安全的网络购物环境。

在韩国,网络交易都实行实名制,一旦发生违法行为,责任人很难逃脱法律制裁。在网民进行注册的时候,身份证号码和名字要相符,且注册人的信息必须得在国家机关实名制数据库里查得到才行。

然而,网络实名制因为涉及个人隐私信息的安全等问题,韩国政府在 2012 年又开始逐步退出网络实名制。

二、国内实践

(一)北京市

2007 年《北京市信息化促进条例》规定,利用互联网从事经营活动的单位和个人应当依法取得营业执照,并在网站主页面上公开经营主体信息、已取得相应许可或者备案的证明、服务规则和服务流程等相应信息。2008 年 8 月 1 日实施的《贯彻落实〈北京市信息化促进条例〉加强电子商务监督管理的意见》中进一步强调,北京市的互联网用户,凡是以营利为目的的电子商务在线交易经营者必须登记注册,只有在领取营业执照后方可开展经营。

(二)广东省

2012 年 7 月 25 日,广东省工商局出台《关于鼓励支持我省网络商品及有关服务健康发展的若干意见》(以下简称《意见》)。《意见》明确自然人在网络交易平台上开办网店,经营项目不涉及前置审批的,不强制要求办理工商登记注册。为鼓励自然人网店登记,《意见》规定在不违反当地政府"住改商"有关规定的前提下,允许网络商品或服务经营者将自有或租用的住宅作为住所(经营场所)进行登记。此外,放宽名称登记限制,在核定经营范围方面,允许经营范围中使用与经营者经营项目相一致的新兴产业、新兴业态的用语;允许在经营范围中加注网址、互联网经营许可证编号、网站备案编号等。

(三)上海市

2000年9月1日,上海工商行政管理局颁布的《上海市营业执照副本(网络版)管理试行办法》规定,在上海市利用互联网从事经营活动、已登记注册的企业和个体工商户,应当申请和使用网络版营业执照。2009年3月1日实施的《上海市促进电子商务发展规定》对C2C形式的自然人网店,目前采取自愿登记的原则。

(四)沈阳市

《沈阳市网上经营登记备案管理暂行办法》规定,从2001年1月1日起,所有经营性网站、网点和网络企业必须到市工商局进行登记备案,由市工商局核发电子版营业执照(副本)和网站设置电子标识;网站、网点和网络企业在经营活动中,必须明示电子版营业执照(副本),并在营业执照经营范围内开展经营活动。

(五)江苏宿迁市

江苏省宿迁市根据自己的情况,提出了独具特色的"宿迁模式",宿迁市委、市政府出台了《关于加快推进网络创业的实施意见》和《宿迁市电子商务秘书公司登记管理办法》,进行个人网商的登记管理试点。引入专门服务拍拍网等第三方交易平台的商务秘书公司是"宿迁模式"的关键环节,"宿迁模式"下的商务秘书公司的特殊之处在于通过住所代理、电子化等手段,可以代理入驻拍拍网平台的网店在宿迁市办理工商登记。

第四节 对策与建议

"个人网商"的交易模式具有成本低、便捷的优势,但并不能成为对"个人网商"不进行商事登记的理由。在网上店铺快速增长的过程中,消费者信任缺失的问题也日益严重,通过商事登记的公示性保障网上店铺交易的持续稳定发展确有必要。因此,在对其进行商事登记制度设计时,应当参考个体工商户登记的有关规定。具体如下:

区分登记,率先实现电子登记。商事登记以初步形成电子登记的形式,即通过互联网进行商事登记。电子营业执照与纸质营业执照具有同等的法律效力。

由此可见，在我国商事登记的方式处于转型期，最终将实现商事登记无纸化的目标。由于"个人网商"的特殊性，在国家行政体制改革的大背景下和鼓励创新创业的政策指引下，对"个人网商"的商事登记，应当在既达到国家对"个人网商"的登记和监管要求，又不过度增加其经营负担中寻找平衡点。笔者认为，商事登记可以不作为"个人网商"经营者取得工商经营权的前置性条件，而是可以在其经营后的一定时间内，作为国家监管的依据。

　　第三方平台法人所在地与"个人网商"经营者经常居住地共同登记。网上交易侵犯消费者合法权益的事件屡见不鲜。如何在对"个人网商"的商事登记中保护消费者合法权益，便于消费者维护合法权益？笔者认为，应当在第三方平台法人所在地与"个人网商"经营者经常居住地共同登记。在第三方平台法人所在地进行电子登记，不需要申请者到第三方平台所在地的工商部门，可以通过电子方式或者第三方平台代为的方式进行商事登记。在经营者经常居住地进行电子登记，"个人网商"的经营具有持续性的特征，经营者在经营时的住所地较为固定，即使搬移也不会离开其所在区域。通过共同电子登记，不会过多加重申请者的负担。同时，也增加了纠纷解决的途径。

　　明确登记内容，增强登记的可操作性。个体工商户的商事登记的事项有经营者姓名和住所、组成形式、经营范围、经营场所等。对"个人网商"的商事登记在借鉴个体工商户商事登记的基础上，应当根据"个人网商"的现实情况确定网上店铺是否具备登记注册条件。具体而言，我国"个人网商"商事登记的内容应当有经营者的姓名、住所或者经常居住地、经营范围及方式、经营场所。关于"经营场所"的认定，我们可以设计为由以下参数组成：域名、IP地址、经营者经常居住地。关于"经营范围"的认定，我们可以总结为：除法律法规、规章禁止在网络中进行销售的以及第三方支付平台企业法人公司章程中明文禁止出售的，可以作为"个人网商"的经营范围。

第二十章 促进小微企业发展的综合减税政策研究

第一节 税费负担已成为小微企业发展的核心挑战之一

最新统计数据显示，2015年第三季度我国GDP增速已跌破7%，达到6.9%的水平。厉以宁教授近日在"2015年第四届金融街论坛"上发言，认为我国经济保持5%、6%的增速是一种合理状态。事实已经表明，我国经济已进入由高速增长转向中高速增长的"新常态"。面临经济发展速度减缓，同时保持比较充分就业，政府给出的"药方"是以"大众创业、万众创新"激发全社会创造力，打造发展新引擎。李克强总理指出小微企业是就业的主要载体，蕴藏着巨大创新活力，必须加大对小微企业的政策扶持。

顾名思义，小微企业是指小型企业和微型企业。我国2011年发布了《中小企业划型标准规定》，依据企业从业人员、营业收入、资产总额等指标，结合不同行业特点制定了小型和微型企业的具体标准。至于个体工商户是否归属于小微企业范畴，政界和学界达成共识，认为在我国个体工商户视作小微企业（陈剑林，2007；郎咸平，2011；张陆，2011）。因此，笔者所指的小微企业是指包含个体工商户在内的小型企业和微型企业总和。据国家工商总局调查显示，截至2013年年底，我国小微企业共5 606.16万户（其中个体工商户4 436.29万户），占到企业总数的94.15%，已经解决1.5亿人口的就业。新增就业和再就业人口的70%以上集中在小微企业。在大力推进"双创"活动的背景下，小微企业"铺天盖地"格局逐步显现。国家工商总局最新数据显示，2015年前三个季度全国小微企业达305.18万户，占新登记企业总数的96.62%。

但相关调查显示，我国小微企业面临着"四贵三难"严峻困境，沉重的税负使得小微企业难以保持发展的张力。世界银行在2011年11月到2013年3月期间在中国调查了270家企业主和高级经理，其中人数在5—19人的小微企业593家，结果显示15.1%的企业认为高税率是阻碍发展的第三大原因。2014年3月，北京国家会计学院公布《中小企业税收发展报告》显示，小微企业的税负较高，新三板企业综合税负远高于其他板块企业。世界银行2012年10月公布的统计数据显示,国际上小微企业税负平均为20%,而我国小微企业综合负税高达40%—50%。事实表明,过重的税负抑制了我国小微企业的市场竞争力,使其难以抵御高成本时代带来的冲击。

世界银行发布的《2016年营商环境报告:测评监管质量与效率》显示,在189个经济体中,中国在"缴纳税款"方面的得分仅排名第132位,大大高于美国、加拿大、新加坡等国家。而2009—2014年我国税收平均增长率高达14.89%,远高于2014年GDP增长率7.4%和近五年的年均增长率的8.42%。可见,税负已严重挤压了小微企业利润,抑制了小微企业再生产和科技研发能力,也是导致小微企业难以发展起来的重要原因。目前,原材料、用工成本、融资成本、土地成本等不断上涨,且这些经营成本具有刚性特点,加之小微企业自身抗风险能力和消化成本能力较弱,因此,小微企业生产和发展面临着严峻挑战。可见,破解我国小微企业当前困境的首要任务是要"保生存,促发展",防止在高成本时代多因素叠加致使其大量"夭折"。我们只有加大对小微企业实施以减税让利为重点的优惠政策,减轻"四贵三难"带来的冲击,才可能缓解小微企业的生存危机,进而释放小微企业的社会活力,推动"大众创业、万众创新"。

第二节　现行小微企业税收优惠政策缺乏广度、力度、深度

近年来,虽然我国陆续出台了一系列旨在减轻小微企业负担、促进小微企业发展的政策文件,但其生产经营困境仍在加剧。据国家统计局相关数据显示,2015年7月,中国制造业采购经理指数(PMI)中,小型企业PMI为46.9%,比上月下降0.6个百分点。这表明小微企业国内外市场订单有所萎缩,生产经营压力进一步加大。受用工、土地、资金等生产成本上升,加之物流、环保等费用增加,进一步增加了小微企业经营成本,而工业品出厂价格已连续40个月下降,如此,两头挤压小微企业利润空间,导致企业盈利能力下降,亏损面增加。据《中小企业税收发展报告》数据显示,12.93%的企业认为"较重的税负"是经营过程中除"用工成本上升"(17.67%)及"原材料成本上升"(14.76%)以外最主要的困难。而减少税费成为小微企业最迫切的政策需求。目前,国家推行的税收优惠政策未能助力小微企业解困,究其原因,在于现行小微企业税收优惠政策缺乏广度、力度、深度。

其一,现行小微企业税收优惠政策扶持对象不精准,政策覆盖面狭小,未惠及所有小微企业。虽然早在2011年6月,工信部、国家统计局、国家发改委、财政部联合印发了《关于印发中小企业划型标准规定的通知》,明确界定了中型、小型和微型企业的标准。但是在官方统计上,我国并未按照中小企业划型标准进行统

计,而一般只对规模以上企业进行统计,这种统计口径上对小微企业的忽略或忽视,不仅映射了小微企业当前的社会地位,而且不利于摸清小微企业的发展情况,有碍于税收决策的研究和制定。而且,四部委对小微企业的确定标准比较宽泛,税法规定的小型微利企业和小规模纳税人则更为狭义。而目前关于企业所得税、增值税和营业税优惠政策扶持的对象却是小型微利和小规模纳税人。这种不一致,反映了政府部门在小微企业认定标准上的观念冲突及部门利益冲突。这种冲突直接影响现有税收优惠政策扶持对象与小微企业存在极大偏差,意味着政策仅涵盖了极少企业,大部分小微企业被税收优惠政策"拒之门外"。2014年《中小企业税收发展报告》调查发现,1 447家小微企业中,获得所得税优惠的企业仅有17%、83%的小微企业未获得优惠。

其二,现行小微企业税收优惠政策扶持力度不足,"门槛"高,无法实质缓解小微企业经营困境。以年应纳税额在30万元以下的小型微利企业为例,按照最新企业所得税优惠政策,其优惠所得税税额只减少4.5万元以下,虽比过去有所提高但优惠力度依然偏小,难以起到支持企业发展的作用。小微企业在资产规模、就业人数、收入规模、纳税规模方面都相对较小,在税收减免与大企业适用相同比例,其实际获得优惠力度并不大。如2014年北京市国税局为企业办理减免税314亿元,而为小微企业减免税额为3.4亿元,仅占减免总额的1.08%。同时,不少政策还为企业设置了种种"门槛",使得许多小微企业难以享受税费优惠政策。比如小微企业关税免征条款就规定必须满足三个条件:(1)国家鼓励发展的投资项目;(2)进口项目自用;(3)国内不能生产的先进设备。政策规定免征残疾人就业保障金要求小微企业在职职工人数在20人以下。"门槛"的设定必将使一大批小微企业注定成为税收优惠政策的"旁观者",而非受益者。因此,似乎各部委出台现行税收优惠政策更多意义在于表明支持小微企业发展的态度,因其扶持力度弱而无法真正助力小微企业"脱贫解困"。

其三,现行小微企业税收优惠政策体系深度不够,缺乏系统性的规划和实施。笔者跟踪调查国家工商总局小微企业名录公示的扶持政策发现,在大量的小微企业税收优惠的法规中,只有《中小企业促进法》属于法律,其他通知类文件由国务院及其各个部门制定,属于行政部门规章。政府多头部门独立出台政策不仅使小微企业税收政策缺乏系统性和协调性,而且在实际执行中为小微企业带来困惑和不便,导致政策落地效果会大打折扣。缺乏系统的综合政策支持,零星的、"蜻蜓点水"般的税收优惠支持对企业来说只是杯水车薪。同时,现有政策缺乏系统性的总体规划,导致从宏观层面上对小微企业发展给予的引导和扶持效应不突出。如许多支持小微企业的税收政策往往规定有效期,并非长期有效,对这些政策是否应当长期执行,缺乏研究和规划。而且,我国虽然在多个税种方面制定了对小

微企业的税收优惠政策,但现行税收政策侧重于资金扶持和减轻税负,而在促进小微企业产业升级、技术进步、经营管理水平方面缺少系统性的政策扶持。

因此,为推动我国小微企业解困,应制定实施更大幅度的减税让利政策,不断提升政策覆盖广度、加大政策扶持力度、拓展政策系统性深度。

第三节 新一轮的减税让利政策应倾向小微企业

改革开放以来,我国实施了三轮重大减税让利政策,促进了经济快速发展。当前,国际经济环境复杂严峻和国内经济下行压力加大,正值我国制定实施新一轮减税让利政策的关键时期。新一轮减税让利政策应向小微企业倾斜,它是缓解我国小微企业经营困境、激发"大众创业、万众创新"活力的关键。

20 世纪 80 年代,第一轮重大减税让利政策促进了私营、个体经济的发展。1953 年以后,由于政治、经济、税收体制的变化,私营、个体经济受到很大的限制。1980 年与 1950 年相比,私营、个体经济纳税额下降了 76.6%。改革开放初期,为了促进个体经济适当发展,我国对个体私营经济实行低税照顾。1980 年财政部对个体经济可以暂不执行 14 级全额累进税率和加成征税的办法,所得税的负担水平可以在 8 级超额累进税率的原则下,由各地自行决定。1986 年 1 月,国务院发布了《中华人民共和国城乡个体工商户所得税暂行条例》,条例规定城乡个体工商户实行 7%—60% 的 10 级超额累进税率。为了适应私营经济发展的需要,1988 年 6 月国务院发布了《中华人民共和国私营企业所得税暂行条例》,条例规定城乡私营企业税率为 35%。纳税人利用废弃物为主要原料生产的,遇灾情纳税困难的,可在一定限期内减免所得税。20 世纪 80 年代,随着改革开放政策的实施和税收政策、制度的变化,我国私营、个体经济逐渐恢复和发展。1978 年年底,全国城乡个体工商业户仅 14 万人,到 1987 年年底,仅私营企业已达 90 581 万户,从业人员总数约 164 万人。1993 年与 1980 年相比,私营、个体经济税收增长了近 65 倍,年均增长率 38%,远远超过同期全国工商税收的平均增长速度(14.8%)。

20 世纪 90 年代,第二轮重大减税让利政策促进了国外先进设备、技术、资金的引进和外资企业的发展。20 世纪 90 年代初期,我国与周边国家特别是亚洲"四小龙"在技术、设备、资金、人才、管理等方面存在巨大差距,竞争力较弱。为扩大开放,吸引外资,以邓小平同志南方谈话为契机,我国政府对外商投资企业实行了全面的、分层次的税收优惠政策。对生产性外商投资企业和外商高新技术企业,经营期 10 年以上的,全面实施"2 年免税,3 年内减半征税"的税收优惠政策。对减免期满后仍为先进技术的外商企业延长 3 年减半征收,最低税率 10%。为了吸引外资和鼓励出口,政府规定外国投资者将利润再投资、经营期不少于 5 年的,返还再投资部分已交纳所得税的40%税款。对已满减免期的外商产品出口企业，当年出口产品产值达企业总产值70%以上的，减半征税。在区域性税收优惠方面，对经济特区、经济技术开发区以及地处沿海、沿江、内陆的开放城市的外商投资企业，按10%或24%征收企业所得税。这次减税让利政策将大量外资和人才吸引到我国，有效地解决了当时经济发展的资金、技术瓶颈，帮助我国大批企业实现了转型升级。实证研究表明，税收优惠政策是引导外商直接投资流向的主要因素。据统计，截至2000年年底，外商投资项目累计达365 568个，合同金额8 405.97亿美元，实际利用外资累计5 204.5亿美元。实际利用外资占全社会固定资产投资完成额比重从1990年的4.6%增长到2000年的18.03%，我国已成为世界上吸引外资最多的国家之一。

2001年后，第三轮重大减税让利政策有利于我国加入WTO适应全球规则，促进企业"走出去"。进入21世纪，经济全球化和技术创新浪潮带来的强烈冲击，尤其是2001年我国加入WTO形成倒逼机制，要求我国加快与国际税制接轨的步伐。为此，我国进行了重大的税制调整，实施了第三轮重大的减税让利政策。一是履行入世承诺，逐步降低关税。至2010年，我国关税总水平为9.8%，至此降税承诺已全部履行。二是逐步取消"超国民待遇"，统一内外资企业所得税率。2008年起，我国实施的《中华人民共和国企业所得税法》下调了内资企业所得税税率，并将内外资企业所得税的税率统一为25%。三是顺应贸易自由化要求，适时调整流转税税制。完善增值税，将设备投资纳入增值税抵扣范围；调整消费税，逐步取消一般消费品项目的征收，将高消费品项目纳入消费税征收范围。这段时期税收优惠政策的实施有力地支持了本土企业与世界接轨，加速了我国参与经济全球化的历程。据相关报道，目前世界500强公司中已有约490家在中国投资，跨国公司在华设立的研发中心、地区总部等功能性机构已经达到1 600余家。截至2011年年底，中国对外直接投资累计超过3 800亿美元，境外企业的数量达到18 000余家，分布在全球178个国家和地区，形成了海外资产近1.6万亿美元。

综上所述，改革开放以来以制造业为主要对象的几次重大减税让利政策，都使得我国经济社会制度不断优化、产业结构不断调整和实体经济快速发展。2008年4万亿经济刺激计划主要投向了房地产行业和国有企业等，在新时期已没有太多减税让利空间。近年来，政府支持中小企业发展的优惠政策主要倾向于中型企业，而小微企业真正得到的实惠极少，因此，在政府财政经费有限的情况下，需要将有限资金用在亟须破解困境的小微企业上。笔者建议新一轮重大减税让利政策应该向小微企业倾斜，助推小微企业摆脱困境。

第四节　倾向小微企业的减税让利政策是刺激
经济发展的重要因素

美国、日本、德国等发达国家在不同的历史时期通过减税计划,均促进了小微企业的成长,加速了各国经济发展。由此可见,实施向小微企业倾斜的减税让利政策是刺激经济增长的重要原因。

20 世纪 50 年代,日本政府为了抑制战后经济衰退、鼓励私人投资而推行了大规模的减税计划。这段时期,政府规定了 50 多种特殊优惠政策,普遍实行加速折旧,允许企业设立呆账准备金,对现代化亟须进口的先进机械设备免征进口税。1963 年,日本通过的《中小企业基本法》已成为政府对中小企业给予政策支持的法律保障。同时,日本对研发型中小企业给予特殊优待的税收政策,减免企业法人税、固定资产税和企业所得税。20 世纪 60、70 年代,日本政府继续实行旨在鼓励创新、投资、出口的税收减免措施,允许企业按规定提取一定数额的各种准备金和专用基金(如呆账损失专用基金、出口贸易损失准备金等),对一些快速折旧的特别项目给予免税等。这些税收优惠措施减轻了中小企业的经济负担,促进了战后日本经济复苏和长期增长。

20 世纪 60 年代,美国政府为促进经济高涨而实行强有力的税收优惠政策。自肯尼迪政府到卡特政府逐步提高个人所得税的免税额,给予企业和个人更大幅度的税收优惠。在个人所得税方面,对资本利得仅课税 60% 的税收,允许扣除红利、消费信贷利息支出和消费税。在公司所得税方面,实行投资抵免,加速设备折旧,对资本长期利得实行优惠税率,并允许亏损结转等。政府实行以税收优惠为主的凯恩斯政策对美国经济起到了极大的刺激作用。20 世纪 60 年代美国投资大幅增加,工业生产年增长率达 5.9%,创造了美国史上最长、无间断的经济增长记录。

20 世纪 60 年代末,英国政府为振兴小企业发展而陆续采取了税收优惠措施。为扶持初创期的小企业,1974 年工党执政期间提高了法人税一般税率适用的最低限额度,减轻资本所得税。1979 年年末保守党执政期间将企业所得税最高税率从 83% 降至 60%,并提高课税最低额。为帮助小企业投资,政府减轻投资所得特别税,将法人税税率由 42% 降至 40%。到了 80 年代,英国政府将小企业公司税税率降到 20% 的历史最低水平。20 世纪 90 年代,为刺激经济发展,布莱尔政府削减了中小企业 10% 的税额。英国历届政府持续向中小企业制定和实施税收优惠政策,不仅促进了中小企业的快速发展,而且也保持了经济持续向好的趋势。

21 世纪初,德国政府为促进就业、提振经济而进行大减税。为改善德国由于高成本而处于的不利竞争地位,从 2001 年起,德国企业所得税税率从 40% 降到 25%,低于同期法国、意大利、日本和美国的企业税税率。到 2005 年,德国的个人所得税税率从 51% 下降到 42%。为鼓励中小企业并购,2002 年,德国政府取消了资本收益税。为促进中小企业发展,德国对中小企业只向企业主征收个人所得税,而不再征收企业所得税。此轮大减税降低了德国失业率,刺激了消费和投资,对整个经济产生了积极影响。

因此,要促使我国小微企业转型升级,尽快适应经济"新常态",应当加大对小微企业的税收优惠力度。

第五节 综合减税是小微企业解困与发展的最佳政策选择

2015 年,为更好地顺应和引领经济发展"新常态",我国政府积极提出并着力加强"供给侧改革"。其中,为企业经营创业活动"松绑"、"减负"(贾康,2015)和减税减费(周天勇,2015)是推进"供给侧改革"实现路径之一。研究表明,税收政策通过影响"相对价格"来改变企业的激励,进而影响产出水平。而"拉弗曲线"则很好地解释了减税政策对总产出的供给效应。因此,向企业实施减税政策,激发微观经济活力是新一轮"供给测改革"的题中应有之义。2011 年以来,我国实施的"营改增"结构性减税,确实使小微企业获益。但由于减税对象不够精准、税收扶持力度不足和政策体系缺乏系统性,现有的税收优惠政策还无法真正使小微企业走出困境。加之小微企业自身规模小、人员少、资金缺乏等弱势,因此,建议对小微企业实施全覆盖、力度强、综合性的减税政策。所谓综合减税政策,是指基于拉弗曲线原理针对小微企业实施简化税种、降低税率、免除杂费以及给予微型企业"免三减二"的综合税收优惠政策。

第一,简化税制、统一税基,降低纳税遵从成本。虽然政府不断出台税收优惠等政策,但各地税收"优惠政策形式复杂,缺乏规范和统一"导致小微企业税收遵从成本高。研究表明,复杂的税制是造成我国中小企业税收遵从成本远高于国际平均水平的主要原因。目前,小微企业所承担的税费繁多,不堪重负。因此,建议针对小微企业简化征税种类、合理确定税基,切实降低遵从成本。一是简化税制。可借鉴国际先进经验,对小微企业只设所得税和综合税,实行"简单税"。例如 2002 年俄罗斯政府向小企业征收统一税,实行"五税合并"。即对企业征收统一税来代替组织利润税(或个人所得税)、增值税、销售税、组织财产税和统一社会税的缴纳。2006 年,巴西《微型和小型企业法》规定对微型和小型企业征收一种将 8 种税合并起来的"超简单税"。此外,莫桑比克、阿塞拜疆、乌兹别克斯坦、白俄罗斯等国对超小型和小型企业实行单一税制。二是统一税基。目前,我国增值税、营业税、城建税、教育费附加、水利建设基金、价格调节基金等税费主要以销售额作为税基,而没有考虑销售成本因素。而且对于大量"核税制"企业,还要按核定的销售收入缴纳企业所得税。这导致小微企业税负尤其繁重。建议统一将小微企业计税依据设定为利润额或应纳税所得额。目前我国税务机关仅对"新办小微企业"在预缴申报环节只考察"利润额或应纳税所得额"指标。

第二,降低税率、免除杂费,切实减轻小微企业税收负担。2014年发布的《中小企业税收发展报告》指出,小微企业所承担的综合税负远高于大企业。报告调查显示,小企业聚集的新三板企业综合税负高达138.89%,税务负担极其沉重,高于创业板和主板企业。以信息企业为例,新三板企业无论是综合税负、所得税负、流转税负均高于主板企业,综合税负更高达180%。因此,为减轻小微企业税负,必须在简化税制的同时,大幅降低税率。建议对小微企业只设所得税和综合税,并设定两种税率之和不超过15%。

一是将企业所得税降到10%左右。许多发达国家对小企业均实行比标准税率低5—15个百分点的优惠税率。如韩国小企业公司所得税税率为10%,比一般企业低12个百分点。美国小企业优惠税率比公司所得税率低20个百分点。反观我国部分小型微利企业所得税税率20%仅比基本税率低5个百分点,较之其他发达国家仍然偏高。应借鉴英、美等国经验,将小微企业的所得税率降到10%左右的水平。

二是其他所有税负的综合税率不宜超过5%。2013年7月,财政部经济建设司发布报告显示,综合考虑收税、政府基金、各项税费和社保金等项目,我国企业综合税负达40%左右,超过OECD成员平均水平。我国以间接税为主题的税制结构使得某些税费负担环节不合理,导致企业尤其是小微企业税负偏重。因此,建议采用单一综合税率,将除所得税税率之外的综合税税率调整至5%以下,合理控制小微企业税负综合负担。

三是借鉴全免农业税的经验,逐步免除小微企业一切费用。虽然政府在免除行政事业性费用和政府性基金方面做了一些努力,但不够彻底,应当免除小微企业所有杂费,切实减轻小微企业税收负担,全面实施"放水救鱼"和"放水养鱼"的综合减税政策。

第三,对微型企业实施"免三减二"税收优惠政策,帮助其顺利渡过"危险期"。根据企业生命周期理论,微型企业由于资产规模小,人员少,利润薄,处于企业成长的"婴儿期"和"学步期"的初级阶段,要经历"先生存后做大"的过程。2013年7月,国家工商总局发布的《全国内资企业生存时间分析报告》显示,近五成企业存活期在5年以下。小规模企业生存"危险期"为第3年,注册资本100万元以下企业第 4 年当期死亡率最高。可见,第 1—5 年是微型企业发展的关键期。在这个时期,应当给予微型企业更加宽松的税收环境,鼓励其发展壮大。

可借鉴我国 20 世纪 80 年代发展私营个体经济、90 年代发展外资企业、21 世纪初期促进"引进来、走出去"的相关税收优惠,对小微企业在创立 5 年内实施"免三减二"的税收优惠政策,即前 3 年免去一切税负,后两年实施税负减半的优惠政策。如美国对投资 500 万美元以下的小企业永久性减免投资税,对收入小于 500 万美元的小企业,实行长期投资税减免。法国曾规定新建中小企业可免 3 年的所得税。韩国对新创办的中小企业所得税实行"免三减二"(开始三年免税,其后两年减半征收)的税收政策。日本政府针对小规模企业消费税实行免税优惠。因此,"免三减二"的税收优惠政策将会对广大小微企业的成长和发展产生非常积极的影响。

第二十一章 内蒙古微型企业的发展状况及扶持政策调查研究

第一节 内蒙古地区微型企业的发展现状

一、内蒙古微型企业的发展情况

由于目前我国政府的官方统计口径中没有对微型企业的统计,这对全面把握内蒙古微型企业的总体状况带来了相当的难度。现在的个体工商户属于微型企业,从统计上看,私营企业中的多数企业也属于微型企业,因此,本章试着用个体工商户和私营企业的数据来分析内蒙古地区微型企业的发展状况。用私营企业的数据来估计微型企业的数量,存在过大估计的可能。因为有些私营企业已经形成一定的规模,但能够发展成一定规模的私营企业毕竟属于少数,这一点从表21-1可以看出:该地区私营企业2010年平均每家企业的从业人员只有11人,即意味着私营企业中的绝大多数仍属于微型企业。

从表21-1可以看出,到2010年内蒙古地区共有微型企业86.77万户,从业人员258.9万人,其中,私营企业已发展到11.34万户,从业人员121.5万人,个体工商户发展到75.43万户,从业人员137.4万人。2010年微型企业的户数和从业人员数量比2004年增加近2倍,尤其是私营企业的户数比2004年增加近3倍。特别是2008—2010年这3年,微型企业户数年增均超过6万多户,2009年年增达11万多户;从业人员数量年增均超过24万人,2008年从业人员数量年增达31万人,显示出强劲的扩大势头。另外,截至2011年8月,内蒙古地区个体工商户发展到82.8万户,从业人员达149.4万人;私营企业为12.8万多户,从业人员达133.8万人,注册资本为6570多亿元,个体私营经济已经成为内蒙古地区经济社会发展的重要推动力量。微型企业的迅速发展,很大程度是由于各级政府对中小企业的积极扶持,2010年以来,内蒙古自治区工商局实施了42条措施扶持全区个体私营经济、中小企业、服务业发展。另外,有越来越多的社会劳动者更加积极地投身于个人创业,比如一些专业科技人员、下岗人员、外来劳动力等。

表 21-1　内蒙古微型企业的发展情况

年份	户数（户）			从业人员（万人）		
	合计	私营企业	个体工商户	合计	私营企业	个体工商户
2004	486 782	42 681	444 101	139.1	61.2	77.9
2005	515 934	48 317	467 617	150.5	68.2	82.3
2006	550 930	54 381	496 549	161.4	73.6	87.8
2007	572 663	63 270	509 393	176.5	82.9	93.6
2008	665 018	82 426	582 592	208.1	98.4	109.7
2009	788 685	94 844	693 841	234.3	105.4	128.9
2010	867 665	113 351	754 314	258.9	121.5	137.4

资料来源：各年《内蒙古统计年鉴》。

2011年，内蒙古地区2.5万户工业中小微企业完成工业总产值16 171.58亿元，其中仅4 161户规模以上中小工业企业完成的工业总产值就达1 370亿元，占全部规模以上工业企业总产值的76%，同比增长39.5%，增速高于规模以上工业企业3个百分点。全区工商注册的98.4万户中小企业和个体工商户，创造了全区60%以上的GDP、50%以上的税收，最重要的是，小微企业为内蒙古提供了75%以上的就业岗位和90%以上的新增就业岗位。中国人民银行呼和浩特中心支行金融研究处处长师立强认为，中小微企业已成为内蒙古富民强区的重要保障。

二、内蒙古微型企业的行业结构

微型企业分布在第一、二、三产业，其中第三产业分布最多。从表21-2可以发现，在2010年，64.49%的微型企业集中在批发零售业、住宿和餐饮业，14.08%的微型企业集中在租赁、居民服务和其他服务业，制造业中的微型企业只占5.71%；其中个体工商户更多地集中在批发零售业、住宿和餐饮业以及居民服务业等，制造业较少；而私营企业在批发零售业、餐饮业、居民服务业、制造业中分布较多。在行业分布上变化较大的是私营企业，2004年，19.58%的私营企业集中在制造业，随着私营企业不断进入第三产业，到2010年，制造业企业数比重为12.70%，相比之下制造业的企业数量比重下降明显。

表 21-2　内蒙古微型企业的行业结构　　　　　　　单位：%

行业	微型企业			私营企业			个体工商户		
	2004年	2007年	2010年	2004年	2007年	2010年	2004年	2007年	2010年
农业	0.55	0.67	1.12	3.20	3.12	4.43	0.30	0.37	0.62
采矿业	0.53	0.59	0.52	3.81	3.51	2.84	0.22	0.23	0.17
制造业	7.22	6.58	5.71	19.58	16.34	12.70	6.03	5.37	4.66

（续表）

行业	微型企业			私营企业			个体工商户		
	2004年	2007年	2010年	2004年	2007年	2010年	2004年	2007年	2010年
电力、燃气及水的生产和供应业	0.05	0.10	0.11	19.58	16.34	12.70	6.03	5.37	4.66
建筑业	0.35	0.50	0.69	3.32	4.02	4.82	0.07	0.06	0.07
交通运输、仓储和邮电业	9.75	9.45	7.87	2.70	3.39	3.48	10.43	10.20	8.53
批发零售业、住宿和餐饮业	61.92	62.88	64.49	46.23	44.59	43.95	63.43	65.15	67.58
租赁、居民服务和其他服务业	13.34	13.85	14.08	8.61	11.55	13.48	13.80	14.14	14.17
其他	6.26	5.38	5.41	12.14	12.84	13.54	5.70	4.45	4.19

资料来源：各年《内蒙古统计年鉴》。

第二节　内蒙古地区微型企业发展中的主要问题

2011—2013年，本课题组在内蒙古自治区范围内，分别选取了一些具有典型代表性地区的微型企业进行问卷和访谈调查，共涉及全区中部、东部、西部125家微型企业和42名曾经创业但失败的微型企业主。从总体上看，内蒙古地区微型企业发展过程中存在的主要问题包括如下几个方面。

一、我国迄今仍未将微型企业正式纳入国民经济统计范畴

综观当今世界各国，许多国家都已经将微型企业纳入了国民经济的统计范畴来进行分析和研究，并采取了许多措施以支持和促进微型企业的发展。但在我国政府的正式统计口径中，至今还没有关于微型企业的统计。本章认为，应当改革我国现行的关于企业规模的统计标准和口径，其一，将个体工商户正式纳入企业的范畴来进行统计；其二，在关于企业规模的统计标准中增加微型企业的类别。

二、内蒙古微型企业存在较大的地区和城乡发展不平衡

（一）微型企业存在地区发展的不平衡现象

由于内蒙古区域经济发展不平衡，呼、包、鄂三市集中了全区大部分的金融机构与金融资源，其他盟市却很少。由于金融资源分布的不平衡，小微企业从外部寻求服务资源存在着明显差异，而这种差异又会放大区域经济发展的不平衡，在如此往复发展中，使得各盟市小微企业在获得金融服务的质量上存在不平衡。

（二）内蒙古微型企业存在城乡发展不平衡问题

从前面的分析可以看到，内蒙古微型企业的发展不仅存在地区不平衡问题，

同时,从城乡发展来看,也存在不平衡现象。如果从平均每千人口拥有的微型企业数看,内蒙古城乡微型企业发展不平衡的问题表现更为明显,农村的小微企业发展明显处于劣势。

三、内蒙古微型企业"融资难"问题十分突出

当前,内蒙古中小微企业体系中,小微企业占到了97%以上。这就决定了内蒙古小微企业存在着规模微小、实力较弱的特质,在企业获取信息、技术、人才、资金等要素时处于劣势。同时,由于内蒙古传统产业中的中小企业居多,增长方式粗放,经营管理水平低,近年来在原材料、生产资料等要素成本不断上升的压力下,原有的竞争优势逐渐消失,不创新难以生存,要创新又缺乏经济实力。在此情形下,必会减弱金融机构对小微企业服务的积极性。

从银行或其他金融机构获得为经营企业所必需的资金支持,无论是对于一个企业的创办还是保证其正常生产经营活动的进行,都具有十分重要的意义。在2008年的全球"金融风暴"中,众多企业特别是中小企业由于不能及时从陷入重重危机中的金融机构获得贷款而纷纷破产倒闭的惨痛教训,也给人们上了关于融资对于企业重要性的生动一课。

从总体上看,中小企业特别是小型企业和微型企业融资难是一个全球性的问题。世界银行在《2005年世界发展报告》中,对"小企业和非正规企业受投资环境障碍的影响往往最为严重"问题进行了分析。

大型企业能从正规金融机构获得贷款的比例超过了企业总数的60%,中型企业为45%左右,小型企业仅为35%,而"非正规企业"则仅有5%。对于广义中小企业而言,融资难已是一个普遍性的问题。而对于广义中小企业中那些规模更小的微型企业,特别是"名不正"的个体工商户,其难度之大则更是可想而之。本章在研究过程中,针对微型企业的贷款问题,曾对"微型企业创业资金的主要来源""最希望政府部门提供哪些方面的帮助"两个方面进行过专门的调查。具体情况如图21-1和图21-2所示。

金融机构对于微型企业的贷款支持力度是相当低的。这表现为:

第一,从微型企业创办时的资金来源看,通过银行贷款获得的仅占调查对象的4.44%,通过向信用社贷款获得的占10.56%,二者合计也仅占14.96%。由此可见,银行一般是不会微型企业发放贷款的。

第二,由于通过银行等金融机构获得贷款对于微型企业创业和维持正常经营的极端重要性,许多微型企业主都希望政府能在这方面给予他们大力的政策支持。

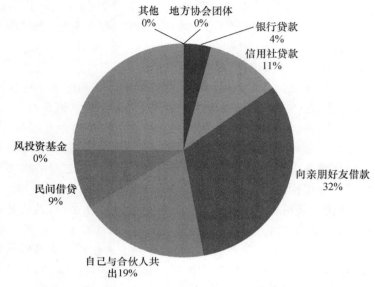

图 21-1　微型企业主创业资金的主要来源

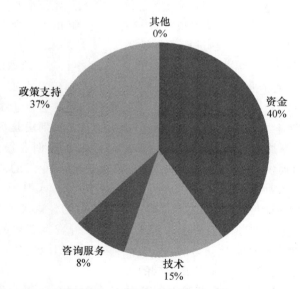

图 21-2　微型企业主最希望政府部门提供哪些方面的帮助

四、内蒙古地区尚未形成支持自主创业和促进微型企业发展的社会化支持与服务体系

所谓促进自主创业和促进微型企业发展的社会化支持与服务体系，是指向自

主创业者以及微型企业发展提供包括教育培训、辅导、市场拓展、社团互助、中介服务以及网络信息交流与沟通等方面服务的社会化体系。这一体系的建立和完善,对于支持和鼓励通过自主创业来创办微型企业以及微型企业的发展与壮大具有重要作用。

从总体上看,我国在支持自主创业和微型企业的发展所必需的社会化支持与服务体系建设方面,还存在着许多问题需要解决。

(一)教育与培训方面

据《2008年国民经济和社会发展统计公报》显示,截至2008年年底,我国城镇登记失业率上升到4.2%,受全球金融危机影响,2009年这一数字无疑将继续上升,温总理在"两会"上表示,2009年我们将努力将城镇登记失业率控制在4.6%。由此可见,2009年我国将面临更加严峻的失业和再就业问题。

为了缓解内蒙古地区所面对严峻的失业和再就业压力,近几年来,从中央到各级地方政府出台了许多政策并采取了许多积极措施,一个重要方面就是由政府出面对失业人员开展大规模的培训工作。但是,我们如果对近几年来各地所开展的就业和再就业培训工作进行仔细地分析和认真反思,可以看到,这些培训还存在着如下问题:

(1)从培训的指导思想和基本思路看,存在"重'就业'而轻'创业'"、"重'被雇用'而轻'自我雇用'"问题。

(2)从培训的方法和内容看,存在"重生产和操作性技能而轻创业和企业管理知识与技能"问题。

(3)高等院校对大学生的创业教育存在"重教育而轻培训,重理论而轻实践"问题。

(二)辅导与咨询方面

如前所述,成功的自主创业活动实际上是一项系统工程,通过系统的培训来获取创业所必需的各个方面的知识和技能,仅仅是成功创业的基础性条件之一。当创业者在此基础上进入自主创业的实际过程时,由于创业的项目、行业、地区、市场条件以及创业者自身条件等方面的不同,仍需要获得来自各个方面的具体指导、咨询和帮助。

内蒙古地区在这方面存在的主要问题是:第一,从各级地方政府看,各级地方政府对自主创业往往是"管理"多而提供的有效"服务"少,基本上没有建立起为创业者和微型企业提供上述服务的机构。第二,从社会服务机构看,除少数地区的个别金融机构在向小企业提供小额贷款服务的同时附带提供部分这些方面的服务外,目前基本上不存在这种专门向创业者提供辅导和咨询的服务机构。

（三）信息网络建设方面

微型企业在创业和企业经营管理过程中，及时获取和发布各种信息，进行信息的沟通和交流是十分必要的。有效利用互联网这一现代化的信息交流和沟通平台，是实现上述目的的一个重要手段。

从内蒙古地区目前的情况来看，在这方面存在的主要问题是：

第一，营利性网站偏多，且消息偏少或者不准确，而由政府创建的服务性网站偏少，且在双向交流与沟能功能上有待提高。

第二，创业者和微型企业为进行市场拓展所发布的各种信息，带有较为浓厚的"行业"特征，导致信息的交流和沟通功能弱化。

因此，由各级政府有关部门出面，建立起为支持创业和微型企业的发展所必需的，能够向创业者和微型企业及时提供各种有用信息的获取和发布，以及能够开展双向和多向交流与沟通的、权威并且可靠的信息网络平台，是社会化服务体系建设的一个重要内容。

五、内蒙古地区微型企业发展中自身存在的主要问题

内蒙古地区微型企业发展存在的主要问题，除了上述涉及外部环境的5个方面外，从微型企业自身看，企业主和员工素质普遍较低、新的能力较低、在创业过程中，盲目和低水平重复创业，对创业项目缺乏科学而系统的分析和论证等等，严重制约了微型企业的发展，使得相当一部分的微型企业由于自身的原因而夭折。

（一）内蒙古地区微型企业创业项目缺乏可行性分析

微型企业在创立之初，创业项目的选择往往建立在自己偶然发现的一个创业机会或者参照身边创业成功实例等情况的基础之上，经过简单的思考和少量的科学依据便确定下来，进而开始创办企业进入市场，基本上没有进行科学系统的可行性分析。然而，一旦进入市场以后才发现自己原来的想法与实际情况有很大的差距，从而导致了企业在经营过程中遇到了一些事先没有预料到的问题。而从微型企业创业者角度分析，之所以没有进行系统的项目可行性分析，原因可能有两个：第一，微型企业创业者自身的素质以及创业意识没有达到这方面的要求，无法认识到创业项目可行性分析的重要性，甚至闻所未闻；第二，即便是微型企业创业者意识上足够重视项目可行性分析，但是由于其自身文化素质普遍较低，基本上无法独立开展这方面的工作，因此必须要求提升这方面的素质，参加有关培训，同时可以得到相应组织或部门的支持与指导。

在本研究过程中，据我们统计的微型企业调查数据显示，导致内蒙古地区微型企业创业失败的原因中，"发现项目不对路"排在第二位，占11.48％。其具体调查数据如图21-3所示。

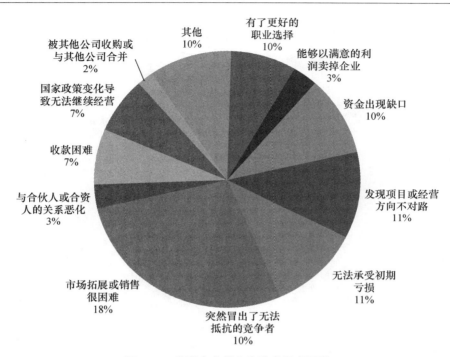

图 21-3 微型企业创业失败者退出原因

(二) 内蒙古地区微型企业主及员工文化素质普遍较低

微型企业主及员工教育水平及文化素质普遍较低是内蒙古地区微型企业自身存在的另一个重大问题,也是阻碍微型企业发展的主要原因之一。尽管微型企业创业动机伴随着经济社会的发展逐渐发生改变,但是现阶段仍然是需求型动机主导,一些高新技术型微型企业的创业者及员工可能普遍素质较高,而其他类型的微型企业主及员工则相对较低。据我国学者李新春调查,我国企业家在创业前从事的职业主要是微型企业生产经营,占36.9%,其中还没有考虑农民企业家相当一部分原来就是从事微型企业生产和经营,两者加起来超过50%,剩下的主要是原来企事业单位的干部和管理人员,他们的管理才能也大多来自在职学习。另据浙江省对数十万户私营企业主抽样调查表明,在这些业主中,70%以上只有初中以下学历,近80%出生于农村,近1/3是土生土长的农民,而这类私营企业中绝大部分属于微型企业范畴。

此外,在本研究过程中所做的内蒙古地区微型企业调查数据显示,微型企业创业者的学历主要集中在初中、高中(含中专、技校)及大专这三个层次,在三个学历层次中所占比例分别为28.7%、38.26%和24.35%,高中(含中专、技校)及以下的总计占到67.83%。其调查数据如图21-4所示。

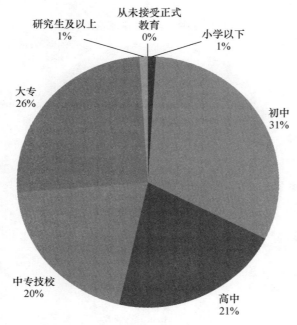

图 21-4 微型企业主学历结构

(三) 管理不科学,人才欠缺

尽管内蒙古地区微型企业规模细小,内部结构设置简单,企业的大部分重要工作及重大决策基本上由企业创业者自己负责,但是伴随着微型企业开始成长之后,特别是一些计划要实现企业蜕变的微型企业,微型企业主自身总有力所不能及之处,因此微型企业往往存在管理相对不够科学、人才普遍缺乏的问题。内蒙古地区微型企业要成长,则必须要加强内部管理,吸引人才,特别是培养人才。然而,对于内蒙古地区大部分微型企业来说,由于其自身特点,很难依靠自身力量来开展员工培训以及改善内部组织管理制度环境,因此在微型企业建立发展阶段必须充分依靠外界的支持来完成自身的成长,进而才有可能在未来蜕变为大中型企业。据本研究过程中内蒙古地区微型企业调查数据显示,绝大多数微型企业主及员工的创业技能是在过去工作中积累掌握的,比例达 79.84%,而通过培训获得创业技能的微型企业主及员工仅占 12.90%。其具体调查数据如图 21-5 所示。

(四) 内蒙古地区微型企业"产品"单一,设备简陋,技术水平低及产能有限

内蒙古地区微型企业中高新技术型企业所占比例相对非常小,而其他绝大部分属于生产技术水平相对较低的生产加工型(农业化种植、养殖亦包括在内)或者服务型微型企业。对于生产加工型微型企业来说,普遍存在产品单一、设备简陋以及技术水平低、产能不足的问题。而对于服务型微型企业则存在人力不足或流

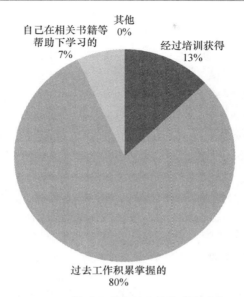

图 21-5 微型企业主创业技能获取途径

程不当,淡旺季或尖峰离峰时段落差悬殊,无法复制产品或量产等问题。而微型企业"产品"单一,设备简陋,甚至是一些企业连简陋的设备都没有,依靠租借等形式进行生产,同时由于较低的技术水平等因素,必然会导致微型企业的产品生产成本过高,而且质量也无法保证,并且由于产能有限,很难在内部形成规模效应、节约成本以及市场上形成价格优势,导致市场竞争力较低,这些都必将严重制约内蒙古地区微型企业的发展。

(五) 内蒙古地区微型企业"产品"市场销售困难,缺乏渠道

对于内蒙古地区微型企业而言,由于其产品特点以及企业内部条件的限制,很多时候只是单一地守株待兔,或是靠着一两人勤跑业务,开拓市场,营业规模难以突破,效果也往往不是很好。然而在如今以渠道为主的时代,要使得微型企业产品能够进入主流市场销售渠道往往要付出不小代价,首先不但要支付很高的抽成比例,一些还要支付上架费,而对于产品的退货微型企业不但得照单全收,还要倒贴运费;即使产品销售出去了,货款却往往需要四个月甚至半年以上才能结清,因此所要准备的周转金也让微型企业难以招架。而且即便愿意接受渠道商的条件,有些渠道还会过滤厂商,不是想要进去就进得去。因此,如何用最少成本让产品接触到最大目标群体,创造最多销售机会,是微型企业一大挑战,因为微型企业产品销售关系着企业的生死存亡。据本研究过程中微型企业调查数据显示,导致微型企业创业失败的原因中,排在第一位的是"市场开拓或销售出现困难",占

18.03%。

（六）内蒙古地区微型企业缺乏持续创新能力

创新是一个企业发展的永恒课题，是企业的动力之源。一个企业要想在强手如林的竞争时代，保持持续、健康的发展态势，取决于企业能否建立有效创新机制。创新，主要体现在管理上、技术上、制度上和人才上。而内蒙古地区微型创业其实不乏深具创意与创新精神者，因为很多微型企业（特别是高新技术型微型企业）的创办就是建立在创新的基础之上，比如创新产品、创新科技、创新的服务方式、创新的经营模式等。旧的客户也会掉头而去，而微型企业是否能进一步蜕变成规模更大的企业则与持续创新密切相关。但往往微型企业的多数创业者在创业之初具有较强的创业精神，一旦形成一定的基业后，创新精神或者是二次创业的动力就会出现明显下跌的情况。一般来说那些由大学毕业生、科技人员、留学归国人员创办的微型企业因创业者本身的素质与志向而仍然具有相当的创新动力与创新能力，但内蒙古地区多数微型企业因创业者文化程度不高，同时创业的目的又是以自我就业、小富即安为主，加上进行创新会遇到很多新的难题，如资金、技术、人才等，所以他们不再去积极创新，而且也缺乏创新的能力。因此微型企业普遍缺乏持续的创新能力，往往很多微型企业没有独立研发部门，也无法进行持续创新，总结原因可能存在两个方面：第一，没有持续创新的意识；第二，自身条件的限制无法进行持续创新。

第三节 对策与建议

鉴于对于内蒙古地区微型企业发展问题的阐述，促进微型企业发展最为关键的是改善其外部的发展环境，而在改善发展环境的过程中又必须要注重系统性，因此在内蒙古地区构建起一个促进微型企业发展的综合扶持体系至关重要。

近些年来，世界上许多国家和地区都非常重视支持和促进微型企业的发展，积极制定诸多政策并采取有力措施，在推动微型企业发展过程中积累了宝贵经验。如本章第一节所述，各个国家或地区所采用的措施主要在以下几个方面：第一，国家政策法规及政府支持方面的措施，包括给予微型企业明确的法律界定、建立对微型企业进行管理和提供服务的专门政府部门和机构、制定扶持微型企业发展的国家级法律和政令（例如税收政策等）以及简化行政手续等；第二，金融扶持方面的措施，包括成立专门为微型企业提供贷款的的小额贷款公司、政府的资金支持体系、金融政策以及正规金融机构广泛参与等；第三，社会化支持与服务方面的措施，包括发挥企业联合中介机构的作用、加强信息服务体系建设、加强社会教育与培训、管理咨询以及建立专门为微型企业提供服务的社会化服务体系等。

因此,在研究建立内蒙古地区促进微型企业发展的综合扶持体系时,本研究充分借鉴了国外部分国家和地区的宝贵经验,并结合内蒙古地区经济社会发展的实际状况,给出了具体可行的建议。

一、内蒙古地区微型企业综合扶持体系的基本框架

微型企业综合扶持体系的基本框架如图 21-6 所示。

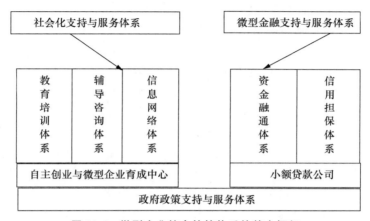

图 21-6　微型企业综合扶持体系的基本框架

(1) 据本章前面的分析,由于在社会经济活动中,微型企业相对而言是属于"弱势群体"。因此,构建一种良好的外部环境对于内蒙古地区微型企业的发展是至关重要的。而这种良好的外部环境主要涉及微型企业发展过程中的金融支持与服务、社会化的支持与服务以及政府的政策支持与服务等三个方面。因此,微型企业综合扶持体系从总体上看,应包括"微型金融支持与服务体系""社会化支持与服务体系"以及"政府政策支持与服务体系"等三个子系统。而在这三个子系统中,"政府政策支持与服务体系"又是另外两个子系统构建与正常运行的基础。换言之,如果没有政府的政策支持与服务,另外两个子系统是不可能建立起来并保持正常而有效的运行的。

(2) 根据部分国家的经验,微型企业的发展涉及众多经济活动主体相互之间利益关系的协调以及对众多经济活动领域各种资源的动员、利用、组织与协调。显然,除了政府以外,任何一个经济主体都不可能有这种能力来担当如此重任。因此,这一综合扶持体系必然应当在政府的主导之下来建立。

(3) 在市场经济条件下,这一综合扶持体系的建立及运行,应当在充分尊重市场经济规律的前提下,将政府的调控和干预这只"看得见的手"与市场调节这只"看不见的手"有机结合起来,以充分发挥各自的优势和作用,调动各个方面的积极性。换言之,"政府主导+市场化运作"应当是内蒙古地区微型企业综合扶持体系建立和运行的基本思路。

（4）作为这一综合扶持体系中的"微型金融支持与服务体系"和"社会化支持与服务体系"两个子系统，在实际运作中是分别由"小额贷款公司"和"自主创业与微型企业育成中心"作为各自运作的支柱、平台和主要实施机构。换言之，在政府的政策支持和服务的基础上，以"公司＋中心"作为运作的支柱、平台和主要实施机构，是这一综合扶持体系的基本运作模式。

二、微型金融支持与服务体系的建立

所谓微型金融支持与服务体系，是指在政府的主导之下建立起来的，以小额贷款公司作为支柱、平台和主要实施机构的，集政策性、商业性、合作互助性、民间性为一体的，向微型企业和自主创业者提供"微型贷款"支持和服务的金融体系。该体系的"政策性"是指这一金融体系是在政府的有关金融政策的支持、指导和监管之下建立和运行，其目的是通过有效解决内蒙古地区微型企业和自主创业者的融资难问题，从而支持创业者进行自主创业和促进我国微型企业的发展。"商业性"是指该体系在向微型企业和自主创业者提供贷款支持与服务过程中，应当是按照市场经济中金融活动的市场化和商业化模式来建立和运行。"合作互助性"包括以下两个方面的含义：第一，是指作为该体系中的主体金融机构——小额贷款公司是通过民营企业和个人共同出资的合资方式来组建；第二，是指该体系在运行过程中，贷款方（指微型企业和自主创业者）主要是通过社区互助合作担保方式来获得"微型贷款"支持。"民间性"是指该体系的贷款资金来源是在政府的政策支持和主导之下，充分调动民间（指企业和个人）的积极性，通过汇集民间的闲置资金来获得。

在内蒙古地区微型金融支持与服务体系的建立与运行过程中，主要涉及"微型金融"的资金融通体系和"微型贷款"担保体系两个方面。对于这两个方面，我们的基本思路和建议如下：

（一）关于"微型贷款"的担保体系建立问题

在内蒙古地区微型金融支持与服务体系建立及运行中，如何做到既要保证微型企业和自主创业者能够及时获得所需要的贷款资金支持，同时又要保证贷款资金的安全（贷款偿还率），是我们必须思考并需要寻找办法解决的另一个重要问题。对此，本研究建议借鉴2006年诺贝尔和平奖获得者、孟加拉国的穆罕默德·尤努斯教授（Muhammad Yunus）所创建的"农村银行"的成功经验以及国际上通行的做法，并结合内蒙古地区的实际情况，建立起以成立社区合作互助组织并实行"会员互助—集体担保"制度的信用担保体系为主，以抵押贷款为辅助的微型贷款担保体制。

1. 建立"微型贷款"信用担保体系

关于这种以成立社区合作互助组织并实行"会员互助—集体担保"制度的"微型贷款"信用担保体系。

（1）实行"会员"制度。这种制度即是由小额贷款公司出面，在各社区组织成立"社区合作互助小组"（以下简称"小组"），要求所有希望获得小额贷款的人都必须在自愿的基础上参加小组并成为其"会员"。根据国际上的惯例，一个小组的成员数一般以 4—7 人为宜。

（2）实行入会培训和"会员大会"制度。即人们在申请并正式成为会员之前，都必须参加由小额贷款公司组织的培训，其内容包括小额贷款资金的申请获得方式、资金运作方式、创业知识以及企业管理基本知识等方面的培训，并且通过一定的资格审查和考核合格后才能成为会员。并且作为会员均应参加定期举行的"小组会议"或"会员大会"。

（3）实行"集体担保"制度。即会员在申请小额贷款公司的贷款时，所参加的小组成员均互为贷款担保人。由于会员是否参加某一小组是完全自愿的，并且一旦参加后必须为该小组其他成员提供贷款担保。因此，通过这种方式可以充分发挥会员的集体力量，去调查和判断其他成员的诚信程度和偿还贷款的能力，以确保贷款的安全。

（4）实行小组成员集体把关与咨询制度。为了确保贷款项目的成功，会员在申请贷款时必须围绕自己现有的技术和技能、准备创业的项目等提供包括市场需求和竞争状况调查、创业和经营计划、贷款偿还计划等方面的材料，填写小额贷款公司所要求的创业计划书，由小组成员集体审查并经小组全体成员同意通过后才有资格申请贷款，也即小组成员有权否决贷款申请。

（5）实行社区基层政府组织的审核制度。创办和经营微型企业必须在国家有关法律法规许可的范围内进行，同时，也是为了切实保证贷款资金的安全。因此，在会员申请小额贷款获得小组同意后，由小额贷款公司委托社区基层政府组织进一步对申请贷款人的诚信程度、偿还贷款能力、创业或经营的项目是否符合国家有关政策和法律法规的规定以及是否符合社区的规划等再次进行审核，通过后才正式向小额贷款公司提交贷款申请。

（6）实行小额贷款公司的随时检查制度。即在创业项目实施过程中，小额贷款公司应随时通过各种方式，随时检查贷款者对贷款资金的使用是否符合贷款申请中说明的用途。如果发现滥用贷款导致项目失败并造成偿还贷款困难的，则将其从会员中除名。

（7）实行"逐级贷款"制度。即对于希望扩大经营规模而要求增加贷款数额的会员，在该贷款人具有完美的贷款偿还记录，其所在小组的集体担保完全有效，扩

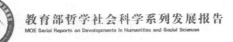

大经营规模的市场需求调查、创业和经营计划、贷款偿还计划等材料经小组完全同意,能够按期参加小组会议或会员大会等一系列条件具备的情况下,可以申请"逐级贷款",即申请增加贷款数额。

(8) 实行"两级信用担保"制度。即对于符合逐级贷款条件,且企业或创业项目具有良好的发展前景,同时申请贷款金额较大的会员,可在上述小组成员集体担保(即一级信用担保)的基础上,由小额贷款公司作为"二级信用担保"主体,协助向商业银行申请贷款。需要说明的是,在上述"微型贷款"信用担保体系运行过程中,对于城镇居民中具有贷款抵押条件(如城镇居民的私有住房)以及其亲属拥有较为稳定且达到一定数额的经济收入的,也可采用抵押贷款方式(对于具有贷款抵押条件的)或由其亲属以收入作为担保(对于其亲属拥有较为稳定且达到一定数额的经济收入的)向小额贷款公司申请微型贷款。

2. 在农村建立"信用担保贷款"与"抵押贷款"相结合的"微型贷款"担保体系

从上述"微型贷款"信用担保体系的建议说明中可以看到,该建议方案的实施是有一定条件限制的。即一般来讲它仅仅适用于在城镇中拥有相对固定的居住条件,已经稳定地被纳入某一社区的管理体系,且社区居民相互比较了解和熟悉,具备成立"社区合作互助小组"条件的城镇居民群体,以及具备上述条件且在当地自主创业的农村居民群体。而对于我国在改革开放后大量流入异地城市"进城务工"的农村富余劳动力中的自主创业者,由于他们一般来讲在城市中都没有固定的居住条件,而是租房居住。同时,他们由于流动性较大,没有被稳定地纳入某一社区的管理体系,且他们彼此之间以及与本地社区的居民相互之间也并不了解和熟悉。因此,上述"微型贷款"信用担保体系对于他们来讲,既难于操作,也存在很大的风险,容易导致出现贷款资金的安全问题。这是内蒙古地区"微型金融"支持与服务体系建立过程中必须面对且需要解决的一个难题。

对于上述难题,本研究的基本思路是,建议在农村中建立起微型贷款的"信用担保体系"与"抵押贷款"相结合的体系。对于具备"微型贷款"信用担保体系实施条件且在当地自主创业的农村居民,可实施"信用担保贷款";而对于流入异地城市自主创业的农民,则可以"承包地有限经营权"作为抵押,向本地(指农村居民户口所在地)的小额贷款公司申请"抵押贷款"。

关于这一建议,本研究的基本思路是:

第一,对于流入异地城市进城务工的农村富余劳动力中那些有志于在城市自主创业,但又无法有效纳入"微型贷款"信用担保体系的农村居民,在经行政村同意的基础上,可用所承包土地的有限经营权作为抵押,向当地的小额贷款公司申请用于自主创业的"微型贷款"。这里承包土地有限经营权中的"有限"同时包含以下两个方面的含义:一是指承包土地的经营权仅仅在"有限"的时间期限(一般是若干年内）内作为抵押，并不是承包土地经营权永久的转让或放弃。二是指在土地承包权抵押的"有限"时间期限内，小额贷款公司不能任意改变土地的用途或者说不能任意改变土地的耕地性质。

第二，小额贷款公司可在土地抵押期限内，在不改变土地用途的条件下将抵押的土地出租或转包给其他农户或者经营实体用于农业生产经营活动。同时，在此期限内国家给予该块土地的各种补贴等收益也归小额贷款公司所有或由其支配使用。

第三，当抵押期限到期并且贷款方偿还完贷款本金及付清利息后，该块土地的经营权仍归还原有承包的农民。如果到期仍不能偿还贷款本金及利息，则可在履行一定的手续后（如经行政村同意）延长抵押期限。

第四，由于这种抵押仅仅是承包土地经营权的"有限"抵押，而不是土地所有权的抵押。因此，对于小额贷款公司而言，与一般意义上的抵押贷款相比较具有更大的风险。为了有效解决这个问题，可在全国各地小额贷款公司合作的基础上，由贷款地小额贷款公司委托申请贷款者自主创业城市的小额贷款公司，随时检查贷款者对贷款资金的使用是否符合贷款申请中说明的用途。如果发现滥用贷款导致项目失败并造成偿还贷款困难的，则将其记入诚信记录的"黑名单"，并通过于全国金融机构联网合作的方式永久取消其向所有金融机构贷款的资格。

3. 建立"大学生自主创业专项支持基金"及信用担保体系

在解决大学毕业生"就业难"，帮助他们通过自主创业从而实现由"被雇用"到"自我雇用"的转变过程中，如何有效解决大学生自主创业所必需的资金来源以及相应的贷款担保问题，是在构建我国"微型金融"体系过程中必须思考并寻找有效办法予以解决的另一个重要问题。由于大学毕业生在毕业初期的一段时间内，一般在城市中都没有固定的居住条件，而是租房居住，流动性较大，没有被稳定地纳入某一社区的管理体系，他们彼此之间以及与本地社区的居民之间相互并不了解和熟悉等方面的原因，将他们纳入前述一般意义上的"微型贷款"信用担保体系既难以操作，也并不现实。同时，由于大学毕业生也没有可供申请抵押贷款的承包土地经营权，因此，也不可能将他们纳入以"承包地有限经营权"作为抵押申请"抵押贷款"体系。

根据以上分析，对于内蒙古地区大学毕业生自主创业的资金支持以及相应的担保，我们的建议是，在内蒙古地区高校中设立专门的组织机构和专门的基金来解决这一问题。具体来讲：

（1）在内蒙古地区高校中设立专门的"大学生自主创业专项支持基金"。该项基金可通过小额贷款公司设立专门支持和鼓励大学生自主创业的"大学生自主创业支持基金"，与政府财政和教育主管部门设立的为支持和鼓励大学生自主创业的"大学生自主创业基金"等类似的基金共同构成。在实际运作过程中,可以以该项基金作为平台,接受社会的专项捐赠,以扩大基金的规模。

(2) 该项基金应按照商业性和政策性相结合的模式进行运作和管理。即一方面大学生可以按照商业化模式和运作程序申请该项基金的自主创业小额专项贷款;另一方面,由于该项基金具有很强的支持和鼓励大学生自主创业的政策性和针对性特征,因此,各个学校的该项基金只接受本校以及合作的相关学校学生的贷款申请。

(3) 由政府牵头,在各高校成立"自主创业与微型企业育成中心"等类似的组织机构。该中心的主要职责是:第一,对"大学生自主创业专项支持基金"进行管理和运作。第二,聘请有关专家学者、社会团体和企业人员等组织成立"自主创业与微型企业专家咨询与审核委员会",负责对申请贷款学生准备创业的项目、市场需求和竞争状况、创业和经营计划、贷款偿还计划以及创业计划书等进行评估和审核把关。第三,对申请贷款的学生进行信用评估。第四,对具有良好发展前景的大学生创业项目进行咨询、辅导和培育。第五,对大学生进行自主创业的教育和培训,等等。

(4) 学生在申请"大学生自主创业专项支持基金"时,宜采用"信用担保"和"信用贷款"模式进行运作。即大学生在申请该项基金贷款时,不要求提供抵押(实际上就一般而言,大学生也并不具备抵押的条件和能力),而是以其本人的信用或具有稳定且达到一定数额经济收入的父母或亲属的信用作为担保申请贷款。相应的学校"自主创业与微型企业育成中心"也对获得贷款的学生建立诚信档案,并由该中心负责或委托学生自主创业所在地的小额贷款公司对获得贷款学生贷款资金的使用是否符合贷款申请中说明的用途等随时进行检查。如果发现滥用贷款导致项目失败并造成偿还贷款困难的,则将其记入诚信档案的"黑名单",并通过与全国金融机构联网合作的方式永久取消其向所有金融机构贷款的资格。

4. 建立全国性的微型金融合作与信息网络系统

从前面的分析建议中可以看到,在内蒙古地区微型金融支持与服务体系建立和运作过程中,建立起与之配套的、全国性的微型金融合作与信息网络系统是十分必要的。因此,本研究建议在构建内蒙古地区微型金融体系过程中,建立起与之配套的、全国性的微型金融合作与信息网络系统。同时,该系统可与中国人民银行组织全国商业银行已经建成的、已经初步包含了全国 1 300 多万户企业和近 6 亿自然人信用档案的、全国统一的"企业和个人征信系统"实行联网合作。

该系统的建立,至少在以下两个方面发挥重要作用:第一,通过各地小额贷款公司相互之间以及与全国商业银行之间的合作,可以实现对微型贷款异地创业使用情况的随时监控和检查;第二,可以通过网络系统对贷款者的诚信记录随时查询，以有效降低贷款资金的风险，保证贷款资金的安全性。

(二)发挥其他金融机构在内蒙古地区"微型金融"支持与服务体系中的作用

需要指出的是，内蒙古地区的微型金融支持与服务体系虽然是以小额贷款公司作为支柱和主要实施机构，但这并不意味着其他金融机构特别是各商业银行在其中无所作为以及不承担相应的责任。因此，各商业银行应改变信贷活动中"抓大放小""喜大嫌小"的传统思路与做法，转变工作作风，提高为中小企业、微型企业以及自主创业者服务的态度与水平。在保证资金安全和尽量规避风险的前提下，增加对自主创业和微型企业提供"微型贷款"的数量。为此，本研究建议：

第一，国家应制定相关的政策，要求、支持和鼓励各商业银行增加对微型企业和自主创业项目的"微型贷款"数量。同时，对"微型贷款"的风险评估、监控与管理模式进行改革。借鉴国际上部分国家的做法，建立起一套与之相适应的、适合我国国情的、具有中国特色的"微型贷款"运作模式。

第二，为加强各商业银行增加"微型贷款"的可操作性，降低运作成本，可将各商业银行的"微型贷款"运作与小额贷款公司的"微型贷款"信用担保体系实行对接。一方面商业银行可向小额贷款公司贷出一定数量的借贷资金，用于充实小额贷款公司的注册资本；另一方面，"借道"小额贷款公司的信用担保体系，对于该信用担保体系实施中符合"逐级贷款"条件，且企业或创业项目具有良好的发展前景，同时申请贷款金额较大的会员，可在上述小组成员集体担保(即一级信用担保)的基础上，由小额贷款公司作为二级信用担保主体，协助向商业银行申请"微型贷款"。

第三，如前所述，可将中国人民银行组织全国商业银行已经建成的、已经初步包含了全国1300家企业和近6亿自然人信用档案的、全国统一的"企业和个人征信系统"与全国性的"微型金融"合作与信息网络系统实行联网合作。

(三)以"自主创业与微型企业育成中心"为依托，建设信息沟通与交流的开放式平台——自主创业与微型企业专门网站

在内蒙古地区为支持和促进微型企业发展的社会化支持与服务体系建设过程中，适应现代科学技术发展的客观要求，充分运用现代计算机技术和网络技术，构建起为自主创业者和微型企业提供信息沟通与交流的开放式平台——为自主创业者和微型企业提供服务的、专门的网站，以有效地解决由于缺少政府创建的，向创业者提供有关政策的介绍、咨询和其他各种有关信息服务的网站而造成的信息的交流和沟通功能弱化，等等。对此，本研究建议：

(1)以各地所成立的"自主创业与微型企业育成中心"为依托，在建立类似日本的中小企业"地方情报中心"机构的基础上，由政府委托该中心负责这种网站的建设、运行与维护。

(2) 由于这种网站是由政府委托"自主创业与微型企业育成中心"建设起来的,网站的运行不能带有以营利为目的、网站可以发布国家和各地政府有关支持和鼓励自主创业与微型企业发展的权威性政策和信息的商业性网站性质,具有权威性、政策性和社会服务性的特征。网站应当是开放式的,可以允许公众通过网站相互进行信息的沟通与交流。

(四)充分发挥社会团体和中介组织在"微型企业社会化支持与服务体系"中的作用

在构建内蒙古地区促进微型企业发展的社会化支持与服务体系过程中,应在"自主创业与微型企业育成中心"作为支柱、平台和主要实施机构的基础上,充分发挥社会团体和中介组织的作用。为此,本研究建议:

(1) 国家和各级地方政府应制定有关的政策,鼓励各类社会团体和中介组织积极参与到支持和促进我国自主创业和微型企业发展的行动中来。

(2) 关于各类社会团体和中介组织参与到这一社会化支持与服务体系中来的具体途径和方式,本研究建议:

第一,各类社会团体(如各地的地方商会、行业协会、工商联等)应根据自己的具体情况和优势,适时举办一些有针对性的培训辅导活动,组织开展一些有关自主创业项目的选择、微型企业的经营与管理、产品的市场开拓等方面的咨询辅导活动。以及凭借自身的条件、优势和渠道等,帮助自主创业者实施创业,帮助微型企业联系产品销售、开展市场营销、加强企业管理甚至帮助解决暂时遇到的资金困难等。同时,各种社会中介组织也应尽自己的力量,帮助自主创业者和微型企业解决创业和企业经营活动中所遇到的困难和问题。

第二,以"自主创业与微型企业育成中心"作为纽带和平台,加强自主创业者、微型企业与社会团体、中介组织的联系,搭建社会团体和中介组织参与活动的"舞台",即可由"自主创业与微型企业育成中心"聘请部分社会团体和中介组织人员作为顾问或专家,参加到"自主创业与微型企业育成中心"的管理、咨询辅导、教育培训等活动中来;通过"自主创业与微型企业育成中心"为自主创业者、微型企业建立与社会团体及其成员以及中介组织的业务联系,等等。

第二十二章 "双创"背景下的小微企业的服务与监管

小微企业是小型企业、微型企业、家庭作坊式企业、个体工商户等群体的统称。一定程度上讲,小微企业涵盖了个体私营经济中的各类主体,是我国数量最大的市场主体,根据国家工商总局的相关统计数据显示,目前我国实有市场主体已超过7 000万个,其中小微企业群体(仅个体工商户和农村专业合作社)数量已超过5 000万个,占比超过七成以上。与此同时,小微企业群体就业人群在全国就业人群中的比重逐年上升,相关数据显示,个体私营经济从业人员占全国就业人员的比例从1990年的3.5%,增长到2014年的32.36%,逐步成为吸纳就业人口的重要"蓄水池"。

本章对商事制度改革以来的小微企业发展情况进行回顾,在此基础上,对我国小微企业的服务模式进行梳理和分析,然后针对小微企业的监管提出政策性建议。

第一节 商事制度改革以来小微企业发展回顾

2014年2月7日,国务院印发《注册资本登记制度改革方案》,标志着商事制度改革在我国全面铺开,在这之前相关的试点工作已在深圳、珠海等城市展开。以"轻审批重监管"为主要特色的商事制度改革为小微企业的发展创建了良好的环境,商事制度改革近两年以来,我国小微企业群体的发展迎来新的局面。具体而言,近两年小微企业群体的发展具有以下几个方面的特点。

第一,小微企业的营商环境不断优化。商事制度改革以来,小微企业营商环境的优化最重要的表现就是市场准入门槛的降低和行政审批事项不断减少:2014年2月,国务院取消和下放64项行政审批项目和18个子项;2014年8月,国务院将31项工商登记前置审批事项改为后置审批;2014年11月,国务院将82项工商登记前置审批事项调整或明确为后置审批;2015年3月,国务院将21项工商登记前置审批事项改为后置审批,并建议将5项依据有关法律设立的工商登记前置审批事项改为后置审批。至此,关于工商登记的前置审批事项大大减少,或转化为后置审批事项,为小微企业群体的市场准入提供了便利。

第二,私营企业是新登记小微企业的主要群体,并成为吸纳就业的主力军。商事制度改革以来,市场主体准入机制的不断放宽,使"双创"群体的数量不断增加。在这当中,个体私营经济主体成为小微企业群体中的主要主体,相关数据显示,改革一年多以来,新登记小微企业所有制类型分布中,私营企业占比达到97.13%,内资(非私营)企业和外商投资企业占比分别仅为2.55%和0.32%,新增小微企业的行业分布主要集中在批发和零售业(35.80%)、租赁和商务服务(17.26%)和工业(10.19%)等领域。此外,小微企业中,广大个体工商户和私营企业是行政审批制度和商事制度改革的主要服务对象,成为我国吸纳就业的重要载体,2008年以来个体工商户从业人员每年增速保持在10%—15%,私营企业从业人员每年增速保持在10%左右。

第三,小微企业群体自身依然还存在一些结构性问题。尽管目前小微企业群体的发展迎来了"黄金时代",但该群体自身依然存在一些结构性问题,均不同程度存在"用工荒、融资难、人才匮乏、专业化经营水平不高等问题,这在很大程度上制约了小微企业群体的长期可持续发展。以小微企业群体的文化水平为例,根据对外经济贸易大学的一份研究报告的调查显示,小微企业群体中文化水平在高职大中专及以下的占比达53.49%,显然小微企业群体的文化水平在很大程度上限制了该群体自身的专业化经营和可持续发展。因此,小微企业群体的发展需要引起社会各界的广泛关注,政府部门、社会组织以及专业服务机构都应该从各自的角度为小微企业的发展提供专业化、高效率的服务。

第二节　小微企业的服务要注意的问题

显然,小微企业群体自身的一些局限性决定了该群体很难仅依靠自身的力量发展壮大起来。要实现小微企业群体的持久性健康发展,就需要在小微企业服务方面下足功夫。具体而言,可以从以下三个方面考虑,为小微企业企业群体提供优质、高效的服务。

一是政策层面的扶持应当有针对性,精准高效地解决困扰小微企业发展的体制机制性问题。随着政府职能的不断转变,"服务型政府"的理念也被写入党的十八大报告。目前,商事制度改革可以说在体制机制层面破除了制约小微企业发展的制度性障碍,因而对小微企业的服务应当从制度层面向政策操作层面转变。扶持政策的出台应当精准化解制约小微企业发展的障碍,具体而言,政策的精准性应当体现在三个方面:发现问题的精准性,出台政策前的调研应当深入了解小微企业的真实需求,不应当为了调研而调研;出台政策的精准性,基层政府部门出台的扶持政策应当具有可操作性和可实现性,不要只是为了便于工作执行提供一些对小微企业而言并不重要甚至并不需要的服务;扶持力度的精准性,对于一些的确能有利于小微企业健康发展的政策(如简化前置审批、简化纳税流程等),应当彻底执行,确保小微企业尽享政策。

二是鼓励小微企业孵化园区(平台)的发展,降低小微企业创新创业的成本。国务院曾下发《关于大力推进大众创业万众创新若干政策措施的意见》,提出发展创业服务,构建创业生态,指出应当鼓励新型创业孵化平台的发展,为小微企业提供专业化的第三方服务和"互联网+"服务。具体而言,专业化的孵化园区(平台)至少可以起到以下三方面的积极作用:创业前期的资源共享作用,创业前期良好的创意和商业计划书大都是以共享开放的创业资源为基础的;创业初期培训指导作用,从创新成果到市场推广过程中还有许多与产品本身无直接关系的创业必经流程,孵化园区(平台)的专业化的创业指导可以降低这一系列活动的成本;成长阶段培育作用,创业企业成长阶段并非一帆风顺,孵化园区(平台)的培育服务在一定程度上可以为小微企业的成长保驾护航。

三是促进小微企业集约化服务模式的发展,解决小微企业经营管理中的难题。小微企业的创业成本,对于整个社会而言是比较低的,但对于单个企业而言却是比较高的,很多小微企业的生命周期较短很大程度上就由其创业及经营管理过程中的成本较高所致。对于一个可以为小微企业创业提供各项集约化服务的平台而言,单个企业的边际创业成本几乎为零。因此,集约化的服务模式是解决小微企业创业成本高的一种有效模式。具体而言,以下几种服务均可采取集约化服务模式:代理运营,小微企业群体的专业化水平不高,代理运营(如代理记账报税等)可以在很大程度上解决小微企业的后顾之忧,使其专注于具体的创业活动;融资对接服务,集约化的融资对接服务(项目评估、信用评级、融资接入、贷后风险管控等)可以在很大程度上化解单个小微企业的融资难问题;市场推广服务,小微企业的生产和销售市场往往分离(最典型的如农产品,其需求市场往往不在农村),集约化的市场推广模式(如电子商务平台推广等)可以为小微企业拓展跨市场、跨地域的营销渠道。

第三节　创新小微企业监管模式

小微企业监管的是最为广泛的市场主体,也涉及了广大的就业群体,因此创新该群体的市场监管模式具有重要意义。对小微企业群体的市场监管模式,应当有别于一些大中型企业。具体而言,可以从以下几个方面考虑:

一是通过联动监管提高监管效率,尽可能少干预小微企业的成长与发展。随着简政放权和商事制度改革的不断推进,市场主体的监管方式在不断创新。"宽进"为小微企业营造了良好的营商环境,但还需要"严管"来确保公平有序的市场秩序。对于小微企业而言,其数量大,人群广,难以进行全面的有效监管。因而抽查机制的出台对于小微企业的监管来说具有重要意义。随着"三证合一、一照一码"的全面实现,多部门联动的监管模式成为可能。目前,天津自贸试验区在实践中创新了抽查机制,实行多部门联动的监管模式,采取"随机抽查、联合检查"的方式。显然,这种抽查机制做到了提高监管效率,并尽可能少干预企业经营的效果,在小微企业的监管方面更具有推广价值。

二是构建小微企业发展动态检测体系,实时反映其发展动态。小微企业群体形态多样,很难一一监管,因此政府部门基于小微企业群体的一些共有微观形态特征,构建相应的宏观监测指标体系,通过相关指标,动态监测小微企业的发展状况。例如,可以基于消费者信心指数、企业家信心指数构建小微企业群体的信心指数,以反映该群体在创业环境、经营管理、就业、融资等方面动态特征,相关扶持政策的出台也可以这样的指数作为参考。再如,可以构建小微企业的活跃度指数,从其经营管理市场交易频率、规模、广度反映其活跃情况,以便及时发现一些僵尸企业,并引导其转型或退出。

三是完善小微企业信用体系,强化信用监管的作用。现代市场经济是契约经济,信用在市场经济中具有重要作用。随着社会信用体系的不断完善,我国将建立覆盖政务诚信、商务诚信、社会诚信和司法公信等领域的社会信用体系。因此,信用在市场监管中的作用日益凸显,逐步成为事中事后监管的重要手段之一。在小微企业群体中,强化信用监管,作用是不言而喻的:一方面,信用监管的联合惩戒机制提高了监管效率,并且从根本上为小微企业的成长创造了良好的信用环境;另一方面,信用监管对于小微企业而言,可以强化其信用意识,进而提高经营管理能力。

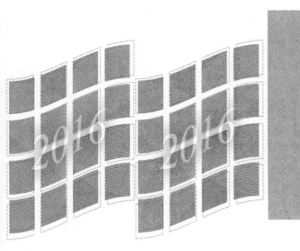

第五篇
2015年中国中小企业互联网专题调研报告

第二十三章　沪深两市物联网企业科技资源投入效率研究报告

物联网产业是我国的战略性新兴产业,在国民经济中具有"战略性"和"新兴性"两大特征。国际电信联盟(ITU)2005年对物联网正式定义,指出物联网是互联网应用的延伸。物联网的技术体系可表示为C3SD形式,即通信(communication)、计算(computation)、控制(control)、感知系统(sensor network)和数据海(data ocean)。物联网被认为是互联网之后最重大的科技创新,对于现代服务业的发展具有重要意义。

国务院2010年出台的《关于加快培育和发展战略性新兴产业的决定》就曾指出,"促进物联网、云计算的研发与示范应用"。近年来,不论是各级政府部门,还是物联网企业自身,在物联网领域的科技资源投入均呈现增长趋势。这也产生了一个问题:物联网产业的科技资源投入与产出是否有效率?

科技资源投入—产出的效率评价,既可为物联网企业的经营者进行经营管理和科技资源优化配置提供借鉴,也可为有关政府部门制定相关产业政策以规范和引导物联网产业发展提供参考,所以,对科技资源投入—产出效率的评价具有重要的现实意义。

第一节　文献综述

关于企业科技资源投入与绩效之间关系的研究较多。Lang等从七个维度(学习、研发、资源配置、生产、市场、组织和战略规划)研究了企业科技创新方面的投资与绩效之间的关系。吴淑娥等以西安高新区为例,基于非参数的结构方程模型研究了企业科技资源投入与绩效之间的关系,发现科技活动人员数量、科研经费等因素均会对企业绩效产生显著影响。戴小勇等则指出在科技资源投入方面,企业的研发投入强度也会对绩效产生显著影响。杜跃平等从生命周期角度分析了高科技型企业研发投入与绩效之间的关系,指出企业在不同时期的技术策略会对企业的盈利能力产生影响。

对于科技型企业而言,科技资源投入对于企业的研发创新乃至企业绩效具有重要作用。例如 Coad 等通过分位数回归法的研究指出,科技创新是科技型企业快速成长的关键原因。梁莱歆等通过实证研究指出,高科技企业的研发费用和技术人员的投入在一定时滞条件下与企业的盈利能力和发展能力呈现显著正相关。刘继兵等以科技型小微企业为例,指出企业科技创新活动的投入可以分为研发投入和非研发投入两类。对于物联网企业而言,赵波等指出,可以通过建立协同创新网络实现对科技资源的优化配置,以实现企业绩效的提升。

对于企业投入—产出的研究,可以分为两大类:一类是投入产出关系的研究,这类研究主要是通过相关回归分析、结构方程模型等分析投入对产出的影响及二者之间关系,如吴淑娥等、赵波等学者的研究;另一类则是投入产出效率的评价,这类研究则侧重于投入效率的研究,并分析非有效的原因,主要研究方法为数据包络分析(data envelopment analysis,DEA)及其相关的方法,如欧阳歆研究物联网企业运营效率时就采取了类似的方法。

本章在分析物联网企业科技资源投入与产出的基础上,运用数据包络分析和 Malmquist 指数评价我国物联网企业科技资源的投入产出效率,并分析科技资源投入效率的变化情况。

第二节　理论方法与数据

一、物联网产业科技资源投入与产出

物联网企业的科技资源投入与产出通过图 23-1 进行说明。

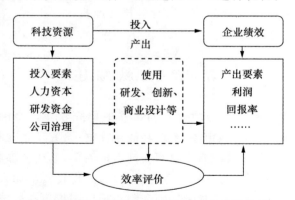

图 23-1　物联网企业科技资源投入与产出体系

物联网企业在科技资源方面的投入可以分为三类:一是人力资本投入,例如研发人员等;二是科技资源方面的资金投入,包括研发费用等;三是管理投入,例如物联网企业的资本结构、营运能力等。物联网企业科技资源的使用方向与其他

科技型企业具有相似性,物联网企业科技资源的投入与产出之间也存在一种"双螺旋"效应,即科技资源投入与企业绩效间存在相互促进关系。因此,可以用企业的绩效(净利润、净资产收益率等)一定程度上反映物联网企业科技资源投入的产出。

图23-1中虚线框内为企业内部过程,一般是观察不到的,只能从相应的投入和产出指标对物联网企业科技资源投入的效率进行评价。

二、效率评价方法与模型

数据包络分析(DEA)是较常用的效率评价方法。第一个数据包络分析模型由Charnes、Coopor和Rhodes提出,简称为CCR模型。利用CCR模型可以衡量物联网企业科技资源投入的综合效率,当某个企业综合效率值小于1时,表明该企业并未处在最优的生产前沿面上,这可能是技术或规模因素造成的。在CCR模型基础上改变规模报酬不变的假设,即可得到规模报酬可变的BCC模型。BCC模型将CCR模型中投入产出的综合效率(TE)分解为纯技术效率(PTE)和规模效率(SE)。

可以在DEA模型基础上,进一步用Malmquist指数模型分析物联网企业的科技资源投入效率。为研究决策单元投入产出的全要素生产率(TFP)的变动,Caves等提出了忽略规模收益的Malmquist指数,Färe等在此基础上结合规模收益变化提出了基于DEA的Malmquist指数模型。用(x_t, y_t)和(x_{t+1}, y_{t+1})分别表示某决策单元第t期和第$t+1$期的投入和产出,令$D^t(x_t, y_t)$为距离函数,则基于第t期参照技术的Malmquist生产率指数可以表示为:

$$M_t(x_t, y_t, x_{t+1}, y_{t+1}) = \frac{D^t(x_{t+1}, y_{t+1})}{D^t(x_t, y_t)} \tag{1}$$

同理,可以得到基于第$t+1$期参照技术的Malmquist生产率指数为:

$$M_{t+1}(x_t, y_t, x_{t+1}, y_{t+1}) = \frac{D^{t+1}(x_{t+1}, y_{t+1})}{D^{t+1}(x_t, y_t)} \tag{2}$$

可以用这两个Malmquist指数的几何平均值衡量由t到$t+1$时期全要素生产率的变化。考虑到规模收益的变化,Ray和Desli对TFP进行如下分解:

$$M_{c,v}^{t,t+1} = \left[\frac{D_c^t(x_{t+1}, y_{t+1})/D_v^t(x_{t+1}, y_{t+1})}{D_c^t(x_t, y_t)/D_v^t(x_t, y_t)} \times \frac{D_c^{t+1}(x_{t+1}, y_{t+1})/D_v^{t+1}(x_{t+1}, y_{t+1})}{D_c^{t+1}(x_t, y_t)/D_v^{t+1}(x_t, y_t)} \right]^{1/2} \times \frac{D_v^{t+1}(x_{t+1}, y_{t+1})}{D_v^t(x_t, y_t)} \times \left[\frac{D_v^t(x_t, y_t)}{D_v^{t+1}(x_t, y_t)} \times \frac{D_v^t(x_{t+1}, y_{t+1})}{D_v^{t+1}(x_{t+1}, y_{t+1})} \right]^{1/2} \tag{3}$$

式中,下标c和v分别表示不变和可变的规模收益,M即为全要素生产率。等式右边第一项衡量规模效率变化,标记为SE;第二项衡量技术进步的变化,标记为TC;第三项衡量纯技术效率的变化,标记为PTE。因此式(3)可简写为:

$$TFP = SE \times TC \times PTE = TC \times TE \tag{4}$$

式中，TE 为 PTE 和 SE 的乘积，反映综合技术效率变化。

根据 Färe 等人的定义，当 Malmquist 指数值大于、等于和小于 1 时，说明从 t 期到 $t+1$ 期的全要素生产率增长、不变和降低，其他分解后的效率值含义与之类似。

数据包络分析和 Malmquist 指数模型的共同优势在于不需要考虑投入和产出量的单位和价格信息，并且可以处理多投入多产出情况。

三、指标体系及数据来源

物联网企业科技资源投入产出评价指标体系的构建应满足科学性、系统性、可操作性等原则。根据广大学者的研究以及物联网产业自身特点，构建科技资源投入产出指标体系如表 23-1 所示。

表 23-1　物联网企业科技资源投入产出评价体系

投入/产出	指标体系		单位
投入	研发人员数量 研发人员投入强度	人才投入	人 %
	研发费用 研发费用投入强度	资金投入	万元 %
	所有者权益比率 总资产周转率	管理投入	% %
产出	净利润 净资产收益率		万元 %

投入方面，研发（R&D）人员强度即研发人员占企业雇员的总数的百分比；研发费用投入强度为研发费用占企业营业收入的百分比；物联网企业的资本结构、营运能力等虽然与科技投入无直接关系，但会对企业科技资源使用和企业经营活动产生重要影响，可看作管理投入。产出方面，上市公司的财务数据一般不会详细区分科技资源与其他资源的产出，两类资源共同发挥作用，故选取净利润和净资产收益率作为产出的相对量和绝对量指标。

为考察物联网企业科技资源投入效率随时间的变化情况，样本选取沪深两市 2008 年以前上市的物联网企业，研究时间跨度为 2008—2014 年，剔除研究区间内出现亏损的公司后，共有 21 家企业。数据均来自 RESSET 金融研究数据库和各上市公司 2008—2014 年的年度财务报告。这 21 家企业 2008—2014 年物联网企业科技资源投入—产出的平均值如表 23-2 所示。

表23-2 21家物联网企业2008—2014年科技资源投入—产出平均值

	投入产出指标	2008年	2009年	2010年	2011年	2012年	2013年	2014年
投入	研发人员数量(人)	555	607	631	754	1 280	1 078	1651
	研发人员投入强度(%)	26.83	27.08	26.22	27.79	26.63	25.78	28.07
	研发费用投入(万元)	6 095.80	7 270.08	9 330.36	11 851.58	15 359.40	18 197.72	22 254.20
	研发费用投入强度(%)	4.56	4.71	4.84	4.98	5.34	5.00	4.72
	所有者权益比率(%)	58.77	58.71	55.42	54.29	51.86	50.10	51.30
	总资产周转率(次)	0.9007	0.8535	0.8917	0.9156	0.9162	0.9911	0.9564
产出	净利润(万元)	11 312.61	13 229.29	18 395.96	20 385.39	19 044.75	22 248.70	32 643.61
	净资产收益率(%)	9.25	8.93	10.23	9.16	8.00	9.17	9.84

从表23-2可以看出，投入方面，R&D人员与费用保持上升态势，R&D人员与费用的投入强度则保持相对稳定，总资产周转率保持相对稳定，而所有者权益比率则处于逐步降低的状态；产出方面，净利润除2011年有轻微下降外基本处于上升态势，净资产收益率则一直维持在8%以上。

第三节 实 证 分 析

一、整体分析

将DEA和Malmquist模型结合起来，即运用DEA-Malmquist模型对物联网企业科技资源投入产出的效率做进一步的分析。运用DEAP 2.1软件对21家物联网上市公司2008—2014年的科技资源投入—产出情况进行分析，结果如表23-3所示。

表23-3 物联网企业科技资源投入—产出效率情况

物联网企业	TE	TC	PTE	SE	TFP
东方电子	1.174	0.945	1.103	1.064	1.109
厦门信达	0.961	0.929	1.000	0.961	0.892
振华科技	1.283	0.921	0.910	1.410	1.182
高鸿股份	1.035	0.909	1.000	1.035	0.941
华工科技	1.083	0.931	1.092	0.991	1.007
新大陆	1.324	0.912	1.262	1.048	1.208
大族激光	1.134	1.021	1.127	1.006	1.158
东信和平	1.003	0.955	1.021	0.982	0.957
软控股份	0.919	0.926	1.000	0.919	0.851
恒宝股份	1.000	0.971	1.000	1.000	0.971
顺络电子	1.060	0.943	1.000	1.060	0.999

（续表）

物联网企业	TE	TC	PTE	SE	TFP
北斗星通	0.821	0.907	1.000	0.821	0.745
远望谷	0.870	0.931	1.000	0.870	0.810
怡亚通	1.000	0.888	1.000	1.000	0.888
武汉凡谷	0.944	0.904	1.000	0.944	0.854
飞马国际	1.000	1.043	1.000	1.000	1.043
同方股份	1.062	1.159	1.059	1.002	1.231
大唐电信	1.011	0.905	0.963	1.050	0.915
航天信息	1.000	0.930	1.000	1.000	0.930
双良节能	1.149	0.947	1.112	1.033	1.087
长电科技	0.966	0.949	0.957	1.009	0.917
平均值	1.031	0.947	1.026	1.005	0.977

注：表中 TFP、TE、TC、PTE 和 SE 含义与式(4)相同。

从表23-3可以看出，在研究时间区间内，物联网企业科技资源投入的全要素生产率的平均值是小于1的，由于技术效率（包括纯技术效率和规模效率）是大于1的，因此造成全要素生产率无效的主要原因是技术进步指数较低这一现象说明我国物联网企业的技术创新能力还有待提高，很多企业收益在很大程度上还是依赖于现有技术的市场化应用和规模化效应上。

二、科技资源投入效率分解分析

可以进一步对表23-3的分析结果中的全要素生产率进行分解分析，以便发现影响物联网企业科技资源投入效率的深层次原因。具体而言，可以从以下两个角度进行分析。

一方面，对全要素生产率进行分解。将全要素生产率分解为技术进步和技术效率，如图23-2所示，以1.000为分界线，将该图分为四个区域。处于第Ⅰ区域即技术进步和技术效率都增长的企业仅有3家，其余18家企业均处于技术进步不足的第Ⅲ、Ⅳ区域，这说明物联网企业整体推动技术进步的技术创新能力不足，很多企业还存在"吃老本"现象。显然，通过技术创新推动物联网企业乃至整个产业科技资源利用效率的提高，是促进这一产业真正成为战略性新兴产业的必要手段。

另一方面，进一步对技术效率进行分解。将技术效率进一步分解为纯技术效率和规模效率，以1.000为分界线，将该图分为四个区域，结果如图23-3所示。整体来看，除个别公司以外，物联网企业科技资源投入的纯技术效率和规模效率较高，两种效率达到1.0(含)以上的企业占比分别为85.7%和66.7%。21家企业之中，没有企业处于第Ⅲ区域，说明物联网企业利用科技资源的效率均相对较高，纯

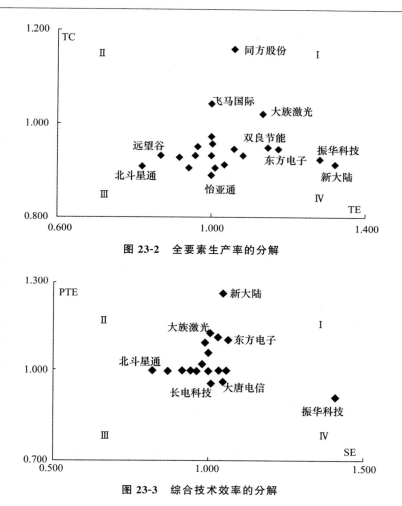

图 23-2 全要素生产率的分解

图 23-3 综合技术效率的分解

技术效率和规模效率的相互补充作用使得物联网企业近几年保持较为良好的业绩。

三、科技资源投入效率随时间变化

运用 DEA-malmquist 指数模型对 2008—2014 年每相邻两年之间的科技资源投入效率进行分析，并计算 21 家企业科技资源投入效率的平均值，即可观察物联网企业科技资源使用效率随时间的变化。物联网企业科技资源投入—产出的全要素生产率、技术效率、技术进步指数在 2008—2014 年的变化趋势如图 23-4 所示。

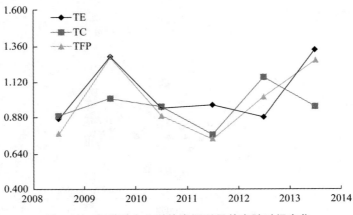

图 23-4　物联网企业科技资源利用效率随时间变化

可以看出，2008—2014 年，物联网企业科技资源投入的全要素生产率和技术效率都呈现"N"形，而技术进步指数则具有波动性。2009—2010 年物联网企业科技资源投入整体的全要素生产率、技术进步率、技术效率均大于 1，这一年因受到时任国务院总理温家宝针对物联网的"感知中国"讲话号召，物联网产业开始起步，因而这一年也被称为中国的"物联网元年"。2011—2012 年物联网企业科技资源投入效率不佳，这可能是在一定程度上受当时宏观经济二次探底的影响。2012 年 4 月，中国物联网产业的第一个五年规划《物联网"十二五"发展规划》由工信部颁布，此后物联网企业科技资源投入的效率有所上升。

第四节　结论与建议

文章构建了物联网企业科技资源投入产出的效率评价体系，并通过 DEA-Malmquist 指数模型对我国沪深两市上市的 21 家物联网企业的科技资源投入效率进行实证分析。主要得出以下结论：

（1）整体来看，物联网企业科技资源投入产出的效率并不是很高。21 家物联网企业在 2008—2014 年全要素生产率为净增长的企业仅占 38%，从 7 年的平均值来看，造成全要素生产率无效的主要原因是技术进步无效。

（2）对物联网企业科技资源投入产出的全要素生产率进行分解发现，达到技术进步有效和技术效率有效的企业不是很多（仅有三家），说明物联网企业推动技术进步的创新能力不足。进一步对技术效率分解发现，纯技术效率和规模效率的互补作用使得物联网企业近几年保持较为良好的业绩。

（3）从物联网企业科技资源投入—产出效率的时间趋势可以看出，全要素生产率和技术效率变化趋势呈现"N"形,技术进步具有波动性,这除了与物联网企业自身因素有关之外,还可能在一定程度上受物联网产业政策和宏观经济形势的影响。

在研究的基础上,为促进我国物联网产业的发展以及物联网企业科技资源的优化配置提出以下建议：

（1）对于物联网产业的发展,政府部门应当营造良好的创新环境,提高物联网产业的技术进步水平。研究发现,物联网企业间科技资源投入效率的差异较大,说明产业内的协同发展不够;此外,物联网企业科技资源投入的技术进步率为负,说明物联网产业的技术创新能力不足。政府部门应当建立促进物联网企业发展的制度协同机制和创新激励机制,为物联网企业的发展创造良好的制度环境。在此基础上构建物联网产业科技资源协同平台,促进物联网企业和相关科研院所之间的产学研合作,通过技术创新与变革提升物联网企业科技资源的投入效率。

（2）物联网企业自身应当提升创新意识,通过技术进步来推动企业的长久可持续发展。从以上的研究分析可以看出,物联网企业对科技资源的利用的效率良莠不齐,同时很多企业的科技创新能力不足,企业绩效更多地依赖现有科技资源的技术效率和规模效率,这不利于企业的长期发展。要改变这一现状,处于劣势的企业应当一方面通过改变科技资源投入的配比和规模,使投入产出尽可能地接近行业内先进水平;另一方面,应当缩短创新活动周期,提高物联网领域新技术的市场化效率,正如一些学者指出,企业间可构建技术联盟,通过知识共享机制产生溢出效应,避免科技资源重复投入。

第二十四章 P2P 网贷行业发展现状及政策梳理研究报告

第一节 P2P 网贷行业整体发展情况

根据网贷之家的数据显示,截至 2015 年 9 月底,全国 P2P 行业整体累计贷款余额已达 3 176.36 亿元,相比 2014 年(1 035 亿元)年底增长了两倍多。2015 年第三季度(7 月、8 月、9 月)的成交量依次为 825.09 亿、974.63 亿和 1 151.92 亿元,累积达 2 951.64 亿元,月成交量首次突破 1 000 亿元。P2P 网贷平台前三个季度的平均借款期限维持在 6—7 个月,平均年化利率逐步降低,开始回归理性。图 24-1 至图 24-3 反映了 2015 年以来网贷行业成交量、利率、平均借款期限随时间的变化。

图 24-1 2015 年前三个季度网贷行业成交情况

注:数据来自网贷之家。

分地区来看,2015 年第三季度,广东、北京、浙江、上海、江苏、山东、湖北、四川 8 个省级行政区 P2P 网贷行业的发展程度明显高于全国其他地区,以成交量为例,这 8 个省级行政区的成交量总和在第三季度的三个月占全国比重均超过 80%,其中广东、北京、浙江、上海的月度成交量超过百亿元。从网贷平均借款利率来看,各地区的借款利率在第三季度均有不同程度的下降,其中广东、北京、浙江、上海的网贷借款率低于全国平均水平。

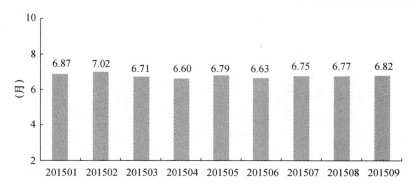

图 24-2 2015 年前三季度网贷行业平均借款期限

注：数据来自网贷之家。

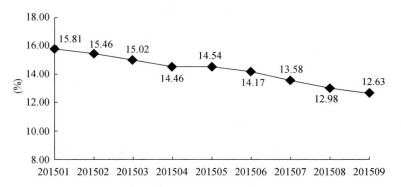

图 24-3 2015 年前三季度网贷行业平均借款利率

注：数据来自网贷之家。

第二节 P2P 网贷行业重点事件

一、《关于促进互联网金融健康发展的指导意见》

2015 年 7 月 18 日，经党中央、国务院同意，中国人民银行会同中国银监会、中国证监会、中国保监会等十部委联合印发了《关于促进互联网金融健康发展的指导意见》（以下简称《指导意见》），标志着互联网金融领域的监管体系初步形成。

《指导意见》按照"鼓励创新、防范风险、趋利避害、健康发展"的总体要求，提出了一系列鼓励创新、支持互联网金融稳步发展的政策措施，积极鼓励互联网金融平台、产品和服务创新，鼓励从业机构相互合作，拓宽从业机构融资渠道，坚持简政放权和落实、完善财税政策，推动信用基础设施建设和配套服务体系建设。

《指导意见》承认了P2P网贷的合法地位,认为P2P网贷是互联网金融创新的渠道之一,明确了P2P网贷的监管机构为中国银监会,为P2P行业和传统金融机构在托管业务方面的合作提供了保障,以及承认网贷信息中介服务业务的合法性,促进了整个P2P网贷行业的发展。

二、P2P网贷平台竞相增资

《关于促进互联网金融健康发展的指导意见》出台后,网贷平台(P2P)等互联网金融监管细则在下半年出台的预期日渐强烈。根据《证券时报》的报道,知情人士透露,P2P等互联网金融的监管原则将明确为分类监管,其中要求互联网企业的金融平台不得设立资金池,明确P2P纯信息中介属性,平台须与银行进行资金存管业务,实缴资本必须达到5000万元以上等。

网贷之家联合创始人朱明春表示,如果P2P平台实缴资本要达到5000万元的话,恐怕有九成平台将不达标。业内人士称,增资可为平台在当前加剧洗牌的竞争环境中"弯道超车"提供了雄厚的资本保障。网贷之家显示,可统计的286家P2P平台中目前注册资金1亿元以下平台共245家,大致占比为85.66%;1亿—5亿元的平台38家,占比为13.3%;5亿元及以上共3家,占比为1.05%。在P2P监管门槛提高的预期下,第三季度各类P2P平台开始竞相增资。

日前,联想控股成员企业翼龙贷宣布,其增加注册资本金的申请已获批复,注册资本升至1亿元。随后,鑫茂集团成员企业邦帮堂也将注册资本增至1亿元,实缴资本5000万元。此外,开鑫贷、爱钱进等平台也在近期悄然增资。此轮完成注册资本增资的也不仅仅是翼龙贷、开鑫贷等几家,主打移动金融的玖富也在7月初悄然增资至2亿元;此外,广州e贷、轻易贷、拍拍贷、积木盒子、中瑞财富也先后开始增资。

各大平台纷纷忙于增资,一方面主要是既有股东对未来发展方向的看好,另一方面也是为了即将到来的监管细则未雨绸缪。

三、中国普惠金融国际论坛

主题:"好金融·好社会"

内容:时间:2015年9月18日

(1)全体会议:主要关注普惠金融的发展规划及政策支持与发布《中国普惠金融绿皮书》。

(2)分论坛:从社会责任、商业模式创新、资本市场与互联网技术探讨普惠金融的发展。

(3)平行案例讨论:分享发展小微金融的案例,探讨如何发展普惠金融。

重要观点：

银监会副主席：小贷、P2P成为小微企业融资重要补充

在互联网金融顶层指导意见出台之后，P2P作为全新的金融业态，越来越受到监管层的认可。

9月18日，在中国普惠金融国际论坛上，中国银监会副主席、党委副书记周慕冰提到，在传统银行体系以外，小贷公司、P2P网贷公司等新型金融业态也蓬勃发展，总体运营稳健，丰富了金融服务的机构载体，成为缓解小微企业融资难题的重要补充。

在他看来，中国已基本形成了多层次、多元化的银行机构组织体系，为不同规模、发展阶段和融资能力的小微企业提供匹配的金融服务。

除了上面提到的新型金融业态，大型银行发挥网点、人员、技术优势，下沉服务，建设服务小微企业的专营机构；中小银行积极增设扎根基层、服务小微企业和社区居民的小微支行、社区支行。

据介绍，目前这两类支行已经有5 000多家，村镇银行等新型农村金融机构已经超过1 300多家，有效地补充了乡镇和涉农小微金融服务的空白。

周慕冰介绍了中国银监会在扶持小微贷款方面的一些成果。截至2015年6月末，全国小微企业贷款余额超过22万亿元，比上年同期增幅超过15%，5年间增长了两倍；小微企业贷款的户数已经达1 151万户，比上年同期增长9%；此外，全国小微企业申贷获得率超过91%，比上年同期高出3个百分点。

在周慕冰看来，小微企业之所以融资难，主要在"两难"：一是信息难；二是信用难。现在的互联网大数据，在破解信息不对称方面发挥重要的作用，"但是在信用方面能够发挥什么作用，还拭目以待"，他说。

在新形势下，小微企业新陈代谢加剧。如何从雨后春笋般的创新小微企业中挖掘客户资源，如何识别竞争力不足的落后产能企业，及时做好贷后管理？均是小微贷款面临的问题。

处在经济下行期的小微企业，仍面临不少困境。周慕冰认为，目前小微企业分化非常严重，成长起来的只是占一部分，相当一部分将会被市场淘汰。此外，小微企业的不良贷款率在各个行业中均较高。而随着越来越多的金融机构投身于小微企业这片"蓝海"，银行业只有找准战略地位、明确目标客户，才能在多元化的金融服务主体的竞争中赢得主动。

2015年中国银监会新设了普惠金融工作部，周慕冰称，此举是为了适应小微企业服务的新形势和新挑战。中国银监会正在积极研究，如何在保持政策连续性的同时，创新监管手段，提升监管激励的力度和准确度，更加有的放矢地引导银行业向小微企业倾斜。

影响：

在为期两天的分论坛中，各有关嘉宾和学者围绕"普惠金融与社会责任""普惠金融与商业模式创新""普惠金融与资本市场""普惠金融与互联网技术"等主题以及"大数据风控""银行发展小微金融""小额信贷机构的双重绩效评估"和"小微金融组织创新"等小微金融平行案例的分享，进行了深入的探讨与研究，共同探讨和推动中国普惠金融的创新与发展，促进"好金融·好社会"目标的实现。

第三节 P2P 网贷行业监管与自律进展

随着 P2P 网贷行业的不断发展，对传统的金融体系的影响越来越大，P2P 网贷行业潜在的风险也在逐步凸显出来。近年以来，不论是中央层面还是地方层面，在关于 P2P 网贷行业风险管控方面都有了新的变化。

一、中央层面

2014 年 3 月，"促进互联网金融健康发展"被写入政府工作报告，开启了互联网金融的"元年"。2014 年上半年，政府逐步确立了对互联网金融监管的分工，P2P 划归中国银监会管、股权众筹划归中国证监会管、第三方支付归中国人民银行管，并由央行牵头"一行三会"制定《关于促进互联网金融健康发展的指导意见》。自此，拉开了对 P2P 监管的序幕。

2014 年 4 月，中国银监会处置非法集资部际联席会议办公室主任刘张君对 P2P 平台监管提出了"四条红线"：明确平台的中介性、平台本身不得提供担保、不得搞资金池、不得非法吸收公众存款。

2014 年 9 月底，中国银监会创新监管部主任王岩岫提出对 P2P 监管的"十条思路"：(1) 项目一一对应，P2P 机构不能持有投资者的资金，不能建立资金池；(2) 实名制原则，投资人与融资人都要实名登记，资金流向要清楚；(3) 明确平台的信息中介角色，P2P 机构不是信用中介；(4) 要有一定的行业门槛，对平台注册资本、高管人员专业背景等有所要求；(5) 客户资金第三方托管；(6) 平台自身不得为投资人提供担保，不得从事贷款和受托投资业务，不得自保自融；(7) 不盲目追求高利率融资项目；(8) 充分的信息披露和风险揭示；(9) 加强行业自律；(10) 必须坚持小额化，支持个人和小微企业的发展。

2014 年 11 月底，央行副行长潘功胜表示，将按照"适度监管、分类监管、协同监管、创新监管"的"四项原则"建立和完善互联网金融的监管框架。

2015 年 1 月 14 日，王岩岫又提出了对互联网金融监管的"八大建议"：(1) 创新监管；(2) 适度监管；(3) 分类监管；(4) 协同监管；(5) 互联网金融应当遵守金融法律法规的规则;(6)互联网金融应围绕实体经济的需要进行创新;(7)信息要充分披露;(8)金融消费者的权益保护应处于核心位置。

2015年1月20日,中国银监会宣布实现监管架构改革,设立银行业普惠金融工作部,负责对小微、"三农"等薄弱环节服务和小贷、网贷、融担等非持牌机构的监管协调。

2015年3月3日,原融资担保部主任李均峰确认出任普惠金融部主任。"两会"期间,央行行长周小川表示"P2P网贷的问题较多",提出要加强监管;其后中国银监会普惠金融部也召集北上广等地区的省金融办、行业协会举行闭门会议,商讨P2P监管细则,包括提高行业门槛、实行资金杠杆限制等。P2P网贷监管政策推出为期不远。

2015年3月12日,十二届全国人大三次会议新闻中心举行的记者会上,中国人民银行行长周小川指出,P2P网贷和其他几项互联网金融的业务情况不太一样,其他几个业务也都是发展很快,但是总体还比较健康,而P2P网贷出问题比较多,跑路的问题、违约的问题以及有一些做法不太符合规定。中国人民银行副行长潘功胜也指出,中国人民银行正在牵头制定关于互联网金融、促进互联网金融健康发展的意见,目前正在履行相关的审批程序。此前,潘功胜曾表示将按照"适度监管、分类监管、协同监管、创新监管"的原则,建立和完善互联网金融的监管框架。

2015年7月18日,经党中央、国务院同意,中国人民银行会同中国银监会、中国证监会、中国保监会等十部委联合印发了《关于促进互联网金融健康发展的指导意见》,标志着互联网金融领域的监管体系初步形成。该指导意见按照"依法监管、适度监管、分类监管、协同监管、创新监管"的原则,确立了互联网支付、网络借贷、股权众筹融资、互联网基金销售等互联网金融主要业态的监管职责分工,落实了监管责任,明确了业务边界。

2015年7月31日,中国人民银行发布了《非银行支付机构网络支付业务管理办法(征求意见稿)》,对网络支付进行了限额管理,规定每个客户的第三方支付账户每日累计金额不能超过5 000元,对综合类支付账户、消费类支付账户分别规定年累计20万元、10万元的限额。同时,其中第三方支付账户余额仅指存在于第三方支付公司的虚拟账户,该办法(征求意见稿)对于第三方账户开立、转账都做出严格的限制。显然,未来支付机构的"互联网+"道路将迎来一定考验,进而对互联网金融行业产生深远影响。

2015年8月6日,最高人民法院发布了《最高人民法院关于审理民间借贷案件适用法律若干问题的规定》,该司法解释从法律上明确了P2P信息中介的定位。同时,该规定进一步对已经通过网页、广告或者其他媒介明示其为借贷人提供担

保的平台进行规范,即如果平台承诺担保,司法上会追究平台的担保责任。

二、地方层面

除了中央层面之外,部分地方省市政府也出台了扶持或规范互联网金融(包括 P2P 网贷行业)发展的指导意见或管理办法,具体如表 24-1 所示。可以看出,出台互联网金融行业方面的政策或意见主要集中在互联网比较发达或发展比较快的地区。

表 24-1 部分地方省市政府出台的扶持或规范互联网金融发展的管理办法

省份	时间	出台政策/征求意见稿
北京	2013 年 8 月	《石景山区支持互联网金融产业发展办法(试行)》
	2013 年 10 月	《海淀区关于促进互联网金融创新发展的意见》
	2013 年 12 月	《关于支持中关村互联网金融产业发展的若干措施》
广东	2014 年 3 月	《深圳市人民政府关于支持互联网金融创新发展的指导意见》
	2014 年 6 月	《广州市支持互联网金融创新发展试行办法(征求意见稿)》
	2014 年 7 月	《关于促进广州民间金融街互联网金融创新发展的若干意见》
	2015 年 1 月	《广州市推进互联网金融产业发展的实施意见》(广州)
	2015 年 8 月	《关于金融支持广东稳增长调结构的若干意见》(央行广州分行)
	2015 年 8 月	《广东互联网金融协会网络借贷(P2P)平台信息披露指引(草案)》(省互联网金融协会)
江苏	2014 年 7 月	《关于加快互联网金融产业发展的实施办法》(南京)
	2015 年 6 月	《加快生产性服务业、互联网平台经济发展的实施意见》(徐州)
	2015 年 10 月	《P2P 平台企业收费规定指导意见(征求意见稿)》(省互联网金融协会)
浙江	2014 年 11 月	《杭州市关于推进互联网金融创新发展的指导意见》
	2015 年 2 月	《浙江省促进互联网金融持续健康发展暂行办法》
上海	2014 年 8 月	《关于促进上海市互联网金融产业健康发展的若干意见》
	2014 年 9 月	《长宁区促进华龙网金融产业发展的实施意见》
	2015 年 8 月	《上海个体网络借贷行业(P2P)平台信息披露指引》(市互联网金融行业协会)
天津	2014 年 2 月	《天津开发区推进互联网金融产业发展行动方案(2014—2016)》
贵州	2014 年 6 月	《关于支持贵阳市互联网金融产业发展的若干政策措施(试行)》
湖北	2014 年 8 月	《武汉市政府关于支持互联网金融产业发展实施意见(征求意见稿)》
	2015 年 6 月	《关于促进互联网金融产业创新发展的实施意见》(武汉)
山东	2014 年 10 月	《鼓励发展新型业态和商业模式若干政策措施》(青岛)
四川	2014 年 11 月	《成都高新区推进"三次创业"加快金融业发展的若干政策》
海南	2015 年 6 月	《关于加快发展互联网产业的若干意见》

2015 年第三季度,上海、广东、江苏的互联网金融协会三地先后出台行业或平

台发展的指导意见或指引。其中广东P2P平台信息披露指引的发布形式值得注意,该指引由广东互联网金融协会联合信融财富、投哪网、汇通易贷、融金所、地标金融等多家P2P平台发布,指引具有行业自律色彩。此外,江苏的"指引"要求网贷平台公布季报、半年报和年报。

值得一提的是,2015年10月,江苏省互联网金融协会发布《P2P平台企业收费规定指导意见(征求意见稿)》,该意见将使投资者能够清晰地了解平台的收费及自己需要负担的成本情况,是全国范围内的首个P2P平台收费标准。

在各地政策中,最大的突破就是在工商注册上,允许在企业注册名称或经营范围使用"互联网金融、金融信息服务"等字样,在此之前P2P网贷平台注册经营范围多以"互联网信息服务""金融服务"为主,但并不能涵盖网络借贷平台实际经营的范围。"互联网金融、金融信息服务"字样的允许使用,一定程度上促进了互联网金融行业的发展,尤其是对P2P网贷平台来说,"互联网金融、金融信息服务"是其身份的标识。我国互联网金融准入标准尚未出台,P2P网贷企业申请与一般企业申请无差别,设立条件与其他公司也并无不同。虽然在工商注册上有所突破,但"网络借贷平台"的性质和地位在法律上并没有明确的定义,"互联网金融、金融信息服务"资质的含金量值得商榷。

第二十五章 我国网络零售标准体系研究报告

近年来,我国网络零售取得快速发展,已逐步成为重要的社会经济形式。根据国家统计局数据,2014年中国网络零售市场规模达到2.79万亿元,同比增长49.7%,相当于社会消费品零售总额的10.6%。网络购物的用户规模也在迅速扩大:根据CNNIC最新数据统计,截至2015年6月底,我国网络购物用户规模达到3.61亿人,增长率为17.9%,我国网民使用网络购物的比例从48.9%提升至55.7%。然而,在我国网络零售市场处于高速成长期的同时,突出的问题也不容忽视:网络虚拟空间的监管漏洞致使一些网络商家肆意刊登虚假宣传广告等信息,假冒伪劣商品层出不穷;部分网络商家雇用网络水军为其刷好评,欺骗消费者,导致商业欺诈和不正当竞争行为突出;网络交易平台呈寡头垄断格局,消费者选择较少,网上霸王条款此起彼伏,网络消费维权困难;网络市场诚信体系不完善,网络信用评价体系指标有缺陷,信用主体信息不完善,使得网络市场监管难度增大,等等。

鉴于网络零售市场的诸多问题,加快推动网络零售市场的立法进程,构建科学的网络零售市场管理标准体系,推动电子商务可信交易市场的建设,推进网络交易行业的自律,十分必要并且具有积极的现实意义。

第一节 网络零售标准体系理论基础:网络信任理论

一、基本理论

(一)信任理论

大量的相关研究表明,由于无法实际接触产品和商家,缺乏控制力,消费者对电子商务交易模式感知到的风险比传统交易方式感知风险大得多。网上购物安全和网上商品质量问题是阻碍消费者网上购物的主要原因,而这两点都可以归纳为消费者对于网络消费缺乏信任。因此本章认为,网络零售标准可以"信任"作为建立标准框架体系的着力点,即政府部门通过制定标准来构建安全可信的网络零售交易制度环境,优化网上交易的市场环境、加强对网络零售经营企业行为的监督、增强市场交易主体双方对网络零售市场的信任,从而促进网络零售市场的健康持续发展。

网络信任研究中,Maye 等学者提出的信任理论模型(见图 25-1)在网络信任研究中占据着重要地位。该模型由信任主体(行为的意愿和倾向)、关系人(被信任方的特征)以及信任风险三部分组成。其中信任的本质是人的关系,被信任方的能力、善意、诚实,信任主体的信任倾向以及对风险的预期最终影响了信任行为。

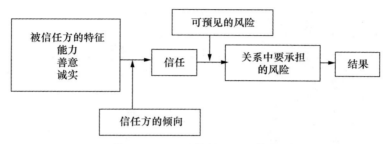

图 25-1　Mayer 的信任理论模型

(二)网络零售环境下的"制度—人际信任模型"

关于电子商务交易信任的定义,学界一般的定义是"不论己方监督和控制能力如何,对方会表现出对己方某一重要行动的预期而愿意接受可能的伤害"。关于电子商务信任机制,现有研究大致可以分为三类模型,分别是"理性—情感信任模型"、"制度—人际信任模型"以及"信念—意图信任模型"。

由于标准可以被看作一种制度性规范,因此本章将借鉴"制度—人际信任模型"的作用机制,来描述网络零售标准各个层面的要素及其相互间关联关系。

"制度—人际信任模型"的代表性人物、社会学家卢曼将信任理解为社会制度的产物,是建立在理性的法规制度基础上的一种社会现象。由于电子商务环境的非主观性,加之网络沟通技术的广泛应用和开放的技术基础带来的安全风险,使得制度信任变得尤为重要。制度信任即指对整个互联网环境的信任。由于电子商务是一种隐匿交易双方真实身份的匿名交易方式,其信用依赖于第三方权威机构,比如政府。在电子网络世界中,消费者没有能力控制网络商人,对网络信息内容的安全没法控制,也没有能力干涉网购平台经营者的行为。然而,政府的制度规范可以平衡双方力量。

"制度—人际信任模型"的学者 Tan 和 Sutherland 就 B2C 环境下的信任问题进行研究,把消费者信任看成是三重维度,包括个人信任倾向(消费者维度)、人际信任(卖主维度)和制度信任(互联网环境维度)。荷兰学者 Yao-Hua Tan 和 Walter Theon 提出共有性信任和监督性信任会共同影响消费者电子商务信任结果,其中共有性信任类似人际信任,监督性信任是对客观环境中监督体系的信任,即对制度的信任,比如安全电子商务协议(SET)。

本章基于"制度—人际信任模型",结合网络零售市场的特点,构建了网络零售环境下的制度—人际信任模型,如图25-2所示。

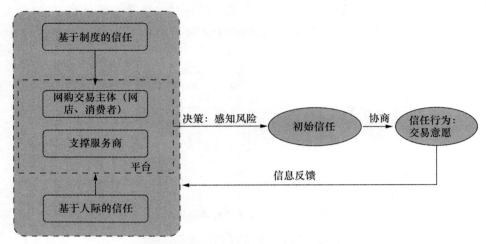

图25-2 网络零售环境下的"制度—人际信任模型"

在模型中,网络零售信任是在网络环境下,网络交易主体(买方或卖方)、关系人(被信任方)、环境因素(制度安排)三者相互作用的结果:网络主体与环境因素互动的属性是制度信任产生的根源,网络主体与关系人互动的属性是人际关系信任产生的根源。

其中,制度信任来自政府对网络零售交易过程的制度安排,它能够使交易双方对整个系统的安全性、稳定性产生信任;人际信任的本质是人的关系,信任主体的决策受被信任方的能力、善意、诚实所影响;信任主体对风险的预期影响初始信任,并最终影响了信任行为(网络零售市场的交易意愿)。信任主体的意愿和行为又会反馈到信任体系中去,不断优化"制度—人际信任机制",使得整个系统更加安全、可信,产生更多交易行为。

二、考虑其他重要因素

(一)互联互通

网络零售交易的基础前提是保证通信网络基础设施的良好运行,因此保障通信网络的互联互通是除了"网络信任环境"之外的另一个重要的制定标准的考虑要素。网络零售行业的良好发展,首先必须实现通信网的互联互通,并保证互联互通的质量。这就需要在技术标准上解决业务、信令和协议之间的互通,制定编号、计费和结算等标准以及一系列的管理规定。广义地理解,互联互通还包括通信网络基础设施共建共享、通信网络及设施安全、防火抗震、防雷接地及强电防护等。

(二)政府鼓励发展网络零售

网络零售标准的制定,除了考虑买方、卖方对市场环境的信任,保障基础设施的互联互通等,还需要在制定相关标准时,体现出政府鼓励发展网络零售的政策导向。据国家统计局测算,在2014年中国网络零售市场2.79万亿元交易额中,由网络零售模式创造的新增消费为7215亿元,网络零售已经成为拉动内需的新支点。同时,网络零售在促进社会公平、缩小地区发展差距、拉动社会就业等方面也产生了巨大的社会影响。

鉴于网络零售给我国的社会和经济带来的巨大效益,政府应当鼓励网络零售行业的发展,这就需要从管理规范上,通过制定一些标准,撤销那些对通过互联网或其他电子手段进行的商务活动所设立的不合理或不必要的限制以及各种烦琐的程序要求,为网络零售的发展创立一个简便的环境。

(三)网络零售标准框架体系

1. 关键要素的确定

(1)制度层面。国内学者庞川通过调查上海市224名18岁以上的网络使用者,认为影响消费者网络信任的因素有环境、技术、商业和个人因素。其中,环境因素和技术因素是从制度环境的角度来考虑的。Jarvenpaa和Tractinsk指出在网络零售中,网站所具有的特征影响消费者的信任,如导航、品牌、建议、隐私与安全、网站错误、订单履行、第三方认证。Koufaris和Hampton-Sosa认为影响网络零售交易信任的因素包括交易安全、网站功能、消费者对网站特征的满意度。Lee和Overby总结认为网络零售企业可以从品牌、服务、技术和交易安全等方面来提高竞争力,获取消费者的信任。

综合以上学者对电子商务环境下的制度信任的阐释,再结合"保障互联互通""政府鼓励行业发展"等因素,本文将"监督""服务""支撑""技术"确定为网络零售标准体系的制度层面的关键要素。借鉴国家电子商务标准化总体组秘书处拟定的《国家电子商务体系》草案,最终将四个关键要素确定为"基础技术""运营服务""支撑体系"和"监督管理"。另外,由于"专业术语"也是影响消费者信任行为的重要因素,因此把"专业术语"列为网络零售标准框架体系的第五个制度性要素。

(2)人际层面。人际信任是市场交易双方对主体双方可信度的一个评估。交易本身就是一个人际交互的过程,不同于普通的人际交往,买方在交易过程中处于劣势地位,只有充分了解对方的竞争力、善良等信息,才能做出能否信任另一方的判断,从而决定是否进行购买。

网络零售中的人际关系,狭义地看,是指交易主体双方及其与网购平台之间的关系,具体到标准,则包括平台与主体的准入和资质、平台对消费者及网店的服务准则、责任与义务、主体双方的交易规则等;广义地看,人际层面还应当包括连接交易主体双方的中介——商品,即交易客体,以及在交易平台上产生的数据。其中针对网络零售客体的标准包括网络销售商品的编码与描述、有毒有害商品质量管理、特殊商品物流包装、标志、运输和储存等几方面的规范和准则;数据标准则包括了网络零售交易涉及的各类数据格式、采集指标、元数据等。

因此,将人际层面的关键要素确定为"主体"、"客体"和"数据"。

2. 各要素间的逻辑关系

(1)运行机制:从"制度—人际信任"到"交易意愿"。政府部门通过制定标准来增强网络零售市场的安全性和可信度,最终目的是市场主体双方的交易意愿得到提升,整个市场得到发展。

以"制度—人际信任模型"来推演网络零售标准框架体系的各要素逻辑关系,如图 25-3 所示。

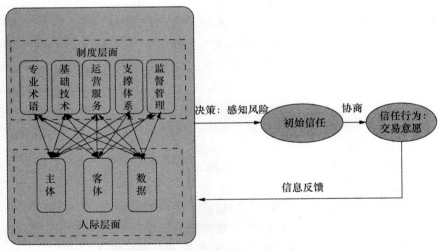

图 25-3 网络零售标准的"制度—人际信任"机制

首先,制度层面的五类标准("专业术语""基础技术""运营服务""支撑体系"和"监督管理")对整个网络零售市场进行制度上的安排,如规范专业术语、明确服务流程、规范支撑体系等,从而使得市场交易双方对网络零售市场的客观环境产生系统性的信任。

其次,人际层面的三类标准("主体""客体""数据")对交易主体间的关系及交易中间涉及的商品、产生的数据进行规范。比如网店经营者进入网购平台的资质,消费者如何对网店进行评价,网店如何披露信用信息以供消费者对对方的服务质量做出预测,商品如何编码分类和描述以供消费者对购买决策进行判断,以及网店如何给消费者的购买行为进行评价等。只有规范了交易主体的人际关系,才能使主体双方,尤其是消费者一方,即使在交易过程中处于劣势地位,但只要充分了解对方及商品的信息,仍然能够决定是否进行购买。

制度层面的标准和人际层面的标准共同影响网络零售市场主体的信任结果。如果不对客观环境进行制度性规范,交易过程就会混乱;如果不对交易主体、客体进行人际规范,交易双方就对对方没有足够的信任,也产生不了交易意愿。

制度层面的标准和人际层面的标准也会相互作用,互相补充和完善。比如人际层面中一些对数据的规范是要靠制度层面中的基础技术标准来实现的,而制度层面中的运营服务质量的提高也是需要人际层面中交易双方对对方通过合理的方法进行评价,以及产生纠纷以后责任界定和赔偿规范来实现的。因此最终一个标准的设计和制定,是一个多维空间中的一个点,既有制度层面的因素,也考虑人际层面的因素。

当建立在"制度—人际信任机制"上的标准框架体系规范了整个市场客观环境及人际关系的规则之后,交易双方就要对预期风险进行评估了。政府制定的标准越完善、越全面、越科学,那么交易双方感知到的风险则越小,从而产生的初始信任越多。而经过了协商之后,消费者或网店会根据初始信任的程度大小,最终确定信任行为,即交易意愿。

(2) 加入网络零售行业要素:网购交易业务流程。为了保证标准体系尽可能完整地囊括网络零售行业的各个方面,除了"制度层面"和"人际层面"两个维度之外,还需要引入网络零售行业的要素。本章将整个网络零售业务流程链条加入标准体系中,具体分为基础建设、订单形成、在线支付、物流快递和售后服务五个方面,构成了"业务层面"要素。

"制度层面"、"人际层面"、"业务层面"三个层面相互交错,层次分明,构成了一个三维立体空间,完整、全面地刻画了网络零售行业标准框架体系的各个维度。当某一个标准落入这个空间,则对应三个层面上的内容。

为了更加便于理解,将"制度层面"确定为标准分类(后面的现状分析也以这一维度作为基本截面进行研究),"人际层面"可以视为标准框架体系的"规范对象",而"业务层面"则为"业务流程"。

最终确定的网络零售标准框架体系示意图如图25-4所示。

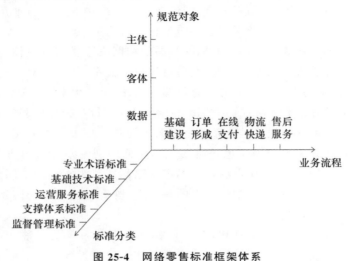

图 25-4　网络零售标准框架体系

第二节　网络零售标准的现状分析

一、标准体系总体情况

从总体情况来看，全国有相关国家标准和行业标准(包括已实施的标准、已发布未实施的标准、已立项起草的标准及待立项的标准)共 111 则，其中：社会商业整体标准 46 则，适用于网络零售行业或可供参考；电子商务行业整体标准 55 则，适用于网络零售行业或可供参考，其中专门规定网络零售市场的标准 7 则。

从图 25-5 可以看出，网络零售的各个业务流程(平台建设、订单形成、在线支付、物流快递和售后服务)都有相应的标准，而针对每一类规范对象(主体、客体、数据)也有对应的标准，因此大体来看是比较完整的，仅在个别领域还需进行补充调整。

从各个维度的标准数量对比来看，网络零售主体的标准数量是最多的，并且在各个业务流程的数量分配也较为平均，这是因为网络零售主体(网店、平台和消费者)的行为和相互关系是构成网络零售交易的前提，规定了在虚拟的网络空间里完成交易的基本秩序，因此大量的现行标准从技术框架、服务流程、管理规范等层面，对各个主体的行为和关系进行了规范；其次是网络零售数据的标准，这是因为网络零售作为互联网应用服务，数据是其重要的基础性关键资源，而数据的传输、存储、备份、安全加密等则是正常开展交易活动的基础，因此有必要对其进行严格的规范；相比之下，关于客体的标准则较少，如图 25-6 所示。

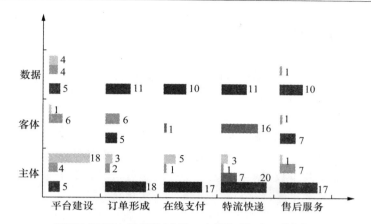

图 25-5　我国网络零售标准整体现状分布

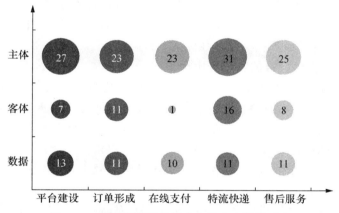

图 25-6　我国网络零售标准各维度上数量对比

二、标准体系存在的问题

目前我国网络零售标准体系还不够完善，未能囊括市场的方方面面，适用范围和力度也不足。要从规章制度层面对网络零售市场秩序进行确认和保障，就需要涉及交易双方资金安全、物流配送的规范、网上支付的安全、信用信息体系的建设、售后服务及在线纠纷调解服务规范等诸多问题；另外，目前我国专门针对网络零售市场制定的标准较少，大多数标准是沿用传统领域标准，如商品分类编码、服务模式等，不能满足网络零售市场的特殊需要。相关法律诸如消费者权益保护法、侵权责任法等也只是捎带涉及电子商务领域，更不用说专门的网络零售管理条例。本章就是要分析当前网络零售标准存在的问题和解决的办法，为加快建设和完善我国网络零售市场体系、提升我国网络零售标准的科学性、完备性、适用性,提供理论支撑与决策参考。

第三节 对策与建议

一、在部分领域发布新增标准

比如在运营服务领域,新增与售后服务相关,诸如网络零售平台虚假订单纠察与管理规范、网络零售售后服务规范与流程管理、网络零售第三方平台与入驻商户售后服务责任及争议、网络零售消费纠纷责任界定与赔偿标准、网络零售消费纠纷调查取证流程规范,均应作为强制性标准规范。在物流快递领域,新增跨境网络零售商品通关与结汇、退税管理,个人和企业信用信息标准化指南,应作为强制性标准。在监督管理领域,新增网络零售平台建设中对商品客体的质量监督管理等。其中,像经营管理规范、网络零售虚拟商品交易相关标准、网络零售平台订单交易与处理流程规范、网络零售业务过程和数据技术评审标准建议为推荐标准。因为涉及企业的运营管理,属于企业的市场行为,不宜过多干涉,需要由市场进行优胜劣汰,因此应当作为推荐性标准进行制定。

二、加强强制性标准的发布与执行

网络零售新增强制性国家标准由国务院标准化行政主管部门制定。网络零售的新增强制性行业标准,将根据有关部委要求,会同各有关主管部门、组织各方面专家共同编制,经各有关主管部门分别审查,由该部委审定发布。

网络零售强制性标准的内容与现行的相关法律条文不能冲突,发布之后两者配套使用;或将标准摘录进入法律条文,突出其法律效力,其中各条、款、项的序号均与原标准一致。

比如在网络零售售后服务的强制性标准方面,将"七天无理由退货"列入《消费者权益保护法》,在流程和操作细节上配合国家法律法规进一步落实、强化其执行效果。

三、制定并实施标准的配套措施

由于推荐性标准并不具备强制性,要提高其在企业的执行效果,一方面是通过配套法律法规赋予其强制力;另一方面是通过形成市场压力促使企业自愿选用推荐性标准。这就需要做到以下两个方面:

(1)加大宣传力度。只有相关部门主动对标准进行宣传和解读,提高标准的社会认知度,才能通过引导市场行为来促使企业执行,从而发挥规范市场的作用。同时,制标部门应当长期与标准研究团队合作,定期对现行标准进行分类、梳理,一方面便于制标部门及时更新、完善标准工作,另一方面也便于企业更好地查询、遵照执行。

（2）让企业参与到制标工作中来。要增强推荐性标准的适用性和时效性，需要改进现有的标准制定工作体系，使之更加开放与合作。建立开放、合作的制标工作体系，让更多的企业、用户参与进来，献计献策，尤其是那些有着深厚经验的领先平台和企业，与政府部门共同完成标准内容的制定。同时，制标部门也要打通与企业的沟通渠道，及时收集企业反馈信息，并随时更新完善，以便有效地调整标准体系和内容，使其更适用于企业的执行和应用。

第二十六章　基于网商公社的网商集约化模式研究报告

2014年以来,国务院多次出台关于支持中小微企业发展的规划和建议,将改革红利作为发展动力,先后提出并实施了简政放权、减少行政审批事项、确立权力清单和负面清单、改革工商注册等级制度、允许互联网金融探索与发展、建立上海自由贸易试验区等政策措施,其根本目的是让市场在资源配置中发挥决定性作用,从而提高全社会的经济活力和效率。

2014年5月9日,国务院发布《关于进一步促进资本市场健康发展的若干意见》(简称新"国九条"),意在拓宽融资渠道,丰富融资产品,降低融资成本,帮助企业优化资源配置。

2014年8月14日,国务院办公厅印发《关于多措并举着力缓解企业融资成本高问题的指导意见》(以下简称《意见》),提出了十个方面的政策措施,并明确了职责分工,要求金融部门采取综合措施,着力缓解企业融资成本高的问题,促进金融与实体经济良性互动。

第一节　网商公社的建设

一、网商公社的简介

为深入贯彻和落实"国九条"精神,满足当前社会需求,促进当地经济发展,同时能够在2015年就业压力增大情况下积极促进就业、创业,一些公司正准备积极筹建"网商公社"。网商公社旨在依托国内良好的经济发展环境和优惠政策,利用互联网电子商务发展模式,以"积分换政策"的方式,把国家对中小微企业的扶持力度大小直接与网商企业积分多少相关联,整合社会优质资源及市场动态信息,实现社会资源的高效利用,同时为网商企业提供全方位的、有针对性的网商培训、网商经营指导、项目筛选及创业孵化等"超市化"网商服务。

目前公社可提供包括工商注册、税务代理、代理记账、企业网站安全扫描、企业建网站、网站代理运营、网店培训、高级人才推荐、信息化、企业信用评级等的企业信用服务。

1. 网商培训服务

公社还会为网商提供有针对性的、符合社会发展趋势的相关课程培训服务，在理论培训的基础上，结合应用及实践培训，为大学生创业及个人网商提供真实有效的网商培训。

2. 网商经营指导服务

公社在网商培训服务的基础上，提供企业家导师长期网商经营指导服务，基地将与全国知名高校及优秀企业合作，由相关领域专家、成功企业家及投资人组成创业导师团队，确保网商企业的可持续发展。

3. 项目筛选服务

刚开始创业者对市场缺乏充分的认识和了解，对创业产品及服务缺少相关的概念和渠道，因此公社拟为创业者提供创业项目筛选服务，通过创业产品库、创业服务库，将众多产品及服务推荐给创业者，针对其兴趣和专业进行配比和筛选，并对相关产品及服务给出详细介绍，帮助创业者了解市场，选择创业方向。

4. 网商企业孵化服务

网商企业孵化服务为网商企业提供企业创建及运营的全流程服务，包括工商注册、税务代理、代理记账、企业建网站、企业网站安全扫描、网站代理运营、高级人才推荐、企业信用评估、企业贷款及融资等服务。

5. 企业信用管理

通过一系列面向中小企业、面向电子商务的信用管理工具，将所有中小企业都置于统一的信用管理体系下，改善市场秩序，共铸信用中国。服务包括国家商务部企业行业信用评级、传统企业信用认证、网商信用评级、电子商务信用评级（安信保）等。

二、网商公社建设方案

1. 建筑面积和地点

公社建筑地点与面积可与合作政府协商，为了能够有效地实现公社的功能，应建设一个包含住宿、食堂、办公等一系列的生活服务的培训基地。

2. 师资队伍

为把网商公社建设成为全国知名网商孵化器，建立一支具有较高水平的与基地建设规模和发展水平相适应的高素质师资队伍尤为重要。在充分发挥当地优质企业家队伍及知名网商群体的优势基础上，面向全国各高校、科研单位及优秀企业招聘部分具有中高级职称以上专业技术职称或企业中高层管理人员到公社担任专业指导教师，建立一支稳定的优秀导师队伍。

3. 招商方式

公社成立初期主要面向各大高校及职业院校以及当地的中小微网商进行招

商。公社运营进入正轨后,可扩大招商范围,在全国范围内发展招收创业学员,培养更多创业者进行创业,进而纳入到网商公社范围内;

第二节 网商公社的扶持政策

公社认真贯彻和落实国家鼓励大学生创业及各地区招商引资的优惠政策,为大学生创业者提供如下扶持政策。

1. 以"工分"换政策

近些年随着我国形式的发展,国家对中小企业的重视越来越高,国家出台了一些关于鼓励创业的扶持政策,积极引导社会力量创业,例如税收返还、免税等政策。公社根据近些年我国主要地区和社会发展,对新创企业及入园网商实行工分制,网商公社运行初期,工分的主要来源为网商的交易额,每月对企业进行一次公分核算,每年评审一次,评审完成后根据网商的工分多少进行奖励,主要包括税收返还、商务服务费用抵扣、运营费用抵扣等。

销售额与积分的兑换公式为:

$$1000 元 = 1 工分$$

1工分可作为1元进行使用,可在公社范围内支付所有涉及公司运营管理的费用支出。

2. 公分的使用

公社网商可以用工分来抵扣生活服务及其他商业的服务费用,包括秘书服务费、房租、水电费、互联网营销费用等一系列商务服务费用;同时:

免费进行初期创业和网商培训,夯实大学生创业及网商初期经营的基础;

免费提供经营场地,免费提供办公卡位,帮助初创团队解决办公场地问题;

免费帮助创业者获得创业资金补贴、帮助办理创业贷款、帮助实现优质收益创业平台;

免费宣传,通过基地、高校自有资源,免费帮助创业项目进行市场推广;

免费举办活动沙龙,创业基地定期举办创业沙龙,促进创业企业之间的交流与沟通,同时会定期邀请成功企业家进行演讲,对创业企业进行指导;

网商可以享受3个月的免费体验期,在体验期内,一切生活费用和商业服务费用均可免费体验。

第三节　网商公社的盈利模式及对策建议

一、网商公社的盈利模式

（1）基础服务费。对于创业企业提供的工商注册、代理记账、企业建站、网点代运营等基础服务，收取相应的基础服务费，价格待定。

（2）企业信用服务费。对于创业企业提供信用评价，收取相应的信用服务费。

（3）与创业者进行销售分成。为创业者提供产品，前期购买产品不用支付费用，将产品销售出去之后再进行结算，与创业者按比例进行销售分成。

（4）将培养的优质创业者作为新的培训老师候选人，为新学员进行培训，既增加了创业者的实践经验，又降低了培训成本。

二、网商公社的对策建议

网商公社作为新兴事物，是国内首个以积分制度考核扶持中小微企业的集约化发展形态，在其发展中必然面临诸多问题，例如工分与销售额的转换比例，工分在公社内的适用范围以及网商公社的基础设施建设的问题。

首先，网商公社的运营机制的建立是首要问题。新生事物在发展初期必然面临诸多挑战，改革和创新就需要不断地尝试，在试错的过程中不断完善。网商公社的运营机制前期应继续扩大试点规模，将更多网商吸纳进公社，与网商深入沟通，了解其在公司运营管理中的问题，收集网商对公社的建议和意见，不断改进完善网商公社的运营机制。

其次，全面完善网商公社的机构建设和硬件设施尤为必要。一方面，建立一支教授顾问团队，也可以聘请优秀企业的高级工程师或者技术骨干充实到这支顾问团队，给予学生理论知识和实践经验的指导。另一方面，在管理上采用经理负责制和企业管理的模式，对网商实行绩效奖励与聘任制度。当地政府应给予网商公社一定的扶持，应全力保证网商公社的硬件设施需求。

最后，网商公社的长期可持续发展离不开政府资金的支持。资金与资源对于网商公社乃至入社的网商而言无疑是一个重要因素，随着互联网的发展，网商在社会经济当中的作用日益凸显，网商公社通过将网商集中起来，充分发挥集约化、规模化效应，提升网商在市场经济中的作用，同时将网商纳入到政府监管范围下，极大地促进当地政府部门的税收。因此政府应当加大对网商公社的支持力度，并且强化对于网商的补贴政策，鼓励网商加入网商公社，以发挥网商公社的作用。

第二十七章　包容性创业与农村电子商务发展研究报告

虽然当前世界经济高速发展,但全球各国尤其是发展中国家的社会排斥和就业不均衡问题依然明显。为了有效地解决发展中遇到的社会排斥等问题、构建和谐社会,经济合作与发展组织(Organization for Economic Co-operation and Development,OECD)于 2013 年率先提出,推动包容性创业发展对于新兴经济体实现可持续发展,具有重要的理论和现实意义。蓬勃发展的中国电子商务在深刻改变中国各个产业的同时,也为包容性创业提供了最佳的注解,涉农电子商务的发展,正成为全球包容性创业的典范。

"包容性创业"(Inclusive Entrepreneurship)的概念首先是由经济合作与发展组织和欧盟委员会提出的。它们在 2013 年的《被遗忘的创业家:欧洲包容性创业政策》报告中,针对欧盟成员国的非主流人群的失业问题、创业情况及其政策进行了分析,探讨推动这些特殊群体从事创业、带动就业和经济社会发展的政策。这些非主流人群或特殊群体包括女性、青年人、老年人、少数民族和残疾人在内的社会特殊群体。包容性创业对全世界尤其是发展中国家发展的意义非常深远。包括广大女性、青年大学生和乡镇青年人、老年人、少数民族和残疾人在内的社会特殊群体的创业,是我国经济持续高速增长的基石。

第一节　农村电子商务发展的新鲜经验及促进包容性创业的机制

最近,我们通过对浙江遂昌、义乌、海宁、临安,福建安溪,河北清河,山东博兴,江苏沙集等地发展农村电子商务的调查发现,农村电子商务发展中的新鲜经验为包容性创业提供了最好的注解,对于带动农业实现现代化,具有重要的战略促进作用。

一、农村电子商务的新发展模式有效降低了包容性创业的门槛

传统模式下,特殊群体的创业由于自身经济基础薄弱,在创业时往往会受到产品市场化能力弱、资金不足等制约,被排斥在创业和市场之外。农村电子商务

在发展过程中,依托当地特色资源,发展多样性电子商务交易:一是依托农特产品资源的发展模式,如浙江遂昌依托土猪肉等生鲜土特产、福建安溪依托铁观音茶叶、浙江临安依托山核桃等农特产品的网上销售发展农村电子商务。二是依托特色产业资源的发展模式,如河北清河东高庄依托羊绒产业、山东博兴湾头村依托手工草编业发展"淘宝村"。三是依托特色渠道资源的发展模式,如浙江义乌依托小商品批发专业市场、浙江海宁依托皮革专业市场发展农村电子商务。四是依托特色要素资源的发展模式,如河北高碑店地处京津石三城地理中心,地理要素资源对其发展推动显著;江苏沙集邻近中国最大的胶合板生产基地,原材料资源对其发展组装家具提供了重要支撑。农村电子商务在发展过程中的模式创新,使得广大女性、青年大学生和乡镇青年人、老年人在内的群体能有效地利用当地的特色农业、特色农产品以及特色要素及渠道等各类便利资源,突破传统的创业门槛。对于低技能水平的社会特殊群体而言,通过农村电子商务实现包容性创业是带动更多就业的重要手段。

二、农村电子商务的新动力机制有效激发了包容性创业的激情

多年来,政府关心"三农",也非常希望以各种方式造福"三农",并相应出台了多项推动农村特殊群体的扶持政策,但传统的政府主导、自上而下式的创业遇到了较大问题,其收效并不理想。农村信息化经历了信息服务的多年徘徊后,在互联网农村电子商务的新平台下,不再仅仅是政府主导的信息服务而转变为多元主体联合驱动的交易实现的新阶段。"市场牵引"、"政策催化"取代"政府主导",农村电子商务发展的新动力机制极大地点燃了特殊群体的创业激情。一是农民网商抱团集聚推动,如江苏沙集、湾头农民网商抱团,新产业基于电商从无到有,形成集群,并进一步推动当地电子商务经济蓬勃发展。二是标杆龙头网商示范带动,如福建"世纪之村"为代表的龙头企业,以及四川青川的赵海伶、山东博兴的贾培晓等带头网商,通过示范和引领作用带动了区域农村电子商务的发展。三是政策联合市场共同催化,如浙江义乌江东以电子商务协会通过网商培训、信息和技术分享,完善相关产业链;浙江遂昌以本地化综合服务商为核心,协同政府(金融、土地、政策等支持)、供应商、支撑服务商(物流、银行、电信运营商等),加速了特殊群体利用农村电商开展自主创业。根据阿里巴巴研究院2013年发布的《农产品电子商务白皮书》的统计数据,2013年,阿里平台上在农村自主创业的卖家增长到近72万家,农村弱势群体基于互联网的新动力机制,依托不同驱动主体和不同的交易平台快速发展,呈现出蓬勃发展、异彩纷呈的包容性创业发展态势。

三、农村电子商务的新实现形式有效放大了包容性创业的效果

对于众多的社会特殊群体来说,面对常态性市场波动,创业过程中的高风险和高失败率,创业难、创业贵的现状极大地降低了特殊群体的创业动机。伴随着

农村电子商务的实现形式的多样化,众多社会特殊群体即包容性创业者的市场视野更为广阔,不再受区域、地域的限制,与此同时,克服了传统农业流通环节冗长繁杂的缺点,与消费者的对接方式变得更为直接。"区域营销"、"网络预售"、"订单农业"等多样化的农村电子商务实现形式进一步放大了特殊群体包容性创业的效果;一是区域品牌的整体营销形式成热点,如淘宝网通过特色中国项目,进行区域农村电子商务品牌的整体营销,如特色中国山西馆上线运营仅四天,网上销售的老陈醋相当于2012年省外销售的1/10,截至2014年2月已有各类特色地方馆25个。二是农产品预售形式逐渐升温,阿里巴巴推出以抢鲜购为代表的"预售+订单农业"的销售模式,通过网络预售定制模式减少农产品中间环节,降低农业生产经营风险和损耗;以天猫预售平台为例,2013年完成的农产品销售达2.6亿元。包容性创业是缩小区域发展差距的重要途径。随着基于农村电子商务平台的包容性创业日趋活跃,包括广大女性、青年大学生和乡镇青年人、老年人、少数民族和残疾人在内的社会特殊群体的创业活动有效地推动中国中西部地区的创业活动和区域经济发展,从而进一步减少区域发展不均衡。

第二节　基于农村电子商务的包容性创业存在的主要问题

虽然以农村电子商务为代表的包容性创业已经呈现出显著的发展势头,初步扭转了当前农业经营和农产品流通发展滞后的难题,促进了农民生产生活的就地城镇化,有利于提高农民市场经营能力和收入的持续较快增长。农村电子商务在深刻改变中国各个产业的同时,也为包容性创业提供了最佳的注解。但要形成燎原之势尚待时日,要从根本上改变中国农业产业格局和中国整体经济和谐发展仍然任重道远。

基于农村电子商务的包容性创业中存在的主要问题主要体现在:一是基于农村电子商务的包容性创业仍受到农村基础设施的巨大限制,我国农业农村信息服务基础薄弱,农民信息获取能力差、信息需求难以得到有效满足。据农业部统计,城乡数字鸿沟达到45%,农村和城市的电子商务发展严重失衡。二是东、中、西部地区农村电子商务发展差异大,据中国社科院与阿里巴巴合作的涉农电子商务研究报告显示,无论按地区农民网商、网店数量还是交易商品数量分析,浙江、江苏、广东等东部地区明显领先,而西北等偏远地区则发展滞后。三是部分后发地区发展基础薄弱,产业基础、交通物流、农民信息素质及农村电商带头人等因素的制约,都会影响农村电子商务的发展。四是农村电子商务的先发地区面临可持续发展的诸多挑战,先发地区在发展过程中遇到农民网商简单复制、同质化恶性竞争、农村人才引留难、知识产权纠纷等问题,面临电商生态化、集群化、规模化协同成长的诸多挑战。

第三节 对策与建议

基于互联网的农村电子商务的蓬勃发展,为中国的包容性创业营造了新环境、注入了新基因,赋予特殊群体和草根阶层以新的能量,点燃了包容性创业的星火。面对难得的机遇,必须紧紧抓住,顺势而为;与此同时,面对依然严峻的挑战,政府和市场要形成合力,共同为特殊群体的包容性创业积极营造良好环境。

一、政府投入、市场发力,合力加大对农村电子商务的优先扶持

一是现阶段农村电子商务即信息化基础设施建设需要依靠政府投入。鉴于城乡二元结构的现实国情,城乡电子商务的发展机会明显是不公平的。据农业部统计仅1.6%的涉农企业开展面向农民的信息服务,政府必须加大对农村电子商务的政策扶持。二是要通过政策吸引更多优秀企业共同培育开发农村电商9亿人的巨大市场。例如,引导阿里巴巴、京东、1号店等各类电子商务平台,能针对性激励草根农民网商创业、促进其成长方面,为缩小城乡差距作出贡献。

二、因地制宜、上下联动,大力发展后发地区农村电子商务

一是中西北部地区农村电子商务发展模式上要因地制宜。鉴于中西北部等后发地区普遍不具备产业资源基础,农村电子商务发展模式的选择,必须立足于挖掘产品资源、渠道资源和要素资源上的优势。二是中西北部等后发地区农村电子商务动力机制上要加强市场和政府的联动。既要注重市场牵引、社会投入,鼓励农民网商利用市场化平台发展,也要注重政策环境的催化和助推,加强对电子商务的交通、宽带、产业园区的基础设施投入和金融、财政、人才等各方面的政策支持。在具体策略上,地方政府可引入成熟的公司化运作电子商务综合服务商,培育特色产品和农民网商,带动特色农业发展,政策环境加强引导,服务商、农民网商、政府有效互动,催生当地特色农业产业,构建电子商务生态。

三、优化机制、改善监管,前瞻性政策服务推动先发地区农村电子商务可持续发展

一是对先发地区农村电子商务提供前瞻性政策服务。对于农村电子商务的先发地区,农民网商在公司化、组织优化、品牌建设、规模经济和范围经济以及电商生态、系统开放合作等方面的发展要求日趋强烈。为此,需要政府在政策环境上做出针对性的改进,在尊重市场规律的基础上,提供前瞻性的公共服务。二是政策重点体现在创新机制、改善监管与提供保障。为此,需加强农产品质量安全监管、经营主体与商品的信息认证,建设完善农村电子商务经营者诚信记录的数据库,强化网商企业的知识产权规范与管理,提供农村电商优秀人才培训服务与知识库接入,推动农民网商和电子商务协会开展信息交流和知识分享,为先发地区农村电子商务可持续发展提供保障。

四、创新形式、整合资源,更大限度地发挥农村电子商务对农业现代化发展的推动作用

一是发展农业预售和个性化定制等新型农村电子商务模式,革新传统农业流通方式。农村电子商务要不断加强"农业预售"和"个性定制"等新型流通方式在农村电子商务销售中的占比。新型农村电商模式采用互联网和社交网络革新原来的农产品流通过程,在农业生产之前就通过生产者与消费者进行双向互动,为用户提供个性化的农业定制产品,促进双方信息对称,革新传统农业流通方式。二是发展农业众筹等农村电商新形式,有效整合资源、突破传统农业发展瓶颈。传统农业生产格局难以突破农业升级发展要求中的资金、技术及市场等多方面的发展瓶颈。众筹等新型电子商务模式具有在互联网基因和商业模式中的独特优势,可以有效地进行跨资源整合、社交性聚拢、全方位分享,通过将众筹等创新性和现代化的思维方式与农业相结合,整合社会资源参与农业育种、农产品流通、生态农场、农业机械、生物肥料、农业科技、农业金融等各环节,通过农业众筹整合农业生产经营链所需资源,突破传统农业发展瓶颈,革新农业发展模式。

第二十八章 第三方支付中的消费者第三方信息权研究报告

个人信息权保护对象是个人信息,所有基于支付活动中产生的信息都属于个人信息的范畴,主要涉及两方面的信息:个人基本信息和支付交易中产生的信息。个人基本信息,消费者在注册时,所填写的姓名、身份证号、银行卡号、电子邮箱、登录密码等,这是享受第三方支付服务的前提。在支付过程中,会产生每次支付额度、支付对象、支付时间等信息。这些信息对消费者来说,是个人生活习惯的载体,是相关企业分析消费者消费习惯、消费偏好的重要资料,可以成为提高经营管理水平的重要手段。

第一节 第三方支付机构侵害消费者个人信息权类型

一、不合理收集消费者的个人信息

目前,注册第三方支付平台需要提供的信息种类繁多,以支付宝为例,消费者需要填写的信息包括所在区域、个人电子邮箱、手机号码、姓名、身份证号码、银行卡卡号、职业、住址、身份证使用期限;按照《非金融机构支付服务管理办法》规定,发起支付指令,必须要包含的信息有付款人名称、确定的金额、收款人名称、付款人的开户银行名称或支付机构名称、收款人的开户银行名称或支付机构名称、支付指令的发起日期。这些注册信息和交易信息都将被第三方支付平台掌握。消费者所在区域、地址、职业、身份证使用期限等信息,根本与支付账户和支付过程无关,第三方支付平台要求消费者填写,完全是出于商业考虑,为了统计分析消费者习惯,制定营销策略,更多地吸引消费者。

二、泄露消费者的个人信息

2014年,国内网络安全问题反馈平台——乌云漏洞平台发布消息称,由于携程网系统存技术漏洞,用户个人信息、银行卡信息可能会遭泄露。携程作为纳斯达克上市的在线第三方支付企业,必须遵守《第三方支付行业数据安全标准》,其中明确规定了如何实施数据保护,以及哪些信息可以保存、哪些信息不能保存,CVV码(又叫用户识别码,是银行卡进行非面对面交易时用于确认用户身份的识别码,作用类似于密码),属于不允许存储的敏感数据。正是由于携程违规保存CVV码,才导致消费者个人信息的泄露。由于受限于网络技术的发展和黑客的攻击,第三方支付机构保存的消费者个人信息会被泄露。

三、非法交易消费者的个人信息

有业务往来的公司为了互利共赢,常常在未经消费者同意的情况下直接销售或者互相交换双方所掌握的消费者个人信息,交易对象往往是同行业从事电商的企业或者广告公司。

第二节 第三方支付平台与消费者之间的关系

网络第三方支付中有四方当事人,涉及的法律关系也较为复杂。首先是第三方机构与用户(买方和商家)之间的法律关系。第三方机构为用户提供的是一个平台,是一种媒介,双方之间的关系可以认定为是居间合同关系。这是本章分析的重点。

第三方支付企业与消费者发生联系,一般是通过用户注册的方式,这是买方使用某家第三方支付平台的前提。在注册完成之前,买方必须同意第三方支付机构提供的支付服务协议。根据《非金融机构支付服务管理办法》第二十一条规定,支付机构应当制定支付服务协议,明确其与客户的权利和义务、纠纷处理原则、违约责任等事项。支付机构应当公开披露支付服务协议的格式条款,并报所在地中国人民银行分支机构备案。

支付服务协议签订以后,买方与第三方支付机构便建立起了一种服务合同关系,这种关系并不会因为双方之间未签订书面协议而不成立。买方与第三方支付机构间的权利、义务关系受到该协议的约束与调整,而且两者之间的纠纷解决也需以此协议为准。但是,这种协议一般说来都是第三方支付机构事先拟好并提供的格式合同,买方无法与格式合同提供者进行协商,要么全部接受,要么就不注册,显然这对于买方是非常不利的。例如,用户注册支付宝,支付宝服务协议中说,当用户一旦使用了支付宝功能,就表示同意遵循协议的有关规定,而且支付宝公司有权对支付协议的各项内容进行单方面变更而不需另行通知用户,用户在协议内发生变更后依然使用支付宝服务,则说明接受了更改后的协议。这样,用户没有机会与支付宝公司协商协议的内容,也无法排除协议中对自己不利的内容,只能接受或不接受。

《合同法解释(二)》第六条规定,提供格式条款的一方对格式条款中免除或者限制其责任的内容,在合同订立时应当采用足以引起对方注意的文字、符号、字体等特别标识。对于这样的标识,未能在支付宝相关的协议中发现。

第三节　美国和欧盟对第三方支付中消费者
个人信息的保护模式

《消费者保护法》以及《民法通则》《侵权责任法》等法律中并没有个人信息权这个术语，我国对公民的保护采用的是"权利＋利益"的保护模式，在《侵权责任法》中新添了隐私权这个概念来保障公民的生活安定权，《消费者权益保护法》第十四条提到消费者享有个人信息依法得到保护的权利。随着互联网技术的发展，网络对个人的生活造成了严重的影响，其中与网络有关的个人信息有个人的基本信息、个人的银行信息、网络活动踪迹。因此，笔者认为这些个人信息属于隐私权的客体范围。在第三方支付环节，消费者隐私权保护的需求则更多地体现为消费者的金融信息、交易对象、消费习惯等信息需要得到保护，这有别于电子商务中隐私权保护的一般问题。

在《非金融机构支付服务管理办法》中，支付机构按照规定可以核对客户的有效身份证件并登记客户身份基本信息，但是支付机构应该妥善地保存。中国人民银行制定的这个管理办法，在消费者和第三方支付机构之间关于信息的权利和界限，并没有明确的规定。在第二十一条，规定支付机构应该制定服务协议，明确双方之间的权利、义务关系。由此看来，处于弱势地位的消费者面对处于强势地位的第三方支付机构，其个人信息的保护，一定面临着严重的问题。

由于第三方支付是一种新型的互联网金融业务，对经济的发展具有重要作用，以美国为代表的一些国家，不主张采用强制性的隐私保护政策，目的是不阻碍这个行业的发展。因此，美国法律对电子商务企业隐私权保护的要求多为程序性的，例如要求企业告知消费者其个人信息是否会被披露给第三方并赋予消费者拒绝的机会；很少提出实体性的要求，例如禁止将消费者的特定信息披露给第三方。因此，网络隐私权保护的水平和方式事实上取决于电子商务企业自身，企业只需遵守自己所公布的隐私政策。由此，美国对消费者信息的保护其实是行业自律模式。

这种行业自律模式，受到了美国学者的严重批评。毕竟第三方支付机构提供的服务在某种程度上属于金融服务。在金融服务领域，美国有1978年的《金融隐私权法》和1999年的《金融服务现代化法》对消费者的隐私权进行严格保护。2012年2月，白宫发布了《网络世界的消费者数据隐私：全球数字经济中保护隐私权及推动创新框架》。2014年1月，美国国会审议通过《数据安全及违反之通告法案》。这两个文件，预示着美国可能要在联邦层面给消费者的隐私权设定最低的保护标准。由此可见,随着第三方支付企业的发展,美国政府对其的态度由放任到管制的转变。

欧盟与美国对消费者隐私保护态度相反,早在1995年,欧洲议会和欧盟委员会就制定了《关于对个人数据处理中的个体予以保护以及这些数据的自由流动的指令》对网络个人信息提供统一的隐私权保护。而2012年起草、2014年通过的《一般数据保护规则》更体现了欧盟对个人网络信息的保护。根据该文件,欧盟将通过具体方式对个人数据进行保护,不再由成员国进行立法保护。在数据主体的权利章节,要求个人数据的处理应当合法、公正,并对数据主体透明。另外,在数据主体的权利内容上,增加了修正权、遗忘权、拒绝被分析的权利等内容。这说明欧盟十分重视对网络个人数据信息的保护,第三方支付机构要对消费者承担更多的隐私权保护义务。

2013年举行的中国(北京)电子商务大会上,商务部副部长蒋耀平说:"尽管我国电子商务发展迅速,但目前电子商务仍处于发展的初始阶段,仍需要我们对电子商务的发展规律和趋势进行认真的分析把握。"我国当前电子商务产业的发展仍处于不断探索的阶段,相关的制度规范尚不健全,特别是电子商务行业协会发挥的作用与美国相比仍有较大差距。鉴于第三方支付在电子商务中的重要作用,我国目前的法律法规中对消费者网络隐私权的保护模糊,参考上述美国和欧盟的做法,我国应该采用以法律规制为主、行业自律为辅的模式来保护消费者的个人信息安全。

第四节 对策与建议

一、明确第三方支付机构对消费者个人信息的保障义务

在第三方支付中,研究消费者权益保护问题,就是因为存在市场失灵的情况,因此需要国家来干预,强制一方的权利范围,来保护一方利益,促使整个第三方支付稳定、健康有序的发展。市场一旦失灵,仿佛利用国家干预,就可以完美地解决市场失灵这个问题,然而国家和市场一样会失灵,这背后的深层次原因就是人的有限理性,因此,解决市场失灵和政府失灵,最优的方案是以经济法来规制政府的权力。

(一)消费者在第三方支付中的弱势地位

现在,金融消费者成了一个十分热门的研究领域,学者模仿消费者的概念,把金融机构的客户和投资者等称为消费者,以达到对其倾斜保护。通过国家干预经济生活,对市场中的某些主体进行倾斜保护,不是靠一个边缘模糊的概念就可以实现的。因此,根据上文的分析,买卖双方都是第三方支付的客户,相对于卖方,

买方是传统的消费者，但是相对于第三方支付企业，其只是客户，他们之间的权利、义务关系需要从其他角度进行界定。

消费者和第三方支付机构之间是合同关系，但是消费者相对于第三方支付机构，处于弱势地位，因为消费者和第三方支付机构之间的信息不对称。消费者与第三方支付机构之间的交易是一种非专业对专业、非知情人对知情人的关系。第三方支付机构通晓支付交易的技术和操作流程，了解市场运行状况行情，善于掌控消费者的心理，具有一定的营销技巧，知己知彼，而消费者却缺乏相关的知识，明显处于劣势。此外，第三方支付机构提供的服务技术含量较高，具有较高的专业性，消费者从第三方支付机构所接受的大多是经过加工，含有促销和诱导成分的信息，消费者很容易受到第三方支付机构的迷惑或操纵，从而与之建立非公平的交易契约。这些因素的叠加使得第三方支付交易的消费者的弱势地位比一般消费者更甚。因此，在第三方支付交易中，第三方支付机构需要真实、全面、及时地向消费者披露与交易相关的信息，通过让消费者掌握更多的交易相关信息，平衡消费者与第三方支付机构之间地位上的不平等。

另外，为了节省成本与费用，也为了网络支付的便捷，第三方支付机构会采用格式合同与消费者达成协议，可是第三方支付机构往往会利用其优势地位，在格式合同中添加许多对消费者不利条款以减少其责任，使得双方权利、义务产生不对等，从而消费者的利益极易受到损害。

（二）第三方支付机构不得泄露消费者的个人信息

在第三方支付中，消费者的个人信息和消费者的财产利益紧密相关，因此，第三方支付行业，应该制定更加严格的规定，细化具体的标准。第三方支付机构，不得随意泄露用户的注册信息与交易信息，更不得出卖用户的信息谋取利益。第三方支付机构保证自身不非法使用、泄露消费者个人信息，同时采取及时措施保证信息安全，规避非法入侵被窃取危险。

（三）限制第三方支付机构收集消费者个人信息的范围和使用行为

新修订的《消费者权益保护法》针对一般消费行为，对经营者收集和适用消费者的个人信息提出了原则性的规定。可见，不加限制的个人信息收集与使用行为容易引发网络用户的个人信息与隐私数据无限扩散，从而严重影响消费者的正常生活，因而必须通过法律对其加以调整和规范。

消费者在注册支付宝的过程中，所要求填写的所在区域、地址、职业、身份证使用期限等信息，根本与支付账户和支付过程无关，因此，第三方支付机构应当禁止消费者填写这些信息。

第三方支付中对消费者个人信息的使用，主要是二次开发利用，第三方支付机构利用自身掌握的个人信息建立起综合的数据库，对数据进行加工，挖掘出消费者个人并未透露且具有商业价值的信息,从而引导企业的营销策略。因此,我国可以规定非基于法律规定或者消费者许可,第三方支付企业不得随意加工或者使用消费者个人信息;消费者有权知晓第三方支付机构加工、使用个人信息的方式,并提出异议和享有修改的权利。

二、第三方支付中消费者个人信息权的内容建议

对消费者个人信息保护缺乏权利基础,非常不利于个人信息保护。构建科学、合理的个人信息权利内容体系是保障消费者个人信息安全的前提与基础。个人信息权是一种新类型的具体人格权,其目的在于使个人能够以自己的积极行为支配其个人信息,保护其精神人格利益。通过本章的分析,笔者认为,在第三方支付中,消费者享有的个人信息权包括以下几方面的内容:

第一,对信息收集与处理行为事先知情并决定。在第三方支付中,消费者首先享有信息知情权,即知晓自己个人信息被收集的范围和使用方式,消费者不仅有权知道个人信息收集主体的准确信息,而且应当明确个人信息收集的范围、表现形式,还应有权知道被收集的个人信息将用于何种用途。消费者有权决定是否允许第三方支付机构收集其个人权利,决定收集个人信息的范围以及信息被收集后的使用方式。

第二,个人信息查询和对违法或不当处理行为提出异议、主张救济的权利。消费者有权访问、查阅第三方支付机构收集、处理个人信息的事由、方式以及期限等,可以要求第三方支付机构提供个人信息复制本。第三方支付机构同时负有保障消费者个人信息安全的义务,一旦第三方支付机构违法使用个人信息或者由于外部原因造成信息泄露,消费者有权要求第三方支付机构采取必要合理措施,保障其个人信息安全。当第三方支付机构拒绝采取必要措施或技术手段保证个人信息安全时,信息主体有权提起诉讼主张损害赔偿。

第三,请求信息处理者采取合理措施,确保个人信息正确与完整状态的权利。虽然消费者向第三方支付机构提供了个人信息,但并不丧失对个人信息的控制权,可以通过合理的方式要求第三方支付机构保存个人信息准确、完整,且有权在交易结束或者消费者认为必要且不影响第三方支付机构合法利益的情况下要求经营者删除其个人信息。

第六篇
2015年中国中小企业热点问题专题研究报告

第二十九章 内蒙古中小企业信息化水平调查研究报告

在社会信息化、经济全球化的背景下,信息技术已成为推动中小企业健康发展的重要手段。国家发展和改革委员会中小企业司副司长王黎明曾表示,"信息化在推进中小企业发展中发挥了越来越重要的作用。中国中小企业面临着技术水平不高、产业能力不强,技术转移和技术扩展还存在薄弱环节,这些有待于通过更好地利用信息化手段来改变,从而促进自身发展"。内蒙古自治区位于中国北部边疆,属我国经济欠发达地区,中小企业的发展没有地域优势,更加需要通过信息化手段模糊时空概念,弥补地域劣势。调查中小企业信息化发展现状,研究和探索中小企业信息化相关问题,对持续推进中小企业信息化健康发展有积极的促进作用。

第一节 内蒙古中小企业信息化水平现状调查及分析

依据联合国(UN)和国际电信联盟(ITU)等国际组织在信息社会世界峰会提出对信息化发展进行统计监测的目标,参考工业和信息部中小企业司2013年5月出版的《中小企业信息化发展指南》,研究设计了内蒙古中小企业信息化水平调查问卷和访谈提纲,并于2013年8—11月对呼和浩特市、包头市、鄂尔多斯市、赤峰市和乌海市等5个地区的120家中小企业进行了信息化水平专项调查。通过发放问卷、走访企业以及问卷加访谈相结合的方式,获得有效问卷108份,访谈记录23份。同时对调查数据进行了整理、分类和统计分析。

一、样本(中小企业)基本信息

被调查企业的经济成分、所属行业类型分布、成立年限分布如图29-1所示,2012年销售收入分布和职工人数分布如图29-2所示。

数据显示:一是经济成分以私有企业为主,占被调查企业的65.7%;二是行业类型以工业企业为主,占被调查企业的84.3%;三是从营业收入和职工人数来看,以小微型企业为主。

说明:经济成分是以国家统计局印发的《关于统计上划分经济成分的规定》为依据,行业类型是依据新国家标准《国民经济行业分类》(GB/T 4754-2011)来划分的,中小企业的界定是以《关于印发中小企业划型标准规定》的通知为依据。

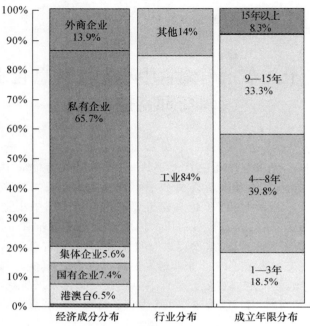

图 29-1 调查样本基本信息(1)

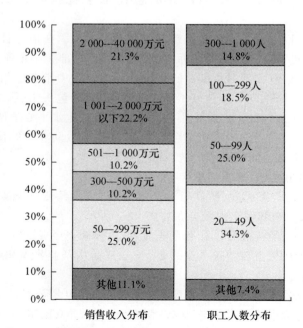

图 29-2 调查样本基本信息(2)

二、中小企业对信息化建设的重视程度

对 108 家企业的信息化建设规划、信息化建设专项预算、信息化部门和技术人员配置等情况的调查结果如图 29-3 所示。被调查企业对相关政策、新技术、新产品及成功案例的关注情况调查数据如图 29-4 所示。

调查结果表明，大约有 50% 以上的中小企业比较重视企业的信息化建设与发展。从中小企业信息化规划、信息化技术人员配备及对信息化关注度情况来看，调查数据有很强的关联性，其中有信息化规划的企业占 56.5%，有 57.4% 的企业配有专职的信息化技术人员，有 50% 的企业对政府的相关政策、信息化新技术及新产品持积极的关注（或比较关注）态度，有 45.3% 的企业关注（或比较关注）同行业成功案例。同时看到有信息化专项预算的企业只占 24%，设信息化部门的企业仅占 17.6%，设 CIO（包含相当于此）的企业占 16.7%，一些中小企业信息化建设在资金保障和机构建设方面重视力度不够。

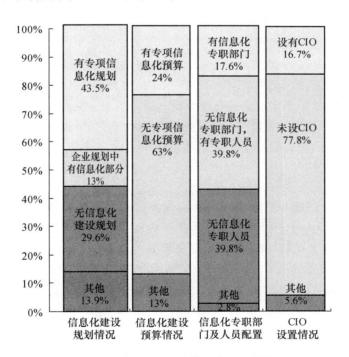

图 29-3　信息化规划、预算及人员配置情况

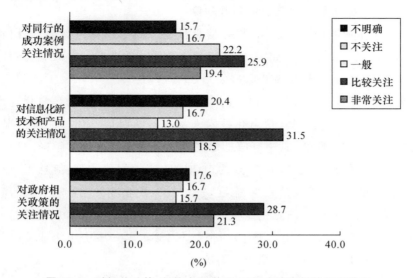

图 29-4　对相关政策、新技术及产品、同行成功案例的关注情况

三、信息化基础建设情况

一是对 108 家企业的信息化总投入、软（包括服务）硬件分项投入、信息安全投入占总投入比例调查结果如图 29-5 所示。信息化总投入在 10 万元以下的企业约占 47%，大多数中小企业信息化建设投入明显不足。但是，对企业的硬件、软件及服务费分项投入信息中，软件（信息化软件和服务费等）投入大于等于硬件投入的企业约占 68%，由此看来中小企业开始认识到信息化软件环境建设的重要性，并在信息化建设投入上有了具体的行动。信息安全投入比例占总投入 5% 以下的企业有 54%，信息安全方面投入较少。

二是对企业管理人员学历结构和局域网建设情况调查结果如图 29-6 所示。在企业管理人员中，本科及以上学历的人员约占 60%，超过了半数，企业管理队伍的信息化素质有了比较好的基础；有服务器的企业约占 45.4%，有局域网的企业占 50%（其中，能覆盖所有部门的企业局域网占 38%，能覆盖部分部门的企业局域网占 12%）。再有，图 29-7 数据显示，接入因特网的企业占 75%，有自己网站的企业占 42.6%。

总之，约有 50% 以上的中小企业已搭建了信息化网络平台和信息化基础设施环境，为企业开展网络业务和实施信息化管理奠定了比较好的基础。

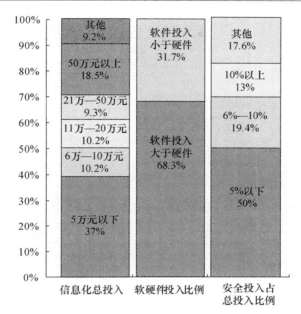

图 29-5　信息化建设投入情况

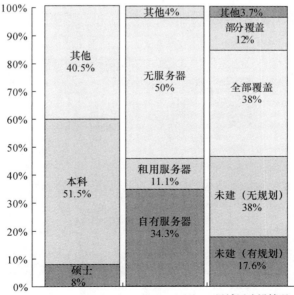

图 29-6　管理人员学历分布和局域网建设情况

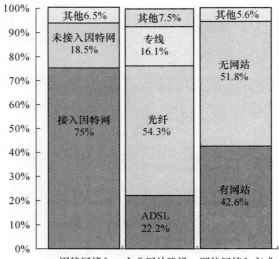

图 29-7 网络建设情况

四、信息化技术应用情况

对 108 家企业是否使用计算机办公、在经营管理环节是否使用信息化系统软件、在设计和生产中是否使用信息化系统软件、是否使用电子商务平台的调查情况如图 29-8 所示。

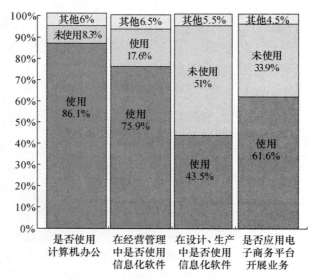

图 29-8 企业信息化技术应用情况

一是应用计算机办公的企业,采取的主要手段分布情况如图 29-9 所示。使用计算机办公的企业有 86.1%,从使用计算机办公的企业总数量上看已达到较高水平。其中分项调查数据显示,有 57.4% 的实现了入网办公,有 29.6% 的企业仍然使用单机办公,实现无纸办公的企业仅占 9.3%。在实现入网办公的企业中,使用电子邮箱系统的比率最高(占 55.6%),其次是使用 QQ 平台(占 44.4%),由此看来,企业在对办公软件的深层应用、办公数据流的优化管理和运用等方面还相对薄弱。

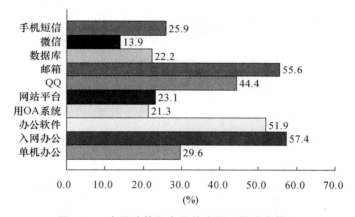

图 29-9 应用计算机办公的主要手段分布情况

二是企业在经营管理环节应用信息化系统软件的分布情况如图 29-10 所示。在经营管理中使用信息化系统软件的企业达到 75.9%,使用财务管理软件的企业比率最高(占被调查企业的 68.5%),但能即时准确提供财务数据的企业不到 5%。次之是使用进销存管理软件的企业(32.4%),再就是使用供应链管理软件(22.2%)、人力资源管理软件(21.3%)、资产管理软件(20.4%)、企业资源计划管理(ERP)软件(19.4%),但能即时动态地获取业务过程数据的企业甚少。由此来看,中小企业在经营管理中应用信息化系统软件的企业数量已达到一定水平,在财务、进销存等经营管理信息的及时性、全面性、正确性等方面有不同程度的提高,但即时提供、深度挖掘和运用财务数据的能力以及即时获取全业务过程信息的能力相对较弱,有待进一步提升。

三是企业应用电子商务平台的情况。应用互联网电子商务平台开展业务的企业有 61.6%,其中,开展电子商务业务在 3 年以下的企业占 49.1%,有 32.4% 的企业运用电子商务平台开展销售业务,有 22.2% 的企业运用电子商务平台发布产品信息。由此看出,近三年以销售为中心的电子商务应用发展迅速。但对 2012 年通过电子商务平台或电子支付产生的销售额占总销售额比例的调查数据显示,

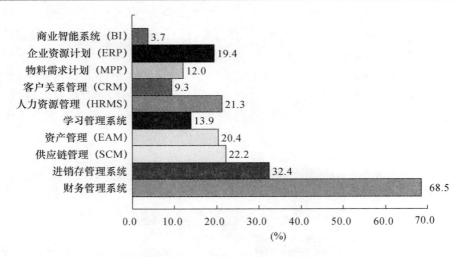

图 29-10　在经营管理环节应用信息化系统软件的情况

占总销售额比例在 10% 以下的企业有 38.9%，说明应用电子商务平台的销售额占总销售额的比例并不高，有极大发展空间。一些企业对应用电子商务平台还存在顾虑，调查显示 41.7% 的企业顾虑信息安全问题、24.1% 的企业顾虑诚信问题、19.4% 的企业顾虑支付安全问题，还有 16.7% 和 15.7% 的企业顾虑法律保障和物流问题。

第二节　中小企业信息化存在的主要问题及需求情况调查与分析

一、企业信息化建设的资金来源状况

被调查企业信息化建设资金来源状况的调查数据显示：来自企业内部的占 71.3%，来自政府扶持的占 25%，来自商业银行等企业融资（或贷款）的占 22.5%，信息化建设资金来源其他方面的占 20%。数据显示企业信息化建设资金来源呈现多元化结构，其中以企业内部资金为主。因此，中小企业内部资金实力薄弱，直接会影响信息化建设项目的投入。

二、中小企业信息化存在的主要问题

关于中小企业信息化建设存在的主要问题的调查结果，如图 29-11 所示。排在前三位的主要问题是：资金困难的企业占 62.8%，缺少 IT 专业技术人才的企业占 42.3%，政府扶持力度不够的企业占 39.7%。除此之外，还有信息化产品和服务价格高、业务优化和系统整合力度不够、信息化产品和企业需求不适应、投资与

收益不对称、缺乏信息化整体解决方案、信息化专业咨询不足等方面的问题。

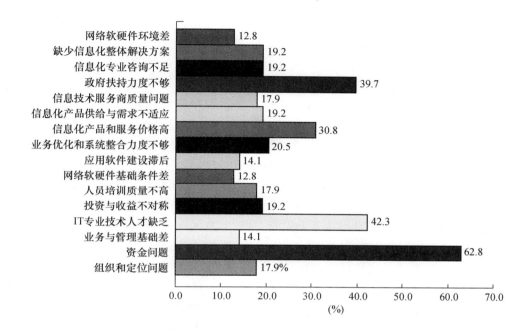

图 29-11　中小企业信息化建设存在的主要问题

（一）困扰企业购买信息化服务产品的主要问题

被调查的 108 家企业中，有 39 家企业曾购买过信息化服务产品（占 36.1%），其中有 43.6% 的企业对服务比较满意。就困扰企业购买信息化服务产品的主要问题的调查结果（以 39 为分母），其中，没有行业服务标准、效果评价困难、服务产品质量无保障、价格高等问题是困扰企业选择信息化服务产品的主要因素。

（二）企业对信息化技术产品的需求情况

对信息化产品和服务的需求情况排在前三位的是，培训占 42.6%，经济、易用、实用产品占 38.9%，更优惠价格占 35.2%。

（三）企业哪些方面需要政府的帮助和支持

被调查企业对政府帮助和支持的需求情况的调查结果排在前三位的是，需要资金支持的占 57.4%，需要政策和培训支持的占 42.6%，有搭建中小企业信息化建设交流平台需求的占 33.3%。

第三节 对策与建议

一、加强中小企业信息化培训体系建设

充分发挥政府、信息化服务企业和社会机构的联合资源优势,有效运用线上培训服务平台和体验服务中心等手段,以企业信息化实际需求为中心,构建分层次的中小企业信息化培训体系,针对个性化需求提供模块化的开放式培训服务,是循序渐进地提高企业对信息化内涵的认识、指导企业理清运营现状和存在的问题、了解自身行业及业务的特点、认清企业信息化实际需求、制定企业信息化规划或信息化产品(服务)选型计划并成功实施的有效途径。

分层次是指,依据中小企业信息化水平和有待解决的问题,将培训服务分为普及层、产品筛选层、产品应用层等三个层次。其中,普及层培训服务的作用在于,让企业充分认识信息化的内涵和意义,理清存在的问题和信息化的实际需求,了解差异化评估信息化产品(或服务)的方法,体验评估过程,形成产品(或服务)选型的可行性论证报告和初步意向;产品筛选层培训服务的作用在于,使培训对象熟知产品(或服务)的功能和预期投入,感知及体验产品(或服务)的适用度和预期价值,形成产品(或服务)选型结果;产品应用层培训服务的作用在于,使培训对象认知和接受产品(服务)带来的新变化,在实际应用中感知产品(或服务)给企业绩效带来的价值,并在产品(或服务)全生命周期中不断得到适用性培训服务,挖掘产品(或服务)的绩效价值。通过回访、动态跟踪调查,不断补充和完善实践效果好的培训,淘汰实践效果差的培训,形成可持续优化的培训体系。

二、加强网络基础设施建设

不断改善国家的网络基础设施,营造快速、安全、稳定、全覆盖、低成本的网络环境,为中小企业信息化发展提供基础条件保障。政府通过政策导向、加大信息化公共设施的投入、与大型信息化服务企业协作等方式,不断完善信息网络建设和技术升级,为中小企业提供覆盖面积广泛、无盲区、区域发展均衡、高服务品质、应用成本低的信息化网络环境。就像有好的道路交通环境可以刺激公路交通消费一样,通过提供高品质、低成本的网络环境刺激中小企业信息消费。

三、加大创新产品(服务)的开发和推广力度

在政府倡导下,信息化服务企业及社会机构相互协作,加强与中小企业信息化发展需求相适应的创新产品(服务)的研发与推广应用。解决好中小企业信息化建设中存在的三个主要矛盾,即资金实力薄弱与信息化产品(或服务)价格高的矛盾、IT技术人才短缺与信息化系统工程复杂性及技术性强的矛盾、庞大的信息化需求市场与适宜中小企业信息化的产品(或服务)供给匮乏的矛盾。

目前，中小企业信息化建设过程中采用比较多的有定制开发模式与购买模式、ASP模式和SaaS模式。随着互联网技术发展和应用软件的成熟，企业信息化建设模式也得到了不断发展和优化，SaaS模式将逐步成为中小企业信息化建设的必然选择。

SaaS服务模式是基于云计算的支付和使用模式，客户基于互联网以按需、易扩展的方式获得所需服务，是一种通过网络提供类似虚拟桌面、应用程序、资源管理、电子邮件等各种软件的服务模式。其中，客户可按需定制软件，云服务供应商按需提供软件安装、管理、运营、咨询和培训等各种服务，而客户只需通过云来登录、使用软件和分享服务。同时，客户只需租用不需购买应用软件和服务硬件设备，可以降低客户构建信息化方案、购买和维护基础设施和应用程序的成本，客户能够在应用软件和功能模块数、客户终端连接数、数据流量或数据存储量等灵活的计费策略中进行选择，并可在月、季、年等支付期中选择支付方式。既解决了中小企业信息化一次性投入大的困难和风险，也解决了信息化技术人才实力薄弱和技术人才聘用成本高的问题，还使中小企业在获得先进的应用软件和平台服务的同时，分享到云服务供应商的先进管理思想和经验，同时还可以满足中小企业对易用性、稳定性、个性化和灵活性信息化产品（服务）的需求。

目前的问题是，SaaS服务提供商如何获得更多的中小企业客户？如何让中小企业快捷了解、认知和接受SaaS模式，找到适合自身的基于SaaS模式的一体化解决方案并成功实施？要从三个方面解决上述问题：一方面，信息化服务商通过建立合作伙伴关系和行业联盟等方式互相协作，发挥联合的资源优势，基于SaaS服务模式，开发更多的适合中小企业信息化实际需求的优质产品，丰富供给市场，不断降低运营成本。另一方面，政府出台扶持政策和推广行动计划，支持信息化服务商和社会机构，与中小企业行业联盟、商会、园区等合作，通过举办基于SaaS模式的服务产品现场和线上推广会，利用信息化服务平台、行业网站等线上平台进行广泛宣传，以及推出基于SaaS模式的服务产品专项培训项目、咨询专题和线上体验中心等行动，为中小企业全面了解基于SaaS模式的服务产品提供零距离服务。再一方面，信息安全是国家信息化发展的关键问题，也是直接影响SaaS服务产品推广应用的关键要素。一是建立与企业业务运作实际相符合并具有可操作性、可验证性的信息安全风险管理体系，做到全业务过程有章可循、有标准可依，并有行为记录文件和预防措施，把潜在的安全风险降到最低；二是建立健全与信息技术发展相适应的信息安全法律法规，同时通过教育、培训、宣传和咨询等方式提高人们的信息安全素质和信息安全责任。

四、继续加速推进中小企业电子商务应用

电子商务应用仍然是推进中小企业信息化应用的切入点，采取政府出台鼓励

线上交易政策、信息化服务企业和社会机构联合行动的方式,从普及性应用和提高性应用两个层面,加大分层次及个性化指导和培训力度,提高中小企业对C2C、B2C、B2B、O2O等技术和功能认识,指导中小企业在众多电子商务平台中有效地进行选择,全面提高中小企业电子商务应用能力、水平和普及度,增加企业线上交易额,建立与上下游企业线上交易关系,降低运营成本,提高经济效益。同时,调查发现中小企业进行电子交易时最大的顾虑是信息安全问题,这就需要政府从信息安全法律、信息安全技术、企业及公民诚信度管理、信息安全教育等方面加大投入,为电子交易提供安全保障。

五、进一步完善中小企业信息化服务平台建设

调查发现,大多数中小企业对服务示范平台不了解,对服务平台企业的质量信任度不高。与服务平台企业成功对接的中小企业数量较少,服务满意度不高。目前,中小企业信息化服务示范平台建设项目,从数量上已经有了一定规模,但运行效率和服务质量亟待提高。一方面,需要政府出台一些可操作的信息化服务标准和行业规范,指导企业和社会机构为中小企业信息化提供有质量、有效果、标准化的服务,同时为中小企业选择信息化产品和服务提供依据;另一方面,需要对已启动的服务中小企业信息化建设的项目及时做好质量(价值)评估工作,优胜劣汰,动态优化中小企业信息化服务平台建设质量,打造互联互通、分层次、分行业及标准化、全透明的中小企业信息化服务环境。解决中小企业信息化建设供需对接错位、信息化产品选型难及信息沟通渠道不畅等现实问题。

中小企业信息化总体水平仍处在起步阶段,在调查中发现应用计算机办公、应用电子商务平台开展业务、应用经营管理信息化软件的企业已经达到较高的比例,但是对其分项调查中发现其信息化应用层次处在较低水平。中小企业信息化后发展空间巨大,潜在庞大的信息化消费市场,是基于SaaS服务模式的信息化产品的重要需求市场。推进中小企业信息化建设工程任重道远,政府、企业和社会机构相互协作,以中小企业信息化需求为中心;以互联网建设为基本保障条件;以SaaS服务模式的产品开发和推广应用为主线;以推进中小企业电子商务应用为切入点;以中小企业信息化服务平台为载体;以中小企业信息化培训行动为手段,全面实施中小企业信息化推进工程,是促进现代信息技术与先进管理理念的深度融合,稳步提升中小企业信息化建设水平,持续优化中小企业资源配置、运营效率和经济成本的有效途径。

第三十章 大数据背景下的公共服务优化研究报告

大数据已经渗透到各行各业,成为重要的生产要素,产生巨大的冲击。大数据在政府公共服务领域必将发挥重要的决策支撑作用,甚至能够为公共服务提供方式带来革命性影响。可以说,大数据不仅是技术变革,更是一场社会治理方式的变革,政府应当因势利导,借力大数据优化公共服务方式,提升公共服务质量。

公共服务领域采用大数据技术和大数据思维,既可以为政府进行公共服务决策和加强公共服务监管服务,也可以为公共服务消费者在内的社会公众提供个性化和精准化服务,这有助于公共服务提供者降低成本,从而更好地实现公共服务自身的经济和社会特性并存的要求。但是,大数据不仅是一种海量的数据状态及相应的数据处理技术,更是一种思维方式,是一场由技术变革推动的社会变革。

第一节 大数据政策支持大事记

2014年3月,《政府工作报告》首次提出"大数据"报告,设立新兴产业创业创新平台,在新一代移动通信、集成电路、大数据、先进制造、新能源、新材料等方面赶超先进,引领未来产业发展。大数据具有四个关键特征,分别是海量化、多样化、快速化和价值化。

2015年1月30日国务院发布的《关于促进云计算创新发展培育信息产业新业态的意见》提出,到2017年,云计算在重点领域的应用得到深化,产业链条基本健全,初步形成安全保障有力,服务创新、技术创新和管理创新协同推进的云计算发展格局,带动相关产业快速发展。服务能力大幅提升,创新能力明显增强,应用示范成效显著,基础设施不断优化,安全保障基本健全。到2020年,云计算应用基本普及,云计算服务能力达到国际先进水平,掌握云计算关键技术,形成若干具有较强国际竞争力的云计算骨干企业。云计算信息安全监管体系和法规体系健全。大数据挖掘分析能力显著提升。云计算成为我国信息化重要形态和建设网络强国的重要支撑,推动经济社会各领域信息化水平大幅提高。

2015年6月17日国务院常务会议会议指出,运用大数据等现代信息技术是促进政府职能转变、简政放权、放管结合、优化服务的有效手段。一是加快政务信息化工程建设,推动政府信息开放共享,凡事关群众办事的程序和要求,凡依法应予公开的政务信息,都要上网公开。用好网络等新媒体,为企业和群众服务。二是推进市场主体信息公示,依法及时上网公开行政许可、处罚等信息,建设信用信息共享交换平台,推动信用信息一站式查询,建立守信联合激励、失信联合惩戒机制。大力发展信用服务业。三是在环保、食品药品安全等重点领域引入大数据监管,主动查究违法违规行为。用政务"云"提升政府服务和监管效率、造福广大群众。

2015年7月1日国务院办公厅印发的《关于运用大数据加强对市场主体服务和监管的若干意见》提出四项主要发展目标:一是提高大数据运用能力,增强政府服务和监管的有效性。高效采集、有效整合、充分运用政府数据和社会数据,健全政府运用大数据的工作机制,将运用大数据作为提高政府治理能力的重要手段,不断提高政府服务和监管的针对性、有效性。二是推动简政放权和政府职能转变,促进市场主体依法诚信经营。运用大数据提高政府公共服务能力,加强对市场主体的事中事后监管,为推进简政放权和政府职能转变提供基础支撑。以国家统一的信用信息共享交换平台为基础,运用大数据推动社会信用体系建设,建立跨地区、多部门的信用联动奖惩机制,构建公平诚信的市场环境。三是提高政府服务水平和监管效率,降低服务和监管成本。充分运用大数据的理念、技术和资源,完善对市场主体的全方位服务,加强对市场主体的全生命周期监管。根据服务和监管需要,有序推进政府购买服务,不断降低政府运行成本。四是政府监管和社会监督有机结合,构建全方位的市场监管体系。通过政府信息公开和数据开放、社会信息资源开放共享,提高市场主体生产经营活动的透明度。有效地调动社会力量监督市场主体的积极性,形成全社会广泛参与的市场监管格局。

第二节　公共服务领域与大数据融合的现实挑战

公共服务提供主体运用大数据的意识差异大。从公共服务提供者的角度来看,虽然公共服务提供机构对于数据的重视程度较高,但是范围更多地局限于对内部的数据认知。从总体来看,公共服务提供机构的管理人员并没有意识到外部数据如互联网数据与内部数据的结合所产生的价值,而是更多地把数据进行了存储,没有进行分析。这也加重了现有的数据孤岛问题和数据闲置现象。以人口管理为例,掌握准确的基础人口数据是人口管理的一大难点。涉及人口管理的有八九家部门,税务部门有纳税人口数据,教育部门有在读人口数据,公安局有户籍人口数据,社保局有参保人口数据,等等。孤立的任何一个数据库都不能全面展现一个地方的实有人口情况。

公共服务数据格式和采集标准不统一,导致数据可用性差。大数据预处理阶段需要抽取数据并把数据转化为方便处理的数据类型,对数据进行清洗和去噪,以提取有效的数据等操作。很多公共服务部门,每天都在产生大量的数据,但在数据的预处理阶段不重视,不同部门的数据格式、采集标准也非常不同,很多数据是非结构化的,导致数据的可用性差,数据质量差,数据处理很不规范。如危险化学品的监管问题,在目前的监管格局下,危险化学品在生产、储存、使用、经营、运输的不同环节,除企业承担主体责任外,由安监、交通、公安等部门分别承担监管职责,这些主体对信息报备的宽严尺度不一。这样的宽严不一,以及各监管部门、企业主体间存在的种种信息壁垒,大大影响了监管效能。

公共服务部门从业人员多元化,大数据专业人才缺乏。数据采集工作牵涉的绝不仅仅是数据问题,它与政府以及事业单位等的改革深刻关联,势必对基层人员的工作能力和责任感都提出更高的要求。数据的采集和分析是一个多专家合作的过程,这要求相关人员是复合型人才,既熟悉本单位业务和需求,具备相关专业知识和经验,同时又要了解大数据技术,能够综合运用数学、数据分析、机器学习和自然语言处理等多方面知识。面对大数据,如果不会分析,数据就只是数据;如果错误分析,数据反而还会造成新的问题。

第三节 对策与建议

教育、医疗、社会保障、环境保护等公共服务领域,由于技术难度相对小,而且推广意义大,可以起到"四两拨千斤"的作用,应当率先突破大数据的应用障碍,政府部门应当而且也可以在这一方面发挥更大的作用。

科学规划和合理配置网络资源,加强信息化的基础设施建设。没有信息化的基础设施建设,就谈不上信息化,更谈不上大数据。2013年8月,澳大利亚政府信息管理办公室(AGIMO)发布了公共服务大数据战略。到2013年年底,澳大利亚人可以享受到每秒1G的互联网下载速度,而且安装宽带所需要的费用全部由政府埋单,完全免费。对我国来讲,这一项工作只有以政府部门为主,根据发展需求,科学规划和合理配置网络地址、网络带宽等网络资源,并且鼓励大数据企业参与网络设施投资和电信服务运营。

与此同时,还应做好数据标准统一工作,为数据的采集、整合等提供支持。统一的标准是用好大数据的关键所在。应当加快研究建立健全大数据技术标准、分类标准和数据标准。针对行政记录、商业记录、互联网信息的数据特点,研究分析不同数据口径之间的衔接和数据源之间的整合,规范数据输出格式,统一应用指标含义、口径等基本属性,为大数据的公开、共享和充分利用奠定基础。

政府搭建平台,推动公共服务部门与第三方数据平台合作,建设好社会基础数据库,助力提高公共服务效率和开展公共服务创新。公共服务部门可以考虑借助百度、阿里、腾讯等第三方数据平台解决数据采集难题,为包括政府各职能部门在内的各种社会主体提高公共服务效率和开展公共服务创新提供可能。另外,在政府信息公开不断加强的基础上,加大数据的开放和共享,建立起公共服务领域的数据联盟。大数据越关联就越有价值,越开放就越有价值。必须尽快确立数据开放基本原则,政府带头开放公共领域的行政记录等公共数据,鼓励事业单位等非政府机构提供在公共服务过程中产生的数据,推动企业等开放其在生产经营、网络交易等过程中形成的数据。最终建立起公共服务领域的数据联盟。

按照"抓两头、带中间"的思路做好大数据人才的培训和储备工作。大数据的核心说到底是"人"。相应的人才培训和储备工作要抓好两头。一头是基层。由于公共服务领域中相当多的数据是从基层采集的,因此需要加强基层基础建设,要求公共服务部门有完整的原始记录和台账,确保原始数据采集的准确性。而且也要求基层工作人员理解统一的数据平台、统一的软件操作、统一的指标含义。随着采集数据标准的逐步统一,采集数据的各个部门还需要相应地修改原来的流程、采集方式、人力配置等。政府有关部门应当制定适当的激励和约束机制,保障基层工作人员的素质和能力跟得上新形势的要求。另一头是高端。数据分析对国内高校人才培养也提出了新的要求。大数据人才的培养更多地集中在研究生阶段,从政府有关管理部门的角度来看,应该按照国务院简政放权、放管结合、优化服务的要求,放宽对高校专业设置的审批,真正落实高校管理自主权。鼓励并积极创造条件推动高校以及企业在大数据人才的培养方面进行探索。

第三十一章 创建国际海岛旅游免税试验区的研究报告

面对世界经济低迷和国内深层次矛盾凸显的严峻挑战,通过创建我国国际海岛旅游免税试验区,启动消费"新引擎"具有十分重要的战略意义。本研究认为,普陀岛和海南岛靠近国际海运主航道、地理位置突出、生态环境优美、开发潜力较大、旅游基础扎实,应抓住"一带一路"机遇,加快创建国际海岛旅游免税试验区。

第一节 创建国际海岛旅游免税试验区意义重大

一、创建国际海岛旅游免税试验区,必将有力地促进境外消费回流、扩大国内消费

目前,我国内需不足特别是消费不足,很大一个原因是消费"外流"。据统计,2014年我国居民境外消费已达1万亿元,2015年超1.1万亿元,特别是我国居民在世界各地的免税店购物增长迅猛,已占全球免税店购物总金额近27%,居全球首位。与此形成鲜明对比的是,国内消费持续低迷,2014年国内消费增速创10年来最低水平。中国经济增长动力正在由传统的投资、出口拉动向消费拉动转变,亟须启动消费拉动经济增长,必须进一步深挖国内消费潜力,通过创建国际海岛旅游免税试验区,让外流的"肥水"从海外回流。

二、创建国际海岛旅游免税试验区,必将有力地推动"海岛旅游热",广泛吸引境外游客

目前,我国旅游发展最大的一个问题是"出境旅游热、入境旅游冷"。一方面,近年来我国居民出境游爆发式增长,2010年只有5 738万人,2014年已突破1亿人,2015年突破12 000万人,出境游人数已连续2年居世界首位,尤其是以海岛为目的地的旅游达到3 000万人次,约占全部出境游市场的1/4。这意味着,每4个中国出境游客就有1人选择海岛旅游。另一方面,与出境旅游高歌猛进相比,入境旅游处于低迷状态,入境游人数持续下滑,2014年入境旅游人数同比又下降了0.45%。"进的减少、出的增加"带来的"一除一减"大大影响了我国旅游业发展。当前,亟须创造新的旅游热点,顺应"海岛旅游"热潮,加快创建国际海岛旅游免税试验区,借鉴国际知名海岛如夏威夷、巴厘岛、冲绳岛、普吉岛、济州岛、马尔代夫、迪拜岛等的开发经验,吸引入境旅游,减缓出境旅游。

三、创建国际海岛旅游免税试验区,必将有力地解决国内外商品"价格倒挂"难题,提高"中国制造"竞争力

"海外购"成为国民出境游的一大趋势,2014年我国88.1%的出境游客将购物作为最主要目的。这一现象背后的原因是,同样是"Made in China",国外比国内便宜得多;即便是国外生产的商品,也比国内便宜。这导致不管是国内产品,还是国外产品,国人都愿到国外购买。特别是国外建了不少免税店、精品店,购物方便又便宜,使得中国游客"出境游"变成了"购物游"。实行"离岛免税"政策,吸引国内外游客上岛购物,有助于将流失海外的巨大购买力转化为强劲的"内需"。所以,要加快创建国际海岛旅游免税试验区,建设一批免税店、精品店,实施有力度的离岛免税政策,加大"中国制造"的营销力度,促进境外消费快速回流,同时也加快消化国内过剩产能。

四、创建国际海岛旅游免税试验区,必将有力地推动"一带一路"建设、加快我国扩大开放步伐

海岛是我国海洋经济发展的重要战略支点,是优化海洋经济发展布局的重要载体,是打造现代海洋产业体系的重要内容,也是实施海洋强国战略的重要保障。我国6500多个海岛,海岛资源丰富,除了以省为行政单位的台湾岛和海南岛,全国还有12个海岛县,分布在沿海6个省份,但这些海岛整体发展水平不高,竞争优势不强,潜力空间很大。加快"一带一路"建设特别是"海上丝绸之路"建设,必须着力构建对外开放的桥头堡。当前,要抓住"一带一路"建设机遇,加快创建若干国际海岛旅游免税试验区,加快海岛开发开放,以重要海岛为突破口带动沿海大开放,意义重大而深远。

第二节 创建国际海岛旅游免税试验区的最佳选址

在全面审视地缘政治、区位条件、开发潜力、比较优势、产业基础等的基础上,从靠近国际海运主航道、地理位置突出、生态环境优美、开发潜力较大、旅游基础扎实等遴选条件着眼考虑,拟建议选择浙江普陀岛和海南全岛开展国际海岛旅游免税试验区建设。主要原因在于:

一、从区位条件看,普陀岛和海南岛优势凸显

尽管我国海岛数量众多,但从地缘政治和对外开放战略布局考虑,大多数海岛比如东海岛、平潭岛等并不是创建国际海岛旅游免税试验区的优选。普陀岛地处中国东部黄金海岸线与长江黄金水道的交汇处,背靠"长三角"广阔经济腹地,是中国东部沿海和长江流域走向世界的主要海上门户,与东北亚及西太平洋一线主力港口釜山、长崎、高雄、香港、新加坡等构成一个500海里等距离的扇形海运网络,作为"长三角"海上开放门户的区位优势十分凸显。海南岛地处南海的国际要冲,是大西南出海的前沿,内靠珠江三角洲,外邻东南亚,位于东亚和东南亚的中心位置,靠近东亚与东南亚之间的国际深水航道,是国际海运的必经通道,也是21世纪海上丝绸之路规划发展的重要枢纽地带,拥有沿海、沿边、岛屿等地缘优势,具备良好的区位条件。

二、从旅游资源看,普陀岛和海南岛优势凸显

在全国12个海岛县中,普陀岛的旅游资源优势遥遥领先大多数海岛,是国家首批5A级旅游景区,拥有两个风景名胜区岱山岛和桃花岛,已初步形成朱家尖、桃花、东极、东港等多个海岛特色休闲度假项目集聚区,成为中国海岛旅游的聚焦点、"长三角"海岛旅游目的地、佛教朝拜圣地,是名副其实的海上花园城市、海岛宜居城市。海南岛是中国唯一的热带岛屿省份、唯一的省级经济特区,素有"东方夏威夷"之称,资源丰富多样、组合度好,在相对较小的范围内集中了滨海沙滩、热带雨林、珍稀动植物、火山与溶洞、地热温泉、宜人气候、洁净空气、民族风情等丰富的自然资源和人文资源,在国际上也具有稀缺性,是世界知名的海岛休闲度假旅游胜地。

三、从开放政策看,普陀岛和海南岛优势凸显

2013年年初,国务院将舟山群岛新区确定为以海洋经济为主题的国家战略性规划区,这标志着舟山群岛上升为国家战略。目前,舟山普陀岛正在制定"全景普陀"休闲度假旅游目的地建设行动计划,深度拓宽"全景普陀"目的地发展空间,努力创建国家全域旅游示范区、国家旅游度假区。海南岛是我国最大的经济特区,实行省(直管市)、县的行政管理体制,中央赋予了特区立法权,尤其在国际旅游岛建设发展方面给予了一系列先行先试的政策支持。2009年12月国务院《关于推进海南国际旅游岛建设发展的若干意见》正式印发,标志着海南国际旅游岛建设迈出了实质性的大步伐。

四、从产业基础看,普陀岛和海南岛优势凸显

"十二五"期间,普陀岛的旅游接待量、旅游收入年均增速分别达到11%、12%。2014年,普陀岛旅游收入超过187亿元,旅游产业从业人员近3万人,接待游客2076万人次,旅游收入占GDP的比重高达57%。旅游业也是海南岛的支柱性产业,旅游收入占GDP比重远高于全球、全国平均水平,2009年以来旅游收入占GDP比重均高于12%,2014年达到最高的14.4%,旅游业对海南经济发展贡献巨大,为海南全岛创建国际海岛旅游免税试验区奠定了坚实基础。

第三节 创建国际海岛旅游免税试验区的建议

国际海岛旅游免税试验区的建设具有探索性、创新性、前瞻性,普陀岛和海南岛要立足岛区优势,先行先试,高起点规划、高标准建设、高水平管理,积极开展政策、体制、机制、开发模式的创新试验。

一、放大离岛免税效应,突破消费政策障碍

离岛免税政策被公认是建设国际旅游岛含金量最高的政策,目前韩国济州岛、中国台湾离岛、日本冲绳岛等都实施了离岛免税政策。海南岛是我国实行海岛旅游购物免税的先行区,但在免税额度、次数、品种等方面仍有不少限制,比如限购数额低、价格比国外高、品种比国外少、网点少、提货方式单一等,难以吸引消费回流。应借鉴国际海岛开发经验,在免税购物的限次、限值、限量、限品种等方面放松管制,原则上不限次,扩大免税品清单。

一是建立免税店网络。选择与国内外免税大公司合作,大力发展类型多样、品种丰富的免税店,包括岛内免税店、机场免税店和港口免税店,加快发展一批精品店、特色街,扩大离岛免税效应。在机场(车站、港口)建立与免税店相衔接配套的服务系统,实现购买与提货、市内与机场(港站)、岛内与岛外服务的有机统一。

二是突破销售对象和范围限制。除了出国出境的本国人员外,国内的普通消费者、外国游客都可以去免税商店购物,本国消费者有次数和金额的限制。免税商店除国际知名产品外,还要引进本土特色产品,推动中国制造走出去。

三是设置合理的免(退)税率。国外游客在免税商店购国产商品,实质是一种间接出口方式,对所购商品实行免税的实质是对国内产品实行出口退税。为了吸引更多的国外游客购买免税国产商品,建议选择合理的退税率,对海南岛现行的退税率进行适当降低。

四是进一步降低进口环节流转税。目前,消费品特别是奢侈品进口关税仍然在平均30%的高水平,化妆品和酒类等则高达50%,加上奢侈品进店的流转环节税,价格比原产地高出许多。建议降低消费品及奢侈品进口关税及流转税,使商品价格与周边国家同类商品价格相当或更低。

五是选择适当的退税模式。免税店的退税模式可选择大多数国家推行的专业代理公司退税模式,海关及税务部门可委托专业代理公司在机场、港口、车站等出境口岸设立退税点,为游客办理退税业务。积极探索直接在商品价格中除掉流转税的办法,只要购物离岛,就可免税。

二、立足海岛特色,科学规划开发

海岛资源禀赋差异较大,海岛功能也有多样化,应根据普陀岛和海南岛自身特色,借鉴国际一流海岛的开发经验,实施差异化的开发策略。坚持"多规合一",按照"全岛一个大城市"的思路,统一土地开发利用、统一资源开发、统一基础设施建设、统一环境保护,整合全岛资源,实施科学开发。普陀岛重点是做强朱家尖核心区示范高地,做特白沙、桃花、东极、悬鹁鸪四个主题岛,重点开发沈家门"渔港风情"游、朱家尖"海上礼佛"游、东港"活力海湾"游等海上观光线,大力开发白沙群岛"蓝色风情"、东极诸岛"福如东海"等环岛航游线。海南岛创建国际海岛旅游免税试验区,首先是"扩围",从原来的政策实施范围扩大到海南全岛,明确国际旅游岛建设功能,重点要加快对现有休闲度假旅游产品的升级改造,着力打造一批滨海、温泉、森林等特色鲜明的度假基地,规划建设海洋公园、影视动漫基地、湿地公园,推出一批观光体验游、风情文化体验游、探奇体验游。

三、打造旅游精品,促进旅游消费

按照"一岛一风格"的思路,充分挖掘海岛比较优势,大力开发具有民族性、参与性、特色性的海岛旅游精品项目,建设集旅游度假、休闲娱乐、康体保健、餐饮购物于一体的海岛旅游免税试验区,打造富有特色的高端海岛旅游产业集群,这是吸引境内外游客的重要载体。普陀岛要充分发掘"蓝天、金沙、海岛、海鲜、渔村、禅佛"等特色资源,以"上天"、"下海"、环岛、登山、跑马、入村、宿家、寻美、求侣、访寺等为供给指向,启动建设观音文化园、禅意小镇、航空产业园、国际邮轮港、筲箕湾经典渔村、养生健康谷等重大项目,创意打造"沙岛"朱家尖、"侠侣岛"桃花、"钓岛"白沙、"哨岛"东极、"卧岛"悬鹁鸪、"创意岛"鲁家峙等旅游精品。海南岛要大力发展滨海观光、环海南岛游,重点发展海上运动、海底观光、潜水等旅游产品,培育发展温泉疗养、医疗旅游、康体养生等疗养产品,着力打造黎族苗族文化、侨乡文化、海洋文化特色,通过建设一批旅游精品吸引境内外游客。

第三十二章 国内特色小镇的调研报告

近年来,除浙江之外,海南、云南、贵州等地相继提出建设特色小镇。浙江应找准小镇建设定位,抢抓发展机遇,高质量打造一批富有浙江特色的小镇,为全国各地特色小镇建设提供浙江经验。

第一节 云南、贵州、海南等省特色小镇开发思路与模式

海南、云南、贵州等地的特色小镇建设,与浙江正在推进的特色小镇既有相同之处,也存在不少的差异。云南等省的基本情况和具体做法是:

一、云南省

2011年5月,云南省启动建设200个特色小镇。按照"找准城镇特色、明确功能定位、实行动态管理"的要求,着力建设现代农业型特色小镇(86个)、工业型特色小镇(34个)、旅游型特色小镇(60个)、商贸型特色小镇(27个)、边境口岸型特色小镇(12个)、生态园林型特色小镇(9个)。主要开发思路和模式是:(1)强调规划先导,规划统领。每个小镇都编制《总体规划》《保护性开发详细规划》《旅游总体规划》《近期建设规划》等。(2)强调产业支撑,形成特色经济。按照"适应市场、因地制宜、突出特色、发挥优势"的原则,做强、做优、做活产业特色,打造特色品牌,构筑具有比较优势的特色经济体系。(3)强调保护优先,在保护的基础上开发建设。坚持"保护优先、合理开发、永续利用"的原则,明确保护的对象、措施,并确保利用过程不仅不会造成破坏,还要利于保护。(4)强调市场运作,以企业为主体开展建设。引导和支持有眼光、有思路、有实力、有潜力的企业参与开发建设,形成多渠道、多元化的投资格局。

二、贵州省

贵州特色小镇主要定位于风情小镇,重点打造"资源主导型""历史文化型""民族民俗型""生态宜居型""复合型"等五大类型的旅游小镇。主要开发思路和模式是:(1)采用"旅游综合体"模式。借鉴国际通行的"旅游小镇"模式,统一规划,建设有山区特色的"城镇—旅游综合体",摆脱传统旅游"大资源、小产业、大品牌、小规划、大项目、小投入"的状况。(2)统一对外招商。选取富有贵州特色的重点历史文化名城、名镇、名村和重点风景名胜区作为"旅游小镇",采取相对集中、

成片发展模式,逐步开发。按照"大项目、大规划、大投入"思路,集"吃住行游购娱"六大旅游要素为一体,统一招商、整体推进、分布实施。(3)统筹小镇周边发展。以景区景点为依托,对周边区域进行成片开发,将贵州 248 个景区景点连线成面。

三、海南省

海南按照"科学规划先行、基础设施配套、特色产业支撑、公共服务保障、特色文化包装、绿色田园环抱、社会多元投资"的要求,全省每年选择 2—3 个示范镇,市县至少选择 1 个重点镇进行开发。主要开发思路和模式是:(1)提高详细规划的覆盖率。在完成总体规划、专项规划和详细规划编制基础上,提高详细规划的覆盖率,以规划统筹各种要素,处理好生产、生活、休闲、交通四大要素关系,明确功能定位。(2)打造一批细分产业重镇。依托地方资源优势和特色,因地制宜发展农业、渔业、物流、旅游、商贸、文化等产业,打造农业重镇、渔业重镇、商贸重镇、旅游旺镇、历史文化名镇等。(3)凸显建筑和人文特色。挖掘小城镇独具魅力和特色的文化内涵,突出打造个性鲜明的建筑风格、绿化景观和人文特色文化,为小城镇的建设发展注入文化元素。(4)注重保护田园风光。结合现有地形、水系、植被等,串联旅游区、公园、历史古迹、公共建筑、特色村落等节点,相互串联形成贯通的绿带。围绕海南村镇秀美的田园风光,营造生态优良、清洁舒适、风貌优美的宜居小城镇。

第二节 浙江省特色小镇建设存在的问题

与海南、云南、贵州等地特色小镇建设相比,浙江省特色小镇推进力度大、标准要求高、产业特色鲜明、功能叠加融合、政策供给有力,首批 37 个特色小镇推进速度快,取得了一定成效。但当前也存在一些突出问题,主要是:

(1)产业特色不明显。有些地方的特色小镇注重建设规划,对产业规划重视还不够,产业定位模糊,产业招商重量轻质,与小镇建设关联度不高,产业集中度不够。现实中停留在按项目招兵买马的传统做法,存在简单的产业集聚倾向,产业创新和升级不够,特别是重大产业项目稀缺。产业项目比重偏低,基础设施项目、环境治理项目等占比过高,能够落地的大项目、好项目尤其是特色项目不多,高端产业、高端要素、高端人才集聚不多,这可能影响小镇的产业层次和未来发展潜力。

(2)项目拼盘组合。有些地方追求小镇创建数量和建设速度,"新瓶装旧酒"包装老项目,改头换面包装新兴产业项目,真正含金量高、产业带动力强的大项目偏少。有些地方为了达到 30 亿元以上的投资体量,东拼西凑把项目放在一个篮子里，把分散在点上的项目集中起来，堆些传统产业的坛坛罐罐，项目整体质量和素质不高。有的小镇开发甚至是变相的房地产或养老地产开发，缺乏较高质量和效益的新上投资、新建项目、新增税收。

（3）产城融合不够。有的小镇规划过急，规划统筹不够，产业规划、旅游规划、空间规划、建筑规划仍然分头编制，"四至"边界不清，不同功能区块相对独立，没有体现"三生融合"和功能叠加要求。城镇化与产业化一快一慢、脱节割裂，小镇"孤岛式"开发，与周边区域对接不够，产城不对接、不融合。除了梦想小镇、云栖小镇、山南基金小镇等建设较好的小镇之外，有不少小镇的人群仍然是"钟摆式"流动，"潮汐式"运动，上班时成"堵城"，下班后成"睡城"。有些小镇的公共服务配套不够，创业功能不齐备，"白天热热闹闹、晚上冷冷清清"，真正愿意来投资、创业的人仍然不多。

第三节　对策与建议

一、从小镇建设上看，需要突出市场主体力量

从目前看，有些小镇过于依靠行政力量推动，这非长久之计，后续发展潜力可能受影响。小镇建设不能由政府大包大揽，应让企业自主决策、自发投资、自主运营，引导和支持有眼光、有思路、有实力、有潜力的企业参与开发建设，调动企业和社会力量参与小镇建设的积极性。政府管住管好有形之手，不干预小镇具体建设和经营，重点做好编制规划、简政放权、生态保护、设施配套、公共服务。引入国内外知名企业、规划机构、投资机构，注入更加开放、多元的建设理念，让专业人才进行专业建设，确保小镇市场化运作、专业化运营。小镇建设投资和运营机制至关重要，应发挥政府产业基金的吸引力，支持和鼓励股权众筹、PPP等融资路径，广泛吸引社会资本撬动小镇建设。

二、从小镇功能上看，需要培育壮大"众创"功能

小镇未来的活力如何，主要取决于小镇能不能吸引有活力的要素，创新功能够不够强大。小镇应以"众创空间"为导向，培育创新"孵化器"，打造"众创"功能，构建"创新牧场—产业黑土—科技蓝天"创新生态圈。应根据产业特色、自然禀赋、发展定位，建设"创客中心"，按照产业链布局精准引进稀缺要素资源，培育新业态、新模式、新企业，为小镇发展注入活力。推动小镇与知名创业机构、创业城市、创业平台开通"直通车"，促进要素流动、信息共享、平台分享，集聚高端人才、高端资源、高端技术，促进产业链、创新链、人才链、资金链深度融合。

三、从小镇定位上看，需要因地制宜彰显特色

各地发展不平衡，各有优势和特色，小镇建设不能脱离实际"一窝蜂"推进，应因地制宜,发掘各地优势,找准定位,展现特色。产业定位、建筑风格、生态环境等坚持"一镇一特",差异定位、错位发展,不复制、不趋同、不雷同,体现独特性。找准、凸显、放大产业特色,根据地域条件和产业优势,主攻最有基础、最有优势的特色产业,避免"百镇一面"、同质竞争。沿海发达地区以特色小镇为平台,多创建一些众创空间,发展新产业、新业态;中西部地区应结合当地文化特色、风情风貌和山水优势,打造经典风情小镇。注重全方位融入生态理念,利用当地的山水风光、地形地貌、风俗风味、古村古居、人文历史等旅游资源,打造旅游风情小镇。

四、从小镇规划上看,需要加强"多规合一"

小镇不是区划概念,这导致不同部门在小镇区块内的规划容易不一致甚至引起矛盾。坚持规划先行、多规融合,统筹发改、规划、国土、建设、环保、科技、经信等部门的专项规划,合理界定小镇的人口承载力、资源承载力、环境承载力与产业支撑力,统筹考虑人口分布、生产力布局、国土空间利用和生态环境保护。小镇规划布局一定要有前瞻性,不能只是看当前,更要注重长远,应科学进行空间布局、功能布局、项目布局,合理布局特色小镇与周边村镇生产力,严格防止"摊大饼",确保小镇"四至"清晰,规划和项目可落地。按照"一个小镇一张图"的要求,结合地域资源禀赋条件,编制生产、生活、生态融合,工业化、信息化、城镇化同步的建设规划。

第三十三章　加快构筑"浙江智造生态系统"的研究报告

智能制造生态系统是全价值链集成、全产业链重塑的制造生态系统。浙江在制造业、互联网两大领域都有基础和优势,应抢先一步,实施浙江智能计划,抢占智能制造制高点。

第一节　智能制造产业生态系统:从三大核心产业锲入

一是构建基于信息技术的"互联网＋制造"产业生态。利用"互联网＋"的信息经济优势,融合数字化网络化制造技术,搭建开放式、跨空间的协同智造平台。利用物联网和大数据技术,推动全产业链的互联网化及制造服务化。推动阿里巴巴等信息产业龙头企业利用产业整合、资本运作等方面的优势,推动制造业向大规模、高效定制的智能制造新业态转型。

二是构建基于信息物理系统 CPS 的高端智能装备产业生态。实施"传统产业智能提升工程"和"智造装备产业优先扶持工程",将智能制造核心技术、自动化机器人、信息物理系统 CPS 等融入数字化、网络化、智能化的柔性制造系统。在萧山、柯桥、永康等传统制造业比重较大的地方,加快推进"机器换人",加快推行数字工厂、智能工厂和无人工厂。

三是构建支撑智能制造的智能设施产业生态。在继续巩固并扩大电子元器件及材料、通信、计算机及网络、应用电子、软件与信息服务业等细分领域特色优势的基础上,优先发展机器人及关键核心零部件、光伏及新能源材料、高效节能环保材料等硬件基础设施产业,大数据和云计算产业、数字内容服务产业等软件基础支撑产业。

第二节　智能制造动力系统:实施"四大协同计划"

一是实施"智能制造业龙头引领计划"。鼓励龙头企业跨国并购和国际研发合作,在智能制造业先进材料、先进工艺和先进技术等智能制造的前沿领域,并购拥有核心智能制造技术和知识产权的国外企业。扶持智能制造业领域的龙头企业加大技术投入、自主创新、设备更新、工艺更新。

二是实施"小微企业智能制造行动计划"。按照"网络互联、产业集聚、技术集成、要素集约"原则，依托信息物理系统技术推行小微企业智能改造。集成共性技术平台、检测展示、创业投资和政府扶持资金等优势资源，择优扶重，为小微智能制造企业成长服务。实行"智能制造化贷款担保"，对小微企业智能化改造项目实行全程融资服务。

三是实施"智能制造关键共性技术攻关计划"。设立"智能制造创新能力孵化期"，对在工业机器人、智能芯片、加式制造所需的纳米材料、信息物理系统、工业物联网等方面具有优势的企业，给予5—10年的"创新能力孵化期"。对在智能制造领域尤其是高端装备制造业领域具有关键应用价值和潜力的核心技术和科技成果实施重点孵化。

四是实施"政府性投资基金引导计划"。成立政府性投资引导基金，吸引民间资本协同投入，发挥其放大、辐射、引导的"乘数效应"。重点在"智能化"、"大数据处理"等方面加大研发投入，对基础研究、产业共性技术研究、战略前沿技术研究加大支持力度。

第三节　智能制造人才支持系统：实施智造人才储备工程

一是实施面向高层次人才的"应急性策略"。针对浙江省智能制造产业如工业机器人、高端数控机床等重点领域急需专业技术性人才和管理人才，在短期内采取引进和借用的方式。实施灵活的"海外引智""以智引智"政策，加强吸引外籍技术专家来浙投资和创业。

二是实施面向应用型人才的"发展性策略"。建立互联网、信息技术、机械工程、工业设计等专业交叉的梯队型技术人才队伍，在近期和中期采取定向培养策略。对重点扶持的产业如机器人编程、信息物理系统等产业，出台人才培养相关的激励措施和定向培养等措施。

三是实施面向产业工人的"保障性策略"。大力推行"学徒计划"，为制造业培训专业技工。发挥高校、科研院所、职业院校、企业和产业培训机构的平台作用，建立"五合一平台"，加大机械、自动化、信息化等产业技术人才的培养力度。

第四节　智能制造保障系统：打造智能制造共性平台

一是依托"特色小镇"构建开放型的智能制造平台。利用正在打造的"特色小镇"载体,加快制造智能化,推进产业融合。加大制造业企业的智慧化改造和升级,实现制造硬件和管理生产信息软件的"双智慧化",将柔性化的智造车间通过互联网形成互联网化的产业链。

二是构建智能制造应用全覆盖的公有云、私有云平台。以阿里云牵头成立云计算联盟,将云计算产业生态小镇"云栖小镇""西溪谷""杭州云谷"等建成全球一流的大数据中心和云服务核心平台。鼓励龙头企业构建基于企业网的私有云应用平台,打造一批平台型企业生态系统。

三是构建全供应链的智慧物流系统。构建综合交通运输体系,建立集展示、交易、仓储、流通加工、运输、配送、信息功能于一体的综合交通运输枢纽和物流节点。基于物联网技术,建设网络化、柔性化、智能化的畅通的物流信息链和物流管理体系。

第五节　智能制造辅助系统:建立网络安全机制和标准体系

一是前瞻制定与国际化接轨的智能制造生态系统的网络安全机制。大力投入资金主导智能制造生态系统的网络安全机制的标准、规范的制定。支持民间资本进入网络安全基础设施、机制设计的产业领域,大力培育智能制造网络信息安全产业。

二是率先制定智能制造行业标准。制定智能制造的标准化路线图,推进行业标准国际化。组织行业联盟、行业协会、研究机构和企业共同协商建立统一的行业标准,制定智能制造企业跨系统、跨平台集成应用标准,机器与机器互联的物联网行业应用标准等智能化制造标准体系。

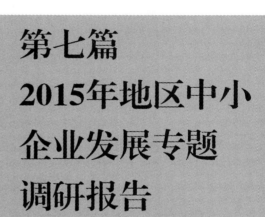

第七篇
2015年地区中小企业发展专题调研报告

第三十四章 浙江省中小微企业发展现状问题与对策调研报告

第一节 浙江省中小微企业发展现状

"十二五"以来,浙江省全面实施"八八战略"和"创业富民、创新强省"总战略,实施"五水共治"、"四换三名"等工程,全面推进"大众创业、万众创新"和中小企业转型升级,浙江省中小微企业创新创业活力进一步上升,整体素质显著增强,"数量大省向素质强省转变"效果显现。

一、企业发展活力增强,主体地位进一步巩固

至2014年年末,浙江省中小微企业数量超过420万家(含个体工商户),占企业总数的99%以上,"十二五"期间年均增长4.9%。2014年年底个体工商户数量286.5万户,"十二五"期间年均增长3.5%。2014年规上中小微企业40243家,占全部规上企业的98.5%,规上中小微企业产值51018亿元,占比76.1%,比"十一五"期末增加29.8%。

中小微企业成为吸纳社会就业的主渠道。2014年全省中小微企业和个体工业户从业人数总计达1338.1万人,占全省社会就业的的91.1%,比"十一五"期末约增加0.2个百分点。其中,信息服务、互联网等信息产业中小微企业成为吸纳社会就业的生力军。

中小微企业是浙江省财政收入的可靠源泉。2014年浙江省中小微企业上缴税费2403.7亿元,占全部企业的79.7%,比"十一五"期末增加48.8%。2011—2014年期间平均增幅约13%。

中小微企业是出口创汇的主力。2014年浙江省中小微企业产品出口额达8619.18亿元,占全部出口额的72.3%,比"十一五"期末下降10.8%。

中小微企业是技术创新的主体。2014年,浙江省规上中小企业新产品产值11961.67亿元,新产品产值率近30%,比2010年提高约10个百分点。尤其是互联网、机器人、新能源等新兴产业的中小企业不断成长,推动了浙江省中小微企业产业结构的优化调整。

中小微企业成长性逐渐提高。监测调研数据显示,"十二五"期间全省小微企业综合成长指数为94.76,实施万家企业"小升规"。中小板及创业板上市公司数量从"十一五"期末的184家增加到2014年年底的266家,新三板挂牌企业数量迅速上升,2014年年底达到近200家。

二、产业结构更加优化,两化融合进一步加快

2011—2014年,浙江省第一、第二、第三产业增加值年均增长分别为1.9%、7.6%和9.5%。与2010年相比,第三产业比重上升,第二产业比重下降,比例结构从2010年的4.9∶51.1∶44调整为4.4∶47.7∶47.9。其中,生产性服务业中小微企业得到快速发展,电子商务成为小微企业发展的新亮点和主力,2014年浙江省网上商品交易额达2.56亿元,跨境电子商务交易额为63.5亿元,专业市场为382家,各类网店150多万个。

生物医药产业中小企业快速发展。"十二五"期间,制药、功能食品等行业中小微企业数量和规模都有较快发展,2014年,生物医学制造行业中小企业的数量405家,比"十一五"期末增加42家,产值7 565亿元,比"十一五"期末增长11.6%。

高新技术产业中小企业健康发展。在七大战略性新兴产业中,中小微企业是主力军。2014年浙江省高新技术企业6 232家,科技型中小企业19 141家。高新技术产业增加值4 283亿元,占规模以上工业的比重为34.1%,2011—2014年年均增长10.5%。2014年,七大战略性新兴产业增加值为3 075亿元,占规模以上工业的比重为24.5%,对规模以上工业增长的贡献率为30.1%。2014年,33家高新园区集聚了浙江省60%的重点企业研究院、1/3的高新技术企业、2/3的科技型中小企业与近60%的高新技术产业产值、80%的高技术服务收入,对全省规上工业增加值的贡献率达43.4%。

淘汰落后产能、高污染高能耗企业措施初见成效。2014年淘汰落后产能中小微企业3 500多家,关停取缔高污染小作坊1.88万家。八大高耗能产业增加值占规模以上工业增加值的比重从"十一五"期末的39.8%下降到2014年的35.9%。

中小微企业信息化与工业化进一步融合。调查显示,2014年浙江省两化融合指数达86.26%,仅次于江苏和上海居全国第三位。2014年全省信息化发展指数为0.883,比2010年提高0.056。全省科技型中小企业装备数控化率达到35%,机器设备联网率达到28%,企业ERP(企业资源计划)普及率达到57%,MES(制造执行系统)应用率达到25%以上。传统制造业融入高新技术后焕发出新活力,纺织、服装行业的亏损率分别从2012年的11.7%、17.3%下降到2014年的9.4%、15.6%。传统制造业的平均利润增长率由2012年的-13.7%提升到2014年的2.1%。全省工业中小微企业全员劳动生产率从"十一五"期末的约13万元/人,

增加到 2014 年的 16 万元/人。

三、企业研发投入加大,创新能力进一步增强

2011—2014 年,全省规上工业科技活动经费支出年均增长 13.7%。R&D 支出 940 亿元,比 2010 年增长 90.2%。研发人员数量从"十一五"期末的 23.7 万人上升到 2014 年的 30 多万人。2014 年,全省规模以上工业中小企业实现新产品产值 11 961.7 亿元,新产品产值率达 24.3%,比"十一五"期末增加 5.5 个百分点。抽样调查统计显示,2011—2014 年,浙江省 960 家科技型中小企业的研发投入占营业收入的比重平均为 3.3%,远远高于同期全国 500 强企业的 1.2%。每年浙江省中小微企业经国家知识产权部门认定专利超过 2 000 项,专利拥有量居全国前列。

四、国际化与本土化并驾齐驱,绿色成长趋向常态

中小微企业跨国经营能力、国际资本运作能力、全球市场竞争能力进一步增强。"十二五"期间,浙江省中小微企业国际化程度进一步提高。2014 年中小微企业出口交货值达 86 191.8 亿元,比"十一五"期末增长 11.7%。国际高端人才落户中小微企业数量逐渐增加。截至 2015 年 10 月底,全省累计吸引外商投资企业 55 437 家,投资总额 5 045.7 亿美元。全省经审批核准或备案的境外企业和机构共计 7 377 家,累计对外直接投资额 336.11 亿美元,覆盖 141 个国家和地区。其中,浙商回归的有效投资量质齐升。仅 2015 年前三个季度新引进项目 1 567 个,累计到位资金 2 345 亿元,比 2012 年新增千亿元以上,并已形成"产业、总部、资本"三位一体新格局,浙商内外联动发展拓宽了中小微企业发展空间。

中小微企业绿色成长、可持续发展能力进一步提升。"十二五"期间浙江省打出"三改一拆""四换三名""五水共治"等政策组合拳,力助中小微企业转型升级并取得初步成效。据统计,2011—2014 年,浙江省全社会能耗比上年分别增长 5.7%、1.4%、4.1%和 1.0%,四年平均增长 3.0%,增速比"十一五"时期下降 4.0 个百分点;单位 GDP 能耗分别下降 3.1%、6.1%、3.7%、6.1%,四年累计下降 17.8%。从三次产业和工业行业内部看,节能的广度和深度均有所增加。2011—2014 年,第二产业拉动全行业万元增加值能耗分别下降 0.018、0.031、0.020 和 0.022 吨标准煤,拉动单位 GDP 能耗分别下降 2.9、5.2、3.6 和 4.2 个百分点;八大高耗能行业能源利用效率提高对规模以上工业节能的贡献分别为 60.0%、71.0%、83.5%和 58.4%。2015 年 1—5 月,全省规模以上工业单位增加值能耗同比下降 3.3%。38 个大类行业中,31 个行业的单耗同比下降,下降面超过八成,可见行业能效提升对全社会节能贡献明显。中小微企业在"绿色低碳发展之路"上找到了属于自己的蓝海。

五、集群化与城镇化互动发展,特色小镇初具雏形

"十二五"期间,浙江省在500多个传统块状经济区块上重点建设42个现代产业集群、14个省级产业集聚区。根据统计监测数据,2014年全省14个集聚区投产企业3607家,产业增加值1760亿元,同比增长18.4%,增幅比全省快10.8个百分点;其中工业增长15.9%,占全省工业总产值的10.7%;战略性新兴产业增长29.2%,服务业增长33.5%,企业利税增长18.6%,从业人员增长3.3%。"集群+专业市场"模式为"两化"和"两业"融合提供了良好土壤。近年来,专业检测检验机构、工业设计基地、行业专用软件服务等生产性服务企业和机构开始在集群周边大量聚集,诞生了具有内生性、根植性、地方特色性的生产性服务业与制造业集群产业链耦合的发展模式。通过实施标准厂房建设"十百千万"工程等,大批中小微企业入驻聚集区,有利于企业提质增效。

同时,现代产业集群与新型城镇化建设互动发展,特别是特色小镇建设为浙江省中小微企业转型升级提供了新渠道。全省首批37个省级特色小镇中,目前有杭州云栖小镇等22个小镇已完成年度投资目标。据统计,2015年1—9月,37个小镇的固定资产投资额(不含商品住宅和商业综合体项目)为346.32亿元,平均每个特色小镇9.36亿元。特色小镇已成为当地政府招商的"金名片"。目前已有6个市、66个县出台了专项扶持政策,如杭州对特色小镇的众创空间、公共科技创新服务平台,给予20万—200万元补助,上虞为e游小镇专门设立了5亿元发展基金等。这些小镇事实上已成为浙江多经济元素聚合的经济新生态,通过对接"互联网+"承接创业创新、搭建制造业升级平台牵引转型、更新理念手段传承历史经典产业三个方面促进区域中小微企业的持续健康成长。

第二节 浙江省中小微企业存在的主要问题

"十二五"时期,是浙江省中小微企业快速发展的五年,也是中小微企业发展环境不断优化、企业素质持续提高、产业结构进一步优化、活力和竞争力明显增强的五年,全省中小微企业发展取得了显著成效。但也存在一些问题和矛盾。

一、融资难融资贵问题仍然突出,双链风险需要严防

专项调查资料显示,占企业总数99%以上的中小微企业贷款仅占一般银行贷款总额的8%左右。近4%的中小企业认为当前融资十分困难,17%的企业认为融资比较困难,15%的企业通过民间借贷、小额贷款公司和担保公司获取借款,支付利息要远高于正常的银行借款利息。近几年互保联保引发的中小企业连环倒闭风潮有回潮趋势,资金链、担保链"双链"风险依然严峻,需要采取切实对策予以严加防范。

二、用工成本居高不下,劳动力供需结构需要优化

一是用工成本攀升。近几年虽然招工难有所缓解,但中小企业用工成本仍高居不下。据统计,2014年浙江省在岗职工(含劳务派遣)年平均工资为48 372元,与2013年的44 513元相比,增加了3859元,同比增长8.7%。用工成本攀升使中小企业的低成本优势难以为继。二是劳动年龄人口总量由升转降。近年来浙江省人口老龄化进程明显加快。从2012年开始浙江省劳动年龄人口结构由正增长转为负增长。40后、50后劳动力逐渐退出生产经营第一线,劳动年龄人口的绝对数趋向减少,2014年,全省65岁及以上老年人口比2010年第六次人口普查时多了82.8万人,占比上升1.39个百分点。三是外来劳动人口数量增加。农村剩余劳动力转移有限,大批被解放的农村劳动力转移至城镇,占据的多是些低端、劳动密集型岗位。中小企业新生代的主力劳动力以80后、90后为主,他们对于工作环境、职业发展、薪酬待遇等的诉求更强,这从一个侧面拉高了劳动力成本。劳动年龄人口的绝对数下降意味着人口红利的逐步消失,劳动参与率的降低使得劳动力市场上的经济活动人口更趋减少。随着劳动力成本的不断攀升,长期以来浙江过多依赖低端产业、低成本劳动力的增长方式已难以为继。

三、精准服务提供不足,公共服务质量水平需要提高

调研发现,政府提供的简单基本服务企业不需要,而企业真正需要的服务政府又提供不了;有的已出台的扶持政策企业不知道,知道后申报及审批耗时长难以应对,这些都影响政策落地及实施效果。政府服务大企业可以一企一策、一事一议,基本可以做到量身定制、精准服务。而中小微企业量大面广,政府资源、调控手段、服务能力毕竟有限,难以为广大中小微企业满足日益增长的公共服务需求。近年来浙江省政府部门大力推进中小企业公共服务体系和社会化服务体系,但目前还处于起步阶段,服务内容针对性不强,服务项目和内容不丰富,服务质量水平还亟需提高,面临小微企业服务需求增长与政府公共服务提供不足的双重难题。

四、企业生态不合理,大中小微企业协同关系需要改善

一是存在传统中小微企业数量偏多与现代大企业数量偏少的双重结构问题。根据最新的第三次经普数据,截至2013年12月末,浙江省全部法人企业有86.66万家,其中大型企业有1747家,仅占0.2%;中型、小型、微型企业分别为1.81万、18.38万、66.3万家,分别占21.2%、76.5%、2.1%,中小微企业合计86.49万家,占企业总数的99.8%。如果再加上个体经营户(不含无挂靠个体运输户)327.7万户,浙江传统中小微企业数量更多。另根据2012年规上企业的全国横向比较数据,浙江省大、中、小型企业比重为1.62%、12.74%、85.64%,广东省为3.66%、24%、72.27%,江苏省为2.61%、12.94%、84.46%,山东省为2.49%、11.72%、

85.78%。从大中小型企业对工业产值的贡献率来看,浙江省大中小型企业贡献率为 27.42%、31.97%、40.61%,广东省为 45.4%、28.01%、26.59%,江苏省为 39.56%、22.10%、36.69%,山东省为 46.98%、26.13%、26.88%。可见浙江省中小微企业比重及贡献率偏高,而大企业比例与贡献率明显偏低。总体上看,浙江省大型企业数量偏少,中小微企业数量偏多,呈现类似于 20 世纪六七年代日本的大量传统中小企业与少数现代化大企业并存的二元结构问题。二是存在抓大扶强企业政策与活小富民发展环境导向的双重矛盾。政策设计既能做到扶优扶强,又能扶小活小,是两难选择。浙江省扶持"小升规"鼓励企业做大做强,但鉴于目前规上企业税费等负担要比规下企业重,许多企业不愿上规,甚至出现上了规还要设法下规的"逆淘汰"。这种现象从表面上看类似于日本中小企业偏向安于现状的想法,但在尚未真正做到"专精特新"之前,反映了中小企业在不公平的发展环境下的一种无奈选择,实际上当前不利于产业结构调整和企业转型升级。三是行业发展上存无序竞争,大中小微企业协同创新、协同制造机制尚未形成。虽然国家出台了"非公 36 条"和"新 36 条",但由于遭遇"玻璃门",不少地方政府仍存在 GDP 至上主义倾向,过分专注于大企业大项目。特别在金融、能源、航空、电信、电力等垄断性行业的市场资源分配与市场准入方面,中小企业仍受到大企业的排挤,只能在低端制造业的"红海"残酷竞争。大企业可以发挥旗舰作用,但目前大中小企业之间尚未形成协同创新、协同制造的机制体制,在生产及服务等各环节,缺乏像制造大国德国和日本那样的高效灵活的中小企业配套和支撑体系。

五、企业家总体素质偏低,企业创新能力需要提升

目前,浙江省中小微企业面临企业家的总体素质偏低与倒逼推动转型升级加快的双重考验。中小微企业上规的多下规的也多,这不适应经济发展"新常态"。特别是高端创新人才、高端技术人才储备不足,不能很好地适应当前互联网技术和信息技术快速发展的变化需求,不能很好地参与智能制造产业链与"一带一路"的国际化经营。随着"四换三名"、"三改一拆"、"五水共治"等转型升级组合拳的深入实施,中小微企业能否加快提高自身素质,尽快改变"五个过多依赖"(即过多依赖低端产业、过多依赖资源要素消耗、过多依赖低成本劳动力、过多依赖传统商业模式、过多依赖低小散企业)问题,走出低端锁定的困境,是企业面临的严峻考验。现阶段仍缺乏针对中小企业需求的人才培养长效机制,大多数中小企业缺乏留住人才的条件和能力,这都阻碍了企业技术创新能力的内部传承与总体提升。

六、实体经济增长动力不足,企业家信心需要提振

当前我国经济正进入增长换挡期、结构调整阵痛期和前期刺激政策消化期"三期叠加"阶段。"新常态"背景下,产能过剩矛盾突出,要素成本不断上升,社会融资规模减少,实体经济获得的资金下降,各行各业都面临着前所未有的压力。

调研了解到,当前浙江省各地中小微企业基本能维持生产和生存,但短期内仍然存在着"三个难以改变",即企业订单不足难以明显改善,小微企业盈利能力微弱难以明显改善,企业家信心难以明显提升。当前中小企业面临的多重困境与多种矛盾并存,这些都深刻影响到实体经济的增长动力与发展前景。

第三节 现阶段浙江中小微企业发展环境分析

"十三五"时期正值"供给侧结构性改革""中国制造2025""一带一路""长江经济带建设"等战略与举措全面推进,"互联网+"行动计划发布实施,"大众创业、万众创新"方兴未艾,以及多项国家级改革试验在浙江省的落地实施,浙江中小企业面临重要的发展机遇。同时,宏观经济不确定性加大和生态环境压力持续增加,中小企业发展也面临着严峻挑战。

一、中小微企业发展面临的发展机遇

(1) 新型业态不断涌现。"十三五"时期,传统产业加速转型,新兴产业快速发展。互联网、云计算、大数据、物联网等信息技术与传统制造业加速融合,智能制造、跨境电商、现代农业、生产性服务业等新业态、新模式、新产业不断涌现,将催生适合中小企业多品种、小批量的个性化定制和柔性化生产。

(2) 政策环境更加普惠。党中央、国务院高度重视中小企业发展,出台了一系列促进中小企业发展的政策措施,形成比较完善的财税、金融、社保、公共服务、创业创新等政策体系,为中小企业发展营造更加宽松公平的政策环境。

(3) 两创生态加速形成。随着"众创空间""小微企业创业创新园(基地)""特色小镇"等新型创业平台建设,与各类孵化器、创业园、经济开发区等构成完善的创业创新生态链,创业创新服务体系逐渐完善。

(4) 国际合作加快推进。"一带一路"战略加速推进全球产业链的分工合作,加速了浙江中小企业走出去的步伐,进一步拓展了中小企业海外投资的空间与领域。随着跨境电子商务的蓬勃发展,进一步提高合作效率,降低交易成本,催生更深层次的合作机遇。

二、中小微企业发展面临的系列挑战

(1) 宏观经济不确定性加大。"十三五"时期国际经济形势更趋复杂,国际贸易保护主义抬头,TPP等贸易协议的实施将对中小企业进入国际市场带来新挑战。国内正值经济发展的"三期叠加"阶段,经济下行压力增大,中小企业面临严峻挑战。国际环境看,"十三五"时期国际竞争加剧,美、英、德、日等发达国家纷纷推行"再工业化"战略,俄罗斯、印度、越南、马来西亚、印度尼西亚、菲律宾等新兴市场国家加快确立制造业比较优势,经济长周期下行与新科技革命的酝酿,贸易的技术、绿色和蓝色壁垒的频发,在多重挤压下浙江中小微企业的出口市场面临巨大挑战,经济增长面临巨大压力。国内环境看,当前我国经济正逐步进入增长速度换档期、结构调整阵痛期、前期刺激政策消化期"三期叠加"的经济发展新常态。而"十三五"期间是经济新老常态交替的过渡期,是经济结构调整优化的关键时期,目前全省小微企业总体素质偏低,生生死死,起起落落,经济发展新常是众多中小微企业面临的重要挑战。

(2)转型升级进入攻坚阶段。"十三五"时期浙江省体制机制的先发优势逐渐弱化,中小企业发展的素质性和结构性矛盾依然突出,创新能力不足、高端人才缺乏、工匠精神缺失等问题逐渐凸显,去产能、去库存、去杠杆、降成本、补短板等供给侧结构性改革的难度加大。随着各种要素和资源价格的进一步上涨,浙江依靠低成本的要素规模扩张、全要素生产率提高来推动经济增长的模式已难以为继,让位于更多依靠人力资本和技术进步的质量效率型集约增长方式,资源要素密集型、劳动密集型工业向知识密集型、技术密集型和资本密集型工业经济转变。"十三五"时期是浙江省经济转型升级的关键期,也是要素结构从初级要素向高级要素过渡的关键时期,中小微企业要转型升级,就要摆脱传统廉价要素的依赖,摆脱低端锁定和路径依赖,实施技术、高级人才、知识、信息、设计、品牌、商业模式等高级要素基础上的质量和效益发展。目前小微企业最集中的问题是"低小散"问题,生态环境建设和行业治理给一批小微企业带来能否生存和怎么转型问题的挑战;最突出的问题仍然是"融资难、融资贵"问题,最大的风险是资金链和担保链问题;面临最困难的问题是近几年用工等要素成本上升过快,一时难以消化和化解,其生产经营困难加大。

(3)生态环境压力持续增大。随着"两美浙江"战略的实施,"十三五"期间环境保护、节能减排等政策措施将更趋严格,"五水共治""三改一拆""低小散整治"力度加大,进一步考验浙江省中小企业生存与发展能力。"十三五"时期,随着生态建设、环境保护、节能减排等政策措施更趋严格,淘汰高污染、高耗能、高排放的传统工业中小微企业进度加快。"低、小、散"的中小微企业生存空间将会进一步受到挤压,浙江省传统产业中小微企业的市场竞争力将会进一步下降,企业外迁趋势进一步显现。

第四节 对策与建议

一、切实加强组织领导

发挥好省促进中小企业发展工作领导小组及其办公室的作用,进一步加强对中小微企业工作的统筹规划、组织领导和政策协调。全省各地中小企业主管部门要切实加强职能建设,发挥牵头和综合管理作用。各地各级相关部门单位要按照职责分工,各司其职、各负其责,积极开展小微企业相关工作,创新工作方法,形成工作合力,共同推进小微企业健康发展。建立健全考核监督机制,加强督促检查和实施绩效评估,确保各项重点工程和工作任务落到实处。

二、加大政策扶持力度

根据有关法规和政策要求,进一步完善促进浙江省中小企业发展的政策和法规体系,加大政策宣传力度,贯彻落实好已经出台的各项政策。鼓励扩大服务券、创新券的使用范围,提高资金使用绩效。构建完善中小企业发展基金制度体系。加大力度支持中小企业公共服务平台、信息化示范项目、新业态新模式试点项目、创业创新示范项目等建设。

三、完善法制信用建设

贯彻落实《中小企业促进法》,修订完善《浙江省促进中小企业发展条例》,进一步完善促进浙江省中小企业发展的法律法规。优化中小企业诚信经营的法制环境,加强诚信经营理念宣传,形成良性的创业创新氛围,建立由政府、企业、行业主管部门、金融机构等共同参与的中小企业信用管理体系,加强对中小企业诚信经营的管理。加强知识产权宣传,强化知识产权保护与管理,严厉打击各种侵权行为。

四、加强资源要素保障

大胆探索和创新针对中小企业的金融产品和金融服务,建立和完善区域性金融服务体系。积极探索和创新中小企业用地评价和供给制度,各地应依据土地利用总体规划和城乡建设规划,坚持节约集约用地原则,优先保障中小企业尤其是创新型、科技型和成长型中小企业发展的用地需求。积极营造良好的引人育人留人用人的环境和制度,大力引进和培养创业人才、技术人才、经营管理人才、中介服务人才等。发挥中小企业公共服务平台功能,形成服务的长效工作机制。

五、加强运行监测分析

建立和完善中小企业的分类统计、监测、分析和信息发布制度,逐步建立中小企业运行监测、风险防范和预警机制,加强中小企业的统计分析和重点监测工作。完善中小企业运行监测指标体系,加强中小企业运行情况的研究和分析,提高运行监测工作的科学性、系统性和及时性,为制定和完善促进中小企业发展的政策措施提供支撑。

第三十五章 河北省中小企业发展的调研报告

第一节 河北省中小企业发展现状

2015年,随着经济增长和劳动生产率增长减速,住房、汽车带动的消费增长效应逐步减弱和国内消费需求增速回落影响着中小企业市场空间。但另一方面由于国家政策红利持续释放,中小企业发展环境不断优化,中小企业税费负担有望继续降低。针对中小企业经营成本高、税费负担重等问题,国务院2014年9月推出小微企业税收优惠措施,在现行对月销售额不超过2万元的小微企业、个体工商户和其他个人暂免征收增值税、营业税的基础上,从10月1日至2015年年底,将月销售额2万—3万元的也纳入暂免征税范围。另外,近两年来,政府进行了一系列行政审批和收费整顿工作,取消清理了大量不合理收费,2014年11月召开的国务院常务会议决定实施普遍性降费,进一步为企业特别是小微企业减负添力,会议部署了四项具体减费举措,每年将减轻企业和个人负担400多亿元。2015年这一政策趋势将得以延续,中小企业税费负担有望进一步降低。小企业融资环境将得到进一步改善。针对中小企业融资难问题,从中央到地方各级政府非常关注,各项政策不断推出,在原有"两个不低于"的政策持续发力基础上,央行于2014年4月和6月连续两次实施了定向降准,8月又出台了《国务院办公厅关于多措并举着力缓解企业融资成本高问题的指导意见》。考虑到政策的累加效应不断放大、货币政策执行效果的时滞性以及各种新型融资渠道和金融产品的不断创新,2015年中小企业融资环境也得到较为明显的改善。另外,随着国内外环境的变化和各方面条件的成熟,2015年基准利率下调也有助于缓解中小企业融资贵难题。中小企业服务体系建设成效将不断呈现。经过近几年的努力,全国中小企业公共服务示范平台及平台网络建设推进顺利,目前已经建立500多家国家级中小企业公共服务示范平台,初步构建起"省级枢纽平台+各地窗口平台"架构的覆盖全国的中小企业服务平台网络,为中小企业提供涵盖创业辅导、管理咨询、融资、技术创新、法律、市场拓展等领域的专业服务。各级财政资金对中小企业服务体系建设支持力度不断加大。可以预见,随着服务体系布局的不断完善、服务内容的不断拓展、服务手段的日益多元以及服务水平的不断提升,2016年河北省各级政府将继续优化中小企业政策和服务环境,通过简政放权为中小企业减负松绑,同时大力推动创业创新以提升中小微企业发展活力。

一、河北省中小企业质量效益稳步提升

2015年,河北省中小企业努力应对不断加大的经济下行压力,总体保持缓中趋稳、稳中向好的发展态势,经济质量效益实现稳步提升。中小企业完成增加值20 186.4亿元,同比增长7.3%,占GDP比重为67.7%,高于全省GDP增速0.5个百分点。上缴税金2 409.4亿元,占全省税收比重为72.4%,与上年基本持平。河北省中小企业进出口总额1 771.4亿元,下降9%,好于同期进出口总体增速4.4个百分点,占同期河北省外贸总值的55.5%(同期,河北省外商投资企业进出口866.6亿元,下降14.3%,占27.1%;国有企业进出口554.4亿元,下降24%,占17.4%)。

为支持中小企业发展,石家庄市政府明确2016年重点建设项目共300项,总投资5 845.1亿元。按行业分,战略性新兴产业项目119项,总投资1 708.7亿元,年度计划投资322.8亿元;现代服务业项目102项,总投资2 695.8亿元,年度计划投资301.9亿元;传统产业升级项目68项,总投资726.6亿元,年度计划投资154.3亿元;农业产业化项目5项,总投资53.5亿元,年度计划投资16.5亿元;基础设施项目6项,总投资660.5亿元,年度计划投资36.5亿元。

唐山市采取多种措施推进中小企业发展,使得中小企业由小到大、从弱到强,截至2015年年底,全市形成超100亿元产业集群7个、超500亿元产业集群3个,市场主体达到35.25万户,占到全市地区生产总值的近70%,形成了"三分天下有其二"的格局。河北省其他地市的中小企业发展也出现了快速发展的好势头。

二、市场主体数量增速居全国之首

2015年年底,全省市场主体数量达到327.7万个,同比增长21.31%,总量居全国第8位,增速居全国之首。总量超过辽宁(270.18万个)、山西(173.16万个),与河南(357.36万个)相差30万个,差距进一步缩小。万人市场主体数量达到443个,比全国平均万人市场主体数量少123个,与2014年相比,差距进一步缩小。

三、中小企业总量规模占比相对较高

河北省中小企业增加值占全省GDP、上缴税金占全部税收收入比重均达到了"三分天下有其二"的新格局。在全国民营企业500强中,河北省中小企业占到15席,位列第6,与河南省、天津市大体相当。出口总值达到329.4亿美元,在全国位列第15。

四、创新发展能力增强

2015年河北省培育科技型中小企业2.9万家,较2014年新增1.5万家。科

技"小巨人"企业数量1413家,比2014年翻了一番多。全省科技型中小企业拥有专利4万多项。由科技型中小企业创造的河北著名商标达2300项,占全省总量的77%。省级以上科技孵化器达到61家,认定首批创建众创空间20个。全省中国驰名商标271个,中小企业占到90%以上。河北省中小企业发展质量水平明显提高,在多层次资本市场上市企业中中小企业为513家。科技型中小企业正呈现裂变式增长,大步从经济发展生力军向主力军迈进。

保定把培育科技型中小企业作为促进经济转型升级的重要抓手,采取政府督导、资金引导、政策扶持、培育孵化平台等多项措施,大力推进科技型中小企业成长。2015年,保定市新认定科技型中小企业2537家,总数达到4151家,新申报"小巨人"企业65家,总数达到145家,位居全省前列。保定市还安排科技型中小企业发展专项资金1200万元,保定金能换热设备有限公司等44家科技型中小企业获得资金支持。在支持科技企业孵化器平台建设方面,对莲池区、曲阳县、雄县、定兴县的科技企业孵化器建设给予200万元专项资金扶持,在推进科技成果转化、创新资源聚集、产业结构调整方面发挥作用。保定市积极推进科技与金融结合,市科技局出资1000万元,取得河北银行1亿元贷款额度,专门用于科技型中小企业的贷款,目前共为22个科技型中小企业贷款2.4亿元。

唐山市狠抓技术改造推动中小企业创新,截至2015年年底,全市中小企业共实施技术改造项目988项,实施技术创新项目226项,在中小企业中建立省级工程技术研究中心7家,市级以上科技企业孵化器9家。同时,市财政出资设立了科技型中小企业创业风险投资引导基金,依托清华大学、北京大学等资源,组织25名中小企业领军人才和10名后备人才参加专题培训。截至2015年年底,全市科技型中小企业已达2428家,其中,年销售收入超亿元以上科技"小巨人"企业182家,认定高新技术企业138家,新增省级技术创新示范企业6家,累计达16家。

沧州市把科技创新工作摆在重要位置来抓,2015年全市新增科技型中小企业3065家,总数达到5215家,位居全省前列。全市科技型中小企业专利申请量达到4026项,授权专利2239项,认定国家级高新技术企业52家,引进转化科技成果52项。此外,国家级激光产业工程技术研究中心京津冀分中心落户沧州,国家级农业科技园区获批,国家级科技创新平台达到7个;新增省级科技创新平台9个,新增省级农业科技园区7个,省级科技创新平台达到52个。

五、对外投资取得积极进展

2015年河北省备案对外投资中小企业120家,投资额16.15亿美元,占全省对外投资的68.6%,中铂铂业、英利、华路天宇等中小企业对外投资均超过7000万美元。

六、公共服务能力逐步提升

2015年河北省省级中小企业公共技术服务平台达到192家,每年安排省级中小企业发展专项资金0.5亿元,重点支持为中小企业提供公共服务和担保机构风险补偿。安排1亿元省级小微企业贷款风险补偿金,为小微企业信贷提供增信支持。全省中小企业融资性担保机构483家,资本金规模650亿元,担保责任余额881亿元。组建了河北省首家再担保公司,注册资本金8.75亿元。开展融资担保机构风险补偿,共为21家符合条件的融资担保机构风险补偿2770万元。有19家河北省小额票据贴现分中心,为近1100家中小微企业办理300万元以下小额票据贴现业务26000多笔,贴现金额近200亿元。建设省中小企业公共服务平台网络,省枢纽平台与39个窗口平台已实现互联互通,聚集带动服务机构近千家,开展线上线下服务。2015年服务中小企业近3.2万家,走在全国前列。全省培育一批公共服务示范平台,新培育省级中小企业公共示范平台20个,总数达到127个。印发了《河北省中小企业公共技术服务平台管理办法》,深入开展"百千万"活动,在技术层面支持小微企业转型升级,全省共培育省级中小企业公共技术服务平台192家,为中小微企业提供技术、信息、管理、培训、检验、检测等服务。还推广新技术847项,服务企业4.6万家。

全省建设各类型众创空间超过100家,累计办公面积超过20万平方米,服务创客近万名。有368个省级创业辅导基地,入驻小微企业近8000家,安排就业近20万人。实施"重点人才培养工程",有104家中小企业人才培训基地,全省年培训200万人次。依托北京大学、上海交通大学、清华大学、河北工业大学等高校优势资源,分别组织142名中小企业经营管理领军人才和400多名中小企业高层经营管理者参加专题培训班。

第二节 河北省中小企业面临的问题及原因

河北省中小企业在获得较快发展的同时,经营上面临的问题也明显增多。一方面是世界主要经济体面临着严重的债务危机与经济复苏缓慢、发展停滞等多方困扰,同时世界上一些国家贸易保护主义有些抬头,仅2015年就有17个国家(地区)对华启动75起反倾销和反补贴调查。目前全球35%的反倾销调查和71%的反补贴调查针对中国出口产品,这就为河北省中小企业产品的出口造成困难。另一方面也有国内经济发展周期的原因。目前,阻碍中小企业发展的市场准入隐性壁垒依旧存在,转型升级下新生需求的多元化的金融业务、金融市场和金融机构发展滞后,中小企业成本全面上升导致转型升级动力不足,中小企业发展面临技术创新和管理创新瓶颈,部分政府管理部门协调不力,这些在一定程度上都制约了中小企业的发展。

一、高新技术产业发展落后，新兴产业带动不足

河北省中小企业企业缺乏自主知识产权。多数中小企业产品档次低，深精加工产品少，拥有自主知识产权的少，中小企业高新技术产业尚处于"萌芽期"，产值比重较低。同时，企业缺乏技术创新能力。多数中小企业没有核心技术，自主研发能力弱，大多停留在低水平的往返式生产上，抗风险能力较差。而且企业与学校、科研机构的联系不紧密，获取和吸收新技术的能力差，得不到有力的技术支持和智力资源，创新能力匮乏。

新兴产业带动不足。传统的交通运输仓储业、批发零售业、住宿餐饮业依然是服务业的主导产业，占到了第三产业增加值总量的84.9%，现代服务业所占比重明显偏低。相比河北省重工业发展程度而言，河北省没有形成配套的现代物流业，目前还仅是物资的流通，没有形成以信息网络为平台的物流、信息流、资金流三者的统一。同时金融业、保险业、咨询信息服务业和各类技术服务业等迅速成长的新兴服务业发展较慢。河北省中小企业经营的纺织服装业也处于产业链低端，服装产业集群内产业链短，没有形成完整的产业链，没有形成从设计、原料生产、配件、机器设备供应、服装加工、销售再到消费者手中的完整的产业链条，大多是生产同样产品的企业的简单集中，以初级加工和贴牌加工出口为主，技术含量和自主品牌比重很低，品牌建设相对落后，目前仅有"雪驰""大羽""鸣鹿"等少数国内知名品牌。

二、金融服务体系发展较慢，难以适应中小企业融资需求

根据河北省中小企业自身经营的特点，在融资活动中信息不对称和交易成本高的问题及我国高度集中的金融结构"先天"不适配中小企业的融资要求，使河北省中小企业"融资难、融资贵"问题没有得到根本解决。目前满足中小企业转型升级新生需求的金融业务与金融服务体系发展滞后，难以满足转型升级的融资需求。主要表现为：

1. 缺乏针对中小企业转型的融资方式创新

一方面权利质押发展不足。中小企业融资面临的"无抵押、无贷款"问题仍未得到有效解决，存货、订单、专利权、商标权、股权、应收账款等权利质押在融资中的功效较小，虽有实践，但不成规模。中小企业融资难的传统问题在较大程度上延续至转型与升级阶段。另一方面转型融资方式创新不足。中小企业通常采取产业集权的组织形态，为核心企业提供产业配套，"供应链"融资或者基于产业集群的中小融资能够有效地克服中小企业融资面临的信息、成本限制等问题，但是相关研究和推广滞后。基于信息技术的互联网金融和金融互联网服务可能为中小企业融资开辟新贷款的途径，但是围绕法律合规、风险控制、行业规则、金融监管、盈利方式等还有大量理论问题需要研究解决。

2. 中小企业转型升级的多层次融资渠道建设滞后

中小企业转型与升级、技术创新面临着较大的风险,但是缺乏 VC(风险投资或风险资本)、PE(私募股权)等专业面向风险投资的融资渠道;中小企业债务融资存在发行周期较长、环节较多、发行费用较高等问题,而且发行门槛高,筛选发行人时除要求满足净资产、注册资本、连续盈利等条件外,还设定其他条件对企业优中选优,甚至以上市标准筛选,一般中小微企业难以达标,债务融资无法满足中小企业转型升级的融资需求。

3. 信用担保体系为中小企业转型升级提供担保服务的能力有限

目前,我国信用担保体系为中小企业转型升级提供担保服务的能力有限,主要表现为:一是风险补偿机制仍然缺位,担保公司缺乏规范的担保保证金制度、再担保制度,这增加了担保公司的风险,也无法应对中小企业转型升级面临的风险;二是部分担保机构运营不够规范,对担保机构整体信用水平带来负面影响;三是担保机构与银行业金融机构合作不对等,降低了为中小企业转型升级提供担保服务的能力。担保机构普遍反映与银行难以建立地位平等、互利双赢、风险共担的合作关系。银行对担保机构合作门槛过高,制约担保机构发挥其担保能力。

4. 民间金融机构发展滞后无法满足中小企业融资需求

目前,民间资本已经开始进入金融领域,但是由于民间资本在金融领域发展相配套的法律、法规及机制还没有健全,仍无法作为各类银行的主发起人并拥有实际控制权,发展仍面临较大障碍。如在村镇银行的市场准入方面,根据现有规定,村镇银行最大股东或唯一股东必须是银行金融机构,其持股比例不得低于15%。现有小贷公司如果要改制为村镇银行,就必须将控股权转让给体制内的金融机构。目前,一些大银行对设立村镇银行并无兴趣,而有意从事此业的投资者又因不能控股而踌躇不前。然而,目前国有大型商业银行的主要客户还是以大型企业为主,民间金融机构发展滞后将无法满足中小企业转型升级的融资需求。

三、中小企业生产经营成本增加,转型升级动力不足

近年来中小企业各项经营成本上升较大:一是人力成本上升。由于招工难,很多企业不得不采取提高薪酬待遇的办法来吸引和留住员工。同时,社保、医保等费用相应增加。刚性上涨的人工成本直接带来了企业生产经营成本的上升。二是能源、运输、原材料成本上涨的压力依然存在,油价、工业企业电价成本也有较大上升。三是融资成本上升。融资难是一直以来阻碍中小企业发展的难题之一。随着国家宏观货币政策的收紧,银行放贷的额度和速度均出现下降,银行为保证自身利润,大幅上浮贷款利率,一般视企业实力和规模上浮10%—50%,加上融资顾问费等各种费用,年利率一般在10%—15%。由于多数中小企业没有有效

的抵押物,获得贷款还需要担保机构提供担保,评审费用和担保费用合计在5%左右,中小企业从银行融资共计需要支付年利息至少超过15%。即便如此,金融机构还普遍存在"嫌贫爱富"的情况,中小企业获得银行贷款的机会越来越少,直接导致民间借贷的利率也水涨船高。四是中小企业实际税收负担相对较重。由于大型企业比较容易获得各种名目的直接或间接税收优惠或财政补贴,导致盈利水平较低的小型和微型企业实际税负偏重。一些地方执法不公也增加了企业负担,个别地方甚至为完成税收任务随意增加企业税负。五是中小企业长期遭受乱收费的困扰。虽然目前各地加强了针对中小企业的"三乱"治理,但部分依附于政府部门的中介机构和一些审批环节,仍然存在乱收费的突出问题,加重了中小企业负担。当前企业成本上升的后续压力仍然较大,中小企业依靠"低成本、低价格、低利润""高消耗、高排放"的发展模式难以为继,在国内外市场竞争中的成本比较优势越来越少,这无疑给处于微利经营的中小企业带来了较大挑战,转型升级动力突现不足。

四、土地制约程度加大,发展空间受到限制

随着国家实行最严格的土地政策,土地要素对中小企业发展的制约作用越来越明显。一些经营效益较好的企业往往因土地指标无法落实而受到限制,一些地方招商引资企业,常常发生因用地指标所限而落地困难,新开办企业面临土地无法办证的情况,影响了企业投入生产的周期。同时,中小企业高端人才缺乏的情况仍然比较突出,多数人还是更愿意选择待遇好、环境优的外企或者大型国有企业及党政机关,加上目前中小企业或多或少还存在着较多的家族式管理、用人不规范等问题,使得中小企业难觅有用人才,更难留住有用人才。更为重要的是,土地瓶颈制约对中小企业的影响更为明显。中小企业长期处于微利状态,对资本的吸引力大幅下降,特别是在房价暴涨的时期,资金大量进入房地产领域,使中小企业发展雪上加霜。

五、中小企业整体素质不高,缺乏长远战略眼光

河北省中小企业内向型企业多,外向型企业少;低附加值型产品多,名牌产品少;中小企业中小型零散企业多,强企、龙头企业少。企业内部多为传统家族式管理,内部治理结构有待完善,管理缺乏科学性。部分企业家观念陈旧,对两种资源、两个市场认识不足,缺乏企业发展的战略考虑。近几年,政府在帮助企业"走出去"开拓市场和加强企业人才队伍建设方面采取了很多有力措施,包括组织企业参加各类展洽会,与清华大学开展成长型企业管理人才培训,广泛推广电子商务应用技术等,同时财政给予专项支持,但在操作过程中却有很多企业积极性不高甚至拒绝参与,使政府很多推动中小企业发展的措施不能达到最佳效果。

六、资金供需矛盾突出,制约中小企业发展

一是国家实行从紧货币政策以来,银行对中小企业减少或停止贷款,加上生产要素价格持续上涨,销售压力加大,应收账款增多,企业资金需求量快速增加,融资环境趋紧,资金供需矛盾突出。二是在货币政策紧缩的大环境下,信贷额度有限的各家银行,优先选择大型国有企业,中小企业和微小企业则处于尴尬境地,生存困境持续恶化,虽然中国银监会发布《关于支持商业银行进一步改进小企业金融服务的通知》,但在实际落实过程中,其效果却不尽如人意。三是小微企业诚信意识淡漠、财务管理不健全、银企信息不对称、抵押担保落实难等掣肘,获取贷款的难度比较大。

七、市场进入隐性壁垒依旧存在,转型升级之门较难开启

由于受到投资规模等所限,目前中小企业尚无具备相应实力进入电力、电信、石油等领域。但是,由于垄断性行业改革滞后,垄断行业依旧存在纵向一体化的产业组织体系,竞争性业务尚未有效剥离。同时又由于政企不分,主管部门能够利用行政权力维护所属企业利益,并通过经营条件、结算办法等方面的规定,阻碍中小企业进入相关领域延伸服务、配套服务或增值服务领域。现阶段我国中小企业市场准入在许多行业仍存在着"玻璃门"现象,转型升级之门较难开启。

八、"最后一公里"障碍依然较为严重,阻碍了政策效力的发挥

扶持政策落实"最后一公里"问题依然突出。长期以来,政府出台的支持政策在落实实施过程中面临着各种各样的阻力,甚至是推进不下去,无法被贯彻落实。虽然国务院在2014年6—7月开展了大规模的政策落实督查工作,但中小企业政策依然落实效果不尽如人意,"最后一公里"障碍依然较为严重,阻碍了政策效力的发挥。"最后一公里"现象背后的形成原因复杂,既有主观认识层面问题,又有客观执行层面问题,还涉及现有体制机制层面以及政策本身科学性问题。基于问题原因的复杂性以及清除政策落实障碍任务的长期性和艰巨性,预计2015年中小企业各项政策将依然面临这一问题的困扰。

第三节 对策与建议

促进中小企业健康发展关键在于营造良好发展环境,通过企业、政府、社会等各方面的共同努力,为中小企业生产经营营造良好环境。到"十三五"期末,河北省中小企业力争实现四个稳步提高、三个成倍增长、三个显著增强。"四个稳步提高",即民营经济增加值占GDP比重稳步提高,达到72%以上;市场主体数量稳步提高,万人市场主体数量超过全国平均水平;上缴税金占全部税收收入的比重稳步提高,达到75%以上,纳税亿元以上企业数量达到200家以上;吸纳就业人员数

量稳步提高,占全省二、三产业从业人员比重达到80%左右。"三个成倍增长",即民营经济固定资产投资成倍增长,达到3.5万亿元以上;科技型中小企业数量成倍增长,达到8万家以上;年主营业务收入10亿元以上大企业集团成倍增长,达到450家以上。"三个显著增强",即创新发展能力显著增强,突破一批关键共性技术,形成一批知名品牌,科技型中小企业专利数量达到6万件,民营企业拥有河北省名牌产品占比达到85%以上;转型发展能力显著增强,战略性新兴产业和现代服务业加快发展,产业结构更趋合理,第三产业比重达到40%以上,战略性新兴产业和现代服务业企业入围中国民营企业500强占比达到60%以上;绿色发展能力显著增强,工业园区、大型企业深入推进循环化改造,全面实施清洁生产,主要污染物排放达到行业先进水平和特别排放限值要求。

一、促进中小企业健康发展的八大政策措施

1. 拓宽市场准入

大幅放宽电力、电信、交通、石油、天然气、市政公用等领域市场准入,打破城市基础设施建设垄断经营,在项目核准、融资服务、财税政策、土地使用等方面对民营企业一视同仁。每年推出一批重点建设工程和项目,定期向社会公开发布项目清单。支持民营资本广泛参与社会公共服务与新型城镇化建设,支持民营资本参与国有企业改革,发展民营资本投资的混合所有制企业。

2. 降低企业成本

全面实施"营改增",将试点范围扩大到建筑、房地产、金融、生活服务业,确保所有行业税负只减不增。积极争取京津冀全面创新改革试验先行先试试点,认真贯彻落实国家新出台的企业研发费税前加计扣除,以及在全国范围内实施的国家自主创新示范区有关税收试点政策。实施涉企收费目录清单制度,力争使河北省成为全国涉企收费项目最少的省份之一。

3. 完善公共服务

各级政府要建立中小企业发展专项资金,重点支持中小企业公共服务体系建设。

4. 加快创新转型

完善以企业为主体、市场为导向、产学研相结合的技术创新体系,鼓励企业联合研究机构通过委托研发、技术许可、技术转让、技术入股等多种形式,开展多要素、多样化的政产学研用合作。

5. 推进结构调整

综合运用市场、经济、法律、行政手段,严格环保、能耗、水耗、质量、技术、安全等标准,倒逼民营企业过剩产能退出市场。

6. 搞好金融服务

探索推动应收账款、知识产权等证券化。建立产融信息对接工作机制。加大企业上市培育力度,扩大直接融资规模。

7. 加强用地保障

积极探索建立补充耕地指标在省域范围内市场化转让机制。研究解决用地历史遗留问题,在符合土地利用总体规划和国家产业政策的前提下,为租用农村集体建设用地实际建厂10年以上的民营企业依法办理集体建设用地手续。

8. 做强人才支撑

制定大规模培训民营企业家计划,利用3年时间对全省民营企业主要经营者轮训一遍,培育企业家精神,打造一支高素质企业家队伍。支持民营企业建设院士专家工作站、博士后工作站(博士后创新实践基地),引进"两院"院士、重点技术领域和行业学术技术带头人等高层次人才和团队,开展"专家学者企业行"活动,分领域加大专业技术人才培训力度,促进知识更新,打造一支高层次专业技术人才队伍。

二、实施中小企业五项提升工程

河北省将重点围绕中小企业发展的环境、创新、人才、资金等要素保障,实施五项提升工程,强服务、解难题、破瓶颈,提振企业家发展信心,释放中小企业发展活力,推动中小企业发展。力争全省中小企业增加值同比增长7.5%左右,市场主体数量同比增长15%以上,固定资产投资同比增长15%以上。

1. 发展环境大提升

进一步正税清费,清理各种不合理收费,降低企业税费负担持续推动政策落地。深入贯彻落实促进中小企业加快发展的各项政策措施,加大政策宣传力度,进一步破拆"玻璃门""旋转门""弹簧门",推动政策落地。充分发挥省中小企业领导小组办公室的作用,委托第三方全面梳理、评估惠企政策落实情况和效果,提出政策建议。

继续放开行业准入。认真落实负面清单制度,降低制度性交易成本,转变政府职能、简政放权,继续取消和下放一批行政审批事项,简化审批程序,规范行政审批中介服务。

严格规范税费管理。全面实施涉企收费目录清单管理,督促各地各部门年底前公布行政审批、中介服务收费、执法检查、行政罚款等各类项目清单,进一步正税清费,清理各种不合理收费,降低企业税费负担,营造公平的税负环境。

深入开展企业帮扶。深化和拓展企业帮扶行动,精准破解企业发展难题。开展中小企业综合改革试点工作,选择基础条件好的民营企业开展建立现代企业制度工作,为促进全省中小企业改革发展发挥引领和示范作用。

2. "双创"实力大提升

建设一批低成本、便利化、全要素、开放式的众创空间和创新创业社区。

加快壮大市场主体。开展"互联网＋"小微企业创业创新培育行动,建设一批省级中小企业创业示范基地,培育孵化小微企业。加强小微企业名录建设,搭建跨部门、跨领域、多功能的小微企业服务平台。大力实施全省中小企业市场主体增长计划,争取年底实现万人市场主体数量更加接近全国平均水平。

全力推动创业创新。全力开展"双创促转型 河北在行动"系列主体活动,营造良好创新创业生态环境,激发各类创新创业人才活力,加快形成"大众创业、万众创新"的生动局面。大力发展众创、众包、众扶、众筹支撑平台,建设一批低成本、便利化、全要素、开放式的众创空间和创新创业社区,省级众创空间数量实现倍增,力争达到40家,新建10家省级科技孵化器,促进科技型中小企业"井喷式"增长,全年新增科技型中小企业5 000家以上,达到3万家。完善创新创业孵化服务体系和政策支撑体系,年内新创建10家创业孵化基地。建立京津冀协同创新共同体。开展高等学校创新创业教育改革,鼓励大学生创业。引导和促进中小企业向专业化、精细化、特色化、新颖化方向发展,认定一批"专精特新"中小企业。实施产业集群示范和提升工程,开展智慧产业集群试点,力争年营业收入100亿元以上的产业集群达到90个左右。选择一批产业关联度高、辐射带动作用大、创新能力强的龙头骨干企业,给予重点培育和支持。

大力加强品牌培育。重点支持"专精特新"中小企业、品牌培育试点示范企业、"质量标杆"企业、科技型中小企业申报国家驰名商标、省著名商标、省名牌产品和省中小企业名牌产品,年内新创国家级区域品牌10个、省级区域品牌20个、省级"质量标杆"10个,培育省名牌产品200项以上,切实增强企业核心竞争力。

3. 人才素质大提升

力争全省各级中小企业人才培训基地总数达到200家以上。全面提升人才素质。大力实施"千名民营企业家后备人才培养计划",在全省选拔千名民营企业家后备人才,通过到高校培训,到政府经济部门、国有企业挂职学习,分层次重点培养,建立后备人才培养长效机制。扩大河北省中小企业远程学堂覆盖面,引导企业强化自主培训。

积极搭建人才平台。依托大中专院校和社会培训机构,加快推进省级中小企业人才培训基地建设,全省各级中小企业人才培训基地总数达到200家以上。进一步完善用好京津人才智力相关政策措施,加强同省外特别是京津地区高校和科研院所合作对接,通过建设高层次公共技术服务平台和举办专题招聘会,在中小企业组织中大力实施引才引智专项行动,重点帮助省百强民营企业引进人才。进一步拓宽深化各种形式的技能竞赛和技术比武活动,引导民营企业技术工人广泛参与。

4. 融资能力大提升

推动符合条件的民营企业到多层次资本市场挂牌和融资,扩大股权、债券和票据融资规模。

不断完善政策措施。全面实施金融"一揽子"政策工程,围绕融资、担保、信贷等完善金融政策措施,切实解决中小企业发展过程中的融资难题。认真落实相关政策,支持融资租赁、金融租赁、互联网金融等新业态发展。

大力拓宽融资渠道。深化与金融机构、担保机构合作,推动各地建立小微企业贷款风险补偿机制,加快构建新型"政银保""政银担"合作风险分担模式。做强省级、做大市级、做实县级融资性担保机构。全省融资性担保机构力争资本金总量达到500亿元以上,机构数量控制在450家以内,形成2 500亿元以上的融资担保能力。加快推动符合条件的民营企业到多层次资本市场挂牌和融资,扩大股权、债券和票据融资规模。积极开展"保险资金入冀"工程。大力推广政府和社会资本合作(PPP)模式。

充分发挥基金作用。加快省级政府股权投资引导基金运作,充分发挥财政资金的杠杆作用,尽快形成投资,发挥效益。设立省中小企业发展基金,建立项目库,积极论证、筛选、储备一批项目,向各类基金、投资、金融等机构推介项目。

5. 服务水平大提升

全年力争开展"订单式"服务活动30场次以上。

扎实开展企业服务。组织"中小企业服务大篷车走全省"活动,营造关注、支持中小企业浓厚氛围,完善中小企业社会化服务体系。梳理"订单式"服务问题解决案例,为全省中小微企业提供借鉴。组织服务资源继续开展"订单式"服务活动,力争全年举办30场次以上,服务企业4 500家。

着力抓好平台建设。加大中小企业公共技术服务平台培育力度,提升平台支撑和辐射能力,年内新增20家以上。组织开展省级中小企业公共服务示范平台认定及复核工作,培育省级示范平台10个以上。推进平台网络市场化运营,进一步完善和提高服务功能,聚集带动服务机构1 000家左右,服务企业4万家以上。

积极推进市场开拓。以京津冀产业协同发展、"一带一路"建设为契机,组织中小企业开拓国内和国际市场,支持优势产能和企业加快"走出去"发展。

三、进一步加大对中小企业的政策落实力度

1. 解决措施操作性不强问题

及时跟进国家出台的政策措施,紧密结合本地本系统实际,突出问题导向、目标引路、成果检验,制定可操作、可量化、可督导的具体办法,推动政策"落细"。对有具体规定的,毫不走样地抓好落实;对允许差别化探索的,积极创新,努力实现

效果最大化。对本地制定的政策,相关主管部门要出台实施细则,完善落实机制;定期组织"回头看",引进第三方机构对政策落实情况进行评估,查漏补缺,解决"中梗阻",推动政策"落地"。各级政策执行部门要对每条政策措施明确申报条件、办理流程、责任处室和联系方式,并向社会公开,推动政策"落实"。

2. 解决办事不便捷问题

探索实行多证合一,开展企业名称、经营范围、企业简易注销改革试点,推动工商登记注册更加便利化。构建全省统一的网上在线审批平台,打造网上受理、办理、反馈、查询在线审批"直通车"。省级机关行政许可大厅等服务基层服务群众窗口单位实行"四零"承诺服务(服务受理零推诿、服务方式零距离、服务质量零差错、服务结果零投诉)。完善"马上就办、办就办好"工作机制,推行并联审批,提高行政效能。完善政府权力清单、责任清单、投资负面清单,定期向社会发布。提高基层行政审批机关工作人员素质,做好取消和下放行政审批事项职能衔接。加强中介服务监管,规范中介服务行为。

3. 解决信息不对称问题

政策制定部门要主动、及时、全面、准确发布政策权威信息,组织开展政策解读和宣讲。各级主管部门要按照有关规定,及时公布本系统各项涉企政策,通过多种方式送到企业、园区。各级中小企业领导小组办公室要定期汇总编发《支持中小企业发展政策摘编》,统筹协调有关部门搞好政策推介。各级宣传部门要组织广播电视、报刊、网站等各类媒体,开设政策宣传专栏和板块,加强政策解读宣传;强化各级政务大厅政策宣传咨询功能,提高政策精准辅导能力。

4. 解决工作落实不力问题

建立中小企业发展市、县长负责制和中小企业领导小组成员单位主要领导负责制。健全督导、评估机制,推动各项政策措施落地。在全省范围内选聘社情民意监督员,发挥各级人大代表、政协委员和民主党派人士监督作用,对各地各部门政策落实和服务企业情况明察暗访。依托河北省网络问政平台,搞好随机调查和问题反馈。省委督查室、省政府督查室适时组织督导检查,对措施不细、落实不力、进展迟缓的予以通报批评,对造成工作被动、影响经济社会发展的严肃问责。

四、营造有利于中小企业发展的良好环境

1. 加强党风政风建设

加大压力传导、执纪监督、公开曝光力度,坚决查处以权谋私、权钱交易等违规违纪行为,营造风清气正的政治生态。深入开展机关作风整顿,重点解决不作为、慢作为、乱作为和懒政怠政、失察失职渎职等"为官不为"问题,选树一批先进典型,查办一批典型案件,提振干事创业精气神,激发凤夜在公正能量。

2. 营造良好法治环境

规范市场监管执法主体,推进跨部门、跨行业综合执法,落实执法责任追究制度。推广随机抽取检查对象、随机选派检查人员的"双随机"抽查机制。完善纠纷多元化、快速化解决机制,提高诉讼案件审理、执行效率,降低企业诉讼和仲裁成本。严厉打击侵犯民营企业权益和中小企业人士人身、财产权利的刑事犯罪,依法保护各类所有制企业当事人合法权益。除法律规定外,不得随意对企业采取停电、停气等措施,禁止重复、多头检查和评比检查,确保民营企业合法经营不受干扰。

3. 引导企业履行社会责任

树立绿水青山就是金山银山的生态理念,引导民营企业清洁生产、绿色发展。深入开展以"守法诚信、坚定信心"为重点的理想信念教育实践活动,组织实施"千企帮千村"精准扶贫行动,引导民营企业规范用工行为,改善劳动条件,维护职工合法权益;加强食品安全管理,提高产品质量,维护消费者利益;依法纳税、诚信经营,维护市场经营秩序;致富思源、义利兼顾,积极投身光彩事业和公益慈善事业。充分发挥行业协会作用,引导民营企业加强自律。

4. 构建"亲""清"新型政商关系

建立党政领导干部联系民营企业制度,定期召开民营企业家座谈会,积极作为、靠前服务,帮助企业解决实际困难。各级党政领导干部既要亲商、安商、富商,又要守好纪律底线,保持"君子之交"。在民主党派、工商联和地方人大、政协换届时,对思想政治强、行业代表性强、参政议政能力强、社会信誉好的中小企业人士作出适当政治安排。健全民营企业党建工作机制,深化民营企业精神文明建设,引导民营企业家做爱国敬业、守法经营、创业创新、回报社会的典范。

五、加大金融、财政对中小企业的支持力度

充分发挥财政资金的引导作用,逐步加大各级财政对小型微型企业的支持力度,完善中小企业发展专项资金管理办法,将小型微型企业纳入支持范围,明确支持方向和重点,逐年扩大规模,重点支持科技型企业创新发展。筛选和培育一批小型微型企业创业投资机构、担保机构、公共服务机构和科技型小型微型企业创新项目,择优向国家推荐,争取国家专项资金支持。发挥财政资金的引导作用,通过政府购买服务等方式,进一步引导各类机构服务小型微型企业。

加大对中小企业融资支持力度,出台《河北省人民政府关于促进融资性担保行业规范发展的若干意见》,制定了《河北省工业和信息化厅关于加强融资性担保机构监管的意见》等文件。全省融资性担保机构483家,资本金规模650亿元,担保责任余额881亿元。组建了河北省首家再担保公司,注册资本金8.75亿元。开展融资担保机构风险补偿,共为21家符合条件的融资担保机构风险补偿2770

万元。

加强政银企保对接合作。破解资金难题,搭建政银企保对接平台,定期组织银行、担保机构和企业进行沟通洽谈。省工信厅召开千项技改项目银企对接会,发布《2015年千项技术改造项目计划》,会同河北银监局、人民银行石家庄中心支行组织18家省级商业银行、2家省级保险公司签订战略合作协议,承诺为中小企业贷款7612.8亿元。开展政银企保对接,组织全系统针对小微企业的政银企保对接活动292次,推荐项目3860个,落实贷款1000亿元。拓宽融资渠道。省工信厅与省金融办、省财政厅等部门在全国率先创设"河北省小额票据贴现管理中心及分中心",专门负责面值300万元以下的小额票据贴现融资和业务管理等工作,为小微企业融资开辟了便捷实惠的绿色通道。截至2015年11月底,建立18家小额票据贴现分中心,共为1030家小微企业办理小额票据贴现业务23000笔,贴现金额178亿元。

六、建立支持小型微型企业发展的信息互联互通机制

依托工商行政管理部门的企业信用信息公示系统,建立小型微型企业名录,集中公开各类扶持政策及企业享受扶持政策的信息。通过统一的信用信息平台,汇集工商注册登记、行政许可、税收缴纳、社保缴费等信息,推进小型微型企业信用信息共享,促进小型微型企业信用体系建设。通过信息公开和共享,利用大数据、云计算等现代信息技术,推动部门和银行、证券、保险等专业机构提供有效服务。加强对重点小型微型企业的跟踪调查,强化运行监测分析(省工商局、省发改委、省国税局、省地税局、省工业和信息化厅、省人力资源社会保障厅、人民银行石家庄中心支行、省质监局、省统计局等部门负责)。

七、打通税收政策,落实"最后一公里"

认真落实国家有关减免企业增值税、营业税、企业所得税以及进口国家鼓励发展项目所需的国内不能生产的自用先进设备关税、固定资产加速折旧企业所得税等税收优惠政策,开展"送政策上门"服务,强化考核监督,确保小型微型企业应享受的优惠政策享受到位。

第三十六章 河南省非公经济发展面临的挑战及对策研究

非公有制经济(下简称非公经济)在推动经济增长、增加财政收入、活跃城乡市场、缓解就业压力、方便群众生活、维护社会稳定等方面发挥着积极作用。但也不能不看到,非公经济提振经济与社会发展功能尚有较大的空间。客观评测非公经济现状,找出其发展掣肘因素,结合"十三五"供给侧结构性改革机遇,消除障碍是提振非公经济积极效应,促进社会经济健康发展的关键。基于河南省非公经济调研基础上的理论与实践研究具有代表性和示范性效应。

第一节 河南省非经济发展面临的挑战

一、河南省非公经济发展存在的问题总汇

非公经济发展存在着诸多问题。截止到2016年5月9日,将专家、学者研究见诸于各种媒体的问题进行综述,共计五大方面,如表36-1所示。

表36-1 河南省非公经济发展问题综述

问题	表现	
非公济经主体自身问题	1. 硬实力不足 2. 人才短缺 3. 管理水平低 4. 信用能力	5. 信息化水平低 6. 技术落后 7. 融资难 8. 融资贵
政府管理问题	1. 非公经济认识不足 2. 国民待遇差异问题 3. 市场准入问题 4. 管理体制问题	5. 政府供给公共物品问题 6. 政府服务质量问题 7. 非公经济发展成本高
政策支持不足问题	1. 财税政策效应弱 2. 金融政策效应弱 3. 产业升级创新导向不足 4. 创业就业政策力度不够	5. 科技信息政策效应弱 6. 政府服务政策效应弱 7. 制度执行系统执行质量低

（续表）

问题	表现	
省域经济环境问题	1. 经济自由度低 2. 区域流动性差 3. 经济结构不合理	4. 区域发展方式落后 5. 产业生态弱 6. 资源约束强
风险补偿问题	1. 保险 2. 担保 3. 再担保	4. 风险补偿基金 5. 互助保险金

二、解决河南省非公经济问题的对策汇总

结合图 36-1 河南省非公经济问题综述五大方面 33 个问题。诸多专家、学者给出的解决对策，汇总如图 36-1 所示。

```
1. 降低税费                    7. 打造核心竞争优势
2. 扩大补贴                    8. 改善用工环境
3. 扩展政府采购范围            9. 完善服务环境，解决办证难、用地难
4. 扩大市场准入范围           10. 完善信息平台
5. 拓宽融资渠道、完善融资环境 11. 提升管理水平、技术水平
6. 完善信用担保体系           12. 激励创新等
```

图 36-1　解决河南省非公经济问题对策综述

三、河南省非公经济问题及解决对策评析

不必讳言，上述非公经济发展面临的五大方面 33 个问题，河南省非公经济领域都不同程度地存在着。综述中的对策也不乏针对性和体现出解决问题的迫切性。但我们研究认为，前述针对河南省非公经济的问题和解决对策，都存在诸多"误区"，体现在：注重表面性和直观性评价，缺少形而下及本质分析；注重显性经济硬实力评价，而忽视经济软实力评价；注重规范分析，缺少实证分析；注重外部注血扶持，缺少自身再生能力培养；注重非公经济主体存在，缺少规范；注重总量评价，缺少质量评价；注重面板评价，缺少动态评价。

若不能从根本挖掘掣肘非公经济发展"症结"，就不可能开出切实而行的"药方"，这些"症结"仍会必然成为掣肘"十三五"甚至更长时期非公经济发展的障碍。

第二节 河南省非公经济发展面临的问题
——基于实证分析

为研究该问题,我们组建课题组进行过专题研究。在研究方法上,主要采用调研分析法,包括问卷调研和重点调研两种。在调研前认真考虑了非公经济主体地域、产业及行业分布。地域分布上,本次调研有效样本总量是994户,问卷调研953户,实地重点调研41户,均来自全省18个区域,其中,郑州、洛阳、开封地域的样本量较大,分别占总样本量的16.7%、13.8%和7.4%,三个区域占总样本量的37.9%。产业分布上看,基本涵盖了河南省较为集中的产业。集中在第二、三产业,以第三产业分布最多,占47.5%,第二产业也占较大比例,为39.8%,第一产业占12.7%。产业内的非公经济主体的样本选择具备"三上"特征的占85.7%,足具代表性。通过调研,不仅对河南省非公经济问题做了进一步的系统总结和评价,而且对基于供给侧在"十三五"期间真正解决非公经济发展问题的政策供给,也有了清晰而全面的认识。

非公经济问题很多,但抽丝剥茧,掣肘非公经济发展的问题主要集中在政府作用程度、非公经济主体生存发展环境及其自身体质三大方面,如图36-2所示。其中,政府是能动主体,政府作用程度决定非公经济主体生存发展环境质量及其体质状况。

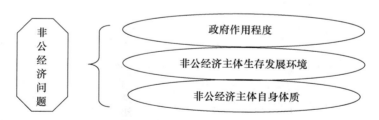

图36-2 非公经济问题体现的关键点

一、政府有效作用程度存在较大的提升空间

市场经济并不意味政府无为,市场机制有效配置资源依赖于具有有效作用程度的政府。河南省政府作用程度提升空间较大主要体现在公共物品有效供给不足、非公经济链条式发展联动效应低、非公经济主体的管控工具缺失等方面。

(一)政府公共物品有效供给不足

政府公共物品有效供给不足包括政府决策失误、制度供给效应弱和省域市场生态环境改进空间等三个方面:(1)政府决策失误率较大是我国政府亟待解决的十分重要的问题。就河南省而言,也没有摆脱这一魔咒。政府决策本是为满足公共需求，供给有形或无形公共物品，而决策失误不仅使这一目的化为泡影，而且会产生财政资金浪费和挤占市场资金效应，降低市场流动性，造成全社会资源低效配置，更主要的是低效的刚性财政支出倒逼财政收入的加大，缩小了减负的空间且直接导致非公经济成本的上升。（2）制度供给效应弱。关于中小企业的综合性政策、财税政策、金融政策、产业升级及创新政策、创业就业政策、社会化服务政策供给等虽然都适用于非公经济主体，但调研中普遍反映两个问题：一是95.7%的非公经济主体没有享受到政策待遇；二是享受到政策待遇的成本过高。因此，区域政策因惠及面窄、享受成本高，稀释了政策的客观效应，扭曲了政府的本来目的，政策的名义意义大于实际意义。（3）省域市场生态环境存在较大改进空间。对照国际和国内其他省域，河南省市场生态环境改进空间大，体现在相谈诊断指导制度缺位、有效培训不足、产学研合作程度低、融资环境不利、恶性竞争、信息披露效应不明显、对非公经济认识不足、区域价值观导向效果不明显、省域内产业结构调整程度弱、经济发展方式转变程度、省域内经济自由度、环保严重不足等12个方面。

构建与维护良好的省域市场生态环境是政府有效作为的重要内容，决定着市场主体能否健康成长。客观而言，上述12个方面只是左右市场生态环境的部分因素，但却实实在在地影响着市场生态。河南省区域环境虽在不断改进，但至少到目前这些要素及综合作用下的低质量环境都在不同程度地掣肘着非公经济发展。

（二）非公经济链条式联动效应低

"整合小企业资源，实现链条式发展，增强联动效应"是国外政府及社会组织促进小企业发展的重要经验。通过整合个体资源，提升相互影响，倍增联合乘数效应，可促进非公经济的集群发展能力。就河南省非公经济而言，以行业非公经济主体为对象，以加强行业整合、提升行业主体群链条咬合联动效应、规范行业内非正常竞争行为、降解负外部效应为目标，这是提升省域市场主体，尤其是能力弱小的非公经济主体生存及发展的关键。

调研结果显示河南省链条式咬合联动效应低，同时链条式整合联动具有较强的可行性。打造市场经济主体联动发展链条，提升联动效应，这需要打破西方的"短板效应"理论，必须创新性应用"长板效应"理论。积极以省域内优势企业，包括国有企业和非公经济企业龙头拥有资源为长板，整合省域内所有相关资源，优势互补、链条式咬合联动，这不能不说是促进河南省非公经济发展的一种重要策略。

（三）非公经济管控工具（指标体系）缺失

（1）创建非公经济管控工具的必要性。现阶段，政府对非公经济管理，呈现出重"量"而弱"质"、重"扶持"而淡"规范"、重"注血"而忽略"自身造血"、重"硬实力"而忽视"软实力"的特征，并且"规范""注血""扶持"等管理行为大都是在模糊或无依据下进行的。政府管理市场绩效低，缺少工具评测不能不说是重要原因。孤阴不生，独阳不长。单一、片面地注重显性硬实力评测注定会导致政府的产业导向效应、市场主体能力评测效应及信用等级确认效应、政策扶持依据效应及市场主体选择效应等缺少科学性和真实性，政府有效管理因此落不到实处。任何企业的硬实力指标，如机械、设备、厂房、土地、货币资金量等显性物质要素，其指标容易掌握，而隐性非物质要素却不易掌握，但因其决定非公经济及区域经济和经济主体的凝聚力、吸引力、正义力、认同力等无形力，注重的是企业"质"、"综合素质"评价而显得特别具有意义；非物质要素是隐性软实力要素，当经济发展到一定阶段，靠的就是源于诸多软实力要素的软实力的竞争。应用该工具，就可实时动态地把握非公经济主体软实力要素资源运用和整合程度、缺失程度，掌握其发展能力；运用该工具对非公经济主体软实力评价，体现的是社会主义核心价值观在市场域内的分解与落实，体现的是一种非"术"治的"本质"治理。

（2）非公经济管控工具构建。本项目组以现有文献为基础，以多次通过前测分析、信度检验和增减调整后的六点式 Likert 量表为抓手，对河南省 18 个区域非公经济主体进行调研，构建了河南省个人软实力、企业经营软实力和产品/服务软实力 3 个一级指标、8 个二级指标、20 个三级指标为主体的非公经济主体软实力管控工具，即指标体系，并且依据专家评价及市场调研给出的重要程度，分别赋予权重。设 i 表示区域（$i=1,2,\cdots,18$），j 表示非公经济主体的第 j 项指标（$j=1,2,\cdots$），Z_{ij} 表示第 i 区域非公经济主体第 j 项一级指标值，X_{ij} 表示 i 区域中非公经济主体第 j 项二级指标值，如表 36-2 所示。

表 36-2　非公经济主体软实力管评工具（指标体系）

一级指标及权重 Z_{ij}	二级指标及其权重 X_{ij}	具体指标及其权重	
个人软实力 Z_{i1} 0.2	决策人软实力 X_{i1} 0.53	决策能力	0.35
		管理执行能力	0.35
		协调沟通能力	0.30
	员工软实力 X_{i2} 0.47	员工整体技能	0.60
		员工的合作意识	0.40

(续表)

一级指标及权重 Z_{ij}	二级指标及其权重 X_{ij}	具体指标及其权重	
企业经营软实力 Z_{i2} 0.5	企业文化 X_{i3} 0.40	企业经营理念	0.45
		企业道德	0.35
		企业凝聚力	0.20
	管理能力 X_{i4} 0.25	管理制度完善度	0.40
		管理制度绩效	0.60
	创新能力 X_{i5} 0.20	管理创新度	0.30
		技术创新能力	0.50
		营销创新度	0.20
	企业形象 X_{i6} 0.15	企业社会责任	0.20
		企业信誉	0.40
		利益相关者关系	0.40
产品或服务软实力 Z_{i3} 0.3	产品软实力 X_{i7} 0.45	产品(服务)质量	0.55
		产品(服务)的差异化	0.45
	品牌软实力 X_{i8} 0.55	品牌创造力	0.60
		品牌维护程度	0.40

(3) 非公经济主体管控工具的实践应用。以量表调研得到的基础数据为基础,采用效用值法使之无量纲化,在效用值域为[0,1]的条件下,计算出省域内非公经济主体分项软实力效用值和总软实力效用值(过程略),如表36-3所示。

表36-3 区域非公经济主体分项指标效用值、总软实力效用值

地区	个人软实力 Z_{i1}	企业经营软实力 Z_{i2}	产品或服务软实力 Z_{i3}	总软实力效应值 Z_i
商丘	0.231	0.535	0.238	0.385
周口	0.470	0.156	0.143	0.215
开封	0.637	0.302	0.268	0.359
许昌	0.433	0.438	0.462	0.444
漯河	0.450	0.500	0.482	0.484
驻马店	0.280	0.180	0.208	0.208
信阳	0.474	0.442	0.586	0.492
平顶山	0.516	0.453	0.466	0.470
濮阳	0.487	0.410	0.545	0.466
焦作	0.558	0.482	0.484	0.498
安阳	0.303	0.512	0.410	0.440

（续表）

地区	个人软实力 Z_{i1}	企业经营软实力 Z_{i2}	产品或服务软实力 Z_{i3}	总软实力效应值 Z_i
鹤壁	0.523	0.438	0.365	0.433
新乡	0.360	0.367	0.305	0.347
洛阳	0.509	0.467	0.543	0.498
南阳	0.521	0.420	0.438	0.446
郑州	0.318	0.646	0.654	0.583
三门峡	0.268	0.311	0.191	0.266
济源	0.385	0.277	0.600	0.396

通过对省域内非公经济主体效用值结果分析，在总效用值为 1 的前提下，河南省 18 个区域非公经济主体经济软实力指标，除郑州（0.583）外，其他的 17 个区域都在半数以下。这说明河南省非公经济主体最基本的软实力保有水平都不足，最基本的"质"或"综合素质"及由此决定的发展能力提升极为迫切，这一水平根本支撑不起"高层次上的创新"。

二、非公经济主体生存发展环境亟待优化

（一）非公经济主体活力评测

活力取决于环境。通过评测河南省 18 个区域内的非公经济主体的企业家精神、企业经营活力及成果获取度三项指标，可直接总结出河南省非公经济主体生存及发展环境状况，如图 36-3 所示。

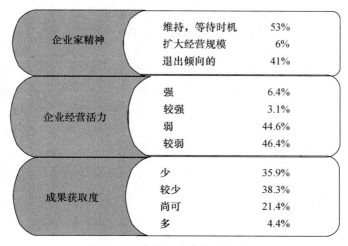

图 36-3　非公经济主体活力评测

调研结果总结:企业家进取创业精神不足(认为暂时环境不佳,选择维持、等待的非公经济主体企业家,达到53%,具有退出意愿的,达到31%);认为企业经营活力弱和较弱的占91%;近96%的非公经济主体对获取成果程度不满意。这不能不说河南省非公经济发展环境存在明显问题。

(二)非公经济主体享受不到平等的国民待遇

表现在:(1)市场准入受限。民营资本进入市政、铁路、金融、能源、电信、医疗、政府服务等领域频繁遭遇掣肘。(2)享受政策效应小。获取财税、金融、信贷等方面政策效应较低。制度执行系统质量低也稀释了政策应有效应。(3)支付政务管理成本高。政府部门行政不作为,办事程序复杂,办事效率低,凭关系、找熟人、培养感情,间接增加了企业运营成本,不同程度地提高了非公经济主体发展难度。业务范围受限、外部扶持偏少、竞争优势较低,多方面掣肘企业发展。

三、非公经济主体自身体质弱

(一)非公经济主体自身"贫血"

"贫血"的深层次原因在于体制分成因素、市场流动性不足因素等。(1)中央与地方分成比例决定了中央与地方之间有多少"血液"营养区域非公经济主体。按照1994年1月1日的财税体制,中央财政分成比例过大。较小的地方分成比例注定留给地方较少的资金量,并且这部分较少的资金量还要在地方政府和区域市场主体两个领域分配。在这一大格局下,弱的非公经济主体获得的资金注定更少;在地方政府上下级之间的财权不断上移,责任不断下划的前提下,越是处于县域的非公经济主体,"吸血"管道越多,贫血越严重,非公经济主体生存与发展更是雪上加霜;虽然各级政府努力扩大投资,支持一些重点项目,但这部分资金流向非公经济主体量极少,加上政府层层截留与多主体、多形式腐败,真正在市场领域内,尤其是非公经济领域内的流通资金总量极少。(2)市场资金流动性不足。市场资金流动性指的是货币的投放量的多少,包括宏观经济流动性,不同所有制结构流动性和市场微观主体流动性三种。调研得知,非公经济主体流动性不足,即非公所有制结构流动性和非公市场微观主体流动性不足是困扰区域非公经济发展的关键因素。这也是"融资难、融资贵"的根源,传统观念和大多数人并没有注意到这一点。调研的994家非公经济主体中,普遍认为现代经济不景气的深层次原因是市场流动性不足因素的,达到95%(资金非常紧张占29%,资金紧张占47%,资金需求平衡占19%),资金富裕的仅占5%,如图36-4所示。

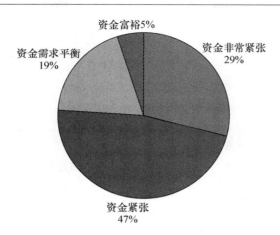

图 36-4 非公经济主体流动性状况调研

注：根据调研资料整理汇总。

本课题组将调研结果中的非公经济主体流动性不足原因列表分析，除体制分成因素外，地方能够左右的因素，如表 36-4 所示。

表 36-4 非公经济主体流动性不足原因分析　　　　　　　　　　单位：%

税收及附加	高	93.0
垄断性行业成本	高	91.7
银行利息	高	94.5
银行办事成本	高	60.0
行政性收费	一般	25.6

注：根据调研资料整理汇总。

体制分成注定了非公经济主体普遍"贫血"，另外，税负重、利息高、垄断性行业成本高、银行办事成本高、各部门收费，就像多条抽血管道，源源不断地吸食着本就"贫血"的非公经济主体，贫血程度加重。

（二）非公经济主体拥有要素资源少

要素资源决定发展能力，非公经济主体自身发展能力弱主要体现在要素资源不足。具体体现人才要素、技术和管理要素和社会责任软实力要素不足三个方面。

从学历层次角度看，明显体现出"低"的特征，呈现"人才躲避"趋势。调研的 994 家非公经济主体中，研究生占 2.1%，本科占 11.4%，大专占 40.5%，中专及以下占 46%，如图 36-5 所示。

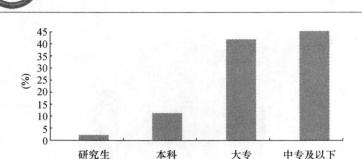

图 36-5 非公经济主体在职人员学历层次调查

注：根据调研资料整理汇总。

调研组虽然没有细分技术人员、管理人员和服务人员，但至少能总结出非公经济主体人员的管理水平、技术水平及整体素质还是很低的。

从技术和管理水平角度看，体现"低"的体征，呈现"远离科学"趋势。技术和管理水平低体现在技术落后（79.30%）、创新能力差（89.90%）、制度不完善（30.40%）、不具备营销拓展策划（68.40%）、绩效考核缺失（37.60%）、品牌建设规划缺失（69.60%）等各方面，如图 36-6 所示。

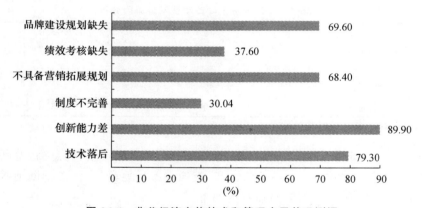

图 36-6 非公经济主体技术和管理水平状况测评

从软实力要素资源拥有不足角度看，体现社会责任"弱"的特征，呈现出"逃避责任"趋势。社会责任弱说明非公经济主体软实力要素资源不足。体现在税收贡献意识、吸纳就业人员意识、对企业热爱程度、商品和劳务生产的精细化程度、环保意识、捐赠意识等各方面。调研结果如表 36-5 所示。

表 36-5 非公经济主体社会责任强弱分析

社会责任	高	中	低
税收贡献意识		√	
吸纳就业人员意识			√
对企业的热爱程度		√	
商品和劳务生产的精细化程度			√
环保意识		√	
捐赠意识			√

注：根据调研资料整理汇总。

企业社会责任的高低虽是软实力要素不足的体现，但从另一个方面也体现出市场主体融入社会的程度不够。中等偏下的社会责任评价，直接决定企业的认可度、吸引力、凝聚力和正义力，说明非公经济主体的社会意识淡漠于经济意识，说明非公经济主体注重经济属性的发挥而忽视社会属性的发挥，企业的发展并没有同社会的发展融入到一起，这一点是十分可怕的。

第三节 对策与建议

一、提升政府执政品质

1. 完善规制体系，提升规制执行系统质量

除国务院及各职能部门发布的各种规制外，河南省应建立配套分解落实促进非公经济发展的财税政策、金融政策、产业升级与创新政策、鼓励就业创业政策和服务政策等。从中小企业河南网平台内容分析，缺失的恰恰是地方出台的配套分解落实制度；高质量执行规制是法制政府的应有品质。保证高质量执行规制的关键点有两个：一是信息公开，建立行政程序透明化制度、绩效考核制度、责任追究制度等；二是鼓励全社会民主监督，打造全社会监督的社会环境。

2. 正确引导对非公经济的意识

正确引导，改变对非公经济的意识包括从社会层面消除对非公经济及其主体的歧视意识和非公经济主体价值观意识矫正两个方面：(1) 通过教育、宣传等消除对非公经济主体的歧视意识。立足河南省非公经济主体对 GDP 创造、税收贡献、科技创新、城镇就业、产业结构调整、经济发展方式转变等各方面的主导和决定作用，进行宣传，消除歧视观念。政府要带头践行"国民待遇"原则，以实践消除社会歧视意识。政府应构筑非公经济宽松而健全的政治环境、经济环境、文化环境和社会环境，使非公经济主体拥有均等的市场选择机遇，创造平等使用生产要素的环境，使非公经济主体在投融资、税收、土地使用和对外贸易等方面享受同等待

遇。(2) 非公经济主体价值观的意识矫正。非公经济主体是市场主体，市场主体的价值观体现的示范效应会诱发教育意识导向和社会意识导向及社会各类主体的选择，会凝练并生成不同的"社会性格"，这种性格直接决定区域经济与社会发展的成败。实践证明，"经济人"价值取向意识下的市场选择。其最大恶果就是急功近利，恶化关系。给"经济人"价值取向加上"制度"和"道德"条件，就能使非公经济主体发展融入社会发展之中，增加社会属性意识，提升社会责任感。非公经济主体只有在强法律、强道德意识下进行市场选择，才能养成符合法律和遵从道德的所有"应该"条件下的追求利益最大化意识。

3. 提升服务非公经济能力

基于掣肘非公经济发展的因素和现有政府及职能部门的服务弱点，我们认为提升政府服务非公经济能力的着眼点应放在：(1) 省域内非公经济结构升级导向服务。主要采取"弥补"和"扩展"战略，推动省域非公经济结构升级。重点抓住两个方面的内容：一是基于制度造成的农村发展滞后，通过发展现代农业和农业产业化实现农村非公经济结构的战略调整；二是努力发展信息经济、银发经济、文化旅游经济和以房地产开发为龙头的社区治理与服务业等。前者是弥补，后者是扩展，弥补与扩展的结合，才能实现非公经济结构调整和省域经济发展动力的提升。(2) 搭建高效的非公经济主体信息交流平台。非公经济主体的政府主管部门，要转变工作重点，应经常积极、主动、义务举办各种活动，增加非公经济主体间的交流机会，增强相互间了解和沟通的同时，便于收集、分析与本行业相关的各种信息，如政府主办或协同行业组织协办行业技术开发及新产品宣传推荐会、行业发展研讨会、经验交流会及国际展销会等。(3) 组织培训服务。政府应及时动态掌握非公经济主体需求，并广泛动员本地科研院所等资源，制定长远培训规划。定期或不定期对企业领导及员工培训，帮助企业提升企业领导社会责任及其决策力、执行力、协调能力和管理能力，帮助员工提升业务技能、工作精细化程度、热情程度、创新能力、产品/服务质量意识、品牌创造与服务意识等。(4) 诊断和咨询服务。该项服务主要立足于四个方面：一是法律法规方面的诊断与咨询服务；二是为企业技术的诊断与咨询服务；三是为企业特别是为新创建的非公经济主体的诊断与咨询服务，如帮助分析进入市场策略、市场选择、市场拓展等；四是融资与信贷诊断和咨询服务。非公经济主体规模小，硬实力不强，软实力评估缺失，融资和信贷较难，科学诊断非公经济主体，客观评测软实力状况，出具发展能力书面证明，对培育良好信用环境、改变单一硬实力依据的融资条件具有重要作用。(5) 技术开发指导服务。建立"技术顾问制度"和"巡回技术指导制度"。汇集全社会尤其是省域内人才优势，在工商管理部门或中小企业管理部门内部，设立技术顾问组织，聘用技术丰富的专家、工程技术人员担任顾问，对非公经济主体产品或管理技术水平进行可行性研究试验,对所存在问题提出建议;建立常年技术巡回指导制度。根据需要派遣技术顾问直接深入到企业进行现场指导。

二、扩展非公经济发展领域,优化非公经济环境质量

1. 扩展非公经济发展的领域

依据"法无禁止皆可为"理念确定非公经济发展领域。大力提倡非公经济主体在教育、环保、金融、消防、通信、交通、文化、旅游业、社区服务、政府购买服务等方面的作为,放宽市场准入。也就是说,凡是法律法规没有禁入的基础设施、公用事业在内的一切行业和领域,都应鼓励非公资本进入。鼓励和支持非公经济主体扩大出口和走出去,到境外发展兴业。

2. 改进非公经济管理机构

依据国外经验和中国实际,建立高效型管理机构十分必要。建议在各级人大和政协单独设立"非公经济发展管理委员会",直接由政府首位领导和政协主席主抓,将非公经济管理层级上移,管理权由主要领导负责,提升重视程度和管理绩效。

3. 提升省域市场自由度

河南省通过一体化(如郑汴一体化)、实验区(如新郑空港实验区)、打造产业园区升级版等形式,已经打破了局部区域的经济与技术壁垒,部分消除了垄断,规范了竞争环境,提高了市场化率和要素配置效率。但就全省而言,还有诸多区域,经济与技术壁垒在阻碍经济自由度,垄断现象、不规范竞争等还大量存在。打破省域内的所有壁垒,推行省域一体化,实属必要。

4. 坚决杜绝一切社会主体抽取非公经济主体"血液"行为

加快推进地方税制改革,非公经济主体只能体现税收这一固定的形式上交,坚决杜绝"以费补税之不足",降低税法执行弹性。

在收费方面,废止一切形式的收费和收费的一切形式。罚款要有法律依据,要体现与负的外部效应对应,体现社会的一种"应然"。坚决清理乱收费、乱罚款、乱摊派和"寻租"行为,切实减轻非公经济主体负担。

在融资方面,地方银行与省域内非公经济主体发展具有明显的正相关关系。地方政府有能力在央行利率浮动的范围内,调低地方商业银行对非公经济主体的贷款利率,减少省域内非公经济主体融资成本的同时,扩大流动性。

5. 政府帮助分担非公经济主体部分保险责任

根据国外经验,非公经济主体在为职工上交保险能力不足的时期,由国家或地方政府代为全部或部分承担。此举有助于保证保险责任连续的同时,也能消除社会对不同所有制就业歧视。

三、创建非公经济主体经济软实力管控工具

结合河南省非公经济主体现状,"分行业"建立非公经济主体软实力控管工具,全面评测、管理和监督非公经济发展。

1. "分行业"构建非公经济主体软实力管控工具的社会效应

"分行业"构建我省非公经济主体软实力管控工具,其社会效应表现为:(1)更加全面评测非公经济主体发展能力,弥补单一硬实力评测的不足;(2)明确了国家对非公经济主体的发展导向;(3)作为政府公共物品或服务供给、税收政策扶持及绩效评测依据;(4)作为金融支持评测及其绩效评测依据;(5)通过该工具的运用,并将信息公开,可作为市场主体选择的依据。

2. "分行业"建立非公经济主体软实力管控工具的基本框架

经济软实力管控工具实为可供评测非公经济主体发展能力的指标体系。行业不同,考核的指标体系和权重略有不同,但其主要内容要依据表36-2中的个人软实力、企业经营软实力和产品/服务软实力3个一级指标、8个二级指标、20个三级指标的指标体系框架为基础,依据该框架,再根据行业性质、企业规模、企业性质等因素增减指标,并调整指标体系权重。建立后的"行业管控工具",要反复征求专家和市场主体意见和建议,进行不断修正,增加市场认可度和工具效度,进而提升市场遵从度和使用认可度。

四、提升非公经济产业链条式联动效应

结合河南省现有汽车和装备工业、电子信息产品制造业、新型建材工业、化学工业、有色金属工业、食品工业等现有支柱产业,并结合国家治理和向工业化后期转变奠定基础的目标,发展"产业链"策略。其策略实施尤以全省180个各类形式的产业集聚区为依托,借助升级版改造,以整合集聚区内存量企业资源和吸收增量企业资源为契机,打造集聚区内企业链条式联动咬合度。具体操作是以产业分组,以整合产业内的所有经济主体为抓手,以强势国有企业或非公经济龙头企业带动上下游企业联动,提升系统运行功能,进而提升企业集群能力,并可有效地避免省域内恶性竞争和资源内耗。从其可行性上看,河南省的现代装备、农产品加工、现代房地开发及管理服务、信息技术产品加工及服务、文化旅游、银发经济等产业,链条式整合可行性明显。具体建立下列产业链:

(1)集装备研发、原料供给、生产、加工、装配、销售和服务于一体的现代装备产业链;

(2)集房地产开发、物业管理、中介服务、家居装修、社区建设为一体的现代住宅产业链;

(3)以信息技术为载体的电子信息产品制造业和信息服务业(软件、系统集成、通信运营业等)的现代信息技术产业链;

（4）现代农产品加工、销售与服务的农产品产业链；

（5）集旅游文化创意、宣传、服务为一体的旅游文化产业链；

（6）老年人日用品、保健品生产、销售和老年人服务，包括娱乐、旅游、老龄教育、介护等的银发经济产业链。

从分工角度看，产业链设计实质是构建"垂直型"分工体系。这是消除垄断性大企业与大量弱小非公经济主体长期并存的"二元结构"矛盾和多链条联动咬合运转带动省域整体经济发展的关键举措。面向河南省非公经济主体"垂直型"分工体系建设，要围绕两种形式展开。

一是以产品为中心的"向后垂直型"产业链体系，即由核心企业负责生产技术难度高、附加值大、对规模效益反应敏感的配套产品或产品的最终组装。生产技术要求低、批量小、专业分工度较高的各种零部件与半成品等让渡给非公经济主体完成。

二是以销售为中心的"向前垂直型"产业链体系，即以少数贸易性企业为核心企业，专门收购其他非公经济主体生产的专业化分工程度较高的产品并负责专营销售。该产业链体系具有系统性帮扶机制和功能，可有效扶持非公经济主体。

五、最大限度地发挥政府信息平台功能

扩展中国中小企业河南网平台的功能，充实和丰富平台内容，提升平台的有用性和信息的可参照性，为市场主体选择提供真实参考。添加的内容主要包括：

（1）非公经济主体的机器、设备、厂房、土地、资金量等硬实力指标；

（2）非公经济主体软实力指标，具体包括人的软实力指标（企业领导者个人软实力和职工个人软实力指标）、企业经营软实力指标和产品或服务软实力指标；

（3）非公经济主体产业生态状况；

（4）非公经济主体信用等级结果评测；

（5）非公经济主体不良交易记录等。

总之，只要不涉及非公经济主体机密，所有客观公认评测、过程记录、结果记录等一切信息，都应纳入平台内容之中。经济与社会的所有问题都产生于信息的不充分或不对称。只有实现信息公开并与市场主体相互监督的结合，平台的净化经济环境功能、促进交易平等竞争功能、经济属性与社会属性的融合功能等才能得到发挥。

第三十七章　西部地区资源型中小企业发展现状及对策建议

第一节　西部资源型中小企业发展概况

目前国内尚未有针对西部资源型中小企业发展状况的专项统计资料,本章主要从2010—2015年统计年鉴以及相关文献的统计数据中查找并按比例推算西部地区农业、能源业、矿业和旅游业四大行业中资源型中小企业的基本数据。通过较大范围的问卷发放以及对代表性区域重点企业的深入访谈了解西部资源型中小企业的发展现状,并详细剖析其发展中存在的问题。

一、资源类型与地域分布

西部地区幅员辽阔,资源充足,是中国自然资源相对富集的区域,特别是农牧资源、矿产资源、能源资源和旅游资源十分丰富。西部12个省份富集而各具特色和优势的自然资源是资源型中小企业成长与发展的根本所在,西部资源型企业依据自然资源在各地区的地域特征呈现出区域化的分布状态,而资源型企业地域根植集聚的特性也形成了具有鲜明地域特征的西部经济发展结构。各省份主要资源如表37-1所示。

表37-1　西部地区各省份主要优势资源分布

省份	农、林、牧资源	矿产、能源资源	旅游资源
内蒙古	耕地面积为919.9万公顷,占全国的5.5%;草原面积7880.45万公顷,占全国21.7%;森林面积2487.9万公顷;具经济价值的畜种资源丰富	有135种已探明矿产资源,其中稀土资源储量8459万吨,占全世界的80%;黑色金属、有色金属、贵金属等金属与非金属矿产储量丰富;已探明煤炭储量490.02亿吨,居全国第二位;石油、天然气储量十分可观	A级旅游景区102家,其中5A级旅游景区2家,4A级旅游景区19家,3A级旅游景区27家

(续表)

省份	农、林、牧资源	矿产、能源资源	旅游资源
广西	林业面积为1 527.17万公顷,已知的植物种类有289科、1 670余属、6 000余种;有一级保护野生动物24种,二级保护119种,以及大量经济药用、观赏动物	十大重点有色金属产区之一,已探明储量矿产96种,锰、锡、砷、膨润土等14个矿种储量居全国首位;锰和锡矿保有储量均占全国储量的1/3	A级旅游景区161家,其中5A级2家,4A级以上75家(其中70%以上为自然景区)
重庆	林木种类丰富,亚热带树木达1 700余种,乔木1 000余种;全国重要的中药材产地之一;植物种类560余类;有动物资源380余种,包括多种野生珍稀动物,有江河鱼类120余种	发现矿产75种,已探明储量39种,金属矿产中银矿储量185万吨,居全国第一,锰矿探明储量为中国第三;非金属矿产中岩盐为中国最大矿区之一,储量达3亿吨;煤的保有储量18.03亿吨;天然气储量达2 456.55亿平方米,居全国前列	A级旅游景区98个,其中5A级景区4个,4A级34个,3A级35个
四川	高等植物上万种,约占全国的1/3,其中裸子植物88种,居全国第一位,被子植物8 543种,居全国第二位;脊椎动物1 100余种,占全国的40%以上	已发现矿产123种,探明储量90种,其中35种在全国名列前五位;已探明D级以上矿产保有储量的潜在价值约为37 020.5亿元,占全国总量的4.14%	有A级旅游景区221家,其中5A级旅游景区5家,4A级83家,3A级59家
贵州	药用植物3 700余种,占中国中草药品种的80%,中国四大中药基地之一;有珍稀植物70种,野生动物资源1 000余种	已发现矿产123种,查明储量76种,在全国排名前五位的矿产有28种,其中重晶石资源储量居全国第一,磷矿资源储量居全国第二,铝土矿资源居全国第三	有2A以上旅游景区28家,其中5A级旅游景区2家,4A级5家,3A级7家
云南	有1.8万种高级植物,占全国总数一半以上;野生动物物种和野生经济动物资源丰富,野生脊椎动物种类1 671种,居全国首位	可用矿产150余种,已探明储量92种,矿产地2 700处;有13%的保有储量矿种居全国前列,其中锌、铅、锡、镉等居全国第一	有A级旅游景区221家,其中5A级旅游景区5家,4A级83家,3A级59家
西藏	森林面积为1 471.56万公顷,居中国第五;森林蓄积量22.62亿立方米,列全国第一;被列为国家和自治区重点保护的野生动物147种	已发现矿产100余种,查明储量36种,矿产地2 000余处,资源潜在价值约500亿元;云母、刚玉等12种矿产资源储量居全国前五位,铿矿储量居世界前列	有A级景区21个,其中4A级12个,3A级7个,国家级自然保护区6个

（续表）

省份	农、林、牧资源	矿产、能源资源	旅游资源
陕西	森林面积为853.24万公顷；有野生植物3 300余种，药用植物近800种；有野生脊椎动物750余种，其中珍稀动物79种	已探明储量91种，黄金储量居全国第五位；铝精矿产量占全国1/2；煤炭探明储量95.48亿吨，居全国第四；世界级整装天然气田已探明储量8 047.88亿立方米	有A级旅游景区已达163个，其中5A级景区5个、4A级34个、3A级78个
甘肃	牧草地1 790.42万公顷，是全国五大牧区之一；有野生植物4 000余种，其中药材951种，居全国第二位，经营450种；有野生动物659种	已发现矿产145种，探明储量的有94种，其中镍、钴、铂族等11种居全国首位；矿产总潜在价值为7 983.80亿元；发现油田12个，可采储量2.1878亿吨；煤炭区已探明162个，保有储量32.86亿吨	有A级旅游景区已达162个，其中5A级景区3个、4A级41个、3A级景区47个
青海	草场面积为3 636.97万公顷，天然牧草940余种，其中优良牧草190余种，饲养多种优势草食性畜种，其中耗牛饲养数量居全国第一位；野生植物群中已发现经济作物1 000余种，经济兽类有110种，占全国的25%	已发现矿产125种，探明储量的矿产105种，其中，钾、钠、镁等11种居中国首位；石棉、蛇纹岩等非金属矿产储量居全国前列；盐湖30余个，已探明总储量700亿吨；发现油田16处，气田6处，石油资源7 524.5万吨，已探明2亿吨；天然气资源已探明1 457.94亿平方米	有A级旅游景区71个，其中5A级1家，4A级17家，3A级48家
宁夏	有宜农荒地1 067.3余万亩；天然草场4 500余万亩；有917种野生药用植物	石英砂岩（硅石）已探明储量1 700万吨以上；石膏矿藏量居全国第二，探明储量25亿吨；磷、金、铜等矿产储量较大；煤炭已探明储量38.04亿吨，保有储量33亿吨；石油年采油能力100万吨	有A级旅游景区71家，其中5A级3家，4A级4家，3A级3家
新疆	牧草地面积5 725.88万公顷，居全国第二位；野生植物132科、856属、近3 569种，其中有特殊经济价值的罗布麻、橡胶草等1 000多种，稀有者约100种	已发现矿产138种，已探明储量68种，总潜在价值超过6万亿元	有A级景点265个，其中5A级景区5个，4A级景区46个（其中50%以上为自然风景区）

资料来源：根据中华人民共和国中央人民政府门户网站（http://www.gov.cn/）、《中国统计年鉴（2015）》以及各省旅游局网站动态数据资料整理。

由表37-1分析可知，西部地区拥有得天独厚的自然地理环境和资源优势，西部资源型中小企业依托于特色自然资源的开发利用，已成为推动区域经济发展的中坚力量。近年来，西部各省份在制定经济发展战略和规划时，均将资源型企业当作主导企业予以支持与培育。例如,新疆的石油、天然气、棉花、畜牧业、特色矿产资源的开发;内蒙古的草原畜牧业、以煤炭为主的能源产业和高耗能原材料产业、以稀土为主的矿产资源开发;云南的水电业、矿产业、特色农业;甘肃的石油天然气与精细化工业、有色冶金新材料业、农畜产品深加工业;陕西的高新技术、果业、畜牧业和能源化工业;等等。

西部大开发战略的实施带来西部区域经济的快速发展,在宽松的经济政策环境中,资源型中小企业以其信息接收的灵敏性、技术创新的灵活性、产品与市场的高度专业化等优势在西部资源型产业中占据了重要地位。从资源类型的角度分析,西部资源型中小企业的地域分布表现出明显的资源属性,依托于各区域的优势资源,集中在农牧产品生产加工、金属与非金属矿产开采与加工、石油与天然气等能源开采以及旅游资源开发等四大行业,形成西部特色优势产业格局。

二、发展现状

当前,依托丰富的自然资源禀赋生存发展的西部资源型企业已逐渐形成了相当的规模,其主要农产品与部分矿产、能源类产品的生产方面已在全国范围内占到一定的比重,如表 37-2 所示。

表 37-2　2014 年全国各区域主要农产品和部分矿产、能源类产品产量情况

主要农产品和工业产品产量	西部地区合计	占全国比重(%)	东部地区合计	占全国比重(%)	中部地区合计	占全国比重(%)
粮食(万吨)	15 987.6	26.6	14 606.3	24.3	17 849.2	29.7
棉花(万吨)	366.4	58.2	136.8	21.7	126.0	20.0
油料(万吨)	956.7	27.2	823.7	23.7	1 510.9	43.0
原油(万吨)	6 839.9	32.7	7 928.0	37.8	556.6	2.7
粗钢(万吨)	11 562.2	14.8	41 985.4	53.9	16 398.3	21.0
发电量(亿千瓦小时)	17 870.9	33.1	21 121.8	39.1	11 835.2	21.9

资料来源:《中国区域经济统计年鉴(2014)》。

近年来,在西部较为宽松的经济环境和政策环境中,资源型中小企业获得了长足发展,不仅在数量上成为西部企业的主力,而且对于西部区域经济的发展做出了重要的贡献。

(一)西部资源型企业是西部企业的主力

根据现有统计资料可知,整个西部企业中接近半数的企业属于资源型企业,而在西部优势企业中资源型企业也占据相当数量。不论是从企业单位数还是从资产总计上看,资源型企业都占据了西部企业的半壁江山,具体如表 37-3 和表 37-4 所示。

表 37-3　西部资源型企业单位数

	2008 年	2009 年	2010 年	2011 年
资源型企业单位数(个)	19 627	21 891	23 948	17 055
所有企业单位数(个)	44 588	46 169	43 162	39 185
资源型企业单位数比重(%)	44.02	47.41	55.49	43.52

资料来源:根据《中国工业经济统计年鉴》(2009—2012)数据整理获得。

表 37-4　近年来西部资源型企业资产总计

	2010 年	2011 年	2012 年	2013 年	2014 年
资源型企业资产总计(亿元)	68 851.61	79 588.52	111 560.2	161 001.1	142 638.4
所有企业资产总计(亿元)	105 343.9	124 052.34	147 202.6	105 105.88	108 576.81
资源型企业资产总计比重(%)	65.36	64.16	75.79	65.28	76.12

资料来源:根据《中国工业经济统计年鉴》(2011—2015)数据整理获得。

由表 37-3 和表 37-4 可知,2008—2011 年,西部资源型企业单位数分别占西部地区所有规模以上企业总数的 44.02%、47.41%、55.49% 和 43.52%;2010—2014 年,企业资产总计分别占西部地区所有规模以上企业资产总计的 65.36%、64.16%、75.79%、65.28% 和 76.12%,直接反映了西部资源型企业在西部企业整体中所占据的重要地位。

(二) 资源型企业对西部地区经济贡献较大

西部资源型企业对西部经济发展的重要性可通过其对西部地区经济发展的贡献率,即西部资源型企业在计划期内的工业产值占西部地区工业总产值的比重来表示,其中工业总产值是指规模以上工业企业工业总产值,按当年价格计入。计算公式为:

$$\text{西部资源型企业贡献率} = \frac{\text{西部资源型企业工业产值}}{\text{当年西部地区工业总产值}} \times 100\%$$

根据上述公式计算可知,2010—2014 年,西部资源型企业所创造的工业产值分别占西部地区工业总产值的 50.9%、58.12%、54.64%、52.32% 和 44.95%,对西部地区经济发展具有重要作用和影响(见表 37-5)。

表 37-5　西部资源型企业对区域经济发展贡献率

	2010 年	2011 年	2012 年	2013 年	2014 年
资源型企业工业产值(亿元)	46 271.88	68 519.51	69 005.74	144 942.43	157 222.14
西部地区工业总产值(亿元)	90 905.19	117 883.70	126 286.18	75 828.07	70 674.10
资源型企业工业产值比重(%)	50.90	58.12	54.64	52.32	44.95

资料来源:根据《中国工业经济统计年鉴》(2011—2015)数据整理。

图 37-1 即为西部资源型企业工业产值占西部地区工业总产值比重情况,该图能够清晰地得出西部资源型企业对西部地区经济发展的重要贡献,其原因主要体现在三个方面:一是资源型企业通过对自然资源的开发和利用为其他企业提供原材料,是西部地区各产业链结构的源头;二是大部分资源型企业均为劳动密集型企业,成为解决西部地区就业的主要力量;三是资源型企业相对一般企业规模较大、利润较高,增强了西部地区地方政府的财力。

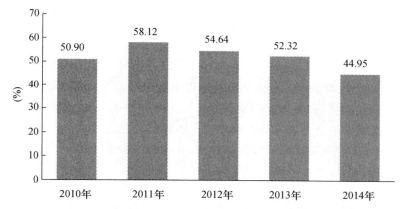

图 37-1　西部资源型企业工业产值占西部地区工业总产值的比重

资料来源:根据《中国工业经济统计年鉴》(2011—2015)数据整理获得。

(三) 中小企业是西部资源型企业的中坚力量

由于西部地区特殊的地理条件、历史原因、文化传统和资源禀赋等因素的综合性作用,以及经济资源的稀缺性对企业规模扩张的限制,在西部资源产业领域中占相当数量的是中小企业,是推动西部区域经济全面发展的重要力量,如表37-6 所示。

表 37-6　西部各省市中小企业数量与主营业务收入情况

	中小企业数量(个)	本地区企业总数(个)	比例(%)	中小企业主营业务收入(亿元)	本地区企业主营业务收入总值(亿元)	比例(%)
内蒙古	4 221	4 377	96.44	12 802.2	19 550.8	65.48
广西	5 223	5 396	96.79	11 314.4	16 726.0	67.65
重庆	5 045	5 237	96.33	8 192.8	15 417.1	53.14
四川	12 786	13 163	97.14	22 133.4	35 251.8	62.79
贵州	3 077	3 139	98.02	4 264.2	6 878.4	61.99
云南	3 275	3 382	96.84	5 224.7	9 773.1	53.46

（续表）

中小企业数量（个）	本地区企业总数（个）	比例（%）	中小企业主营业务收入（亿元）	本地区企业主营业务收入总值（亿元）	比例（%）
西藏					
68	70	97.12	74.5	93.4	79.76
陕西					
4 332	4 489	96.50	8 969.6	17 763.0	50.50
甘肃					
1 770	1 830	96.72	2 186.6	8 443.6	25.90
青海					
440	465	94.62	1 012.0	2 045.4	49.48
宁夏					
886	935	94.76	1 377.7	3 374.5	40.83
新疆					
2 018	2 102	96.00	3 328.2	8 608.0	38.66

资料来源：《中国中小企业年鉴（2014）》。

由表37-6可知，西部各省份中小企业数量均占本地区企业总数的95%以上，西部中小企业的主营业务收入也逐渐形成了支配性的地位，除了西北地区部分省份外，其他地区中小企业主营业务收入均占本地区企业总收入的50%以上。结合西部地区各省份产业发展结构分析，中小企业在西部资源型产业中具有举足轻重的地位。

第二节　西部资源型中小企业发展中存在的主要问题

由于资源型企业的共性特征和西部地区环境因素的共同影响作用，西部资源型中小企业既具有资源型企业在发展过程中所面临的共性问题，又受到西部地区资源特征、技术水平、宏观经济、政府政策等环境因素的影响。总体而言，西部资源型中小企业的发展主要受到以下五个方面的制约。

一、自然资源的有限性制约企业的持续发展

西部大开发战略实施以来，依托于丰富的自然资源禀赋，西部地区资源型企业发展迅速，其中中小企业发展尤为突出。但从生产要素规模扩张结构来看，企业多依赖于简单扩大自然资源开采规模与加工规模实现企业的粗放式扩张与成长，对自然资源的消耗程度较大，且形成了企业对自然资源的过度依赖，直接表现为自然资源在资源型中小企业产品成本结构中物料比率很高，而其开采成本也占据了较高的比例，例如煤炭企业达到了80%以上。此外，相对于大型企业而言，资源型中小企业开采技术、加工工艺技术等相对落后，导致企业劳动生产率较低，因而在物料比率变动不大的情况下，中小企业用于自然资源开采加工的成本在产品总成本中的比率甚至高达90%左右。但是，资源型企业赖以生存和发展的自然资源是有限的，部分资源具有不可再生性。随着资源型企业的持续扩张，自然资源开采和利用的规模也不断扩大，导致部分不可再生的资源面临着枯竭的危机，深刻影响着资源型中小企业的生存发展。

由表 37-4 可知,2008—2009 年期间,西部地区煤炭、锰矿、锌矿和磷矿等能源与矿产资源的基础储量均呈现不同程度的下降趋势,尤其是在 2009 年经济危机影响弱化、宏观经济逐渐复苏的环境下,矿产与能源资源储量明显减少。但在 2010 年之后,随着勘探技术的提高与利用效率的提升,基础储量下降趋势减弱,这更加证明进行技术创新,保护资源的重要性。

表 37-4　近年来西部地区部分矿藏资源的基础储量状况

	2008 年	2009 年	2010 年	2011 年	2012 年	2013 年
煤炭(亿吨)	1 661.26	2 362.90	1 432.01	2 157.90	2 298.86	2 362.90
锰矿(万吨)	14 667.90	10 160.10	11 277.84	18 240.90	20 938.18	21 547.74
铬矿(万吨)	570.18	515.60	435.20	413.30	405.01	401.47
铅矿(万吨)	926.56	906.60	816.42	1 291.70	1 454.65	1 577.91
锌矿(万吨)	3 344.16	2 961.70	2 365.71	3 124.40	3 490.74	3 766.18
磷矿(万吨)	19.24	16.60	14.57	28.90	30.74	30.24

资料来源:根据《中国统计年鉴》(2009—2014)数据整理。

由图 37-2 可知,2006—2010 年西部地区部分矿藏资源储量已经呈现明显的下降趋势,这对西部资源型中小企业的稳定和发展影响重大。一方面,由于自然资源的获取是西部资源型中小企业生存和发展的基础,也是形成企业竞争优势的最主要因素,在资源开采未能有效管制的资源型企业发展初期,企业为追求利润,不惜以损害生态系统的平衡与稳定为代价过度开发自然资源,造成当前自然环境的急剧恶化,对资源供给的数量和质量均有较大影响,特别是不可再生的矿产资源和能源资源。随着旅游业的迅速发展,部分旅游资源有过度开发的趋势,造成景区恶化,致使有的景区需要几十年的恢复,甚至形成不可恢复的永久性破坏;而农业种植方面,传统依赖化肥和人力的过度投资已经达到边际收益的顶峰,受边际收益递减规律的影响,依赖化肥和人力不再可能增加农作物产量。另一方面,西部资源型中小企业多为粗放式的生产与发展,缺乏对技术因素的战略性考量。随后在 2010—2013 年,经济新常态的提出要求西部资源型企业改变过去粗放的生产加工方式,走生态友好、资源节约的可持续发展之路,使得西部资源枯竭的状况得到缓解。因此在面临资源危机的当前,应用技术创新优化资源开发和加工的相关生产流程以提高生产效率,以及通过技术创新研发替代性资源产品是企业突破危机、走经济新常态发展的必由之路。

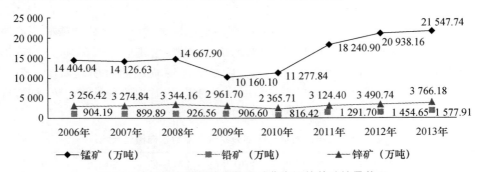

图 37-2　近年来西部地区部分矿藏资源的基础储量状况
资料来源:根据《中国统计年鉴》(2007—2014)数据整理。

二、自然资源的不均衡分布影响企业集群效应和规模经济的形成

我国西部地区占全国总面积的56%,农、林、牧类特色资源种类繁多,矿产、能源类资源储量丰富,旅游观赏类资源也各具特点。以矿产和能源类资源为例,根据目前已经探明的储量,煤炭占全国的36%,石油占12%,天然气占53%;而全国已探明的140多种矿产资源中,西部地区就有120余种。但西部地区幅员辽阔,地形地貌较为复杂,加之自然资源形成条件的苛刻性和过程的复杂性,西部地区资源虽然总体丰富,但自然资源分布极不均衡。各类资源在西部各个区域均有不同程度的分布,如陕西、内蒙古、新疆、甘肃、宁夏、青海富有能源矿产、金属和非金属矿产;西藏、云南、四川、重庆、广西、贵州富有动植物资源、风能水能和旅游资源,等等。

资源型企业对资源的高度依赖性要求企业在选址时要考虑资源丰富性、供应便利性等问题,进而形成对资源丰富或供应便利地区的根植性,以矿产、能源类资源型企业为例,煤炭开采加工企业、铁矿开采企业必须扎根于矿产资源埋藏区,钢铁冶炼企业则需选择矿区资源附近,或者选择河流或其他必备重要资源的附近,因为水对于钢铁冶炼来说,是必不可缺的循环资源,而旅游开发和农业种植型企业则基本完全依赖大自然的赋予。随着西部大开发战略的实施,西部地区基础设施获得大幅改善,但同东部相比,铁路交通、公路交通、通信网络等条件较差,一定程度上导致西部资源型中小企业分布零散,无法形成集群经济效应和规模经济效应。

三、整体技术能力水平影响产品经济附加值的提升

资源型企业属于以利用资源进行生产加工的传统生产领域,较长时期中产品的属性、形态、层次等特征未出现较大变化,技术投入相对较少,产品附加价值比率很低。国家统计局《中国工业经济统计年鉴》(2011—2014年)的统计数据表明,2010—2013年期间,黑色金属矿采选业、煤炭开采和洗选业的总资产贡献率基本

均处于下降态势,其他资源型行业也都面临经济效益下滑的风险。考虑到资源型企业对资源的严重依赖性和低劳动力成本,这些数据充分说明了我国资源型企业的经济附加值较少,技术贡献率较低(见表37-5)。

表37-5 西部地区典型资源型行业总资产贡献率　　　　　　　　　　单位:%

	2010年	2011年	2012年	2013年
黑色金属矿采选业	8.95	7.85	4.48	3.34
煤炭开采和洗选业	17.84	21.49	16.59	13.21

资料来源:根据《中国工业经济统计年鉴》(2011—2014)数据整理获得。

西部资源型中小企业受地域条件、经营资源等因素制约,产品技术含量相对经济较发达区域企业和大型企业而言普遍偏低,整体技术能力水平稍弱,尚不能满足生物技术、信息技术、能源技术等高技术领域的重要基础材料,仅处于资源开采、初级加工等低附加值产品生产阶段。以钨制品为例,中国硬质合金大多为中低档产品,出口量占国际市场流通量的20%,而销售收入仅占1.5%。稀土、钛、镁、钨、钼、镓、铟、锗、铋等我国富有有色金属,与当今高新技术发展紧密相连,但由于技术限制,只能大量加工成初级矿产品或初级冶炼产品,产品附加值极低,除少量国内市场需求外,大部分出口国外,资源优势无法变成经济优势。近年来,我国内蒙古稀土资源成为国际贸易中具有稀缺价值的高需求商品,但是内蒙古大量中小企业竞相粗放式开采稀土资源,并以初级矿产原料的方式将珍贵的稀土资源以低价卖给美国和日本等高科技有色金属冶炼企业。这种开采模式造成了我国稀有金属资源的大量流失和经济的严重损失。

四、宏观经济环境与产业链下游企业的影响趋于明显

2014年10月11日财政部、国税总局公布通知决定,原油、天然气矿产资源补偿费费率降为零,相应将油气资源税适用税率由5%提高至6%,《资源型企业可持续发展准备金管理试行办法》也已经取得进展。长期以来,西部资源型中小企业大多是以转移资源价值为主要途径来获取利润,它们以资源占有优势为核心竞争力,以对自然资源的占有或独占为基础,依托资源禀赋形成竞争优势是该类企业最为突出的特点。而资源税改革和资源准备金制度对西部资源型企业最直接的影响是税负增加,开采、使用资源成本加大。

我国西部地区的资源型中小企业,依赖区域丰富的资源禀赋和低廉的人力资源成本形成市场竞争中的绝对优势。但中小企业有限的经营资源限制了生产设备、技术资本等要素投入,使资源禀赋和人力成本的绝对优势在面对欧美发达国家资金资本、开采加工工艺技术等比较优势时,反而在一定程度上成为制约企业技术创新的因素,使西部资源型中小企业局限于低附加价值的开采与初级加工生

产阶段,成为发达国家大型资源型企业的基础材料供应商,限制企业的成长与发展空间。此外,随着现代科学技术的发展以及知识经济的影响所带来的经济形态和市场形态的变化,资源占有优势不再是企业获取利润、参与市场竞争的绝对条件,利用自然资源的占有所形成的利润和市场竞争力正在不断地受到削弱。因此,单纯依靠自然资源的开采与初级加工而存在的西部资源型中小企业作为产业链的上游源头端企业,受市场环境和产业链下游企业经营活动的影响较为严重,经营风险系数明显加大。

五、负外部经济效应导致环境治理成本加大

西部资源型企业发展的过程,也是西部地区环境被严重污染的过程。受"GDP崇拜"和经济利益动机的驱使,对自然矿产资源、土地资源和旅游资源的开发过度,使得生态危机越来越严重,部分地区的煤矿、铁矿石开采过程中未能顾及对森林资源、植被资源、水资源的影响,产生严重森林砍伐、草原退化、水土流失等现象,直接造成生态平衡的失调和区域环境的严重污染。

表 37-6 表明,2008—2010 年,西部资源型企业的工业产值呈逐年递增趋势,但是工业废气排放总量、固定废弃物的产生量随之大幅度增加。在 2010 之后,政府与企业都采取措施来减轻环境压力,所以污染量有所下降。

表 37-6　西部资源型企业工业产值与西部地区工业污染状况

	2008 年	2009 年	2010 年	2011 年	2012 年
资源型企业工业产值(亿元)	31 379	40 637	46 272	68 520	69 001
工业废水排放总量(万吨)	571 557	530 221	50 8987	431 302	291 502
化学需氧量排放量(万吨)	380	173	149	65	10
工业废气排放总量(亿标立方米)	96 537	113 641	143 593	105 397	103 197
工业二氧化硫排放量(万吨)	706	668	672	588	420
工业固定废弃物产生量(万吨)	55 661	59 601	73 822	76 408	56 474

资料来源:根据《中国统计年鉴》(2009—2013)数据整理。

如图 37-3 所示,2008—2010 年,西部资源型企业工业产值的增长率分别为 10.09%、29.50% 和 13.86%,但相应的工业废气、固体废物排放量也基本呈持续增长趋势,这一期间工业废水排放总量增长率分别是 3.03%、-7.23% 和 -4.00%;工业废气排放总量增长率分别为 -7.64%、17.72% 和 26.36%;工业固定废弃物产生量分别为 4.74%、7.08% 和 23.86%,对区域环境造成了比较严重的负面影响。在 2010 之后,政府和企业共同努力之下,环境污染量下降。

随着政府对环境保护意识的加强和相关规章制度的出台,西部资源型中小企业最终要承担起对自然环境的破坏和生态的失衡的责任。西部资源型中小企业

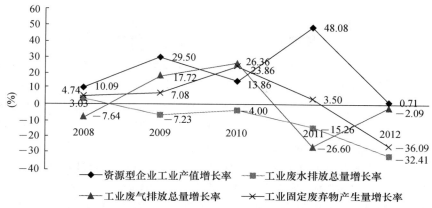

图 37-3　西部资源型企业工业产值与西部地区工业污染增长率
资料来源：根据《中国统计年鉴》（2009—2013）数据整理。

需要为过去和现在的负外部经济效应付出高额的成本，这种为环境破坏付出的代价将在近期内对资源型中小企业的发展产生重要的影响，同时促使中小企业必须进行技术创新，才有可能实现可持续发展。

第三节　对策与建议

大量西部资源利用型中小企业实践调研和跟踪研究表明，自然资源的"不可再生性"、分布不均衡，西部资源型中小企业袭用传统成长模式会导致矿产资源利用效率低、农业与旅游业过度开发而产生负外部经济、产品附加值低、管理理念滞后、科研人员缺乏、服务体系不健全等诸多问题，西部资源利用型中小企业面临严峻的发展困境，亟须实现技术创新、生态化发展、循环利用。

一、技术创新

技术创新是一个企业生命力的不竭源泉，是其持续发展的保证，对西部资源利用型中小企业而言更是如此。通过技术创新，加快技术进步和产业升级，培育企业核心能力，从而主动拥有核心技术竞争力和合法的知识产权，增强企业长期竞争优势。通过提升企业技术创新能力使企业实现自然资源的合理利用、生产效率的大幅提升以及生产方式的优化转变，以集约高效为目标实现企业的综合效益最大化以及可持续发展。在企业内外部进行基础性的管理，企业内部重点考虑制定相关的制度，以制度为指导，规范完成企业的各项工作，提高工作的效率，增加产量。企业外部依靠政府的正确引导，建立完善的技术创新管理服务体系，使中介服务机构参与提供西部资源利用型中小企业的支撑性服务，借助外源科研院所、大学来提高自身的技术创新与资源的高效利用。

二、生态化发展

为顺应国家的经济新常态,西部资源型中小企业应当加快走生态化发展之路,节约资源,保护环境,加强推进企业的可持续发展。生态化强调的是在资源型企业的生产活动中要注重保护自然环境,美化人类生活环境,达到人与自然、环境和谐发展的状态。生态环境具有脆弱性,极易受到人类活动的破坏,其自我恢复功能薄弱,一旦遭受破坏,将短期内无法复原。资源型企业对资源的开采利用是人类大规模改造自然环境的过程,对生态环境具有重要影响。生态化发展模式强调在资源型要重视生态环境的建设与治理,重视自然资源的合理利用与保护。农业资源型企业要建设"生态农业",优化农业产业结构,建立无公害、绿色农产品基地和有机食品基地,构建生态农业园区;能源、矿产资源型企业要建设"生态工业",调整工业产业结构,发展清洁节能的新兴工业,淘汰高能耗、高污染的企业,建立生态工业园区。加强污染源治理,包括对废气、污水和噪声的排放整治,降低各种污染物的排放总量。资源型企业对自然资源的开采要以法律为准绳、以法治为手段,认真贯彻国家有关加强水、土地、矿产、森林等资源管理的法律文件;在法律许可的范围内创新自然资源开采机制;总体规划、统一管理、规模开采、集约经营。自然资源的使用要以节约为先导,倡导节水节电节能,加强水电资源的循环利用;倡导节约用地,实行最严格的耕地保护制度,科学地开展土地整理和复垦,保持耕地动态平衡。

三、循环经济

转变企业发展模式,由传统的开放型线性发展转变为闭环型循环发展;低科技含量型转变为高科技含量型;粗放型转变为集约型;高资源消耗型转变为资源节约型。要贯彻"循环经济"的理念,即要运用循环经济的减量化、再循环、再利用指导企业的发展,组织成一个物质反复循环流动的过程,把企业建立在"低投入、高利用、低排放"基础上,从而消除环境与发展之间的尖锐冲突。减量化原则属于输入端方法,旨在减少进入生产和消费过程的物质量,从源头节约资源使用和减少污染物的排放;再利用原则属于过程性方法,目的是提高产品和服务的利用效率,要求产品以初始形式多次使用,减少一次用品的污染;再循环原则属于输出端方法,要求物品完成使用功能后重新变成再生资源。把企业建立在"减量、再利用、资源化"基础上,实现对产品和服务的前端、过程和末端的资源消费的控制和优化。总之,就是对企业的产品、副产品、废弃物进行综合研究,依靠现代生产技术和环保技术的应用,使企业实现清洁生产和资源综合利用。

第三十八章 浙江省发展知识产权密集型产业的研究报告

全球产业发展和创新实践显示产业价值链高端普遍都是知识产权密集型产业,其劳动生产率显著高于其他产业,对经济贡献的比重日益增强,因此培育发展知识产权密集型产业,并最大化地提高其经济贡献,是浙江乃至全国促进经济提质增效、实现创新驱动发展的必由之路。通过开展浙江省知识产权密集型产业统计分析及经济贡献测度,发现知识产权密集型产业对浙江经济增长的拉动作用明显,呈现出优化的知识产权密集型产业结构。但是发展"智能制造""互联网+"所需的专利密集型产业和版权密集型产业发展滞缓,现代服务业的商标密集型产业特征有待加强,知识产权密集型产业集聚度依然较低。建议启动知识产权密集型产业规划与分类指导,加强对知识产权密集型产业的动态监测,形成培育发展知识产权密集型产业的政策合力和环境基础,实现知识产权战略与创新驱动战略协同发展,为浙江省探索一条以推动知识产权密集型产业为抓手促进浙江经济提质增效的知识产权强省之路。

知识产权密集型产业界定为就业员工人均知识产权运用量高于平均水平的产业,主要包括专利密集型产业、商标密集型产业和版权密集型产业。在分析浙江省96个大类产业(含41个工业大类产业)2007—2013年共7年的发明专利授权数据、驰名商标数据、著名商标数据、品牌价值排行榜、核心版权数据、产业经济数据、产业就业数据的基础上,依据知识产权密集型产业的测算标准开展了浙江省知识产权密集型产业的统计分析和经济贡献测度,分析浙江省知识产权密集型产业发展特点及存在问题,提出相应对策建议。

第一节 浙江省知识产权密集型产业的发展特点

一、三分之一强的产业具备知识产权密集型产业特征

浙江省96个大类产业(含41个工业大类产业)中,有8个专利密集型产业(专用设备制造业;仪器仪表及文化、办公用机械制造业;化学燃料及化学制品制造业;医药制造业;通用设备制造业;金属制品业;计算机、通信设备及其他电子设备

制造业;非金属矿物制品业)、28个商标密集型产业(其中有6个也是专利密集型产业,具体产业类型见附注)和8大类版权密集型产业(软件及数据库;文字作品;音乐、戏剧制作、曲艺、舞蹈和杂技;电影与录像;广播电视;摄影;美术与建筑设计、图形和模型作品;广告服务),共有38个产业为知识产权密集型产业,这说明浙江省有三分之一强的产业具有"知识产权密集"的固有特征,这类产业的"人均知识产权创造运用量"更高,创新资源会更多地投入这类产业。

二、知识产权密集型产业对浙江经济增长的拉动作用明显

截止到2013年,浙江省8个专利密集型产业,28个商标密集型产业和8个版权密集型产业行业贡献了浙江省四分之三(75.62%)的GDP和三分之一(37.06%)以上的就业,说明知识产权密集型产业对浙江经济增长的拉动作用日益增强,对就业起到重要的支撑作用。

三、具有优化的知识产权密集型产业结构

浙江省商标密集型产业对GDP贡献率(63.12%)和就业贡献率(35.14%)均高于专利(23.73%/6.32%)和版权(3.65%/2.79%),这与美国、欧盟知识产权密集型产业贡献趋势一致,说明浙江品牌在创新驱动中发挥重要作用。浙江省专利密集型产业虽然对就业贡献不到十分之一(6.32%),但对GDP贡献达到五分之一以上(23.73%),说明浙江制造业正逐步从依靠密集的劳动力及资源投入,转向依靠密集的知识产权创造与运用,推动产业向价值链高端发展的趋势逐步显现。因此浙江知识产权密集型产业呈现出优化的产业结构,有利于浙江经济的提质增效升级。

第二节 浙江省知识产权密集型产业发展存在的问题

一、发展"智能制造"所需的专利密集型产业发展滞缓

计算机、通信及其他电子设备制造业,半导体及其他电子元件,电气机械及器材制造业等是"智能制造"发展的重要产业基础,但浙江省计算机、通信及其他电子设备制造业的专利强度增速放缓,呈现弱专利密集型产业特征;半导体及其他电子元件,电气机械及器材制造业等的专利强度均低于产业平均值,呈现非专利密集型产业特征,而美国、欧盟和国家统计局报告中都被认定为专利密集型产业。显然浙江省在打造智能制造产业生态系统的基础上,亟须通过规划与引导将这些具有重要战略意义的弱专利密集型产业和非专利密集型产业向强专利密集型产业转化,完善智能制造产业整体布局与各产业间的协同发展。

二、发展"互联网+"所需的版权密集型产业贡献疲软

浙江省软件及数据库产业是版权密集型产业的重要组成,但版权密集型产

对浙江 GDP 贡献率仅为 3.65%，处于全国平均水平，低于上海、江苏等省份。版权密集型产业对浙江就业贡献率为 2.79%，低于全国水平（4.03%），仅为上海市版权密集型产业就业贡献率的一半（5.67%）。这说明浙江在推动"两化融合"进程中，需要加大对软件和数据库产业的创新资源投入，通过互联集成和大数据应用来实现产品质量和附加值的大幅提升。此外，依据 WIPO 的主要产业分类，版权集体管理与服务产业浙江省没有与之对应的产业类型，说明浙江省对版权集体管理和服务能力有待增强。

三、浙江省现代服务业的商标密集型产业特征有待加强

浙江现代服务业中仅有科学研究和技术服务业，文化、体育和娱乐业两个产业具有商标密集型产业特征，且鲜有著名商标和具有品牌价值的企业。浙江省推进信息化与工业化深度融合，为现代服务业发展提供的重要契机，而品牌在全球创新中起到重要作用，对经济的贡献甚至大于专利和版权产业。因此商标密集型产业的结构尚有极大的优化空间，需要逐步提升现代服务业为代表的第三产业的商标密集型产业占有率，同时提高浙江省高知名度的品牌拥有量，实现从浙江制造到浙江创造，再到浙江品牌的产业转型升级路径。

四、浙江省知识产权密集型产业集聚效应有待发挥

随着知识产权创造数量的逐年增加，国家和浙江省的政策重点将逐步转向鼓励知识产权向生产力的转化，更强调知识产权的质量指标与经济价值。虽然浙江省三分之一强的产业具有知识产权密集型产业的特征，但缺乏引导知识产权密集型产业向市场化发展的具体措施，在支持知识产权密集型产品推广、密集型企业培育、密集型产业公共服务平台和产业发展试验区建设等方面仍有很多政策空白，专利、商标和版权密集型产业的发展还处于缺乏规划和协同发展的阶段，亟须发挥知识产权密集型产业集聚效应，通过重点加强知识产权保护和运用来助推创新驱动，实现浙江经济的提质增效升级。

第三节　对策与建议

一、加强知识产权密集型产业的规划指导及动态监测，完善产业整体布局与协同发展，实现浙江经济提质

一是研究发布浙江省知识产权密集型产业目录，制定知识产权密集型产业发展规划，在浙江"十三五"规划和"浙江制造 2025"的方案中增设知识产权密集型产业指导方向，实施分类指导；二是着力培育支撑"智能制造""互联网＋"发展的专利、商标和版权密集型产业，提升弱知识产权密集型产业的知识产权创造及运用强度，实现相关产业的转型升级；三是建立知识产权密集型产业动态监测体系，跟

踪国际知识产权密集型产业发展趋势及特征,有序调整产业布局和优化产业结构;四是科学分析知识产权密集型产业对经济增长的贡献,逐步引导知识产权密集型产业集成创新资源,促进产业转型升级和经济可持续提升。

二、设立知识产权密集型产业培育专项资金,引导知识产权密集型产业的市场化发展,促进浙江经济增效

一是完善支持知识产权密集型产品产业化和市场化的法规、财政、税收等政策,设立知识产权密集型产业培育专项资金,支持知识产权密集型产品推广、密集型企业培育和高价值知识产权项目培育;二是发展促进知识产权运营的综合交易平台,从知识产权信息、运营、代理和金融等方面创新知识产权运营业态的商业模式和运行机制;三是构筑知识产权运营市场监管体系,充分利用大数据和"互联网+"实现知识产权管理部门与信用部门、电子平台以及全社会的嵌入与互动,形成动态监控、征信支持和全员监管的高效知识产权运营市场环境。

三、开展知识产权密集型产业公共服务平台和产业发展试验区建设,发挥知识产权密集型产业集聚效应,促进浙江经济升级

一是加快建设基于网络环境的知识产权公共服务平台,推动知识产权密集型产业大数据与经济、科技、金融、产业等数据的融合,实现对知识产权密集型产业的预警和导航,提高产业决策规划水平。二是依托高新技术产业园区、自主创新示范区等建设和发展知识产权密集型产业试验区,依托以信息经济、高端装备制造为特色的"浙江特色小镇"打造知识产权服务运营平台,利用知识产权集聚效应来促进技术转让投资、推动研发创新、积聚并交易知识产权密集型资产、催生新的知识产权密集型产业。三是提供多元化知识产权服务渠道,探索建立资源共享、众创众投、利益共赢的社会化、专业化的知识产权中介服务机构,加强其在技术咨询服务、知识产权资产评估、知识产权信息传播与法律服务等方面的服务。四是加强知识产权复合型人才培养,从法律、技术、经济、管理、信息和外语等多方面进行知识产权专业队伍培养。

附注:农业,林业,农副食品加工业,食品制造业,酒、饮料和精制茶制造业,烟草制品业,纺织业、纺织服装、服饰业,皮革、毛皮、羽毛及其制品和制鞋业,木材加工及木、竹、藤、棕、草制品业,家具制造业,印刷和记录媒介复制业,文教、工美、体育和娱乐用品制造业,化学燃料及化学制品业*,医药制造业*,化学纤维制造业,橡胶和塑料制品业,黑色金属冶炼和压延加工业,有色金属冶炼和压延加工业,金属制品业*,专用设备制造业*,交通运输设备制造业,电气机械及器材制造业,通信设备、计算机及其他电子设备制造业*,仪器仪表及文化、办公用机械制造业*,工艺品及其他制造业,科学研究和技术服务业,文化、体育和娱乐业(有*的产业同时也是专利密集型产业)。

第三十九章 杭州中小企业环境信用评价的调研报告

企业社会责任的承担不断成为全球化趋势及市场竞争规则下保持竞争优势、维系长远发展的关键举措。企业社会责任指的是企业不仅需要对股东负责，还需要承担股东以外的利益相关者的责任。利益相关者包括了企业员工、消费者、投资人、政府、商业伙伴、社区、环境和民间社团等各大主体，而且社会责任也包含遵守商业道德、生产安全、职业健康、保护劳动者的合法权益、环境保护、慈善捐助等。随着可持续发展的理念不断深入，环境保护日益受到重视，企业对环境的影响与作用越来越受到社会关注，传统企业正逐步向新的"社会责任企业"转型升级。

企业环境社会责任是企业社会责任的重要组成部分，应当具有企业社会责任所共有的性质，不仅包括环境法律责任，也包括环境道德责任。从环境道德责任的层面而言，由于企业往往追求利润最大化，所以在生产过程中会通过高污染、高能耗、高排放等粗放型的发展来维持较低的成本，但是这些行为将会对环境保护造成巨大的影响，严重违背了企业的环境社会责任。所以，企业环境社会责任的承担不能依靠完全的法律的"硬"约束，还要依靠道德的"软"约束。外部利益主体对企业环保要求索赔，而这种索赔对企业经济利益最大化造成了较大程度的负面影响，企业只有在主动承担环境社会责任，履行对环境利益相关主体的前提下才能够在经济利益上得以平衡补偿。本调研报告分析了全国层面和杭州区域层面的中小企业环境行为的信用现状，并设计了中小企业环境信用评价体系及具体的实施流程，最后提出杭州激励中小企业环境责任的政策建议。

第一节 杭州市中小企业环境行为信用现状

一、我国企业环境行为信用评价发展现状

随着可持续发展的深入人心，我国环境建设日益受到重视。但不可否认，相较于发达国家，我国环境经济政策的出台以及绿色经济的建设还是起步较晚、层次较低。直至"十一五"之后，我国才陆陆续续推出了一系列的绿色证券、绿色信

贷政策,取得了较大的成效。尽管如此,我国环境经济政策不论是制定还是执行都处于起步阶段,而且较多的是综合性、原则性标准,缺乏具体的、有针对性的措施和手段,由此导致了政策执行难度加大等问题。如何构建一套较为完善的评价指标体系,能够对于企业环境行为做出综合、客观、透明的评价,并且能够真正使得评价结果应用于环境管理以及企业市场经济活动中去,是当前协调企业发展与环境保护、规范行为与绿色发展之间的重点工作,也是政府在制定经济环境政策时需要考量的重点问题。企业是社会经济发展的"主力军",也是社会环境责任的重要载体,企业构建环境信用体系与社会信用体系的构建是密不可分的,两者相辅相成,互为补充。随着绿色发展的不断推进,企业环境社会责任体系的构建将会日益加快。党中央、国务院对社会信用体系建设工作高度重视,多次明确提出将建设社会信用体系作为社会主义市场经济体系的一项基本制度来抓。我国"十一五"规划提出"以完善信贷、纳税、合同履约、产品质量的信用记录为重点,加快建设社会信用体系"。

　　企业社会信用体系建设是加快企业社会责任完善的重要举措,国家和地方层面都出台了大量政策来构建社会信用体系。国家层面,2007年3月,国务院办公厅发布了《关于社会信用体系建设的若干意见》,明确指出:"以法制为基础,信用制度为核心,以健全信贷、纳税、合同履约、产品质量的信用记录为重点";"建立全国范围信贷征信机构与社会征信机构并存、服务各具特色的征信机构体系,最终形成体系完整、分工明确、运行高效、监管有力的社会信用体系基本框架和运行机制";"完善行业信用记录,推进行业信用建设:建立信用信息共享制度,逐步建设和完善以组织机构代码和身份证号码等为基础的实名制信息共享平台体系,形成失信行为联合惩戒机制"。可以说,该意见的颁布开了国内企业社会信用体系评价的先河,自此之后,国内许多省、市先后开展了企业环境信用评价管理工作,通过制定各具特色的实施办法来评价企业环境信用制度,做了大量有益的探索和实践。

　　具体而言,广东省、浙江省、深圳市等经济发展强省、强市都意识到了企业社会信用的重要性,从而出台各类办法来评价企业环境行为。2006年1月,广东省颁布《广东省重点污染源环境保护信用管理试行办法》;2007年8月,浙江省颁布《浙江省企业环境行为信用等级评价实施方案(试行)》;2008年5月,河北省出台了《河北省重点监控企业环境行为评价实施方案(试行)》;2009年7月,苏、浙、沪联合发文《长江三角洲地区企业环境行为信息评价标准(暂行)》,通过区域间的联合来共同推进企业环境信用体系的构建;2010年9月,广东省将环境保护工作进行推广,发布了《广东省重点污染源环境保护信用管理办法》;2011年3月,深圳市出台了《深圳市重点排污企业环保信用管理办法(试行)》;2011年4月,重庆市也紧接着实行《重庆市企业环境保护行为信用等级评价暂行办法(修订)》;2011年9月,沈阳市出台了《沈阳市企业环境信用等级评价管理办法(试行)》;2012年9月,江苏省公布了《江苏省重点污染源环保信用评价及信用管理暂行办法》;2013年7月,湖北省开始实施《湖北省企业环境行为信用评价管理暂行办法(试行)》。这意味着全国大部分省份都陆续出台了企业环境信用建设的规章制度,意味着绿色发展深入人心。

随着企业环境信用工作的推进,各职能部门也通力合作,通过金融支持、税收调节等途径机理企业旅行企业社会环境责任。2013年12月18日,环保部、国家发改委、中国人民银行、中国银监会四大部委联合发文《企业环境信用评价办法(试行)》,为各省市企业环境信用评价工作提供了指导意见,标志着国家职能部门与地方之间的合作深层次推进。2014年1月2日,环境保护部宣布,近日会同国家发改委、中国人民银行、中国银监会联合发布《企业环境信用评价办法(试行)》,企业环境信用评价在全国强制推行。开展企业环境信用评价,将代表企业环境行为实际表现的"企业环境信用等级"向有关社会主体直观的披露,方便环境监管与公众参与。企业社会环境信用体系的建设不仅需要企业发挥主观能动性,政府需要履行好监督职责,还需要民众的大力参与,通过社会的舆论与监督来促使企业不能违约、不敢违约。

二、杭州市中小企业环境行为信用评价发展

根据《环保信息公开办法(试行)》、《关于〈浙江省企业环境行为信用等级评价实施方案(试行)〉的通知》和《杭州市企业环境行为信用等级评价管理办法》的有关要求,杭州市连续几年对重点企业的环境行为信用等级进行了评价定级,评价结果较好地反映了杭州市在企业环境行为信用评价的大致情况。

根据国家和地方层面的相关评价体系,杭州对企业环境信用行为的评价分为绿、蓝、黄、红、黑五级五个等级,分别对应好、较好、一般、较差和差这五个等级。为了强有力地治理企业污染等环境问题,杭州出台了较为严苛的红色、黑色认定规则,只要"有1次私设暗管向水体排放有毒有害污水的行政处罚的企业",企业的环境信用等级就一次性降为最低等"黑色"。可以说,这是全国层面最严格的评价,迫使企业需要重视自身的环保处理。而"红色"和"黑色"等级的企业务必限期整改,在此期间则会暂停项目审批、评优评先等。若企业无法整改到一定程度,即企业环境信用无力修复,那么企业将会被强制采取停产、整治等措施,甚至关停。在加大惩罚力度的同时,杭州也积极激励着企业做好环境保护工作,评价等级为"绿色"的企业可享受与企业发展直接相关的优惠措施。譬如,被认定为绿色企业的,可享受立项审批等资源配置的优先权以及企业上市等方面的程序减免和优惠政策,从简化行政审批程序来促进企业做好环保工作;在资金补助上,绿色企业能够获得各种专项资金项目和其他提供资金补助的优先权;优先推荐企业参加各类先进评奖活动等。

从杭州市企业环境行为信用等级的评价结果看,整体的情况较好,在1432家被评价企业中,好的企业有49家,较好的企业有934家,总共占到所有被评价企业的68.6%(见图39-1)。但是也有一些企业评价结果不乐观,"很差"的企业有23家,"差"的企业有99家,主要以造纸、化工、印染、皮革、建材企业为主(见图39-2),因为这些产业处于传统产业,相对而言污染程度较大,属于粗放型发展。在杭州经济发展过程中,如何改变这类型企业的生产成为绿色发展的"重中之重"。

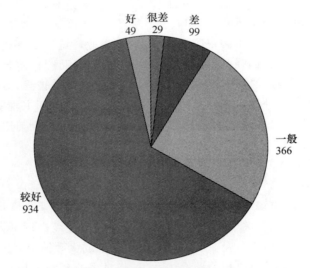

图 39-1 杭州市企业环境行为不同信用等级企业个数比较(家)

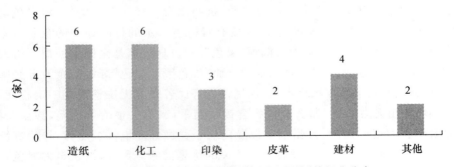

图 39-2 杭州市企业环境信用等级为"很差"的行业分布

与此同时，杭州市环境信用评价结果也呈现较为明显的区域差异，富阳、萧山、余杭等地环境信用不良的企业数量相对较高，占据了杭州整体的50%以上（见图39-3），而主城区的不良率相对较低。这主要是因为主城区还是以第三产业为主导，来刺激经济发展，而由于主城区的土地价格、人力成本等相对较高，高污染、高能耗的企业也更愿意将企业选址在余杭、萧山、富阳等区域，从而降低生产成本。在余杭、萧山和富阳三个区域中，富阳由于有较多的造纸企业，所以整体不容乐观（见图39-4）。

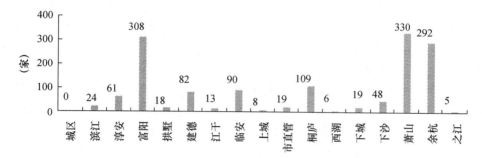

图39-3　杭州市企业环境行为不同信用等级企业分布区域

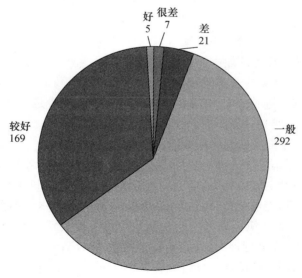

图39-4　富阳市企业环境行为不同信用等级企业个数比较（家）

第二节 杭州市中小企业环境信用评价体系及实施流程

一、评价指标体系

为了更好地促进中小企业环境信用的评价,杭州市需要建立并且不断完善中小企业环境信用评价体系,并且通过规范的流程来进行操作。首先,应对企业环境信用评价等级进行公开透明,但是在试点过程中,应当选取部分企业作为试点,尤其是对于那些环境保护先进企业、环境保护友好企业、获得 ISO 14000 认证、清洁生产示范企业、具有环境标志产品的中小企业,应该全部纳入环境保护行为公开的企业范围。一方面可以检验这些企业环境保护的成果,另一方面也可以淘汰并未真正达标的企业。

其次,需要科学、客观地制定企业环境行为信用评价的整体框架,合理设置各项指标来解析企业环境行为,原则上应当包括企业污染物排放行为、环境管理行为、环境社会行为以及有利于环境保护的生产行为等内容,尽可能使得企业环境信用保护能够全面完善。在完成指标选取的阶段之后,应当从定性分析和定量分析两个维度进行评价,对于某些描述性的指标,需要通过定性判断来实践,但对于排放量等可计算指标,则通过定量分析来分析。同时,评价体系还需要根据环境保护规则的变化而变化,使其能够不断紧跟复杂多变的环境保护问题。具体而言,中小企业环境信用评价体系构建可以从以下步骤进行。

1. 评价标准体系的设计

企业环境信用体系建立需要以科学、公平、公正、合理的企业环境保护行为评价标准体系为基础,进行设计和完善。评价标准体系需要包括评价指标设计、评价方法选择以及等级划分三个方面。

2. 环境信用评价指标设计

中小企业环境信用指标的设计还需要具有针对性,根据不同行业的不同特性,制定具有针对性的评价指标,能够保证指标的科学程度和准确程度。同时,还需要不断与时俱进,能够确保环境信用指标能够跟随环境保护的最新发展。具体而言,杭州中小企业环境信用评价指标应该根据不同行业的测评指标,由污染防治类、生态保护类、环境管理类、社会监督类四部分构成:

(1) 污染防治类的信用评价指标,主要基于企业对于污染防治的方面来考察企业环境信用。主要包括:① 大气及水污染物排放达标情况;② 一般固体废弃物的处理处置情况;③ 危险废物的管理情况;④ 噪声污染防治情况。

(2) 生态保护类信用评价指标,主要从企业对于生态保护所做贡献的角度来评判企业的环境信用。主要包括:① 选址布局中的生态保护;② 资源利用中的生态保护;③ 开发建设中的生态保护。

(3) 环境管理类信用评价指标,考察企业对于环境管理政策的执行情况,尤其是对于重要管理文件的考核和评价。主要包括:① 排污许可证是否已按规定办理、申请和换领;② 是否向有关部门按规定进行排污申报;③ 是否依法及时足额缴纳排污费;④ 污染治理设施的运行情况;⑤ 排污口的规范化治理情况;⑥ 企业的自行检测情况;⑦ 内部环境管理情况;⑧ 环境风险管理情况;⑨ 强制性清洁生产审核情况;⑩ 环保守法情况。

(4) 社会监督类信用评价指标,主要考察企业受社会监督情况,充分发挥社会的力量来对企业环境责任进行监督。主要包括:① 是否有群众投诉及投诉解决情况;② 是否因环境失信遭媒体曝光;③ 是否根据有关法律和规范性文件要求,及时公布企业主要污染物排放情况等环境信息;④ 企业自行检测信息是否如实发布及发布率。

二、评价方法以及等级划分

评价方法的选择是构建完善评价系统的重要层面,决定了该评价系统是否科学、有效、全面、客观的重要因素。只有在普遍的评价系统上,才能为后续激励政策的制定奠定良好的基础。一般而言,地区中小企业信用环境评价系统的方法主要有两种:一是简单指标的方法,该方法较为直接,通常是设定相应的各个评判指标,根据指标来选择"达标"和"未达标",最后根据中小企业达标的数目来测度该企业环境信用的等级,虽然这种方法简单易行,而且能够调动很强的积极性,但是未能很好地反映出企业环境信用的具体等级,而且存在较大的误差。同时,未能将真正好的企业筛选出来,做到真正意义上的客观、公正和具体。二是综合判断的方法,是在简单指标方法上进行补充和完善。将所有指标进行量化,并通过不同的权重进行考评测算出综合指数,从而判定企业的等级。这种方法避免了简单指标法"一刀切"的误差,能够更加客观、综合地反映出中小企业社会环境信用的等级,但是依旧存在不足。因为该方法中权重对于综合水平的影响将是非常大的,所以如何使得权重合理化、适合当地经济发展,就需要进行深入调查和研究,如果权重赋予不得当,将会直接影响综合评判法的权威性。所以在采用这种方法的过程中,需要多方面征求专家学者以及政府部门、企业以及非营利组织等的意见,充分实现研究的科学性。

就杭州中小企业环境测评而言,需要采用简单指标法和综合评价法结合的体系来进行。一方面,对于情境性的问题,可采用简单指标法,即"达标"与"不达标"即可,考察其硬性任务是否完成;另一方面,对于重要的评价事项,需要通过权重赋予来测算环境社会责任的综合得分,从而对企业进行具体的等级划分。而且权重的来源需要经过政府官员、专家学者、企业员工等的充分论证。在考评体系的基础上,还需要完善环境信用等级的划分。划分等级的数量不能过少,使得中小企业之间的环境信用程度差异不明显,导致企业没有积极性也没有明确方向来进行改进,从而无法达到激励先进企业、打击落后企业的目的。但是等级划分的数量也不能过多,过多意味着指标体系需要进行很大程度上的细分,从而导致信息交流及管理的不顺畅,也使得公众参与的积极性将会大大降低。与此同时,对于环境信用等级的划分,需要采取简单明了、通俗易懂的表达方式来进行,从而使得企业以及公众都能够很好很快地理解。基于这种考量,杭州在中小企业环境信用等级划分的实践工作中,可以采用具体的颜色来表达相应的等级,而且颜色的选取需要有很强程度上的对比。具体而言,按照企业环境保护行为的优劣程度,评判结果分为环保诚信企业、环保良好企业、环保警示企业、环保不良企业、环保退市企业五个等级,依次以绿色、蓝色、黄色、红色、黑色标示。具体的评分标准可设计如表 39-1 所示。

表 39-1 杭州市中小企业环境信用等级评价标准设计

序列	指标名称	企业环境信用等级				
		绿色	蓝色	黄色	红色	黑色
1	达标排放	排污口主控污染因子达标率 100%	排污口主控污染因子达标率 80%	排污口主控污染因子达标率 75%	主要污染物超标排放多次,年度达标排放率大于 50%	主要污染物超标排放多次,年度达标排放率大于 50%
2	总量控制	污染物排放达到总量限值标准,完成年度减排任务	污染物排放达到总量限值标准,完成年度减排任务	污染物排放达到总量限值标准,完成年度减排任务	污染物排放未达到总量限值要求	污染物排放未达到总量限值要求,严重超总量排污
3	行政处罚	无环境违法、违规行为,未收行政处罚	无环境违法、违规行为,未收行政处罚	有 1 次环境行政处罚,但及时履行并整改到位	有 2 次行政处罚,但能及时整改到位	有 2 次以上行政处罚,整改不到位
4	突发环境事件	有应急预案和防范突发事件措施,定期组织应急演练,全年无突发环境事件	有应急预案和防范突发事件措施,定期组织应急演练,全年无突发环境事件	全年无突发环境事件	发生一般环境事件	发生较大以上环境事件
5	建设项目环境管理	达到环境影响评价和"三同时"制度要求	达到环境影响评价和"三同时"制度要求	试生产超期,未及时申请验收	报批环境影响评价文件,未经许可投入试生产	未达到环境影响评价和"三同时"制度要求

（续表）

序列	指标名称	企业环境信用等级				
		绿色	蓝色	黄色	红色	黑色
6	按期缴纳排污费	依法及时足额缴纳排污费	依法及时足额缴纳排污费	不按时足额缴纳排污费	欠缴排污费但不超过50%	拒绝缴纳排污费
7	按期进行排污申报	按要求完成年度排污申报工作	按要求完成年度排污申报工作	基本完成年度排污申报工作	未按要求完成年度排污申报工作	不履行排污申报工作
8	企业环境管理	有环保机构和专（兼）职环保管理人员，治污设施操作人员经培训上岗，制度健全，基础资料、管理台账齐全	有环保机构和专（兼）职环保管理人员，治污设施操作人员经培训上岗，制度健全，基础资料、管理台账齐全	有环保机构和专（兼）职环保管理人员，治污设施操作人员未经培训，制度健全，基础资料、管理台账齐全	有环保机构和专（兼）职环保管理人员，治污设施操作人员未经培训，制度不健全，基础资料、管理台账不齐全	无环保机构和专（兼）职环保管理人员，治污设施操作人员未经培训，环境管理混乱，无基础资料、管理台账等
9	环境统计	按期如实填报环境统计资料	按期如实填报环境统计资料	按期填报环境统计资料但不准确	未按期填报环境统计资料	未按期填报环境统计资料
10	污染治理设施完好率和正常运转率	治污设施完好率和正常运转率达100%	治污设施完好率和正常运转率达100%	治污设施完好率达90%，正常运转率达80%	治污设施完好率达80%，正常运转率达70%	治污设施完好率和正常运转率低于70%
11	排污口规范化整治	排污口设置规范，按照自动在线监控仪器并联网，正常运转率达90%以上	排污口设置规范，按照自动在线监控仪器并联网，正常运转率达80%以上	排污口设置规范，按照自动在线监控仪器并联网，正常运转率达60%以上	未安装自动在线监控仪器	不规范设置排污口，未安装自动在线监控仪器
12	固体废物处置率和综合利用率	固体废物处置达100%，综合利用率达80%，危险废物处置率达100%	固体废物处置达100%，综合利用率达80%，危险废物处置率达100%	固体废物处置达100%，综合利用率达80%，危险废物处置率达100%	固体废物处置达80%，未安全处置危险废物	固体废物处置达80%，未安全处置危险废物

(续表)

序列	指标名称	企业环境信用等级				
		绿色	蓝色	黄色	红色	黑色
13	清洁生产和环境认证	通过清洁生产审核验收,通过ISO 14001认证	通过清洁生产审核验收或通过ISO 14001认证	不要求	不要求	不要求
14	群众投诉	无有效环境投诉、信访	无有效环境投诉、信访	有2次以下有效环境投诉、信访	有3次有效环境投诉、信访	有3次以上有效环境投诉和群体性信访,造成一定环境影响和危害

三、实施过程

(一)收集企业数据并将企业划分等级

就评分体系实施而言,最为重要的是能够搜集企业数据,并根据不同行业的性质进行分类,进行差异化的评价,从而得出相应的考评分数。而数据的取得不仅需要依靠企业报送、构建数据库等,还需要政府积极进行调研,从而根据不同行业进行响应评价打分。在此基础上,还需要完整归纳相应的档案,并进行编号,从而才能对中小企业的环境信用等级进行划分。

(二)建立环境信用信息管理系统

环境信用评价体系的结果应当及时录入系统,从而对各个企业每次考核的结果能够有很好的依据,成为企业社会责任的重要指标。与此同时,可以将这些结果向银行等征信系统进行反馈,对于连续多年考核结果突出的企业给予适当优惠以及适当补助。同时,及时录入考核结果,建立健全考核信息库,对于保持数据完整性,避免人为操作失误所引起的丢失也十分必要。更为重要的是,通过数据库的构建,可将这些数据应用于研究,从而提升杭州中小企业环境信用责任体系的研究。

(三)政府确认评级的权威性

在环境信用评价结果录入的基础上,政府应当赋予这个评价权威性,通过政府行政上的约束力和强制性来促使评价具有权威性以及适用性,从而使得企业真正能够认真对待环境信用评级,从源头上杜绝粗放发展、污染生产等。而政府完成这项工作,可以通过直接公布评级结果,从而具有政府发布的特色;另一种是官方授权认可的环境评级机构来进行发布。

(四)选择评级公开方式公开评级结果

对于环境信用评级结果,必须及时广泛地向社会公众公布,从而使得民众能够了解评级的流程以及最终结果,使得评级具有公信力,也调动民众参与到中小企业环境信用的评价当中。可以通过官方媒体、主流媒体、新闻播报等形式进行传播,使公众能够得到最有效的信息,提高公民参与环境保护和监督企业的热情。

(五)将评级常态化并与其他管理制度衔接

杭州中小企业环境信用评级不是阶段性的工程,而应该是长期的定时工程。政府或者评级机构需要定期对中小企业环境信用进行评级,从而使得企业环保工作真正具有可持续性,也使得环境信用评级常态化。同时,要将评价结果社会化,与其他职能部门进行沟通与对接,促进各部门之间的环境信用政策资源充分整合,多方面推进环境信用评价手段的综合效果。

第三节 杭州市中小企业环境责任对策建议

杭州市中小企业环境责任建设需要在现有的立法及政策基础上,不断发挥好政府引导的作用,通过激励性的方式来激发企业环境社会责任的自觉性。在此基础上,需要从激励为主、惩罚为辅的路径来进行完善。具体而言,本章提出杭州中小企业环境责任需要从以下七个方面进行完善和改进。

一、完善企业环境信息部门协调机制和执行机构

中小企业环境信息公开涉及环保局、经信委、发改委、公安、财政、司法等多个政府职能部分,需要对于中小企业环境信用评价以及信息公开成立专门的协调部门来实施企业环境信息公开工作。协调部门应由市政府环境信息公开领导小组来牵头,超越现有部门级别,从而对现有的各个职能部门进行有效调节。该协调部门的职责是负责各政府部门之间的沟通,组织实施企业环境信息公开领导小组制定的政策和战略,向企业环境信息公开领导小组提供企业环境信息公开方面的建议。

除此之外,作为中小企业环境保护的主管部门,环保局内部需要指定一个具体执行企业环境信息公开的跨部门执行机构,安排专职岗位,负责企业环境信息公开推广工作的日常管理,如调研、相关文件起草、宣传、企业培训、企业咨询、活动组织和企业环境信息公开评估等。一方面,需要进一步推进和健全中小企业环境信用公开的领导机制,明确环保局内部各处室(单位)在信息公开中的主体地位;另一方面,需要努力提升信息公开服务的效能,方便民众和企业办事以及获取信息的渠道。

二、制定一个清晰的企业环境信息公开战略

良好的生态环境不仅有利于地方民众的生活,也有利于促进地方经济的可持续发展。推动中小企业环境信息公开正是为了能够为当地创造良好的生态环境

搭建一个有效的平台,以此来建设资源节约型、环境友好型的社会,提升区域整体竞争实力。所以,杭州市中小企业环境信息社会责任亟须制定合理的环境信息公开战略,根据当地经济发展特点、企业特点以及地区突出的问题,来制定切实可行的战略。

中小企业环境信息公开战略需要包括阶段性的战略目标、战略重点、实施计划以及具体措施。这个战略的制定需要具有权威性,通过政府、企业、专家、民众等各大主体的参与和讨论,从而编制实施。在制定过程中,地方政府要进行需求分析,从经济、政治、社会和环境等方面分析推动企业环境信息公开的必要性,并结合国际良好实践与地方实际情况,推动有效、稳妥、多方共赢的企业环境信息公开。

三、制定中小企业环境信息的公开政策

中小企业环境信息的发布至关重要,而且需要有政府进行发布,从而提高信息的权威性。一方面,出台中小企业环境信息公开政策能够充分表明政府对于环境信息公开的坚决态度;另一方面,公开政策的发布有利于引导企业从具体的实践层面来做好环境保护工作。最后,对于各级结构和部门做好环境信息公开提供了蓝本。虽然我国已经颁布并实行《环境信息公开办法(试行)》,但从当前阶段的实行来看,依旧没有达到预期的目的,环境信息公开仍旧停留在杂乱无章的阶段,需要给对方部门能够调动积极性,实现具有地方特色的信息公开政策。

就杭州市而言,可以开展地方性环境信息公开立法与实践研究,研究方向包括自愿与强制相结合的公开原则、信息公开的主体、公开的内容及遵循原则、信息收集方式、公开的方式、发布的途经、责任与救济机制等。与此同时,可以对企业进行摸底,了解企业现行环境保护的问题所在以及具体需求。企业是社会生产的主体,也是环境污染的主要制造者,所以政府和民众有权了解企业环境信息,企业应当被纳入到环境信息公开的主体。在此基础上,杭州可以适时适当地扩大企业环境信息公开的主体。在研究国内政府的有关激励政策基础上,完善杭州市的有关激励政策,扩大激励范围,加大激励力度。环境救济和公益诉讼制度是现行环境保护讨论的热议话题,国外的实践经验已经证明,环境信息公开的公益诉讼制度对于保障公众的环境知情权起到了非常重要的作用。中国目前也在探讨规定层次丰富、保障措施详尽的救济途径和公益诉讼制度。建议密切跟进国内外有关进展,条件成熟时可率先开展救济途径和公益诉讼制度试点工作。

四、建立一体化企业环境信息公开平台

在法律途径上,中小企业环境信息公开并没有明确规定具体采用何种方式展开,因此在实践中环境信息公开的平台也呈现多样化的特征。普遍而言,主要有网络公开、新闻发布、报刊等。在此背景下,为了使得中小企业环境信息公开具有

权威性,也使得信息更容易被查找,建议完善和拓宽现有的环境信息公开平台,使信息更有效地被公众广泛知道。

杭州市政府可以综合采用环境报告、网站公布、新闻发布等方式将信息进行有效推介。环保部门汇总环境信息报告,将其通过年度环境报告等形式进行公开发布,并且建立相应的数据库,能够方便民众进行有效查询。同时,通过新闻发布、网站发布的辅助性手段,将环境保护的年度情况以及整体评价等信息进行有效公开和具体说明。

五、完善多样化企业环境信息公开指南

在通过多样化途径进行环境信息发布的基础上,需要为企业制定相对而言更为详细和完善的环境信息公开指南。由于政府发布的仅是笼统性质的环境信息政策,会导致企业无法真正了解政府的意图,从而不利于企业进行对照和改进,所以应将这些问题考虑在内,尽可能为企业提供更为细致的环境信息公开指南。

考虑到不同行业企业在生产过程中消耗的能源资源、使用的原材料、产生的污染物种类和数量各不相同,规定完全一致的企业环境信息公开内容显然不切实际。市政府应按照行业排污特征制定适合本行业企业公开环境信息的强制公开的标准。在推进、推广企业环境信息公开指南过程中,可以考虑行业性试点和树立优异典型,并对试点企业和优异典型予以技术或资金支持、政策照顾、表彰宣传,以营造良好的社会舆论氛围。

六、强调企业环境信息公开的宣传、培训

现阶段,不论是政府还是企业和民众对于环境信心公开越来越重视,所以需要对其进行广泛的宣传和专业化的培训。建议杭州市政府加强环境思想教育,让所有人都重视环境保护,形成全民环保的氛围。对于政府而言,一方面,应改变以经济衡量政绩的传统思想,使官员懂得环境政绩也同样重要;另一方面,政府应当加快行政职能的转型升级,从管理型政府向服务型政府转变。政府出台的具体政策措施,应当考虑企业是否能够很好地执行以及发展,从而有效规范企业的绿色发展,但不过多干预企业的正常发展。对公众而言,政府应多组织环保活动,让公众从参与过程中形成环保意识。

新闻报道、网络披露等手段在中小企业环境信息公开进程中发挥着不可替代的重要作用,环境表现不良的企业可以承担政府所开具的罚款,但却惧怕媒体的曝光,所以应当积极引导新闻媒体对于企业环境信用的监督。对企业公开环境信息工作的情况加以报道,倡导消费者选择环境行为优良企业的产品与服务,抵制环境不良企业的产品和服务,削弱这些企业的市场竞争力。政府应在新闻媒体上开辟企业环境信息曝光台,促进全民参加环境友好型企业评选活动,形成全民环保的社会氛围,迫使环境污染较大的企业能够发挥主观能动性,积极改善环境行为,公开环境信息,树立绿色形象。

七、培育和指导市场化的企业环境信息公开运作规范

由于企业很多,企业环境信息公开涉及的议题较多,对企业培训和咨询也因企业的特点不同和企业环境信息公开的意识高低而千差万别,所以,培训和咨询任务很重。显然,提升有关中介机构如培训机构、咨询机构、企业环境信息公开有关协会和研究机构的能力是十分必要的,这样也可以把政府工作人员从繁杂的工作中解脱出来。

初始阶段,政府可以提供相对较多的支持给中介服务机构。但从长远来看,中介组织应该是市场导向的,目的是推动有效的企业环境信息公开服务行业的发展。企业环境信息公开的基础培训开始时可以由政府组织和补贴,但从长远的角度,所有的企业环境信息公开培训、咨询和评估费用都应该由企业负担,以此来更好地促进企业环境信息公开咨询行业的发展,也推动杭州服务行业的多元化发展。市政府要定期对其企业环境信息公开战略和政策措施进行总结和评估,以便对政策进行更新。为了确保客观性,可以委托外部甚至是国际咨询专家来参与部分监控和评估工作。

第四十章 深圳金融业集聚态势与发展点调研报告

第一节 深圳金融业集聚态势

2014年,综合开发研究院发布"中国金融中心指数",排名前三名的依旧是北京、上海、深圳。深圳市依靠开放的金融市场环境和不断的改革创新发展区域金融集聚,是一种依靠开放创新引纳金融集聚的模式。研究发现金融集聚通过金融集聚效应、金融扩散效应以及金融功能促进实体经济增长。丁艺等人的研究中指出使用区位熵衡量城市金融集聚程度。区位熵也称为地方专业化指数,是根据基尼系数构造的衡量地方产业专业化程度的指标。

根据国家统计局和北京、上海及深圳市政府发布的国民经济和社会发展统计公报和统计年鉴数据,使用公式计算三个城市的银行、证券行业以及保险行业的区位熵情况,结果如表40-1所示。

表40-1 北京、上海、深圳三地金融集聚区位熵结果

指标 城市	银行业区位熵			证券业区位熵			保险业区位熵		
	2011年	2012年	2013年	2011年	2012年	2013年	2011年	2012年	2013年
北京	6.06	6.05	5.51	2.61	1.32	1.61	3.82	3.9	3.72
上海	4.04	3.94	3.64	12.92	7.35	8.36	3.01	3.01	2.69
深圳	3.91	4.15	4.06	6.51	5.41	12.31	3.23	3.33	3.48

分析表40-1可以得出结论,2011—2013年,深圳与我国的国际金融中心上海和首都北京相比,在银行业、证券业和保险业集聚性上水平相当,可以与这两个大城市共同列为中国三大金融集聚城市。下面本研究将对深圳金融产业集聚的优劣势进行分析。

第二节 深圳金融产业集聚优势

第一,市场化程度高是金融业集聚的内在动因。深圳的市场化程度较高可以

从生产要素市场化程度和商品市场化程度两个方面体现。

深圳市生产要素市场化程度可以通过劳动力要素和资金市场两方面进行衡量。劳动力要素方面,深圳市政府重视吸引高素质人才,建立引进应届高校毕业生、在职人员、留学人员的机制,同时鼓励高素质人才与具有专业技术的人才有序流动,促进企业、社会用工环境持续良好发展。此外,由于深圳市驻有各行各业的企业数家,驻深企业活跃、增长较快,企业自身能够吸引到来自国内各地区乃至全球的劳动力来深工作。资本要素方面,《2013年深圳金融发展报告》指出,截至2013年年底,深市上市公司共计1 536家,多层次市场百花齐放,村官证券及市值持续增长。2014年8月,深圳新批筹了6家要素交易场所,能进一步丰富深圳的资本要素市场。根据深圳市金融办提供的信息称,这6家要素交易场所均由实力雄厚的大型企业集团、上市公司或金融机构发起,资源整合能力、股东多元化经营能力强,而且商业模式、经营范围等创新特征突出。

深圳商品市场的市场化程度也极高。商品生产环节,工业生产者购进价格指数和工业生产者出厂价格指数总体稳定,并无大幅波动和上扬情况。根据2013年深圳统计年鉴,深圳市社会消费品零售总额年均增长26.3%,食品和服务类商品生产与流通环节均畅通。深圳市没有对各类商品实施各种类型的价格管制和数量管制政策,这能够提高本地的市场化程度,能够通过创造市场化环境提升企业的竞争力从而提升市场效率。

第二,具有科技创新优势。经济与金融发展,离不开科技的巨大推动力。朱英明(2012)曾指出,马歇尔在19世纪90年代提出空间外部性的概念来解释集聚,提出了著名的产业空间集聚的三个原因。他认为空间集聚:(1)能促进专业化投入和服务的发展,尤其能提供不可贸易的特殊投入品;(2)为具有专业化技能的工人提供了集中的劳动力市场,有利于劳动力共享;(3)独特的非正式信息扩散方式有助于知识外溢,使公司从技术溢出中获益。现代科技技术创新具有高投入、高风险、高收益的特点。从其分析的科创技术的特点来看,与金融业的特征相吻合。科技创新需要有金融市场的大力支持才能得以开展和实现,而科技创新带来的巨大收益同样促进了金融市场的深化发展。而作为出资方,金融市场更是科技创新的主要受益者。而科技创新带来的产品改进、产业改革,都为金融市场源源不断地注入了活力,扩展了金融市场的广度和深度,驱动着金融市场的健康发展。

据统计,深圳国际专利申请量连续九年全国第一,高新技术产品产值突破一万亿元,科技进步贡献率已达60%—70%,这都是科技创新成为深圳质量助推器的生动佐证。主要表现有:(1)创业板为中小企业和高科技股开通了融资渠道,同时也为高新技术企业提出了发展的更高标准与要求。(2)南山科技创新平台在2014年1—5月,PCT国际专利申请量1 183件,占到了全国15%的份额。上半年,南山高新技术制造业实现产值1990亿元,占全市的27%,同比增长12.5%,远远高于整体工业经济增速。(3)"依托香港、服务内地、面向世界"是《前海深港现代服务业合作区促进深港合作工作方案》确定的前海建设指导方针,发展前海具有支持香港扩大发展空间、促进结构优化的战略意义,同时能够显著地增强内地与香港的关联度,在深港合作体制机制上形成新优势。

深圳逐渐丰满的由各色科技企业带动发展构建的多层次的金融体系,以及强化的外在制度环境和人们对于科技创新和金融市场结合的再认识都促进了科技创新与金融的结合,推动了科技创新与金融相互融合、互动互助的进程。

第三,创业环境优势。从本质上看,创业环境是一种由规范的制度、认知的制度和规制的制度共同组成的制度环境。在深圳市政府与相关金融管理部门的重视和大力支持下,深圳吸引金融机构进驻的工作力度不断加大,引进金融机构不断显著。深圳创业金融与创业资本的软环境利于企业创业与发展。作为全市支柱产业之一,金融业以约1%的从业人员贡献了深圳约14%的GDP、约20%的总体税收,与北京、上海一并继续稳居内地金融业第一梯队。

硬环境方面,Hammers提出了一个关于环境宽松性、传导能力和企业形成率之间关系的模型。他认为,环境宽松性和传导能力呈正向关系,伴随着环境宽松性和传导能力的提升,企业形成率会不断提高。深交所实施《深圳证券交易所创业板股票上市规则》,为需要资金的中小企业提供了一个股权融资的场所,同时也拓宽了投资者寻求资金保值增值的渠道,为风险投资者提供了资金的出口,使得他们的投资收益可以得到兑现,增强了其投资的热情,有利于资金流入实体经济,从而促进中国经济的发展;有利于完善证券市场的资本配置功能,为中小企业迈向国际化提供平台;有利于中小企业建设现代企业制度。

第三节 深圳金融产业集聚发展点分析

一、深圳政治与经济竞争力相对较弱

深圳是中国的科技创新中心,在地理位置上,与美国的硅谷类似,它位于美国的西海岸,远离美国政治中心华盛顿。所以,对于科技研发而言,自由竞争的环境而不是政治上的支配才是科技创新城市发展的沃土。

但是反过来讲,深圳虽然经济进步速度快、发展势头强,但是政策性金融体系中的政策性金融、政策性担保和相关金融服务却很少倚重深圳。上海虽不具备北京那样的金融政策中心地位,但是依靠较为完备的金融体系和国际化建设契机,其金融集聚发展也有着很强的势头。相对于上海、北京这两个常被政策性金融资源"眷顾"的城市,深圳失去了由政策性金融机构的资金投放间接地引致商业性金

融机构资金和其他社会资金从事符合政策意图或国家长远发展战略目标的重点产业或新兴产业的放款,发挥其首倡性、引导性功能的机会。同时,也失去了对政策扶植项目的投资形成的乘数效应,和以较少的资金拉动更多的资金投入需要扶持的领域和项目建设等优惠。

特区立法权仍是深圳显著有别于其他城市的"特"之所在,仍然是新时期特区最大的制度优势。如今,特区当年的许多特殊政策已逐渐变为普适政策,特区立法权就被视作深圳现有的最重要的政策优势。

深圳利用前海邻近香港的地缘优势,构建"大前海"深港自由贸易区。与上海自贸区比较看来,前海现代服务业合作区目前发展的难点主要是现有前海合作区难以实施高度开放的特殊政策,而且两岸在制度上存在着显著差异。与上海自贸区涉及金融、航运、贸易、税收、管理等多个方面不同,深圳前海定位为"先试先行"的示范窗口,以金融创新为主,政策跨度小于上海,且目前尚没有针对海事企业的特殊政策公布。

张世晓研究认为,金融集聚与区域经济增长之间存在长期的相互促进作用,因此,区域金融、经济发展与宏观经济运行均需注重区域金融集聚与区域经济增长之间的协同效应。比较北京、上海、深圳三地2008—2013年的GDP、实际利用外资情况看来,上海利用外资情况明显比北京和上海要好,北京的经济体量最大。尽管深圳积极吸引外资,且有"深港双城"的地理优势,在GDP和实际使用外资金额比较中,位居三者排名的末位。

二、金融机构多样性较差

从金融功能的角度看,金融机构的种类越丰富,其能提供的金融功能就越综合也越全面。就一座城市而言,同类机构的数量越多,竞争越激烈,金融效率也越高。在金融机构集聚而形成的区域内,金融知识通过一定条件向集群内外的企业扩散。然后,金融机构集聚就可以通过促进产业内外的创新及其扩散,提高整个区域的创新水平,进而促进区域经济增长。

根据2014年年底中国银监会、中国证监会和中国保监会发布的数据,总部设于深圳的金融机构数量明显低于北京和上海,金融机构多样性最好的为北京,上海次之。三类金融机构中,只有券商数量,深圳以微弱优势超过上海券商数量,其他金融机构数量均在三个城市排名中处于末位。

体制外金融方面,财务公司的设置一般与企业总部所在地一致,由于北京集聚了更多的企业总部,因此该指标北京超过上海;而上海形成了较为健全的金融生态物种群落,其提供的金融服务也更为全面。如果从这两个方面看来,深圳相比于北京和上海明显处于劣势地位。

三、高端优秀人才相对缺乏

新古典主义经济增长模型(Solow,1956;Swan,1956)和内生经济增长模型(Romer,1990;Grossman 和 Helpman,1991)强调技术创新和技术进步是推动经济增长的主要动因。曾昭法的研究指出,专利数量对经济增长虽然有三年的滞后期,但是却对经济增长具有显著的效果。而拥有一批高端、技术人才是技术创新和技术进步,尤其是专利数量增多的必要条件。根据北京、上海和深圳发布的2014年社会经济统计公报制作的表40-2京、沪、深三地教育情况对比看来,无论是普通高校在校学生、专利申请数量还是普通高等学校数量,深圳的高端教育和人才情况都比北京和上海要差,成为经济规模与高校资源最不匹配的一线城市。在综合考察城市经济、人口及大学资源配置情况得出的"网大2013中国城市高等教育竞争力排行榜"中,深圳仅位列第154,排名甚至逊于聊城、石嘴山、白城、六安、孝感等二三线城市。与2014年GDP为深圳三分之一的西安相比,深圳的本科高校数量只有西安的1/15。

表 40-2 京、沪、深三地教育情况对比

指标 城市	普通高等学校 在校生(万人)	专利申请数量 (件)	普通高等学校数量 (所)
深圳	8.24	80 657	10
北京	58.90	123 336	56
上海	50.48	86 450	21

近年来,深圳市出台诸多政策吸引海外及本土优秀人才来深工作,在一定程度上缓解了这一弱项。但是由于自身教育和培养能力的严重欠缺,在建设金融中心的过程中,势必出现人才缺口。鉴于此,深圳市亟须加大高等教育的投入,重视人才培养。

第四节 对策与建议

一、积极与国家经济政策衔接

本研究中指出,深圳的政治和经济竞争力较弱,所以为了提升深圳的政治影响力和经济体量,必须要挖掘本地区的资源、产业、技术和劳动力优势,还要研究政策学习经验,积极争取在项目、政策、资金等方面的支持,力争使更多的好项目、大项目在深圳落地建设。区域经济管理是国家国民经济管理的重要组成部分,是将宏观经济和微观经济连接起来的微观经济管理,是对宏观经济管理的一种补充和衔接,也是对其政策和措施的贯彻和落实。地方政府必须根据地区经济的特征

改革区域经济管理,使之成为国家宏观经济政策的有力衔接。

二、完善金融相关辅助性产业

金融辅助性产业的发展遵循着外部规模经济原理,随着大批金融机构的集中和发展,金融产业的各个企业成本下降,金融相关辅助性产业或社会中介服务业如律师、会计、投资咨询、信用评估、资产评估、外语和金融专业技术培训机构等,也因分享其外部规模经济的好处而得到迅速的发展,并提供高质量的服务,最终形成多产业群落。金融相关辅助性产业的配套可以使相关工作人员紧密联系起来,反作用于金融中心的建设工作:(1)其能够节约中转资金,提供投融资的便利渠道;(2)提高金融市场的资金流动性,促进金融市场的有效运作;(3)提升金融产业的交叉线与互补性,促进金融集聚的扩大与深化。

三、建立完善的金融市场环境

金融企业集群的形成需要一个完善的金融市场环境,包括货币市场、资本市场及期货市场等。资本市场既是当前社会最重要的财富管理方式和资产配置方式,又是配置风险和管理风险的最佳方式。地方政府在全国统一的监管架构下应提供具有竞争力的当地的政策和法律监管环境,鼓励金融机构入驻,从而加快金融业的聚集。在政策环境方面,要落实各类优惠政策,制定相应的地方性税收优惠政策,创造吸引金融机构、金融人才集聚的软、硬件环境。逐步推进地方立法、建立联合执法体系,能为金融业发挥社会管理功能、开展金融创新创造良好的法律环境,建立、完善金融诚信体系,切实保护公众的合法权益。

2015年中小企业大事记

1月

1月1日起,江苏省财政厅、国税局、地税局联合发出通知,对小微企业减免教育费附加、地方教育附加、文化事业建设费、防洪保安资金以及残疾人就业保障金等5项政府性基金,进一步减轻小微企业经营压力,为小微企业发展提供更宽松的环境。

1月6日,国务院颁布《关于促进云计算创新发展培育信息产业新业态的意见》(国发〔2015〕5号)。该意见明确了指导思想、基本原则和发展目标,提出增强云计算服务能力、提升云计算自主创新能力、探索电子政务云计算发展新模式、加强大数据开发与利用、统筹布局云计算基础设施、提升安全保障能力等主要任务,并相应提出七大保障措施。

1月15日,财政部、国家税务总局发布《关于金融企业涉农贷款和中小企业贷款损失准备金税前扣除有关问题的通知》(财税〔2015〕3号)。该通知指出,金融企业根据《贷款风险分类指导原则》,对其涉农贷款和中小企业贷款进行风险分类后,按照以下比例计提的贷款损失准备金,准予在计算应纳税所得额时扣除,明确涉农贷款、中小企业贷款认定标准,并明确符合条件的涉农贷款和中小企业贷款损失的扣除方式。

1月27日,广东省政府办公厅发布《关于促进小微企业上规模的指导意见》(粤府办〔2015〕4号),以贯彻落实国务院关于扶持小微企业健康发展的工作部署,推动广东省小微企业加快转型升级为规模以上企业。

1月28日,国务院颁布《关于加快发展服务贸易的若干意见》(国发〔2015〕8号)。该意见就指导思想、基本原则、发展目标明确了总体目标,明确扩大服务贸易规模、优化服务贸易结构、规划建设服务贸易功能区、创新服务贸易发展模式、培育服务贸易市场主体、进一步扩大服务业开放、大力推动服务业对外投资的主要任务,并就保障体系和组织领导明确相应条款。

1月29日,2015全国中小企业股份转让系统投融资论坛暨挂牌企业年会在北京京都信苑饭店成功举办。会议由全国中小企业股份转让系统有限公司、中国投资协会股权和创业投资专业委员会联合主办,四川省银证嘉华股权投资基金管理有限公司、成都银证嘉丰资产管理有限公司协办,四川省若水茶业股份有限公司支持。监管机构、研究机构、投资机构、挂牌企业、市场中介共四百余人出席了此次盛会。

此次大会由中国创投委常务副会长沈志群主持,全国股转系统总经理谢庚和国家发改委财金司金融处处长刘宏伟在开幕式上致辞。

2月

2月10日,为助力小微企业激发创业创新活力,甘肃省工信委制定并下发《甘肃省2015年扶助小微企业专项行动实施方案》,服务中小企业户数2万户以上,组织开展各类服务活动800场以上,加快对民间资本特别是股权投资等新兴融资方式的引进、吸收、推广和利用,不断拓展企业的直接融资渠道,鼓励支持中小企业利用新三板直接融资。

2月27日,国家税务总局发布《关于全面推进依法治税的指导意见》(税总发〔2015〕32号)。该意见指出,要求深刻认识全面推进依法治税的重要性和紧迫性,全面推进依法治税的指导思想、总体要求及实施路径,依法履行税收工作职能,提高税收制度建设质量,健全依法决策机制,坚持严格规范公正文明执法,强化权力制约和监督,全面推进政务公开,增强全社会税收法治观念,加强税收法治工作队伍建设,加强党组对依法治税工作的领导,并且狠抓工作任务落实。

3月

3月2日,国务院办公厅颁布《关于发展众创空间推进大众创新创业的指导意见》(国办发〔2015〕9号),为加快实施创新驱动发展战略,适应和引领经济发展新常态,顺应网络时代"大众创业、万众创新"的新趋势,该意见要求加快构建众创空间,降低创新创业门槛,鼓励科技人员和大学生创业,支持创新创业公共服务,加强财政资金引导,完善创业投融资机制,丰富创新创业活动,并营造创新创业文化氛围。

3月10日,国务院办公厅发布《关于创新投资管理方式建立协同监管机制的若干意见》(国办发〔2015〕12号)。该意见要求,坚持依法行政、简政放权、放管并重,进一步转变政府投资管理职能,创新投资管理方式。依托互联网和大数据技术,建设信息共享、覆盖全国的在线审批监管平台,建立透明、规范、高效的投资项目纵横联动协同监管机制,实现"制度+技术"的有效监管,确保既放权到位、接住管好,又服务到位、监管有效,促进市场秩序更加规范,市场活力充分释放。

3月19日,云南省工商局召开全省工商部门"两个10万元"微型企业培育工作视频会,明确"云南省微型企业培育扶持工作信息系统"于5月底建成上线试运行,并在全省推广运用。微型企业申请财政扶持资金将实现网上申报、网上受理、网上审批、网上公示等全程网上服务。

3月26日,全国中小企业工作暨扶助小微企业专项行动电视电话会议在京召开,会议全面总结2014年工作,对2015年中小企业工作和扶助小微企业专项行动作出安排部署。工业和信息化部部长苗圩出席主会场会议并作重要讲话,总工程师王黎明主持会议。

3月26日,中国中小企业产融互动高峰会暨2015浙江中小企业发展论坛在杭州举行。此次峰会围绕六大思维——战略、系统、合伙人、资本、平台、生态圈,预测当年中小企业转型升级与创新发展之路。浙江省经信委主要领导做重要讲话,经济学家郎咸平到会做主题演讲,来自各地的一千多名企业家到会。

3月26日,山西省人民政府发布《关于印发山西省减轻企业负担促进工业稳定运行若干措施的通知》(晋政发〔2015〕11号)。

3月31日,财政部、国家税务总局发布《关于小型微利企业所得税优惠政策的通知》(财税〔2015〕34号)。为了进一步支持小型微利企业发展,该通知对小型微利企业所得税优惠政策、认定标准、计算方式做出明确规定。

3月31日,四川省经济和信息化委员会发布《关于开展2015年扶助小微企业专项行动的通知》(川经信创服〔2015〕57号)。方案提出,将选取科技型、成长型小微企业进行创业促进工程试点不少于200户,力争推动1 000户小微企业成长升规。

4月

4月1日,广东省国家税务局、广东省地方税务局在广州联合举办小微企业税收优惠政策座谈会,小微企业可以同时享受月销售额3万元以下免征增值税和营业税的税收优惠政策。由于部分纳税人可以一个季度为纳税期限,为了便于实际操作,对于按季度申报的营业税纳税人,季度营业额不超过9万元(含9万元)的,可暂免征收营业税。

4月1日,全国第24个税收宣传月启动,同时山西小微企业税收优惠政策宣传周活动启幕。税务网站开辟"小微企业税收优惠"专栏,编印小微企业税收优惠政策宣传手册;通过手机短信或其他形式告知纳税情况;在办税服务厅设立"小微企业优惠政策落实咨询服务岗",实行"首问责任制";及时、全面掌握小微企业各项减免税户数、减免税额等数据,建立典型企业调查制度,开展减免税效果分析,查找问题及差距,全面开展小微企业税收优惠政策落实情况的跟踪问效。

4月13日,工业和信息化部发布《关于印发〈国家小型微型企业创业示范基地建设管理办法〉的通知》(工信部企业〔2015〕110号)。该管理办法就申报条件、申报程序、示范基地管理等方面做出详细规定,自2015年5月10日起实施。

4月14日,中国(广州)中小企业产品交易展暨2015建材进出口博览会在广州国际采购中心举办。本次博览会由广东省人民政府、广东省经济与信息委员会主办,为全省中小企业出口及国内贸易提供良好的贸易平台,打造中小企业产品、技术及成果展贸基地。

4月17日,江西省启动实施扶助小微企业专项行动,通过加强创业创新平台建设,开展省级小微企业创业风险金试点等多种途径,改善小微企业发展环境,支持"大众创业、万众创新",合力促进小微企业发展。

4月21日,首届中俄中小企业实业论坛在北京钓鱼台国宾馆拉开帷幕。本届论坛由中俄友好、和平与发展委员会、中国产业海外发展协会联合主办,中国国务院副总理张高丽、俄罗斯副总理德沃尔科维等出席。为期两天的论坛中,与会嘉宾就金融合作、中小企业维权、发展创新与知识产权保护、媒体合作、青年创业、旅游合作等议题进行分组讨论。此外,中俄双方将就15个务实领域合作项目进行B2B对接并签署相关合作协议,开幕式后举行了中国产业海外发展协会俄罗斯合作中心成立揭牌仪式。

4月24日,2015跨境电商峰会在上海举办。会议以"你好,世界商店"为主题,采取50场主题演讲+互动交流的形式,主会场共分为3个版块,主题分会场共设6个,分别涉及出口电商卖家、进口电商卖家、农产品电商、思路汇出口电商服务、进口电商服务、微商领域。

4月27日,国务院颁布《关于进一步做好新形势下就业创业工作的意见》(国发〔2015〕23号)。该意见指出,要深入实施就业优先战略,积极推进创业带动就业,统筹推进高校毕业生等重点群体就业,加强就业创业服务和职业培训,同时要强化组织领导。

5月

5月4日,国务院办公厅颁布《关于深化高等学校创新创业教育改革的实施意见》(国办发〔2015〕36号),提出深化高等学校创新创业教育改革,是国家实施创新驱动发展战略、促进经济提质增效升级的迫切需要,是推进高等教育综合改革、促进高校毕业生更高质量创业就业的重要举措,并要求完善人才培养质量标准,创新人才培养机制,健全创新创业教育课程体系,改革教学方法和考核方式,强化创新创业实践,改革教学和学籍管理制度,加强教师创新创业教育教学能力建设,改进学生创业指导服务,完善创新创业资金支持和政策保障体系。

5月5日,2015中小企业信息化服务信息发布会在京举办。会议由工业和信息化部主办,来自地方政府部门、信息化服务商和服务机构、行业协会,以及在京部分新闻媒体的代表参加发布会。发布会上,工业和信息化部信息中心、百度公司、畅捷通公司、远中和科技公司分别发布了搭建"创客中国"公共信息服务平台,建立产业创新创业生态圈等信息化服务信息。北京数码大方、畅捷通信息技术股份有限公司、工业和信息化部信息中心、中国网库、北京联通、铭万集团与地方中小企业主管部门、部分城市的区人民政府、工业园、产业集群等签署了战略合作协议。

5月8日,国务院批转国家发改委《关于2015年深化经济体制改革重点工作意见的通知》(国发〔2015〕26号)。该意见要求主动适应和引领经济发展新常态,进一步解放思想,大胆探索,加快推出既具有年度特点又有利于长远制度安排的改革,进一步解放和发展社会生产力。该意见指出,要持续简政放权,加快推进政府自身改革,深化企业改革,进一步增强市场主体活力,落实财税改革总体方案,推动财税体制改革取得新进展,推进金融改革,健全金融服务实体经济的体制机制,构建开放型经济新体制,实施新一轮高水平对外开放,深化民生保障相关改革,健全保基本、兜底线的体制机制,加快生态文明制度建设,促进节能减排和保护生态环境,完善工作机制,确保改革措施落地生效。

5月8日,青海省国税局、青海省地税局与建设银行青海省分行举行"AB级企业纳税人及小微企业银税互动——税易贷业务"合作签约仪式,共同为纳税信用级别评价为AB级的小微企业搭建融资服务平台,助力小微企业发展。

5月12日,国务院发布《关于印发2015年推进简政放权放管结合转变政府职能工作方案的通知》(国发〔2015〕29号)。该通知明确要重点抓好8个方面65项任务,提出2015年要重点围绕阻碍创新发展的"堵点"、影响干事创业的"痛点"和市场监管的"盲点",拿出硬措施,打出组合拳,在放权上求实效,在监管上求创新,在服务上求提升,在深化行政管理体制改革,建设法治政府、创新政府、廉洁政府和服务型政府方面迈出坚实步伐,促进政府治理能力现代化。

5月19日,国务院办公厅转发财政部、国家发改委、中国人民银行《关于在公共服务领域推广政府和社会资本合作模式指导意见的通知》(国办发〔2015〕42号),对充分激发社会资本活力,打造"大众创业、万众创新"和增加公共产品、公共服务"双引擎",在改善民生中培育经济增长新动力作出了重要部署。该意见指出,在能源、交通运输、水利、环境保护、农业、林业、科技、保障性安居工程、医疗、卫生、养老、教育、文化等公共服务领域,鼓励采用政府和社会资本合作(Public-Private Partnership,PPP)模式,吸引社会资本参与,为广大人民群众提供优质高效的公共服务。同时,该意见明确了在公共服务领域推广PPP模式的工作要求,强调国务院有关部门要加强对地方推广PPP模式的指导和监督。

5月28日,2015海峡两岸中小企业合作(望都)交流会在河北省望都县开幕。交流会由大陆台企巨力旺集团和北京鑫记伟业集团主办,以"构建两岸中小企业对接交流互动平台,促进合作共赢"为主题,旨在探讨在京津冀协同发展的大背景下,两岸中小企业如何增进友谊、互利共赢。

6月

6月5日,首届中德中小企业合作交流会在揭阳开幕,来自德国、西班牙等国的122家企业携百项技术成果及先进智能设备与212家中国中小企业实现交流对接。作为交流会重要组成部分的百项科技成果、设备展共展出欧洲先进技术和设备共 105 项,其中德国 52 项、西班牙 22 项、奥地利 3 项,先进设备仪器共 28 项。

6 月 5 日,河北省工信厅印发《河北省中小企业公共服务示范平台认定管理办法》,河北省将遵循公开、公正、公平的原则认定示范平台,对认定的示范平台实行动态管理,并每年进行评价,评价结果作为国家和省中小企业发展专项资金支持的重要条件。省级示范平台将得到重点扶持,择优推荐国家级中小企业公共服务示范平台。

6 月 8 日,国家税务总局《关于发布〈税收减免管理办法〉的公告》(税总发〔2015〕43 号)。为贯彻落实国务院行政审批制度改革精神,进一步做好减免税管理有关工作,该办法明确核准类减免税的申报和核准实施,备案类减免税的申报和备案实施,减免税的监督管理的相关条款,该办法自 2015 年 8 月 1 日起施行。《税收减免税管理办法(试行)》(国税发〔2005〕129 号)同时废止。

6 月 11 日,国务院颁布《关于大力推进大众创业万众创新若干政策措施的意见》(国发〔2015〕32 号),提出要充分认识推进"大众创业、万众创新"的重要意义,坚持深化改革、需求导向、政策协同、开放共享的总体思想,创新体制机制,实现创业便利化,优化财税政策,强化创业扶持,搞活金融市场,实现便捷融资,扩大创业投资,支持创业起步成长,发展创业服务,构建创业生态,建设创业创新平台,增强支撑作用,激发创造活力,发展创新型创业,拓展城乡创业渠道,实现创业带动就业,加强统筹协调,完善协同机制。

6 月 22 日,国务院办公厅转发中国银监会《关于促进民营银行发展指导意见的通知》(国办发〔2015〕49 号)。该意见的出台,表明政府鼓励错位竞争、激发民营经济活力、为市场创造良性循环的决心,让民间资本进入银行业的渠道和机构类型已全部打开,广大民间资本可以根据自己的投资意愿、风险偏好和承受能力自主选择。

6 月 23 日,国务院办公厅颁布《关于加快推进"三证合一"登记制度改革的意见》(国办发〔2015〕50 号),指出推行"三证合一"登记制度改革的重要意义,就改革目标和基本原则、改革步骤和基本要求及保障措施做出明确规定。

6 月 25 日,由全国中小企业服务联盟主办、吉林省促进中小企业发展服务中心承办的全国中小企业服务联盟 2015 年度第一次业务交流会在吉林长春召开。全国中小企业服务联盟秘书长、中国中小企业发展促进中心主任助理周平军到会并讲话。来自全国各省、市中小企业服务联盟成员单位的 72 名代表及吉林省中小企业服务机构联合会成员单位的 70 名代表出席了会议。

6 月 30 日,安徽省涉企收费清单工作领导小组办公室发布公告,首次动态调整安徽省省级涉企收费清单相关内容。此次调整主要包括:一是取消或停征 3

项,新增11项对小微企业免征的行政事业性收费;二是对符合条件的小微企业,免征教育费附加、地方教育附加、文化事业建设费、水利建设基金和残疾人就业保障金等5项政府性基金;三是取消4项行政审批前置服务收费。省级涉企收费清单调整后,涉企收费项目总数由原来的170项减少到167项,同时,还有多项收费对小微企业免征,预计每年将减轻企业负担约11亿元。

7月

7月1日,第三届中国中小企业投融资交易会在北京国家会议中心举办。本届投融会以"促进产融结合,优化金融配置,促进实体经济发展"为主题,组织全国各地有融资需求及投资意愿的中小企业前来参观、对接,从而打造资金供给方、资金中介方、资金需求方及中小企业产业园区的交易与对接平台。

7月17日,财政部发布《关于印发〈中小企业发展专项资金管理暂行办法〉的通知》(财建〔2015〕458号)。为促进中小企业特别是小型微型企业健康发展,规范和加强中小企业发展专项资金的管理和使用,财政部制定了《中小企业发展专项资金管理暂行办法》,就专项资金管理原则、专项资金支持范围、管理执行等方面做出明确规定。

7月28日,2015中国(山东)中小企业服务商大会在济南召开。本届大会以"平台聚资源、跨界大联合、助力中小微"为主题,由中国中小企业发展促进中心支持、山东省中小企业局主办,云集国内优秀服务商与平台,围绕中小企业金融服务、电商服务等八大板块进行深入探讨交流,实现"政府助力机构机构提供产品,产品服务企业"的良性态势。

8月

8月7日,国务院颁布《关于促进融资担保行业加快发展的意见》(国发〔2015〕43号),系统规划了通过促进融资担保行业加快发展,切实发挥融资担保对小微企业和"三农"发展以及创业就业的重要作用,把更多金融"活水"引向小微企业和"三农"。该意见要求发挥政府支持作用,提高融资担保机构服务能力,发挥政府主导作用,推进再担保体系建设,政银担三方共同参与,构建可持续银担商业合作模式,有效履行监管职责,守住风险底线,加强协作,共同支持融资担保行业发展。

8月27日,中国中小企业高峰论坛在深圳隆重举行。本次论坛由中国中小企业协会、大明集团联合主办,以"转型·升级·创新"为主题,探讨了中国中小企业在"互联网+"的时代背景之下,如何调整组织结构适应市场结构变化、如何运用创新思维实现企业转型发展、如何利用信息技术改善经营和管理等问题。深圳市政府领导、经济学专家、企业家和媒体代表等一千余人共同出席了本次活动。

8月31日,国务院办公厅颁布《关于加快融资租赁业发展的指导意见》(国办发〔2015〕68号),提出改革制约融资租赁发展的体制机制、加快重点领域融资租赁发展、支持融资租赁创新发展、加强融资租赁事中事后监管这四个方面主要任务，并提出建设法治化营商环境、完善财税政策、拓宽融资渠道、完善公共服务、加强人才队伍建设等政策措施，从而进一步加快融资租赁业发展，更好地发挥融资租赁服务实体经济发展、促进经济稳定增长和转型升级的作用。

9月

9月11日，四川省工商局宣布建设小微企业名录，并正式建立由省工商局牵头的扶持小微企业发展信息互联互通联席会议工作机制。

9月18日，2015北京中小企业投融资发展高峰论坛会在北京国贸展览中心举办。该论坛由中国低碳产业协会主办，与"中小企业股权融资论坛暨项目对接会""小企业金融服务创新——银企对话活动"及"高成长型民营企业发展论坛"合并举办，包括银企对话和股权项目对接两个部分，力求通过搭建方便快捷的融资服务平台，进一步拓宽融资渠道，为缓解中小微企业融资困难做出积极贡献。

9月18日，国务院办公厅颁布《关于推进线上线下互动加快商贸流通创新发展转型升级的意见》（国办发〔2015〕72号），以落实国务院决策部署，推进线上线下互动，加快商贸流通创新发展和转型升级。该意见指出，要鼓励线上线下互动创新，激发实体商业发展活力，健全现代市场体系，并完善政策措施。

9月20日，2015第十一届玉林中小企业商机博览会在毅德国际商贸城举办。此次博览会作为服务中国—东盟博览会的配套展会，以"互联网＋的发展商机"为主题，举行中小企业发展论坛、小商品交易会、农副产品交易会、项目推介与商务洽谈以及相关配套活动，推动中小企业抢抓机遇，积极主动实施"互联网＋"战略。

9月23日，国务院颁布《关于国有企业发展混合所有制经济的意见》（国发〔2015〕54号）。发展混合所有制经济，是深化国有企业改革的重要举措。为推进国有企业混合所有制改革，促进各种所有制经济共同发展，该意见指出，要分类推进国有企业混合所有制改革，分层推进国有企业混合所有制改革，鼓励各类资本参与国有企业混合所有制改革，建立健全混合所有制企业治理机制，建立依法合规的操作规则，营造国有企业混合所有制改革的良好环境，并组织实施推进改革。

9月21日，国家税务总局发布《关于中小企业信用担保机构免征营业税审批事项取消后有关管理问题的公告》（税总发〔2015〕69号）。根据《工业和信息化部国家税务总局关于中小企业信用担保机构免征营业税审批事项取消后有关问题的通知》（工信部联企业〔2015〕286号），该公告就中小企业信用担保机构免征营业税审批事项取消后有关后续管理问题作出明确公告，明确备案条件、备案材料、审核等条款。

9月23日，国务院颁布《关于加快构建大众创业万众创新支撑平台的指导意见》（国发〔2015〕53号），指出要把握发展机遇，汇聚经济社会发展新动能，创新发展理念,着力打造创业创新新格局,全面推进众创,释放创业创新能量,积极推广众包,激发创业创新活力,立体实施众扶,集聚创业创新合力,稳健发展众筹,拓展创业创新融资,推进放管结合,营造宽松发展空间,完善市场环境,夯实健康发展基础,强化内部治理,塑造自律发展机制,优化政策扶持,构建持续发展环境。

9月25日,2015 APEC(中国)中小企业峰会暨第二届广东省跨境电子商务高峰论坛在广州举行。论坛由敦煌网携手广东省电子商务协会共同举办,从海外市场需求、政策环境、法律保护以及供应链等多个角度深度解析传统外贸企业的转型之路。本次的核心议题有解读国际电商市场环境、解读广东跨境电商政策、"互联网+"时代传统外贸企业转型等,吸引了来自全国各地的跨境电商平台代表、电商服务企业代表、传统制造业外贸企业代表等逾千人参加了论坛。

10月

10月1日起,"三证合一、一照一码"登记制度改革在全国范围内全面实施,改革成效明显。

10月10日,第十二届中国国际中小企业博览会在广州举行。此次博览会由工信部、国家工商总局、广东省政府和马来西亚政府联合主办。10月10—13日在保利世贸博览馆安排境外展、省区市展、节能展,10月15日至11月4日在广州国际采购中心分别举办智能制造与装备展、智慧建材与家居展和智造纺织与服装展。中国国际中小企业博览会是我国目前规模最大、规格最高、专门面向和服务于中小企业的国际盛会之一。自2004年开始,迄今已成功举办十一届,为推动我国中小企业开拓海外市场、进一步深化中小企业国际交流与合作产生积极作用。

10月11日,国务院颁布《关于第一批清理规范89项国务院部门行政审批中介服务事项的决定》(国发〔2015〕58号)。该决定指出,要求制定完善中介服务的规范和标准,指导监督本行业中介服务机构建立相关制度,规范中介服务机构及从业人员执业行为,细化服务项目、优化服务流程、提高服务质量,营造公平竞争、破除垄断、优胜劣汰的市场环境,促进中介服务市场健康发展,不断提高政府管理科学化、规范化水平。

10月12日,贵州省公布《关于大力发展文化及相关产业微型企业的通知》,加大对文化及相关产业微型企业的扶持力度。该通知明确了重点扶持的除娱乐业外的文化及相关产业微型企业具体行业,包括文艺创作与表演服务、文化艺术培训服务、文化创意和设计服务、工艺美术品的生产、文化经纪代理服务、文化出租服务和文化用品生产等七大行业。同时,该通知从三个方面提出加大对文化及相关产业微型企业扶持力度的举措。

10月13日,国务院颁布《关于"先照后证"改革后加强事中事后监管的意见》(国发〔2015〕62号),要求严格行政审批事项管理,厘清市场监管职责,完善协同监管机制,构建社会共治格局,并加强组织实施,以深化商事制度改革,正确处理政府和市场的关系,维护公平竞争的市场秩序。

10月17—18日,2015中国中小企业服务创新与发展大会暨首选服务商发布会在苏州太湖国际会议中心举行。会议由工信部中小企业发展促进中心、中国中小企业国际合作协会和江苏省苏州市人民政府联合主办,以"服务提升经济——创新驱动、智慧吴中"为主题。在经贸洽谈会活动期间,各板块签约、开工、开业项目99个。其中签约项目共54个,合计总投资334.8亿元人民币,总投资超1亿元的项目35个,超5亿元的项目12个。

10月25日,第三次世界浙商大会在浙江省人民大会堂举办。大会由浙江省工商业联合会、浙江海外联谊会等12家单位共同发起主办,以"经济新常态、浙商新机遇"为主题,举办开幕式、世界浙商论坛、浙商总会成立大会暨第一次会员代表大会等3场主体活动,还有浙江省重点产业和历史经典产业发展新闻发布会暨特色小镇建设项目以及PPP项目对接会、中国(杭州)跨境电子商务综合试验区专场活动、浙江舟山群岛新区专场活动、"浙民投"海外投资推介会等4场专题活动,以及2015浙江成长型企业投融资大会、浙商全球化战略论坛等6场配套活动。

10月26日,济台中小企业合作交流会在山东济南举办,邀请来自台湾现代农业、生物技术、健康产业、文化创意产业、连锁经营、食品加工等行业企业的110人参加了此次交流。此外,本次交流会期间,参会台商分为文创及连锁服务业、健康产业、现代农业3个团组,分别到槐荫区、高新区药谷、济阳县等地参观考察,进行产业合作对接。

10月27日,2015年浙江成长型中小企业投融资大会在浙江举办。作为第三届世界浙商大会重要配套活动,大会以"改善融资服务,助力创业创新"为主题,积极搭建"企业、项目与资本的对接平台",为创业型、成长型、科技型、电商型中小企业拓宽融资渠道。

10月31日,国务院办公厅颁布《关于促进农村电子商务加快发展的指导意见》(国办发〔2015〕78号)。农村电子商务是转变农业发展方式的重要手段,是精准扶贫的重要载体,为加快农村电子商务发展,该意见就指导思想、发展目标、重点任务、政策措施、组织实施做出重要规定。

11月

11月19日,国务院办公厅颁布《关于加快发展生活性服务业促进消费结构升级的指导意见》(国办发〔2015〕85号)。加快发展生活性服务业,是推动经济增长动力转换的重要途径,实现经济提质增效升级的重要举措,保障和改善民生的重要手段。为加快发展生活性服务业、促进消费结构升级,该意见就居民和家庭服务、健康服务、养老服务、旅游服务等方面提出主要任务,并要求围绕激发生活性服务业企业活力和保障居民放心消费,加快完善体制机制,注重加强政策引导扶持,营造良好市场环境,推动生活性服务业加快发展。

11月23日,第三届中国中小企业全球发展论坛在宁波泛太平洋大酒店举行。本届论坛以"构建国际合作大平台,实施一带一路大战略"为主题,联合国工发组织前总干事卡洛斯、中国入世首席谈判代表龙永图、格力集团董事长董明珠、宁波本土企业家郑坚江等政商界人士出席论坛并发表演讲。联合国前秘书长安南、法国前总理拉法兰出席晚宴环节。

11月24日,河南省人民政府出台《关于扶持小微企业发展的意见》(豫政〔2015〕73号),提出要放宽对经营场所的限制,申请人提交住所(经营场所)合法使用证明即可予以登记,允许"一址多照"和"一照多址"。

11月28日,第十届中国中小企业家年会在北京人民大会堂开幕。本届年会由中小商业企业协会联合中华职教社、中国商业联合会等与清华大学经管学院EMBA中心联合举办,十届全国人大常委会副委员长顾秀莲为"2016中国中小商业企业协会金融、信息联合服务平台"揭牌并宣布年会开幕。第十届中国中小企业家年会各组成单位领导以及中国中小商业企业协会理事会主要成员、优秀中小企业代表总计2500多人参加会议。中国中小商业企业协会常务副会长任兴磊主持开幕式。

11月29—30日,2015年中小企业网络创新联盟大会在三亚亚太国际会议中心举办,本届会议由三亚互联网信息协会携手中国互联网信息协会举办,共设置6个专场,众多业界资深知名机构投资负责人、中小企业老板和互联网的企业家参会。

12月

12月1日起,根据《关于推行通过增值税电子发票系统开具的增值税电子普通发票有关问题的公告》,在全国范围推行通过增值税电子发票系统开具的增值税电子普通发票,降低纳税人经营成本,节约社会资源,方便消费者保存使用发票,营造健康公平的税收环境。

12月5日,第九届浙江省中小企业峰会在浙江师范大学行知学院举行。来自全省各地的400多名中小企业家和教授参会,探讨新经济形势下中小微企业如何转型升级,"大众创业、万众创新"潮流中大学生如何开展创新创业。会上,浙师大行知学院安恒网络安全学院正式揭牌成立。

12月9日,第十三届中国企业竞争力年会在北京举行。会议由中国经营报社主办,主题为"决策时代:创造与变革",就中国深层次改革、新经济挑战、新常态格局以及企业创新等议题与政府官员、企业家、经济学家进行广泛讨论。

12月9日,国务院总理李克强主持召开国务院常务会议,部署促进中央企增效升级,听取监事会对央企监督检查情况汇报;确定改革完善知识产权制度的措施,保障和激励大众创业万众创新;通过提请全国人大常委会授权国务院在实施股票发行注册制改革中调整适用《中华人民共和国证券法》有关规定的决定草案和《中医药法(草案)》。

12月10日,福建省中小商贸流通企业公共服务微信平台正式建设启动。此次公共服务微信平台面向福建省中小商贸流通企业提供"信息咨询""融资服务""市场开拓""互联网+"等全方位的公益服务,着重解决中小商贸流通企业各项问题。

参 考 文 献

1. Adner R, Kapoor R. Innovation Ecosystems and the Pace of Substitution: Re-examining Technology S-Curves[J]. Strategic Management Journal, 2015, 3: 1—24.

2. Aerts W, Cormier D. Media Legitimacy and Corporate Environmental Communication [J]. Accounting Organizations and Society, 2009.

3. Alex Coad, Rekha Rao. Innovation and Firm Growth in High-tech Sectors: A Quantile Regression Approach[J]. Research Policy, 2008, 37(4): 633—648.

4. Banker R D, Chames A, Cooper W W. Some Models for Estimating Technical and Scale Inefficiencies in Data Envelopment Analysis[J]. Management Science, 1984, 30(9): 1078—1092.

5. Biglan A. The Role of Advocacy Organizations in Reducing Negative Externals[J]. Journal of Organization Behavior Management, 2009.

6. Catherine Izard, Christopher Weber, Scott Matthews. Scrap the Carbon Tariff[J]. Nature Reports Climate Change, 2010.

7. Caves D W, Christensen L R, Diewert W E. The Economic Theory of Index Numbers and the Measurement of Input, Output, and Productivity[J]. Econometrica, 1982, 50(6): 1393—1414.

8. Charnes A., Cooper W. W., Rhodes E. Measuring the Efficiency of Decision Making Units[J]. European Journal of Operational Research, 1978, 6(2): 429—444.

9. Christopher L, Weber, Glen P, Peters. Climate Change Policy and International Trade: Policy Considerations in the US[J]. Energy Policy, 2009.

10. Faulkner W. Conceptualizing Knowledge Used in Innovation, A Second Look at the Science-technology Distinction and Industrial Innovation[J]. Science Technology and Human Values, 1994.

11. Färe R, Grosskopf S, Norris M, et al. Productivity Growth, Technical Progress, and Efficiency Change in Industrialized Countries[J]. The American Economic Review, 1994(1): 66—83.

12. Gibbons M et al. The New Production of Knowledge[M]. Sage Publications, 1994.

13. Grossmanand E. Helpman. Innovation and Growth in the Global Economy [M]. Cambridge: MIT Press, 1991.

14. Hammers S. P. Munificence and Carring Capacity of the Environment and Organization Formation[J]. Entrepreneurship Theory and Practice, 1993, 17(2): 77—86.

15. Hendry, C. Arthur, M. B. and Jones, Alan M. Strategy through People: Adaptation and Learning in the Small -Medium Enterprise[M], London: Routledge, 1995.

16. H. Siebert, Regional Economic Growth:Theory and Policy [M]. Scranton, 1969.

17. International Telecommunication Union(ITU). ITU Internet Reports 2005:The Internet of Things[R]. Tunis:World Summit on the Information Society,2005.

18. Jarvenpaa, S. L. , and N. Tractinsky. Consumer Trust in an Internet Store: A Cross-Cultural Validation[J]. Journal of Computer[C]. Mediated Communication, 1999,(2).

19. Jennifer Bair. Local Clusters in Global Chains: The Causes and Consequences of Export Dynamism in Torreon's Blue Jeans Industry [J]. World Development, 2001, 29(11).

20. J. Schmookler. Invention and Economic Growth[M], Cambridge: Harvard University Press, 1966.

21. J. Schumpeter. Business Cycle[M]. NY: Mcgraw-HILL,1939.

22. Koiranen, Matti. Entrepreneurialism, Managerialism and Paternalism as Clashing Ideologies in Family Business Systems[J] . Annual Review of Progress in Entrepreneurship, 2003 (2): 299—310.

23. Koufaris, M. , and W. Hampton-Sosa. The Development of Initial Trust in an Online Company by New Customers[J]. Information and Management, 2004,(6).

24. Larson, A. Network Dyads in Entrepreneurial Settings: A Study of the Governance of Exchange Relationships[J]. Administrative Science Quarterly, 1992,37 (1): 76—104.

25. Lee, E. J. , and J. W. Overby. Creating Value for Online Shoppers: Implications for Satisfaction and Loyalty[J]. Journal of Consumer Satisfaction, 2004,(17).

26. Levinson, Harry. Reciprocation: The Relationship Between Man and Organization[J]. Administrative Science Quarterly, 1965(9), 370—390.

27. Mayer, R. C. , Davis, J. H. & Schoorman, F. D. An Integration Model of Organizational Trust[J]. The Academy of Management Review, 1995, 20(3).

28. Mueser R. Identifying Technical Innovations[C]. IEEE Transactions on Engineering Management,1985.

29. Neil Carter. The Politics of the Environment: Ideas, Activism and Policy[J]. Cambridge University Press, 2001.

30. Ozen S, Kusku F. Corporal e Environment at Citizenship Variation in Developing Countries: An Institutional Framework[J]. Journal of Business Ethics, 2009.

31. Pavitt K. Internationalization of technological innovation[J]. Science and Public Policy, 1992.

32. Pm Romer. Endogenous Technological Change [J]. Journal of Political Economy,1990, 98.

33. Porter M. Clusters and the New Economics of Competition [J]. Harvard Business Review, 1998, 76(6).

34. Ray S. C. ,Desli E. Productivity Growth,Technical Progress,and Efficiency Change in Industrialized Countries:Comment[J]. American Economic Review,1997,87(5):1033—1039.

35. Reverte C. Determinants of Corporate Social Responsibility Disclosure Ratings by Spanish Listed Firms[J]. Journal of Business Ethics,2009.

36. Richard W. Riche et al. High Technology Today and Tomorrow:A Small Slice of the Employment Pie[J]. Monthly Labor Review,1983.

37. Robert F. Lawrence,William L,Thomas. The Equator Principles and Project Finance:Sustainability in Practice Natural Resources Environment[J]. Energy Policy,2004.

38. R Solow. A Contribution to the Theory of Economic Growth [J]. Quarterly Journal of Economics,1956,70:65—94.

39. Staley P. Can Trade Green China? Participation in the Global Economy and the Environment Performance of Chinese Firms[J]. Journal of Contemporary China,2009.

40. Takeda F,Tomozawa T. A Change in Market Responses to the Environmental Management Ranking in Japan[J]. Ecological Economics,2008.

41. Tan F. B. & Sutherland P. Online Consumer Trust:A Multi-dimensional Model[J]. Journal of Electronic Commerce in Organizations,2004,2(3).

42. Tan Y. H. & Thoen W. Formal Aspects of a Generic Model of Trust for Electronic Commerce[J]. Decision Support Systems,2002(33).

43. Teece D J. Explicating Dynamic Capabilities:The Nature and Microfoundations of (Sustainable)Enterprise Performance[J]. Strategic Management Journal,2007,28(13):1319—1350.

44. Tseng Ming Lang,et al. Mediate Effect of Technology Innovation Capabilities Investment Capability and Firm Performance in Vietnam[J]. Procedia-Social and Behavioral Sciences,2012,40:817—829.

45. Tw Swan. Economic Growth and Capital Accumulation [J]. Economic Record,1956,32:334—361.

46. William Lurker et al. Employment Shift in High-technology Industries 1988—1996[J]. Monthly Labor Review,1997(7).

47. Yong Liu. Investigating External Environmental Pressure on Firms and Their Behavior in Yangtze River Delta of China[J]. Journal of Cleaner Production,2009.

48. 阿尔弗雷德·D.钱德勒,詹姆斯·W.科塔达编. 信息改变了美国:驱动国家转型的力量[M]. 万岩,邱艳娟译. 上海远东出版社,2008.

49. 阿里研究中心.小即是美:2012年度网商发展研究报告[R]. 阿里研究报告,2012(8):40—42.

50. 阿里研究中心.增长极:从新兴市场国家到互联网经济体——信息经济前景研究报告[R]. 阿里研究报告,2013(4):38—43.

51. 巴纳德. 经理人员的职能(中译版)[M]. 中国社会科学出版社,1997.

52. 巴曙松,丁波,刘少杰. 开放环境下中国信用评级体系的改革发展趋势[J]. 农村会融研究,2011.

53. 保罗·A.萨缪尔森,威廉·D.诺德豪斯.经济学[M].中国发展出版社,1992:900—901.

54. 蔡森.金融集聚的区域实践、模式构建与发展对策研究[J].区域经济评论,2015,(1):136—141. DOI:10.14017/j.cnki.2095-5766.2015.0025.

55. 陈红喜,王建明,袁瑜.企业绿色竞争力及评价体系构建探讨——以农业类上市公司为例[J].农业技术经济,2006.

56. 陈廉,林汉川.准确把握新常态:基于政府和企业的角度[J].求实,2015(10):49—56.

57. 戴小勇,成力为.研发投入强度对企业绩效影响的门槛效应研究[J].科学学研究,2013,31(11):1708—1716,1735.

58. 戴小勇,成力为.研发投入强度对企业绩效影响的门槛效应研究[J].科学学研究,2013,31(11):1708—1716,1735.

59. 邓力平,罗秦.税收发展与税制改革:我国加入WTO十年的思考[J].税务研究,2011(5):3—10.

60. 刁晓纯,苏敬勤.工业园区产业生态网络绩效测度研究[J].科研管理,2009,29(3):152—158.

61. 丁艺,李靖霞,李林.金融集聚与区域经济增长——基于省际数据的实证分析[J].保险研究.2010,2:20—24.

62. 杜红,王重鸣.领导—成员交换理论的研究与应用展望[J].浙江大学学报(人文社会科学版),2002(6):73—79.

63. 杜伟.关于技术创新与制度激励的思考[J].同济大学学报(社科版).2001(5):66—67.

64. 杜跃平,王良.高科技成长型企业R&D投入与绩效的关系——基于企业生命周期视角的实证研究[J].科技进步与对策,2011,28(12):83—87.

65. 樊景立,郑伯埙.华人组织的家长式领导:一项文化观点的分析[J].本土心理学研究,2001(13):127—180.

66. 范柏乃,朱文斌.中小企业信用评价指标的实证分析[J].科研管理,2003.

67. 费孝通.乡土中国[M].北京三联书店,1984.

68. 冯仁德.借信息技术提升企业竞争力[J].经济师,2003(1):152—153.

69. 傅家骥.技术创新学[M].清华大学出版社,1997:5—6.

70. 高建,颜振军,秦兰,程源.中国城市创业观察报告[M].北京:清华大学出版社,2007.

71. 高金德.中小企业与技术创新[J].技术经济与管理研究,2000(6):84—86.

72. 高明华.公司治理学[M].中国经济出版社,2009.

73. 高松,庄晖,牛盼强.科技型中小企业政府资助效应提升研究——基于企业生命周期的观点[J].中国工业经济,2011,(7):150—158.

74. 工业4.0工作组,德国联盟教育研究部.德国工业4.0战略计划实施建议(上)[J].MT机械工程导报,2013(7—9).

75. 工业和信息化部中小企业司.中国中小企业管理信息化发展报告(2009)[M].机械工业出版社,2010.

76. 工业和信息化部中小企业司.中小企业信息化发展指南[M].机械工业出版社,2013.
77. 工业和信息化部.2013中小企业信息化服务信息发布会暨中小企业信息化培训启动会[R].2013.
78. 龚新.装备制造业配套协作体系的运行机制研究[J].学术交流,2009,10:124—128.
79. 龚振中.支持小微企业发展的税收政策建议[J].税务研究,2012(3):52—55.
80. 古怡,段思飞.关于环境金融研究的文献综述[J].时代经贸,2009.
81. 关阳,李明光.企业环境行为信用评价管理制度的实践[J].环境经济,2013.
82. 管清友,朱振鑫.经济新常态更需政策平常心[J].中国金融,2014(14):38—39.
83. 郭洪.构建更完善的创新创业生态系统[N].经济日报,2014-05-09(第16版).
84. 郭莉.产业生态网络模式的比较分析[J].科研管理,2009,30(4):37—43.
85. 国务院办公厅.国务院办公厅关于多措并举着力缓解企业融资成本高问题的指导意见[EB/OL].http://www.gov.cn/zhengce/content/2014-08/14/content_8983.htm,2014-08-14/2015-02-05
86. 郝君富,李心愉.供给管理政策的微观运行机制研究——基于税收政策的一个理论模型[J].求索,2014(4):105—110.
87. 何永琴."套餐+自助"组合教学模式的构建[J].内蒙古财经大学学报,2013,4:109—113.
88. 何永琴,王燕嘉等.中小企业信息化水平调查数据分析与对策研究[J].现代计算机,2014,8:23—26.
89. 宏观经济形势跟踪分析课题组.继续预调微调 释放市场活力[J].宏观经济管理,2014(8):9—12.
90. 呼和浩特科技网,http://www.xainfo.gov.cn
91. 胡恩华.企业技术创新能力指标体系的构建及综合评价[J].科研管理,2001(4):79—80.
92. 华民.走出中国经济"新常态"论理论误区 中国经济高增长并未终结[J].人民论坛,2014(2):59—61.
93. 黄冠豪.促进小微企业发展的税收政策研究[J].税务研究,2014(3):16—20.
94. 黄益平,苟琴,蔡昉.增长趋势放缓将是中国经济新常态[J].决策探索,2013(7):12—13.
95. 纪志成,王艳.中国物联网产业技术创新战略研究[J].江海学刊,2011,(6):78—82.
96. 纪志成,王艳.中国物联网产业技术创新战略研究[J].江海学刊,2011,(6):78—82.
97. 加里·哈默.以互联网思维重塑管理——如何打造高创造力公司[J].清华管理评论,2016(3).
98. 姜梅.中小企业信息化问题及对策[J].中国中小企业,2011,6:67—68.
99. 景俊海等.科技企业成长与企业孵化器[M].西北工业大学出版社,1999:193—200.
100. 李炳炎,王苏彬.改革开放30年中国税收优惠政策的回顾与思考[J].福建论坛·人文社会科学版,2009(5):8—11.
101. 李洪侠,黄靖翔.理解财政政策微调[J].中国财政,2014(13):75.
102. 李华友,冯东方.我国推行环境保护政策障碍与改进途径[J].环境保护,2007.
103. 李坚,刘平.发展低碳经济与绿色经济任重而道远[J].未来与发展,2011.

104. 李金玲,李东波.完善我国小微企业所得税优惠政策的建议[J].税务研究,2012(12): 19—22.

105. 李克强:只要就业充分 增速比7.5%高还是低一点都可以[EB/OL]. http://finance. sina. com. cn/china/20140620/100119472878. shtml,2014-06-20/2015-01-31

106. 李夕兵.企业环境保护行为信用等级评价研究[D].重庆大学硕士论文,2007.

107. 李显君.论企业竞争力及其培育[J].领导决策信息,2001(6):16—17.

108. 李晓安,彭春.论环境信用法治化[J].法学杂志,2009.

109. 李宗卉,鲁明泓.中国外商投资企业税收优惠政策的有效性分析[J].管理世界,2004 (10):15—21.

110. 梁莱歆,张焕凤.高科技上市公司R&D投入绩效的实证研究[J].中南大学学报(社会 科学版),2005,11(2):232—236.

111. 林汉川,蓝庆新,韩晶等.中国企业转型升级若干问题的调研报告[M].北京:企业管 理出版社,2013:202—205.

112. 林汉川,刘平青. 中小企业管理(第二版)[M]. 高等教育出版社,2011.

113. 林汉川,秦志辉,池任勇.中国中小企业发展报告2014[M].北京大学出版社,2014: 41—43.

114. 林嵩.创业生态系统:概念发展与运行机制[J].中央财经大学学报,2011(4):58—62.

115. 林洲钰,林汉川,陈衍泰.我国小微企业解困的机制创新与实现路径[J].管理现代化, 2013(2):65—67.

116. 刘继兵,王定超.基于层次分析法的科技型小微企业创新能力与绩效评价研究[J].科 技进步与对策,2013,30(18):165—169.

117. 刘军,黄解宇,曹利军. 金融集聚影响实体经济机制研究[J]. 管理世界,2007,4.

118. 刘平青,胡迟. 私营企业的治理结构特征[J]. 企业管理,2008(3):96—97.

119. 刘平青. 家族基因:家族企业生命力解读[M]. 山西经济出版社,2003.

120. 刘平青,石凯兵,孙鲁平. 基于治理结构的企业员工关系研究[J].经济界,2007(5): 58—62.

121. 刘平青.掌控创业型企业:转轨期中国组织发育与企业成长解密[M].清华大学出版 社,2009.

122. 刘萍.论企业信用体系的建立与运行[J].西北煤炭,2007.

123. 刘荣坤.基于认知的企业信息化绩效评价模型研究[D].山东大学博士学位论文, 2011,3:70—100.

124. 刘世锦. 进入增长新常态下的中国经济[J]. 中国发展观察,2014(4):17—18.

125. 刘微.俄罗斯个人所得税述评[J].俄罗斯中亚东欧研究,2006(1):39—45.

126. 刘伟,蔡志洲. 产业结构演进中的经济增长和就业——基于中国 2000—2013 年经验 的分析[J].学术月刊,2014(6):36—48.

127. 刘玮.上海自贸区破冰,深圳前海优势已失?[J].中国船检,2013,9:46—47.

128. 刘佐.新时期私营、个体税收政策与制度的变迁[J].当代中国史研究,2008(3):96—

101、128.

    129. 吕臣,林汉川,王玉燕. 未来的新一轮减税让利政策应向中小实体经济倾斜[J]. 2014(3):12—16.

    130. 吕伟. 企业技术创新与核心竞争力研究[D]. 长春理工大学硕士学位论文,2002.

    131. 吕一博,苏敬勤. 企业网络与中小企业成长的关系研究[J]. 科研管理,2010(4):39—48.

    132. 罗江. 发达国家中小企业发展的经验和借鉴[J]. 经济问题探索,2001(5):59—60.

    133. 马光远. 读懂中国经济新常态[J]. 商界(评论),2014(6):26.

    134. 马戎. "差序格局"——中国传统社会结构和中国人行为的解读[J]. 北京大学学报(哲学社会科学版),2007(2):131—142.

    135. 马永涛. 中小企业管理信息化实施策略与方法[M]. 中国社会科学出版社,2012.

    136. 迈克尔. 波特. 竞争优势[M]. 陈小悦译. 华夏出版社,1997:170—182.

    137. 毛蕴诗,蓝定. 技术进步与行业边界模糊——企业战略反应与政府相关政策. 中山大学学报:社会科学版,2006,46(4):109—113.

    138. 毛蕴诗,周燕. 硅谷机制与企业高速成长——再论企业与市场之间的关系[J]. 管理世界,2002(6):102—108.

    139. 纳尔逊. 经济增长的源泉[M]. 中国经济出版社,2001:65—67.

    140. 2011年通信业推进中小企业信息化调研报告发布[J]. 中国新通信,2011,24:21.

    141. 2014年我国GDP首超60万亿元[EB/OL]. http://sxwb.cnhubei.com/html/sxwb/20150123/sxwb2537564.html,2015-01-23/2015-02-05

    142. 欧阳歆. 物联网企业经营效率动态评价——基于DEA-Malmquist全要素生产率指数[J]. 商业时代,2014,(14):99—101.

    143. 钱书法. 论中小企业与技术创新[J]. 现代经济探讨,2000(12):34—35.

    144. 秦晖. 传统十论[M]. 复旦大学出版社,2004.

    145. 陕西科技信息网,http://www.sninfo.gov.cn

    146. 上海科技发展研究中心. 追求个性之美:创业生态系统构建的新方向——关于《全球城市创业生态系统报告2012》的解读[R]. 科技发展研究,2013(14):1—9.

    147. 尚会永,董晓松. 以深度融入全球产业链加快中小企业转型升级[N]. 光明日报(理论版),2015-09-09.

    148. 尚会永. 企业规模之辩与企业生态体系建设[J]. 经济学家,2010(3).

    149. 沈洪涛. 企业环境信息披露:理论与证据[M]. 科学出版社,2011.

    150. 宋建军. 中小企业信息化管理实践[M]. 冶金工业出版社,2010.

    151. 唐任伍. 中国企业如何适应"新常态"[EB/OL]. http://opinion.hexun.com/2014-09-15/168480197.html,2014-09-15/2015-02-15

    152. 唐翔. 政府创业风险投资引导基金——国际经验与启示[J]. 中小企业管理与科技,2012(21):77—79.

    153. 田安意. 企业信息化的动力机制研究[D]. 中国社会科学院博士学位论文,2008.4:1—108.

154. 汪海.深圳前海向自贸区转型的政策建议[J].开放导报,2013,6:56—60.
155. 汪忠,廖宇等.社会创业生态系统的结构与运行机制研究[J].湖南大学学报(社会科学版),2014,28(5):61—65.
156. 王宏起,杨仲基,安宁等.创新双螺旋视角下区域战略性新兴产业培育模式及应用研究[J].中国科技论坛,2014,(8):55—59,73.
157. 王瑾.技术创新促进区域经济增长的机理研究[J].经济纵横,2003(11):26—27.
158. 王力国.新常态下企业转型路径[EB/OL].http://finance.sina.com.cn/leadership/mroll/20141201/134420965645.shtml,2014-12-01/2015-02-07
159. 王乃静,马刚.知识经济时代我国中小企业的发展战略与模式选择[M].山东教育出版社,2002:281.
160. 王茜.我国中小企业信息化建设的价值分析[D].天津大学硕士学位论文,2012.
161. 王庆.论中国经济的新常态[J].中国市场,2013(15):18—24.
162. 王瑞雪.作为治理工具创新的环境信用评级[J].兰州学刊,2015.
163. 王维剑.我国中小企业信息化建设存在的问题及应对措施[J].软件导刊,2011,3:3—4.
164. 王欣.内资企业与外资高技术产业配套的理论与实证研究基于江苏数据的实证分析[D].江苏大学:江苏大学,2009.
165. 魏大鹏.系统构造企业核心竞争力[J].管理世界,2001(1):20.
166. 吴金明,张磐,赵曾琪.产业链、产业配套半径与企业自生能力[J].中国工业经济,2005,(2):44—50.
167. 吴敬琏.制度重于技术[M].上海三联出版社,2001.
168. 吴淑娥,王育宝,黄振雷等.基于SEM的科技园区企业科技投入与产出绩效关系的实证研究——以西安高新区为例[J].中国科技论坛,2012,(1):74—80.
169. 夏阳,李克强.逐步将营改增扩至全国[N].经济参考报,2012-10-22(1).
170. 项建标等.互联网思维到底是什么[M].电子工业出版社,2014.
171. 2013信息化服务与中小企业需求对接高层研讨会[R].中国中小企业信息网,2013:12.
172. 徐以升.中国经济"新常态"[J].西部大开发,2012(3):52—53.
173. 许强.激励企业技术创新的财税政策:国际经验及启示[J].国际税收,2014(7):50—53.
174. 闫彦明.分工、专业化与模块化:产业集群演化的一个视角[J].学术月刊,2011,(11):86—92.
175. 杨得前.影响中小企业税收遵从成本的税制因素——来自跨国研究的经验证据[J].税务研究,2011(10):70—73.
176. 杨建军.环境经济指标体系及其应用研究[D].长安大学硕士学位论文,2008:210.冷雪飞.企业环境信用评价体系概述[J].科技视界,2015.
177. 杨文进.通货紧缩中的中国经济——货币紧缩政策对CPI无效却重创经济[J].福建论坛(人文社会科学版),2014(8):5—11.
178. 杨文利.六大要素构建中关村创业生态系统[N].中国高新技术产业导报,2013-08-05(第A04版).

179. 杨晓玲.企业成为技术创新的主体与经济的持续增长[J].南开学报(哲社版),2002(6):52.

180. 杨兴.完善企业环保信用立法的思考[J].法学杂志,2010.

181. 叶建亮.交易扩展中的信用——一个制度与组织的视角[D].浙江大学经济学院博士学位论文,2004.

182. 叶建亮.交易扩展中的信用——一个制度与组织的视角[D].浙江大学经济学院博士学位论文,2004.

183. 叶檀.中国经济进入"新常态"[J].商周刊,2014(5):7.

184. 尹钧惠.循环经济发展的绿色会融支持体系探讨[J].金融与经济,2009.

185. 俞良贤.民间资本参与企业技术创新的模式探讨[J].江南论坛,2002(3):22—23.

186. 原磊.商业模式体系重构[J].中国工业经济,2007,(6):70—79.

187. 约瑟夫·熊彼特.经济发展理论[M].商务印书馆,1990:35—36.

188. 岳树民,董正,徐廷珏.完善税收政策 促进小微企业发展[J].税务与经济,2014(6):1—4.

189. 曾昭法,聂亚菲.专利与我国经济增长实证研究[J].科技管理研究,2008,28(7):406—407,414.

190. 曾智勇等.中小企业信息化最佳实践[M].清华大学出版社,2011.

191. 斋藤优.技术开发论[M].科学技术文献出版社,1996:151—152.

192. 詹姆斯·R.埃文斯等.质量管理与控制[M].人民大学出版社,2010.

193. 詹姆斯·弗·穆尔.竞争的衰亡——商业生态系统时代的领导与战略[M].梁骏,杨飞雪,李丽娜译.北京出版社,1999.

194. 张斌.我国小微企业税费负担的现状、问题与对策[J].国际税收,2015(3):66—69.

195. 张洪宾.2013中小企业信息化服务信息发布会在京举办[J].中国中小企业,2013,5—22.

196. 张玲斌,董正英.创业生态系统内的种间协同效应研究[J].生态经济,2014,30(5):103—105.

197. 张庆武.中小企业信息化投资分析[D].华侨大学博士学位论文,2007.3:1—77.

198. 张世晓.区域金融集聚与区域经济增长[J].湖北经济学院学报,2010,8(4):41—47.

199. 张伟.经济体制转轨绩效与城市环境设施投资体制个案研究[M].山西人民出版社,2007.

200. 张志奇等.企业环境信用评价的进展、问题与对策建议[J].环境保护,2015.

201. 赵波,徐昳,张志华等.协同创新网络对物联网企业资源获取和创新绩效影响研究[J].科技进步与对策,2014,(8):37—42.

202. 赵大伟.互联网思维孤独九剑[M].机械工业出版社,2014.

203. 浙江省软科学研究所课题组.浙江省科技型中小企业的现状与对策[J].中共浙江省委党学报,2001(1):12—13.

204. 郑海平,刘春香.中小企业参与产业配套研究——以宁波市为例[J].科技进步与对策,2006,(6):98—100.

205. 郑小军.中小企业信息化市场:老问题与新机遇[J].通信世界周刊,2011:15—17.

206. 郑昕.促进中小企业信息化与工业化深度融合[J].化工管理,2011,5:13—14.

207. 郑昕,刘怡等课题组成员.中外促进中小企业信息化发展政策比较研究[EB/OL].中国信息年鉴-2007 http://www.cia.org.cn/subject/subject_07_xxhzt_13.htm

208. 中小企业信息化建设与治理[M].知识产权工业出版社,2012.

209. 周彬县,韩耕.陕西中小企业发展情况调查报告[J].西部财会,2011,(2):54—59.

210. 周天芸,王莹.金融机构空间集聚与经济增长——来自广东省县域的实证检验[J].地理研究,2014,6:1119—1128.

211. 周锡冰.中小企业电子商务与信息化——就这几招[M].企业管理出版社,2010.

212. 朱桂龙,钟自然.从要素驱动到创新驱动——广东专业镇发展及其政策取向[J].科学学研究,2014,32(1):29—33.

213. 朱瑞博,刘芸.我国战略性新兴产业发展的总体特征、制度障碍与机制创新[J].社会科学,2011,(5):65—72.

214. 朱瑞博,刘芸.我国战略性新兴产业发展的总体特征、制度障碍与机制创新[J].社会科学,2011,(5):65—72.

215. 朱英明.产业集聚研究述评[J].经济评论,2003,3:117—121.

216. 祝晓光,王小江.绿色金融政策的深化[J].九州之声,2010.